最後の岡藩士
後藤幾蔵の
生涯と
系譜の時代

山本 和彦

東京図書出版

最後の岡藩士、後藤幾蔵は嘉永元年（一八四八年）四月二日生まれ、昭和九年（一九三四年）十二月八日没。享年八十六歳。これは、他界する四ヶ月前、昭和九年（一九三四年）八月の後藤幾蔵である。

▶大正十三年（一九二四年）十一月

▶昭和九年（一九三四年）初夏

MOROSAWA PHOTO STUDIO
GINZA TOKYO TEL (56) 5618

▶昭和八年（一九三三年）五月

▶昭和九年（一九三四年）十一月

▶昭和十四年（一九三九年）七月

▶昭和十六年（一九四一年）十二月三日

▶昭和十八年（一九四三年）二月十三日

まえがき

私の父、山本頼彦――平成三十一年（二〇一九年）四月二十八日没、享年九十四歳――が大切にしていた一枚の写真がある。それは、裃袴を着けた姿で正座し、腰に脇差を差し、左手に豊後刀を置き、威儀を正した父の祖父、後藤幾蔵の写真である。白ひげを蓄え、胡麻塩頭で、目は眼光炯炯として見るものを射抜く。八十六歳とは思えないほどの力で迫ってくる。他界するわずか四ヶ月前の写真である。私は幼い頃この写真を見た記憶がないので、いずれかの時点で、父が我が家に持ってきたものかもしれない。老境に入りかけた父が、慕っていた「おじい様」の写真を、実家の広瀬家の写真集から拝借したのではないかと推察されるがはっきりとは分からない。

父の祖父、後藤幾蔵は大正十年（一九二一年）から、昭和九年（一九三四年）十二月に亡くなるまでの十三年間、娘、カヨの嫁ぎ先（大分縣大野郡緒方村大字下自在六百六拾参番地）で過ごした。亡くなった際は広瀬家が葬式を出した。大正十四年（一九二五年）生まれの頼彦は、後藤幾蔵にとって初孫同然の、身近の孫としてかわいがられたが、「おじい様」が他界したときは満九歳ということもあり、その葬儀や、遺骨や位牌や遺品について記憶があいまいであった。後藤幾蔵の死の前年に広瀬カヨ（頼彦の母）が他界し、その夫、広瀬今朝彦（頼彦の父）も昭和十四年（一九三九年）に他界して、きちんと「おじい様」のことを親から聴いていなかった父は、遺骨、位牌の行方を知らず、かわいがってくれた祖父の弔いができないことになった。常々、「おじい様のお墓はどこにあるのか？　分からん」と嘆いていた。

九十歳をすぎてなお元気だった父が、平成三十年（二〇一八年）三月、脳出血で倒れ、闘病の間に次第に意欲がなくなってきた。平成三十一年（二〇一九年）一月には、認知症が出はじめたため、父の元に来ていた年賀状を基に、親類や、父の友人、知人に近況をお知らせするとともに、これ以降年賀状を出すことは差し控えますとのお手紙を差し上げた。手紙の送付先として、私が存じ上げない方も多かったが、事情をお知らせするのが目的で、広く出すことにした。

その手紙の送付先に、父の従兄弟、三村孝の名があった（このときは父の従兄弟とは知らなかった）。それからしばらくして、三村孝の長女、三村由美さんから、「父は平成二十三年（二〇一一年）七月十二日に、母は平成二十四年（二〇一二年）十一月二十七日に亡くなりました」とのお手紙をいただき、東京の三村の系譜の方と連絡がついた。後藤幾蔵には東京に出た後藤一彦という二男がおり、五女、カヨが緒方の広瀬今朝彦に嫁ぎ、六女、モトが東京に出た三村清二に嫁いだことは戸籍から分かっていた（成人した後藤幾蔵の子は三人）。後藤一彦の系譜の方が東京におられるのではないかと思い、捜していたが手がかりが無かった。三村由美さんが父、三村孝の葬式の香典返しのリストが残っていて、東京練馬区に後藤光彦という方がおられるという。後藤一彦の子孫の可能性が高いと思い、この方に連絡をとっていただいた。この方が、後藤一彦の一男、守彦の一男、後藤光彦さんであった。こうして平成三十一年（二〇一九年）四月上旬、ついに後藤幾蔵の子孫三系譜（後藤、広瀬、三村）の間に連絡がついたのである。

すぐに後藤光彦さんにお電話をしたところ、後藤家のお墓が東京都青山霊園立山地区にあり、後藤幾蔵の遺骨はそこに眠っているとのことであった。また、後藤光彦さんは先祖の調査のために竹田に来たことがあり、竹田市立歴史資料館で『勤録　後藤氏　幾蔵』のコピーを入手している。父に「おじい様のお墓が見つかったよ。東京の青山霊園にお墓があるよ。お参りに行ってくるよ」と報告すると「良かったの～　よう分かったの～」と喜んでくれた。この報告の後、父の容態はにわかに悪化の一途をたどり、四月二十八日に永眠した。

その後、後藤光彦さんから、お手紙をいただいた。それには平成十八年（二〇〇六年）作成の『後藤家のご先祖さまについて』と題する報告書が同封されており、後藤家も、幾蔵のことを調べていたことを知った。「祖母とくの五十回忌、並びに母きよの七回忌」にこれを作成したということである。これによれば、後藤一彦の長男、守彦は後藤家の墓参り（竹田町円福寺）に竹田町にきたことがあり、後藤家のお墓の土を持ち帰って東京のお墓に埋葬している。

父の葬儀を済ませた私は、令和元年（二〇一九年）六月一日上京し、後藤光彦さん、三村由美さんに、お目にかかった。共通の先祖、後藤幾蔵について語り合い、三人で墓所にお参りした。その際、後藤光彦さんから、幾蔵の遺品——印籠、旗じるし、軍扇、小柄、『豊岡畧系便覧』、『官員鑑』、『佐賀の乱大分県慰労状』——と広瀬家系図（軍神、広瀬武夫と緒方の広瀬との関係を広瀬神社で調べた結果、はっきりした関係は分からないということ）を見せていただいた。百五十年近く前の、曾祖父の遺品が後藤家に伝えられていることに驚嘆し、よく守っていただいたと感謝に堪えなかった。曾祖父を身近に感じ、俄然、その生涯を可能な限り明らかにしたいと思うようになった。

同年八月十一日、後藤幾蔵の面影を探して竹田の町を歩きまわっている時、思いもかけない曾祖父ゆかりの物にであった。それは、曾祖父が広瀬家に来る前、二十三年間住んでいた挟田河内谷を訪れたときのことである。この河内谷には、岡藩の五代藩主、中川久通が三日月淵の巨岩に彫らせた「三日月」（元禄十五年八月掘之）がある。中川久通は、ここに御茶屋を建てて風流を楽しみ、姫御殿（御茶屋跡）で息抜きをしたという。曾祖父は毎日岡城と三日月を見上げながら、二十三年間を過ごしたのかと思って、ふと振り返ると、そこに一軒の家がある。ここに住んでいる人なら、このあたりの事情に明るいかもしれないと思い、ぶしつけに「百年くらい前、岡藩の元武士の先祖がこのあたりに住んでいましたが、いい所ですね。目の前に三日月と川のせせらぎがあり、見上げると岡城が見えて。南向きで日当たりもよくて」と話しかけると、家人が「ちょっと待って。仏壇の引き出しに表札があったので」と奥に入り、一枚の表札を持ってきた。見ると、そこに「士族　後藤幾藏　判なし」と書かれてあるではないか！　正に曾祖父直筆の表札である。「ここには、岡藩の元武士の人が住んでいたらしく、長いことこれが仏壇の引き出しに入れてありました」と言う。「これは、私の曾祖父の表札です、昔このあたりに住んでいました」と言うと、「この家がそれですね。この家にはその頃の部分が残っています」と言う。偶然にも、曾祖父が住んでいた御茶屋跡（大分縣直入郡岡本村貳番地）に行き当たった瞬間だった。

この表札を譲っていただき、その足で緒方の広瀬家を訪れ、後藤幾蔵の表札が見つかったことを報告した。このとき、広瀬家当主の広瀬照人さんから、古い写真集を貸していただいた。当初、見知らぬ人ばかりが写ったこの写真集の意味することが分からなかった。何度も、何度も見直し、あれこれ考察する中で、これは、広瀬三郎（頼彦の兄）が東京で手に入れ、三郎が結核で夭折（一九二八年）したのちは後藤幾蔵のものとなり、幾蔵死後は、広瀬今朝彦、ついで広瀬直俊（頼彦の兄）の所有になった写真集と推定した。

その後、三村由美さんから、三村家の写真集を預かり、広瀬家の写真集と照合することで、後藤幾蔵の後半生がおぼろげながら、立ち上がってきた。後藤幾蔵の前半生はその戸籍、岡藩勤録、『中川氏御年譜』、後藤家に伝わる遺品、広瀬今朝彦の大福日記帳などをベースに考察し、立ち上げた。後半生は、御茶屋跡「賣渡證」、親類縁者から借りた写真集の写真を読み解くこと（場所、季節、背景、人物、年齢、衣服、持ち物、撮影年、時代背景などを総合的に考察すること）をベースに、山本頼彦の『古希までの記録』、後藤幾蔵に近しい人からの聞き書き（思い出）を参照して立ち上げた。一次資料が少ない後半生について大きく外れていないと思うが、思わぬ誤りがないともかぎらない。後に気づいた方がいれば、修正していただければ幸いである。

後藤幾蔵の生涯について調査を進めると、次々と思いもかけない写真や、遺品に出会い、心底驚くとともに、調査してよかった、これで曾祖父と父に報告できるという喜びが湧き上がってきた。令和二年（二〇二〇年）十二月、広瀬照人さんから、納屋で一振りの刀が見つかったと連絡があり、緒方に駆けつけた。たしかに古い刀で、よくみると、鍔の意匠が、後藤幾蔵の写真にある刀のそれとまったく同じである。曾祖父佩用の刀に違いないと確信した。新たに見つかった日本刀は、各県の教育委員会に提出し、鑑定し登録しなければ所持することができない。令和三年（二〇二一年）一月、大分県教育委員会で『豊後　住　藤原貞行』の銘文が入った刀と鑑定され、登録された。藤原貞行は、江戸時代初めの、肥後藩領高田庄（豊後、大野川流域）の刀鍛冶である。後藤家に伝わった刀は四百年近く前の豊後刀であった。この刀の修復、研ぎを私が担うことになり、岐阜県関市の刀工房に依頼した。延々と待つこと一年二ヶ月、やっと修復、研ぎが終わり、刀が手元に戻ってきたのを機に『最後の岡藩士後藤幾蔵の生涯と系譜の時代』を上梓することにした。これを曾祖父、後藤幾蔵と父、山本頼彦の霊前に捧げる。後藤幾蔵の三つの系譜に連なる方々が、出自を同じくする先祖を祭る縁となれば幸いである。

調査の過程でいろいろな方にお世話になった。まず三村由美さんには後藤、三村、広瀬の三系譜が出会う契機を作っていただいた。三村由美さんから提供いただいた三村家の驚くべき写真がなければ、調査は不首尾に終わっていたかもしれない。後藤光彦さんには、貴重な曾祖父の遺品を見せていただき、岡藩時代の勤録のコピーをいただいた。後藤幾蔵の原点ともいえる勤録が入手できたことは大きかった。お二方に、あつく御礼申し上げる。快く写真や資料を提供いただいた広瀬照人、酒見克行、原田成則、店村惠子、網谷栄子、生田房江、原田健次、太田和子、広瀬猛、荒川美貴恵、佐藤弘美、安東正信、豊田睦美、浦上隆子の各位に心より感謝申し上げる。これらの写真や資料がなければ、後藤幾蔵の後半生と系譜のストーリーは立ち上がらなかった。織田邦彦さんには、写真や資料を提供いただき、東京都公文書館、国立国会図書館で調査していただいた。「四谷四丁目ホームページ委員会」の小林辰充氏には、四谷第三小学校につき貴重なご意見をいただき、四谷皇国少年団について日本ボーイスカウト東京連盟で調査していただいた。杵屋史弥氏には、東千代之介について貴重なご示唆をいただいた。お三方にあつく御礼申し上げる。「くずし字青」には岡藩勤録の解読にご協力をいただいた。最後に、竹田市立歴史資料館（現、竹田市歴史文化館・由学館）学芸員の工藤真由美氏には竹田町の古地図や幕藩時代の竹田町の状況につきご教示いただき、種々の資料を紹介していただいた。ここに記して感謝の意を表す。

調査が終わりに近い段階で、広瀬猛さんの父、広瀬俊幸と母、アサ子の、中国に居た頃の写真を眼にし、心底驚き、これを解読する作業に没頭した。このため、本書のできあがりが一年以上遅れることになった。三村家の写真が語ることから満洲事変の意義について踏み込んだが、広瀬俊幸の写真が語ることから大東亜戦争の意義に踏み込んだ。一つの系譜にこれだけの写真が残っており、しかもこれが一本の糸で繋がるのは稀有のことと思う。一本の糸を次の世代に伝えることが責務と感じ、本書を刊行することにした。

本稿では、鬼籍に入った人については、歴史上の人物として、名前のままに記し、愛称、敬称等は略した。年齢は全て満年齢で記した（享年も、本稿では満年齢で記述した。生年月日の、月日が不明の人物については満年齢は推定）。写真中の子供等に月齢、年齢を付した部分は、撮影年月を推定する目的で記した。参照した資料、文献に依って新字体と旧字体を用い、これを統一しなかった。写真は出典を記した以外、全て後藤幾蔵の系譜の手元にあるものである。

最後の岡藩士後藤幾蔵の生涯と系譜の時代❖目次

第一章　後藤幾蔵の生涯

一、出生から廃藩置県まで

戸籍、『勤録　後藤氏　幾藏』によると、幾蔵は、野原佐内重熙（前名は野原磯五郎）の二男で、嘉永元年（一八四八年）四月二日、大分県直入郡会々村に生まれた。母は不詳。兄、野原保、弟、野原武三郎。

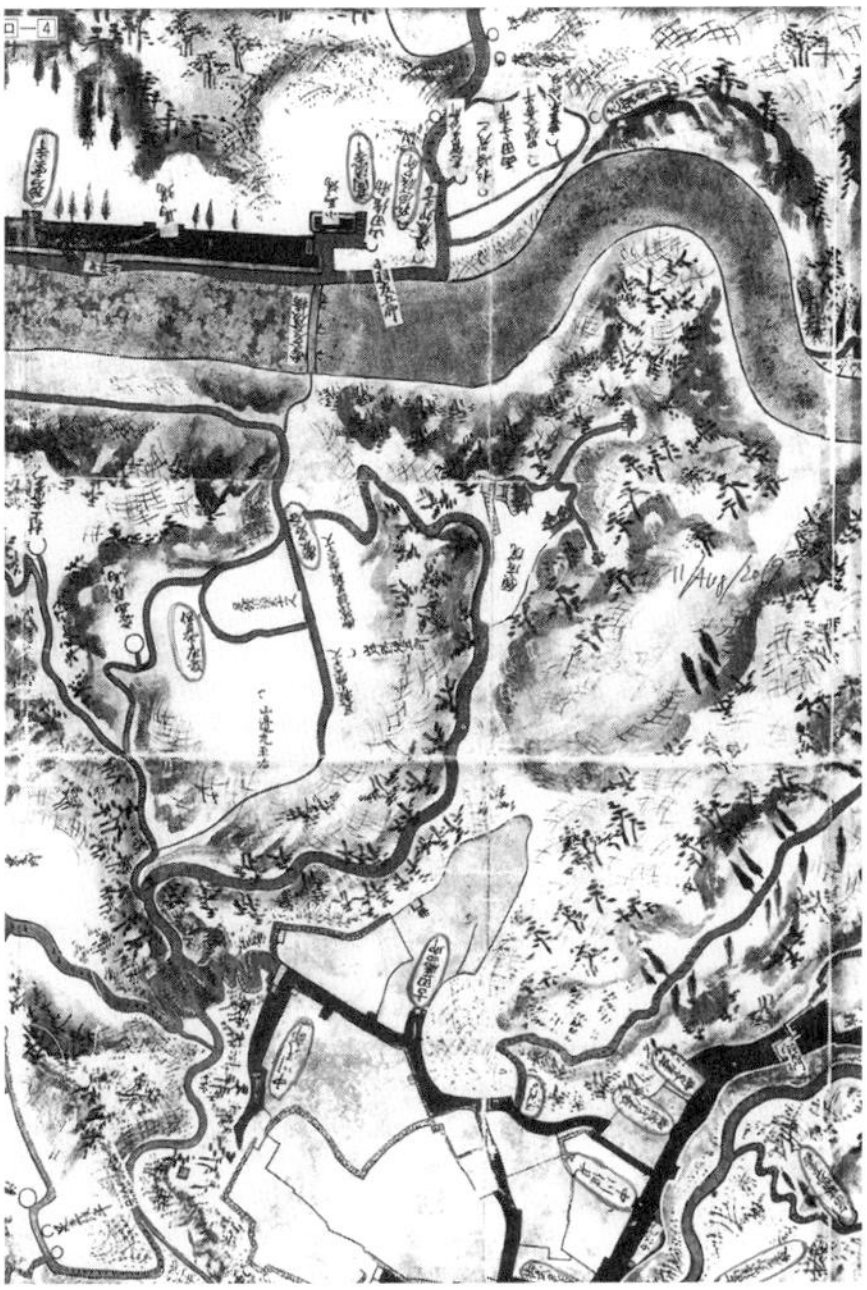

後藤幾蔵の父、野原佐内（前名は野原磯五郎）は高流寺そばの、御茶屋跡につながる稲葉川沿いに住んでいた（『幕末岡藩絵図』）。稲葉川が湾曲する、そのすぐ下流に御茶屋跡がある。碧雲寺（碧雲禅寺）は中川家藩主の菩提寺。幕末から明治初めにかけて後藤幾蔵の消息を記す資料として、岡藩『勤録　後藤氏　幾藏』があり、『勤録　野原氏　佐内　保』で幾蔵の実父と兄弟の、幕末の消息を知ることができる。慶応元年（一八六五年）六月九日、野原幾蔵は、竹田町裏丁（大分県直入郡竹田町五〇五番地）の後藤彦六郎の養嗣子となる。この時、幾蔵は十七歳。養母は後藤マキ。

一枚目（上）、下がり藤（後藤家家紋）。二枚目（下）、一つ藤巴（野原家家紋）。後藤家の「下がり藤」と野原家

の「一つ藤巴」は、ともに藤の紋様であり、両家に何らかの関係があったことがうかがえる。後藤家は「御目見以上ノ者」の家柄で、野原家は「御目見以下坊主」の家柄であった。

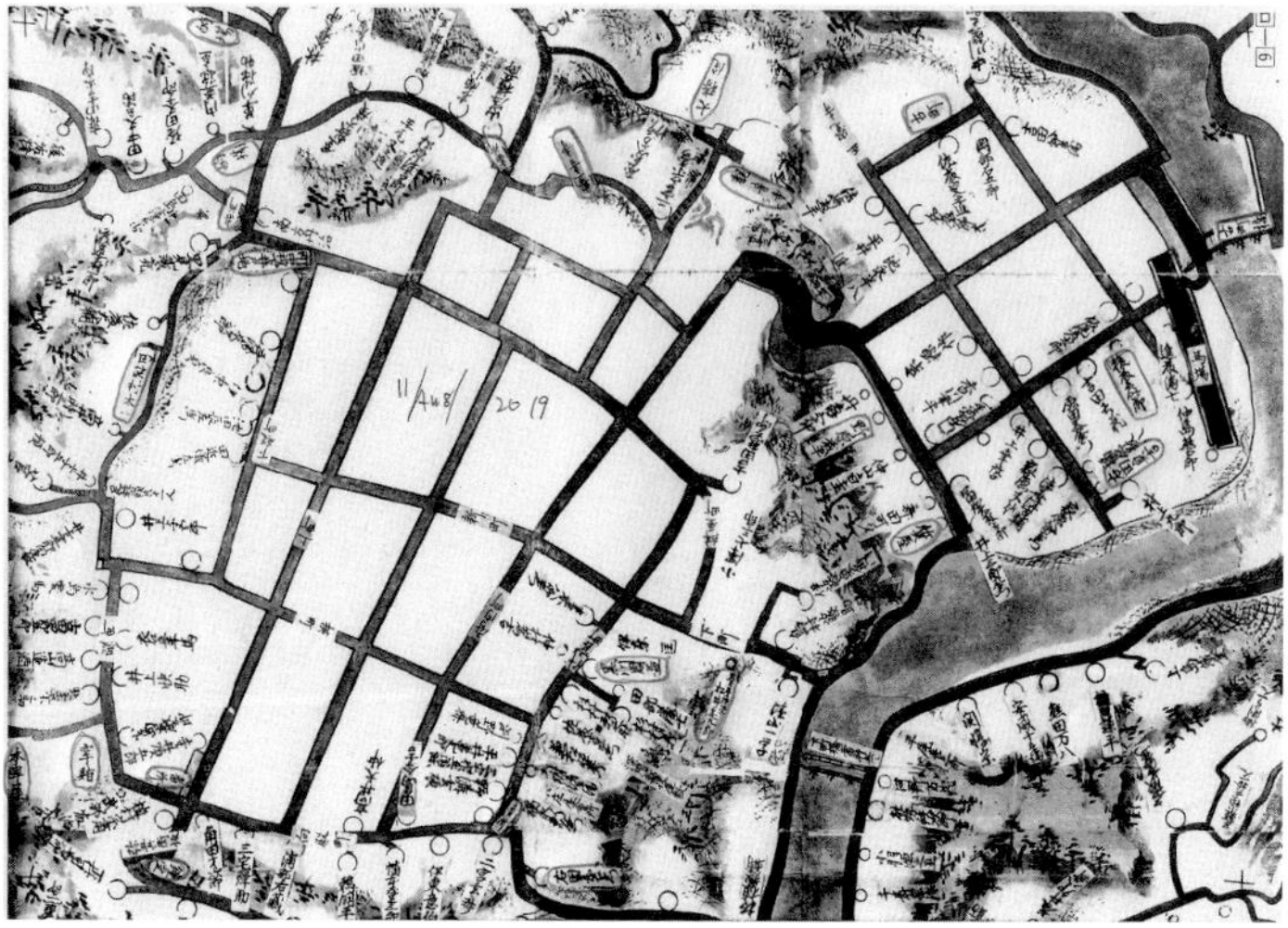

この『幕末岡藩絵図』で、右上方から古町橋を渡り、馬場を抜けて、四つ角を過ぎて一軒目が後藤彦六郎宅。

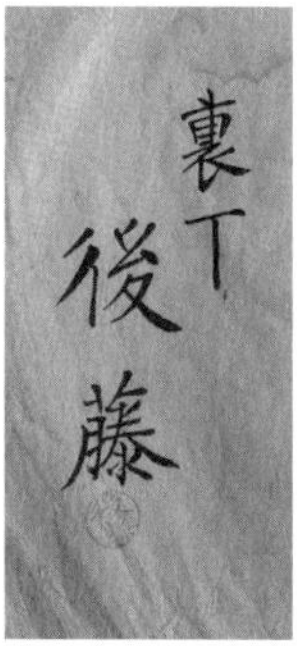

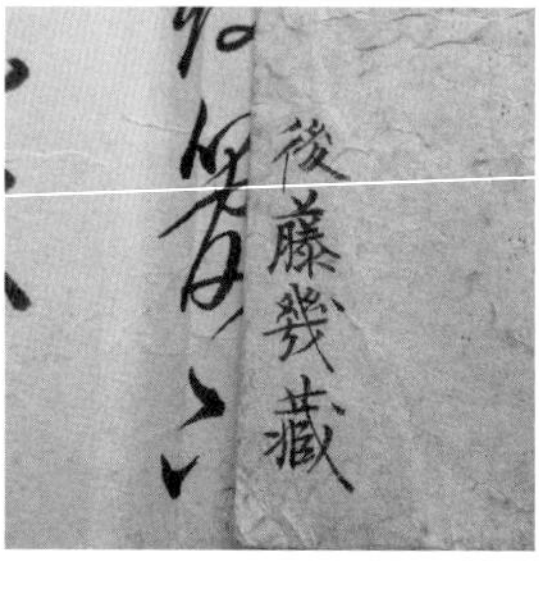

一枚目（上）、「裏丁　後藤」。二枚目（下）、「後藤幾蔵」。この署名は『豊岡畧系便覧』の奥付のもので、筆跡は御茶屋跡の表札と同じ。後藤家の養嗣子となった幾蔵は、西光寺側から古町橋を渡った町中、裏丁（竹田古町）に住んでいた（すなわち後藤彦六郎宅）。

慶応元年（一八六五年）七月六日、養父、後藤彦六郎が数年精勤し、乱舞の稽古をし、御用立てに骨を折っていたので、幾蔵に御切米二十俵三人扶持が下賜された（『勤録　後藤氏　幾藏』）。同年八月五日、後藤彦六郎他界。幾蔵は、十一月六日、後藤の家督を相続し、後藤幾蔵氏則を名乗る（勤録の年月日は旧暦に従って記されており、新暦に従う年月日とずれがある）。お目見坊主として召し出され、ご城郭一統の勤めをするよう仰せ付かる。後藤は乱舞の家筋なので、稽古専一に励むよう仰せ付かる。今後、御目付け支配を受命するよう仰せ付かる。同年十二月十七日、幾蔵は、坊主を仰せ付かり、殿様にお目見え。お通り掛かりとなる（『勤録　後藤氏　幾藏』）。「御目見以上ノ者」の後藤幾蔵は剃髪した〝茶坊主〟ではなく、剃髪しない〝坊主〟（殿のお側近くに仕える坊主）であったと考える。

　慶応二年（一八六六年）「幕府は再び意を長州征伐に致し、六月「諸藩の兵大擧して防長の四境に逼り幕府の海軍は大に周防大島郡の村落を抄掠す、高杉晋作水軍を以て幕府の軍艦を襲ひ撃ちて之を走らす、而して陸戰に於ても長州軍大いに勝を制し悉く四境の敵を逐い」、「敗聞連りに至り諸藩解體し、事爲すべからず此時に當り將軍家茂病に罹り八月大阪に薨ず」、「十二月に至り慶喜を以て將軍に任ぜ」る事態となる（『明治大帝史』）。同年十二月二十五日、孝明天皇が三十五歳の若さで、天然痘で崩御し（『明治・大正・昭和天皇の生涯』）、翌慶応三年（一八六七年）「正月皇太子睦仁親王踐祚」した（『明治大帝史』）。

　一枚目（上）、明治初めの頃（破却前）の岡城。二枚目（下）、平成三十年（二〇一八年）岡城周囲の木を伐採した際、岡城の岩盤が露出し、平成三十一年（二〇一九年）この岡城址がドローンで撮影された。向かって左が西、右が東。岡城の南側から写している。挟田河内谷は、岡城の向こう側（北側）である。令和元年（二〇一九年）八月十一日、竹田市広瀬神社下、食堂「千石や」にて入手（山本和彦）。

　慶応三年（一八六七年）正月二十三日、後藤幾蔵は中軍散兵を仰せ付かり、散兵頭高山又右衛門の指揮を受命するよう仰せ付けられる（『勤録　後藤氏　幾蔵』）。幾蔵は十八歳。同年九月十七日、後藤幾蔵は、若殿様（中川久成）御上京（京都）のお供を仰せ付かる。大阪で「京都御模様」の報（大政奉還の報）が入り、急遽、若殿様と兵庫より岡城へ引き返す（『勤録　後藤氏　幾蔵』）。幾蔵十九歳。『中川氏御年譜』には「一、十月十五日、公方様将軍職御辞退　一、同日、若殿様初メテ御目見トシテ、岡城御発駕、十七日、佐賀ノ関ヨリ蒸気船ニ御乗込、十九日朝、大阪川口へ御着船ノ処、公方様御辞職ノ義相知レ、且殿様朝廷ヨリ召サセラルヽニ付、同処ヨリ御引返シ、二十四日、佐賀ノ関御着船、二十九日、岡城御着」とある。若殿様ご上京御供の際、急遽引き返すことになり、御船手人が至急必要になった（『勤録　後藤氏　幾蔵』）。幾蔵の手配が適切で、若殿様が豊後に引き返すことができた。

慶応四年（一八六八年）三月二十六日、引き返す際の臨機応変の心配りと勤めに褒美を下賜された（御目録　金百疋）（『勤録　後藤氏　幾蔵』）。同年六月五日、殿様（中川久昭）御上京（京都）の節、お供を仰せ付かる（『勤録　後藤氏　幾蔵』）。後藤幾蔵は二十歳。『中川氏御年譜』によると、慶応四年（一八六八年）六月二十三日、中川久昭は軍務官より命じられた「駿府城御警衛ノ兵隊四十二人」を率いて岡城を発ち、七月四日京都に着いた。ところが七月九日、突然、軍務官から「此頃上京候四十二人兵隊、御用無之候間、帰藩申付候……為軍資金五万円、早々当官へ上納可致之旨御沙汰候事」と言われて仰天した。恐れ入った久昭は、謹慎の願書を行政官に出すとともに、「軍資金上納之儀者、前段疲弊之廉、乍恐御無憐被成下何卒蒙　御免候様、只管奉歎願候」との歎願書を軍務官に出し、なんとか「四十二人兵隊、御用無之候間、帰藩申付候」を押し止めた。慶応四年（一八六八年）九月三日、後藤幾蔵の弟、野原武三郎、御徒士坊主銃隊三ノ組を仰せ付かる。古澤驎次郎の指揮を受けるよう仰せ付けられる。「軍役については、役職と同様に心得る事は勿論のことである」との演説（仰せ）があった（『勤録　野原氏　佐内　保』）。

慶応四年（一八六八年）九月八日、慶応から明治に改元された（『中川氏御年譜』）。明治元年（一八六八年）九月十三日、在京都の後藤幾蔵は軍備改正につき、散兵を御免となる。軍備改正で銃隊二ノ組を仰せ付かる。熊田清六の指揮を受命するよう仰せ付けられる（熊田清六は岡藩士）。このとき、「軍備については他支配でも、本支配と同様に心得るのは勿論のことである」との演説（仰せ）があった（『勤録　後藤氏　幾蔵』）。『中川氏御年譜』に、明治元年（一八六八年）九月「一、十三日、御軍備英国紀元千二百二年式ニ御改正、銃隊三大隊（干城隊、疾撃隊、進栄隊）大砲隊一小隊御編成ニ付、御藩士一統へ御軍備帳拝見仰セ付ラル」とあり、後藤幾蔵は「英国紀元千二百二年式」軍備体制に組み込まれた。後藤幾蔵は、銃隊が他の(岡藩以外の)指揮下に入ることもあるという状況で、京都で親兵として働いたと考えられる。明治元年(一八六八年)九月十九日、中川修理大夫(中川久昭)は、行政官より「従前口向御取締被仰付置候所、今度東京行幸御留守中格別勉励、御取締向ハ勿論、一際之御奉行可相勤候様、急度被仰付候事……」と命じられる。

乃木希典は、「元治慶應の間幕府が長州征伐の師を起すや……年正に十七、軍に従ひ幕軍と小倉方面に轉戰」し「征長の事止み、復び伏見に歸營し、尋で京都河東御親兵練兵掛を拝命し」た。明治二年(一八六九年)冬、「佛式操練傳習の爲め、伏見御親兵々營に入」った(『明治大帝史』)。新政府は、親兵の「英国紀元千二百二年式」軍備や「佛式操練」などで、藩を横断する新しい軍を作ることを模索していたようである。所属する藩が違うとはいえ、後藤幾蔵と乃木希典は「伏見御親兵々營」などで、顔を合わせる機会があったのではないか。この時、後藤幾蔵は二十歳、乃木希典は十九歳。明治二年(一八六九年)正月二十三日、後藤幾蔵は京都で豊州(豊後)帰還のお暇をいただく。来る二十六日に出立するよう仰せ付かる(『勤録　後藤氏　幾藏』)。前年六月、殿に従って上京した後藤幾蔵は、あしかけ八ヶ月間京都に滞在し、豊州に帰還したことになる。『中川氏御年譜』に、正月、「一、十五日、若殿様天機御伺トシテ、岡城御発駕、二十六日、京都御着」とあるので、若殿様と入れ違いになったようである。これは、明治天皇が、京都から江戸(東京)に遷都する頃に当たっている。『明治大帝史』には「明治元年九月江戸を東京と改稱し、翌二年正月十八日東京遷幸の詔あり、二月七日京都を御發輦あらせられ、三月御着後東京を帝都と奠めらる」とある。明治二年(一八六九年)三月十七日、中川修理太夫は十八日付けをもって、「今般薩長肥土ノ四藩封土返上ニ付、弁官へ左ノ御願書差出サル　今般大政御一新、万機御親裁四海一家之　御盛挙被為在、既ニ各藩封土奉還之上表御座候趣、素ヨリ皇土皇民私有ニ無御座候得共、旧染之弊習ヲ以テ今日迄罷過候段、深重奉恐入候、依之於微臣茂同様版籍奉返上度、此段宜御執奏奉願候……」と版籍奉還を願い出た(『中川氏御年譜』)。同年四月十九日、後藤幾蔵は、版籍奉還に伴う藩政改革により、「第五等下」を仰せ付かる。勤方支配はこれまで通りと心得るよう仰せ付かる(『勤録　後藤氏　幾藏』)。『中川氏御年譜』に「五等下　旧御目見以上ノ者」とある。これに先立つ四月十三日、「昨年十月二十八日、諸藩へ御達ノ御趣旨コレアリ、今日御藩治職制御定、尚封土御返上御願ニ付、御藩士従前ノ格式ハ自ラ消滅スルヲ以テ、御取扱向仮ニ等級ヲ定メラル……」とあり、版籍奉還に伴う、仮の等級であった(『中川氏御年譜』)。

明治二年（一八六九年）四月、「一、十八日、封土御返上御願ニ付、両殿様御始メ御退城遊ハサルヽ旨、若殿様御代筆ノ御直書、御藩士一統へ拝見仰セ付ラル」とあり、版籍奉還とともに、中川家が岡城を去ることが明らかにされた（『中川氏御年譜』）。四月「一、二十六日、琵琶ノ首政府ヲ西御丸大書院ニ御移シ、布政所ト称セラル」、五月「一、二十八日、若殿様悌次郎様御退城」、六月「一、四日、栄姫様・芳姫様御退城……一、九日、御前様御退城」とある（『中川氏御年譜』）。藩主と藩士は、明治二年（一八六九年）五月から六月にかけて岡城から退去し、この後、明治三年（一八七〇年）にかけて岡城が破却されたと思われる。

明治二年（一八六九年）五月四日、後藤幾蔵は御両殿様家知事調役を仰せ付かる。筆生を急ぎ入念に勤め、今後家知事支配を受命するよう仰せ付けられる（『勤録　後藤氏幾蔵』）。幾蔵二十一歳。御両殿様は、中川久昭と中川久成をさす。同年五月十七日、後藤幾蔵は、去る十一日に内藤備後守（延岡藩主内藤政挙）様に、ご答礼として素麺を一箱送ったが、この包みの銘書を取り違えて出してしまい、内藤様から送り返してきた。この不念の段に恐れ入り、差し控え願いを出して、謹慎した。尤も、御用には罷り出るよう仰せ付かり、二十日に御免となった（『勤録　後藤氏幾蔵』）。この頃、藩主と藩士が岡城から退城し、農民の間で不穏な動きが見え、幾蔵は注意散漫になっていたようである。明治二年（一八六九年）六月四日、後藤幾蔵は斬込隊二番隊を仰せ付かり、熊田清六の支配下に入る（『勤録　後藤氏　幾蔵』）。同じ日、弟、野原武三郎は、疾撃隊三番隊介を仰せ付かる。今後、隊長、古澤九郎右衛門の指揮を受けるよう仰せ付けられる（『勤録　野原氏　佐内　保』）。

明治二年（一八六九年）六月「一、十五日、七里川大洪水ニテ、人家流失、溺死等多クコレアリ、未曽有ノ大洪水」があり、人心が動揺した。中川家が「封土御返上」し、「両殿様御始メ御退城」するや、藩の支配が弱まるのを察した農民が不満を爆発させる。同年七月、朽網の百姓一揆をきっかけに、岡藩全域に及ぶ世直し一揆が勃発した。庄屋が打ち壊され、農民が気勢を上げた。藩の説得に応じなかったので、藩兵を出して鎮定したという。斬込隊や疾撃隊は、百姓一揆に対応するために組織されたと考えられる。『中川氏御年譜』同年七月の部分に「一、八日、昨日来御旧領党民蜂起、大小里正宅ヲ破毀シ、暴挙ニ及フ……一、十四日、殿様御名代トシテ　若殿様去ル九日ヨリ布政所へ御詰切ノ処、党民鎮定ニ付、御帰殿」とある。

明治二年（一八六九年）八月十六日、後藤幾蔵は家知事調役を仰せ付かり、お役の扶持一口を下賜される（『勤録　後藤氏　幾蔵』）。この夏の百姓一揆が短期間に沈静化したため、再び家知事調役を命じられている。同年九月二十三日、中川久昭は隠居し、家督を久成に譲った（『中川氏御年譜』）。同じ日、家督を継いだ中川久成は「任岡藩知事」の御書附を受けた。同年十月二十一日「家知事ノ御役名ヲ家令ト御改」め、家知事の職責を家令と称することになった。同年十二月六日、久成の家督相続について祝いの能が碧雲寺で催された。『中川氏御年譜』に「今般御家督御相続仰セ蒙ラルヽニ付、碧雲寺ニ於テ御祝儀ノ御能コレアリ、御家令始、御附属ノ者共幷ニ執政・参政其外役員、尚又非役士族五等以上へ御祝酒成下サル」とある。「士族五等以上」は「御目見以上ノ者」であり、士族五等の後藤幾蔵は、碧雲寺の「御祝儀ノ御能」に列したと思われる。

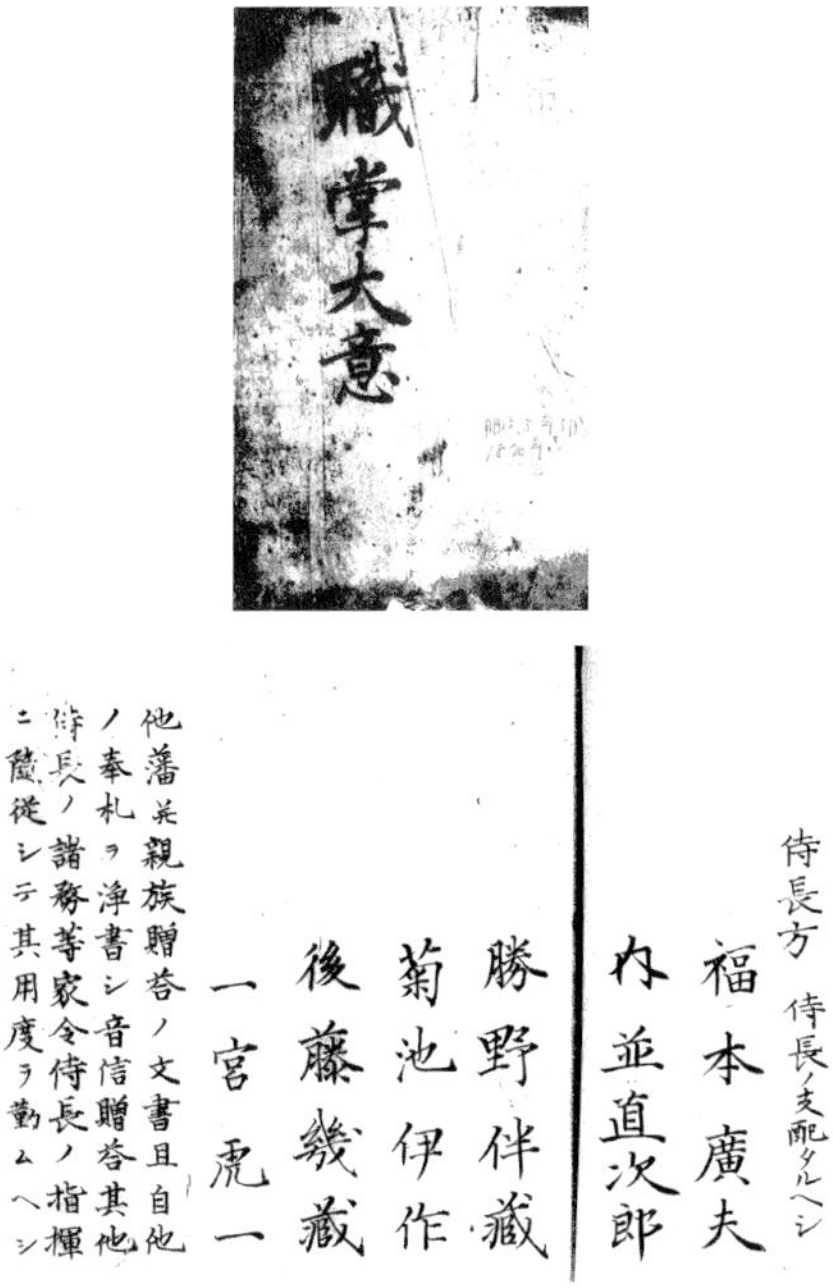
職掌大意

侍長方　侍長ノ支配タルヘシ
福本廣夫
内並直次郎
勝野伴藏
菊池伊作
後藤幾藏
一宮虎一
他藩並親族贈答ノ文書且自他ノ奉札ヲ浄書シ音信贈答其他侍長ノ諸務等家令侍長ノ指揮ニ随従シテ其用度ヲ勤ムヘシ

一枚目（上）、『職掌大意』明治三年（一八七〇年）。二枚目（下）、『職掌大意』侍長方の職掌。

明治三年（一八七〇年）五月十四日、新政府の意向に従い、中川久成は「方今時運循環シテ、宇内ノ政令一途ニ出、已ニ上古ノ大典ニ復ス、実ニ千載ノ一時ニ候、我等初テ岡藩知事令拝任、若年不肖ノ重任、恐懼痛心ニ不堪ト雖モ、恩遇感激尽力励精仰テ叡旨ヲ奉体シ、万緒御政体ニ基キ、俯シテ聖恩ヲ施行シ百事藩政ヲ定メ、等級職掌都テ之規則夫々布達ニ及ヒ候」と「御藩政御改革」の指針を示し、「藩政大体」の布達を発した。翌五月十五日、後藤幾蔵は、御改革につき、十石、侍長方を申し付けられる。同日斬込隊御免となる。御備方（俸給）の改正があり、三十七表と、他に御役給として六表が与えられる（『勤録　後藤氏　幾蔵』）。岡藩の『職掌大意』によれば、侍長方は、「他藩や中川親族との贈答の文書や自他の奉礼を浄書し、音信贈答その他、家令侍長の指揮に随従して用度を勤める」とされる。

明治三年（一八七〇年）八月九日、後藤幾蔵は侍長方を廃され、家令方を命ぜられる。ただし支配はこれまで通りと心得るようにとのこと（『勤録　後藤氏　幾蔵』）。家令は家知事の職責であることから、家令方は家知事の職責を補佐する役職である。同年九月十日「宮幷ニ華族家人職員左ノ通　家令　一員」と、家令は「家人職員」と定める御達が行政官より発せられた（『中川氏御年譜』）。明治三年（一八七〇年）十二月四日、幾蔵は、御改革に付き一代士籍（家禄八石兵隊役拾四石）を命じられた。これを最後に『勤録　後藤氏　幾藏』は終わる。

明治二年（一八六九年）八月の家知事調役、明治三年（一八七〇年）五月の侍長方、同年八月の家令方は、呼称は異なるが、職務に大きな差異はない。明治維新の前後、朝廷、新政府から膨大な量の「勅答書」「御達」「御達書」「御直達」「御口上」「仰セ」「御布告」「御口達」「御書附」、「勅書」等が発せられており、家知事調役、侍長方、家令方は、これらを記録し、書き写し、整理し、保管する役割、中川家から提出する「御願書」「御届書」「御答書」、「歎願書」等を清書する役割を担っていたことがうかがえる。家知事調役、侍長方、家令方は、誤りなく維新を乗り切るための、岡藩の枢要部署の一つであったと考える。

二、廃藩置県から緒方まで

明治三年（一八七〇年）──明治四年（一八七一年）、豊後列藩の地域に「九州地方浮浪ノ匪徒出没横行致シ候ニ付、取締ノ儀屡被仰出候ヘ共、追補不行届候哉、匪徒尚所々ヘ潜伏、人心ヲ煽動致シ候事不少」の状況が生じていた（『中川氏御年譜』）。明治四年（一八七一年）三月二日、新政府は「今般山口藩脱徒、両筑南北豊ノ間ニ潜伏スル由相聞ヘ、御鎮定ノタメ四條陸軍少将隆謌殿、兵隊ヲ引率セラレ御下向」させた。これを迎えるため、同日中川久成は「小原権大参事正朝・広瀬権大属重武随行」して三佐まで出向いた（『中川氏御年譜』）。ところが四條は「豊前小倉ヨリ直クニ日田県ヘ御到着」し、出迎えは肩透かしとなった。「日田県四條殿本営ヨリ御用コレアリ」と呼び出しがかかり、同年三月十一日、中川久成は岡を出発、日田県に向かった。日田県で中川久成は、巡察使より「浮浪取締向如何致シ居候哉」と「勘問」される（『中川氏御年譜』）。三月十四日「高山左膳巡察使ヨリ長崎ヘ呼出ノ御達アリ、即岡ヲ発シ、長崎護送」、三月十七日、「赤座弥太郎・門石虎三郎・矢野勘三郎・最上寺住職是中・大野郡大福寺住職母山・直入郡玉来村平民矢野東ノ六名、巡察使ヨリ日田県ヘ御呼出ニ付、即日護送」した（『中川氏御年譜』）。三月十九日「御用済セラルヽ旨御達」があり、「勘問」で「日田県」に留め置かれた中川久成は岡に戻った（『中川氏御年譜』）。三月二十四日「小参事田近正徳御不審ノ筋アリテ、巡察使ヨリ日田県ヘ御呼出ノ達シアリ、即日岡ヲ発シ、日田ニ到」った。この頃、新政府への不満があり、「山口藩脱徒」や「長防脱徒」が「人心ヲ煽動」して「南北豊ノ間」に不穏の空気が充満していた。同年「四月六日、巡察使附属白杉少一、兵隊二十名ヲ率テ岡ニ来」た。

広瀬重武、矢野勘三郎、赤座弥太郎らは、元々岡藩の尊王論者であったという（『竹田市史・中巻』）。広瀬武夫の父、広瀬重武は権大属として中川久成の近くに居たので、後藤幾蔵のことを知っていたと思われる。

　明治四年（一八七一年）七月十四日「藩ヲ廃シ、県ヲ被置候事」の布告が太政官から出され、「知事中川久成　免本官」となった。廃藩となり、岡県が発足した。藩知事を免官となった中川久成は、太政官の「一同当九月中帰京候様可相達事」との「仰出」により、同年八月十五日、岡県を離れた。明治四年（一八七一年）十一月十四日、新政府により「西海道従前ノ諸県ヲ廃セラレ、豊後国一円ヲ以、大分県ヲ置カ」れた（『中川氏御年譜』）。「旧県、すなわち岡県の役人の一部は、……大分県の役人となった」という（『竹田市史・中巻』）。この後、後藤幾蔵の消息を語る資料は乏しく、戸籍、『佐賀の乱大分県慰労状』、挟田河内谷の表札、広瀬今朝彦の大福日記帳、御茶屋跡「賣渡證」、写真のみである。廃藩置県後の幾蔵の消息ははっきりしないが、「おじい様は巡査をしていた」という頼彦の聞き語りが正鵠を得ていると思われる。後藤幾蔵は、明治七年（一八七四年）の佐賀の乱で鎮定のために出動しており、これは「おじい様は巡査をしていた」を支持する証拠の一つと考える。

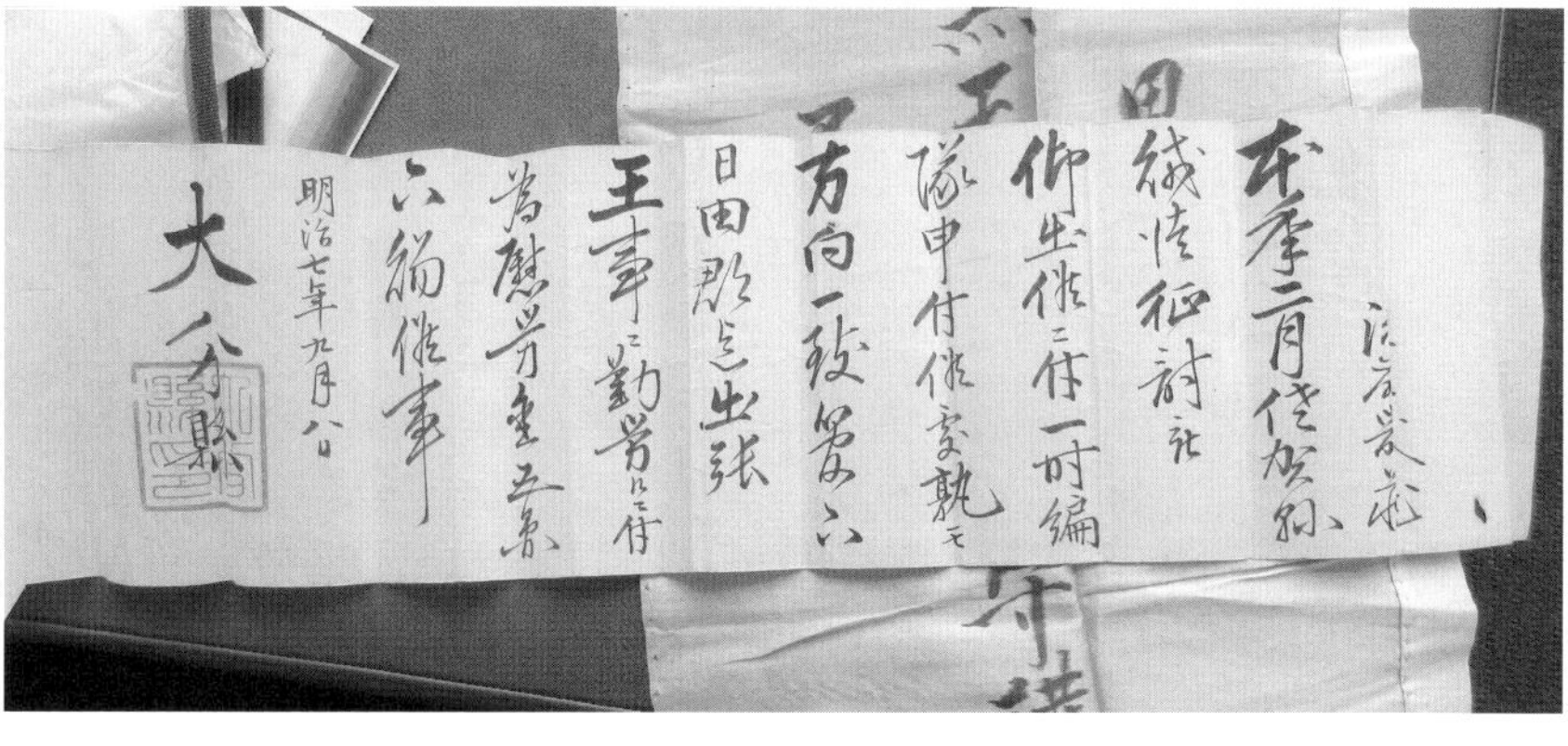

▶『佐賀の乱大分県慰労状』

明治七年（一八七四年）二月、反政府の反乱が佐賀で起こった。これに先立つ四ヶ月前、すなわち明治六年（一八七三年）十月「廟堂征韓の議あり。廟議二つに分れ、征戦を主るあり、非征を主るあり。非戦を主る者、右大臣岩倉具視、参議木戸孝允あり。征伐を主る者、参議兼陸軍大将西郷隆盛、参議兼外務卿副島種臣、参議兼副議長後藤象次郎、参議板垣退助、参議兼司法卿江藤新平あり。右大臣断然征韓の非を論じて曰く。今東北強魯の慮りなきに非ず。内務未だ整頓せず、師を海外に出すの秋に非ずと。議即ち止む。ここにおいて西郷まず冠をかけて、国に去る。ついで、江藤・副島・板垣・後藤の諸氏、病に托し、官を辞して退く」（「近世四戦紀聞」）事態が起こり、新政府に大きな亀裂が生じていた（明治六年の政変）。征韓論には「朝鮮国のわが国書を擯け、わが使節を辱かしむる、暴慢無礼、言うに忍びざる者あり」という背景があった（「近世四戦紀聞」）。「参議兼司法卿」を辞した江藤新平は、東京で「鬱陶閉居」した。佐賀に帰郷した同志が、明治七年（一八七四年）一月に上京し「本県同志の者すくなしとせず、ただ首唱して指麾する者を欠く、公あに意なきか」と江藤に問うと、江藤の「心大いに動き、おもえらくわれ佐賀をもって起らば、西方諸県、必ず景従蜂起せん。よって大に声勢を張らば、もって廟議を動かすにたらん」（「近世四戦紀聞」）として、決起することを決めた。同年一月二十五日、江藤は東京を発った。二月二日、佐賀で反乱が勃発して「三日福岡県の電報東京に達」し、政府は鎮圧に乗り出す。『明治大帝史』には「西南諸藩の士不平を抱くもの多く參議江藤新平又征韓論に敗れ、職を辭して佐賀に歸り七年二月島義勇と亂を起す、新平器才あり明治政府に立つて法律を制定する事多く、辭職後副島種臣等と民選議院設立の建議を上つり、以て政府の專制に傾く弊を矯めんとしたりしも議亦容れられず、為めに怏々として樂まず、時に佐賀に征韓、憂國の二黨あり。征韓黨潛かに人を遣はし新平を其首領に推さんとす、新平之を諾す、前の秋田縣令島義勇、憂國黨の首領となり、二人相通じ、是に至りて亂を起し其徒二千五百人、縣廳を襲ひ勢甚だ猖獗を極む、朝廷先づ大久保利通に命じて往きて之を鎮撫せしめ、尋で二十三日嘉彰親王を征討聰督となし、陸軍中將山縣有朋、海軍少將伊東祐麿を征討參軍となし、往て賊を平げしむ、未だ至らざるに、官軍賊を討て大に之を破り、次で首魁江藤及び島を獲て斬に處せり」とある。

佐賀の乱が起こった時、元岡藩士、後藤幾蔵（二十五歳）は一隊を率いて日田郡まで進み、佐賀の乱鎮定に貢献した。この功績に対し、明治七年（一八七四年）九月八日、慰労金五円が大分県より下賜された。慰労状には「後藤幾藏　本季二月佐賀縣賊徒征討被仰出候ニ付　一時編隊申付候處　孰モ方向一致　管下日田郡迄出張　王事ニ勤労

候ニ付　為慰労金五圓下賜候事　明治七年九月八日　大分縣」とある（『佐賀の乱大分県慰労状』）。この頃、「日田分営」に熊本鎮台の一小隊が居り、日田を守っていた（「近世四戦紀聞」）。豊前中津の増田宋太郎が「江藤新平に通じて援軍をだしたが、平定されて間に合わず途中から引きかえした」（『大分県の歴史』）という。中津方面の動きを察知した向きが、後藤幾蔵に一時の編隊を組織して、その動きを封じるよう命じ、後藤幾蔵の編隊が日田に向かった（中津から佐賀へ抜ける道は日田を通る）。後藤幾蔵も中津方面の動きを聞いたであろう。佐賀の乱が速やかに鎮定されたため、増田宋太郎の一隊は途中で引き揚げた。後藤幾蔵の編隊と増田宋太郎の一隊が、日田で衝突することは無かったようである。豊前中津の反乱呼応の動きを牽制する働きに対し、後藤幾蔵に慰労金五円が下賜されたと考える。

『福翁自伝』によれば、増田宋太郎は福沢諭吉の「再従弟」で「のちに九州西南の役に賊軍に投じて城山で死についた」人物。「鎖国風の日本にいてひときわ目立つように開国文明論を主張すれば、自然に敵のできるのもしかたがない。その敵も口でかれこれやかましく言うて罵詈するくらいはなんでもないが、ただこわくてたまらぬのは襲撃暗殺の一事」であったという（『福翁自伝』）。再従弟の増田宋太郎が、福沢暗殺を企てたことがある。福沢は、明治三年（一八七〇年）母と姪を東京に迎えるため、豊前中津に帰郷した。「中津に帰っても宋太郎をば乳臭の小児と思い、相変わらず宋さん宋さんで待遇していたところが、なんぞ図らん、この宋さんが胸に一物、恐ろしいことをたくらんでいて、そのニコニコ優しい顔をして私方に出入したのはまったく探偵のためであったという。さて探偵も届いたか、いよいよ今夜は福沢をかたづけるというので、忍び忍びに様子を伺いに来た。……ところがちょうどその夜は私の所に客があって、……いつまでもふたりさし向かいで飲んで話をしているので、余儀なくおやめになった」ことで、危うく難を逃れた。「およそ維新前文久二三年から維新後明治六七年のころまで、十二三年の間が最も物騒な世の中で、この間私は東京にいて夜分は決して外出せず、余儀なく旅行するときは姓名を偽り、荷物にも福沢としるさず、コソコソして往来」したと福沢は述懐している（『福翁自伝』）。

佐賀の乱鎮定後も九州山口では、不平士族の不満が渦巻き、明治九年（一八七六年）十月、神風連の乱、秋月の乱、萩の乱など、士族反乱が相次いで起こった。『明治大帝史』に「熊本縣士族大野鐵平、加屋齋堅等洋風を惡み新政を喜ばず、徒黨を糾合して神風連と號し、九年十月其徒百七十人亂を為し鎮臺を襲ひ之を焼き、司令長官陸軍少将種田政明以下六十餘人を殺す、翌日鎮臺兵撃つて之を敗り鐵平等自殺し餘黨概ね自首す。時に舊秋月藩士宮崎車之助等四百人又之に應じ豐前に亂入す、小倉の兵討つて之を平ぐ、初め舊山口藩士前原一誠參議に任じ兵部大輔となりしが政府の處置を喜ばず官を辭して郷に歸る、熊本及秋月の亂起るに及び、其黨二百餘人を率ゐ將に縣廳を襲はんとす、廣島の官軍來り討つに會し敗れて海に航し島根に走り捕へらる、陸軍少將三浦梧樓、其殘黨を萩に討ちて悉く之を平らぐ、官命じて一誠以下首魁十三人を斬に處し餘黨を刑し亂平定す」とある。

明治十年（一八七七年）一月、「窃かに私學校黨を離間し且つ大將以下の暗殺を計らしめたる」政府に対し、私学校の「校徒所々の武庫を掩襲し多量の彈藥を掠奪」する事態が起こった。同年二月、西郷隆盛が「問罪の師」を挙げ、西南の役が勃発する。『薩南血涙史』によると、陸軍大將、西郷隆盛は「拙者儀今般政府へ尋問の廉有之明後十七日縣下發程陸軍少將桐野利秋、篠原國幹及び舊兵隊の者隨行致候間其臺下通行の節は兵隊整列指揮を可被受此段及御照會候也」と熊本鎮台司令長官に宛てて、「上京の趣意書」を送った。「抑我黨の義を擧る」のは「政府へ尋問の廉」があるためで、それは「國家の忠良たる陸軍大將西郷隆盛を暗殺せんとする奸臣の罪を問はんとする」ことであったという（『薩南血涙史』）。ここに言う奸臣とは「大警視川路利良」、「參議兼內務卿大久保利通」らのことであろう。

植木、田原坂の戦いで敗れた西郷軍は、豊後を通って進むという野村忍介の策を採用した。四月五日には「佐藤隊小國街道哨兵前に豐前中津の志士增田宋太郎、後藤純平等其黨六十三名を率ゐ來りて曰く〝今般西郷氏の義擧を聞き傍觀坐視するに忍びず我徒其義擧に加らんと欲す……〟」と、中津隊が薩軍に加わった。四月二十八日、「江代本營」に集合した「桐野利秋諸將」は、「人吉本營」の西郷隆盛から、「振武行進の兩隊は鹿兒島に至り敵を擊退すべし、奇兵隊は日州口より豐後に進軍すべし」との「令」を受けた。五月二日、「野村忍介奇兵十九箇中隊と工兵隊を率ゐて江代を發し路を椎葉に取り豐後に向」かった。「野村は延岡を以て豐後方面進擊の根據地として本營を此地に置き……彈藥製造所を設け大ひに鉛錫銅鐵を購求し兵器彈藥の製造に着手」した。

五月十二日「竹田に向ひたる先鋒隊奇兵……四中隊は延岡を經進みて豐後重岡に達す、此地は警視分署あり巡査僅に三十餘人を以て警備せり先鋒隊進みて之を一擊し其の二三を斬る巡査事の不意に出づるを以て狼狽し銃器糧米を委棄して」逃げた。五月十三日「奇兵先鋒の混成隊は午前三時を以て重岡を發し午後五時竹田に達す、此地も亦薩軍の來るを知らず軍備未だ全からず警視巡査十四五名に過ぎざりしかば、拒ぎ戰ふに暇あらず銃器軍資金及び糧米雜品を棄てゝ忽ち奔竄し行く所を知らず」となった。五月十四日「八中隊皆な竹田に入」った。竹田に入った奇兵隊は「肥後の地に於て其一半の兵を失せしを以て一隊の兵員約一百名に左右し合計八百名に過ぎ」なかった。しかし「大分縣廳下空虚ならん宜しく此機に乗じ之を襲撃すべし」として、各中隊から二十二名を精選し、五月十六日「總兵二百名」で大分県庁襲撃に出発した。途中で「官軍已に至り守備甚だ嚴なるを聞き……鶴崎進撃に決し、鎌田精兵十八名」が人力車に分乗して鶴崎に入り、警察分署を襲って七人を斬った。警視隊二百四十五名が鶴崎に着いた。これに夜襲をかけて三十余名を倒したが、反撃されて鎌田雄一郎が重傷を負って撤退した。

五月二十日、恵良原の戦いで薩軍が善戦すると、「日豊の地人氣薩軍に向ひ之を待つこと一日千秋の如し其厚遇至らざる所なし、此日竹田の有志堀田政一、豊岡太郎等兵を募り四小隊を編制し之を報國隊と稱し薩軍に應ぜり是に於て軍氣大ひに振へり」と、薩軍に希望が出てきたように見えた。竹田町を占領した薩軍は抗戦の態勢を固め、竹田町に至る街道沿いに「田原、植木」のような攻防が繰り広げられた。

五月二十五日、「此日黎明警視隊大分街道より鏡橋の大迫隊（九番）佐藤隊（三番）の壘に逼る、薩軍左右の山上より之を瞰射せしかば大ひに之を苦しみ其退路を失す、時に警視隊中七人の死士あり抜刀奮進して佐藤隊半隊長佐々木新藏の守壘を衝き躍て壘内に入る佐々木等奪闘其四名を斬り其の三名を傷く、此時佐々木新藏及び兵士三名刀創を受く大迫隊の胸壁にも又激しく逼り互に奮戰未だ勝敗を決せざるに大迫隊抜刀吶喊して之を奮撃したりしかば、官兵死傷を顧みずして潰走せり此時伏屍二十餘を見銃器五十二挺を獲たり、大迫隊、佐藤隊は追撃數町に至り兵を収めて守線に還れり、此時に當り薩軍は彈藥漸く竭き針打銃の如きは其殼を取り再製して之を用ゆるに至れり」という情況になった。

兵力を増強した官軍は、「五月二十九日午前三時官軍曉霧に乗じ山砲一門を中川神社に備へ諸隊進みて古城の薩軍に逼る薩軍各所の險に據り之を拒ぎしも遂に支ゆること能はずして退く官軍進みて竹田に入り之を占領」した。「苦戰して退く嶺崎隊は竹田の市街に入らんとするに官軍已に進入し市坊に放火」していた。このとき、竹田町の大半が火事で焼け落ち、竹田の士族二百四十六名が官軍に降った。その後も臼杵や三重などで攻防が繰り広げられたが、薩軍の「豊後に進軍」、「豊後方面を攻略し進出の路を開き以て氣勢を張」る作戦は頓挫しつつあった。

六月十一日、野村忍介は「方今内外多事國家危急の秋なり此擧固より斯國を憂ひ斯民を救はんとするの志に出づ事成らば亞細亞に全力を注ぎ歐洲強國に對し皇威を宇内に光被せんことを期す、要は同志の士協心戮力其方向を一にし以て其志を為すに在り、然るに各隊各其私見を執て譲らざるは是れ決して國家の大事を濟する所以の道に非ざるなり」と慨嘆した。守勢にまわった薩軍は、敗北の道を進む。

西南の役のときに、後藤幾蔵がいかに行動したかは、記録に残っていない。しかし、広瀬家には、いくつかの聞き書きがある。広瀬頼彦は幼い頃、後藤幾蔵から「薩軍が侵入してきたとき、刀、槍、弓矢を竹薮に隠したので無事だった。稲葉川原で薩軍に処刑された藤丸宗造巡査は同僚だった。薩軍が追ってきたとき、窮地に陥って洞窟に隠れた。このとき、もし無事なら今後一切獣の肉を口にしませんという願をかけたところ、薩軍は気づかずに行ってしまった」と聞いている。いまひとつは、広瀬照人さんが聞いた「高崎山で、賊軍が追ってきたとき、槍をもって飛び降り、低いところに隠れていたら、賊軍は気づかずに行ってしまった」という聞き書きである。いまひとつは、「敵軍に切りたてられ、洞穴に難を逃れたところ、敵軍が近くまで詮索に来、もう助からないと観念して、獣肉は食べないから助けてくれと願をかけ、南無妙法蓮華経南無妙法蓮華経とお題目を唱えたら、敵軍の兵士は、探すのを止めて去っていった」という後藤家に伝わる聞き書きである。広瀬頼彦の聞き書きは直接後藤幾蔵から聞いており、また、後藤家の聞き書きは、後藤一彦から伝わった可能性があり、両者は符合する部分が大きい。後藤幾蔵が獣肉を一切口にしなかったのは事実であり、これらの聞き書きには信憑性があると考えられる。西南の役の戦火で、竹田町裏丁の後藤の家も焼けた。薩軍に処刑された藤丸巡査は同僚、刀、槍、弓矢を竹薮に隠して守った、山岳で薩軍と遭遇戦などの聞き書きから、後藤幾蔵が政府軍側（官軍側）に付いたことは間違いない。抜刀隊として薩軍と戦ったのか、竹田の地理に詳しいので、斥候や哨兵として働いたのか、これを知る手がかりはない。たぶん、両方であろう。

後藤幾蔵と同年（嘉永元年）生まれの医師、黒川文哲の事績を記した「黒川文哲翁伝」に西南の役における竹田町の状況が述べられている。「明治十年の二月に西南の役が起った。五月には竹田町にも戦雲がみなぎった。当時の戦局は混沌として、人々は其の去就に迷った。しかし竹田の士族等殆んど賊軍に見方し、名づけて報国隊と称した。連中といへ共、これを以て直に王事に叛くものと迄は思い至らなかった。勿論多くの医師達は報国隊に加担して、その野戦病院の病傷の治療にあたった。しかし文哲翁は大義名分を重んじて、報国隊病院の奉仕を拒み、同志の久保敬徳、谷川潮庵と僅か三人で官軍に従って、軍医を志願し、多くの医友と敵味方に別れて救護に奔走した」、「特に賊軍の抜刀隊による負傷には手を焼いた……五月三十日薩軍が敗走した後は、七里米倉跡が囚人の収容所となったが、その臨時刑務所の医師として無給で患者の診療に奉仕した」（『愛宕の里別巻岡藩医学校梗概并岡藩医古今医人小伝』）とある。

▶阿南尚『大分県歴史人物事典』

　終戦の際、「一死以テ大罪ヲ謝シ奉ル」との遺書を残して自決した陸軍大臣、阿南惟幾（『阿南惟幾伝』）の父、阿南尚は大分県直入郡玉来町の出である。阿南惟幾の本籍は父の出身地（大分県直入郡玉来町大字岩本）という（『一死、大罪を謝す』）。阿南尚は、明治維新後巡査をしていた。明治九年（一八七六年）の秋月の乱の時、阿南尚は「小倉連隊にいた乃木希典と共に、政府軍としてその追討にあたった」（『大分県歴史人物事典』）。西南の役の時、阿南尚は巡査として、田原坂の戦いで薩軍と戦ったという（『大分県歴史人物事典』）。西南の役で官軍側についた後藤幾蔵と阿南尚の間に交流があったかについて手がかりは何も無い。同じ巡査であったが、戦線が違うので、交流は無かったのであろう。西南の役後、阿南尚は官吏となり、各地に転勤した（『大分県歴史人物事典』）。

　西南の役後、後藤幾蔵は巡査をしながら、結婚し、子を育てたということであろう。明治十二年（一八七九年）十二月二十八日、二男、一彦が生まれる。後藤幾蔵は三十一歳。戸籍に、明治十七年（一八八四年）十一月四日、大分県直入郡岡竹田町吉富小平次四女、トメ入籍とあり、この年に結婚したことが分かる。このとき幾蔵は三十六歳。当時としては晩婚であった。『後藤家のご先祖さまについて』によれば、後藤幾蔵は室（妻）を娶っており、この女性は、明治八年（一八七五年）十二月九日に二十歳で他界している（後藤幾蔵の戸籍には記載がない）。この時代は、子ができて婚姻（入籍）するという「待孕婚」または「足入れ婚」（『日本婚姻史』）が多かった。戸籍に記載がないので、この女性との間に子はなかったと考える。この「室」が亡くなったあと、吉富トメと後藤幾蔵の間に一彦《かずひこ》が生まれ、入籍したのであろう。明治二十一年（一八八八年）三月二十九日、五女、カヨが生まれる。幾蔵は三十九歳。明治二十四年（一八九一年）四月三十日、六女、モトが生まれる。カヨとモトは、挟田河内谷で「おカヨさま、おモトさまと呼ばれていた」という。後藤幾蔵とトメの間に生まれた一女（不詳）、二女（不詳）、三女

（フミ）、四女（ヨウ）、一男（不詳）、三男（隆夫）、四男（久雄）、五男（貞基）が夭折した。

戸籍によると、後藤幾蔵は明治二十七年（一八九四年）十二月二十二日、大分県直入郡竹田町五百五番地から、挟田河内谷の大分県直入郡岡本村二番地に転籍した。この時、幾蔵は四十六歳。

▶『幕末岡藩絵図』河内谷「御茶屋　御茶屋跡　黒川庭蔵」

『幕末岡藩絵図』によると挟田河内谷には、御茶屋、御茶屋跡、馬場、黒川庭蔵があった。黒川庭蔵は、殿様が御茶屋跡に滞在中、用あるとき御手医師が詰める場所であった。幕末の「御手医師並」の筆頭格は「拾五人扶持　本科兼外科　代官町　黒川周益」であり（『愛宕の里別巻岡藩医学校梗概并岡藩医古今医人小伝』）、黒川周益の庭蔵（黒川庭蔵）であったと考える。

▶挟田河内谷　御茶屋跡

御茶屋跡とは、御茶屋の後ろにある宿泊所、休憩所の意である。これは平成五年（一九九三年）四月十三日、岡城址から挟田河内谷を鳥瞰して撮った写真。中央やや左手の建物が、撮影当時の御茶屋跡。幕藩時代に建てられた部分が残るという。

▶後藤幾蔵　表札「士族　後藤幾蔵　判なし」

この表札は、後藤幾蔵が挟田河内谷で使っていたものである。御茶屋跡については、ここに住む人（酒見克行氏）の、次の証言がある。一、いまの家の隣に、石塔があり、字が書いてある（未判読）。これには、殿様の妻妾の遺品のようなものが納められている（写真一）。二、往時の建物のひさしの対の鬼瓦が残っている（写真二）。三、岡城に河内口という出口があり（写真三）、これを下ると新御宮がある。さらに下った所に稲葉川を渡る橋があり、岡城から挟田河内谷に下りることができた（『幕末岡藩絵図』）。四、殿様の膳を盛り付けるのに使ったと思われる石の盤台が残っている。五、十川《そうかわ》から挟田河内谷に通じる道筋に関所があった。六、往時、梅の盆栽（後述）に使っていたと

一

二

三

思われる古い鉢が残っている。七、子供のとき、茶の間で、何かの弾みで土壁にぶつかったとき、これが回転する隠し扉であることを見つけた。親、祖母とも隠し扉のことを全く知らず、皆、驚いた。八、壊す前の家屋に、刀、槍、弓矢を置くつくりがしつらえてあった。刀、槍、弓矢を置くつくりは、別々の部屋にしつらえていた。九、この家の隣の畑を深く掘り起こしたことがある。この時、大量のあわびの殻が出てきた。少々の量ではなく、数メートルにわたるあわびの殻の層だった。

後藤幾蔵が御茶屋跡に住まうようになった経緯は不明である。あえて考察すれば、一に、廃藩置県の前年、後藤幾蔵が家令方に任じられた（前述）ことと関係する可能性。家令方とは、中川家の内向きのお世話をする役職でもあり、元家令方の幾蔵に御茶屋跡の世話、管理が託されたことを考える。二に、東京に住まう中川久成、明治三十年（一八九七年）に久成が他界したあと家督を継いだ中川久任と、後藤幾蔵の間によい関係が維持されていた可能性。これについては、昭和四年（一九二九年）、昭和八年（一九三三年）に中川久任が竹田に来たとき、このいずれかの機会に「幾蔵は威儀を正して久任にお目どおりし、久任から〝幾蔵、息災であったか？〟と声をかけられ、はらはらと涙をこぼした」と広瀬家に伝わる。三に、西南の役のとき、竹田の士族の多くが薩軍に付く中で、後藤幾蔵が官軍側に付いたことが評価された可能性。四に、後藤幾蔵が、明治維新や西南の役を経験した黒川文哲、野原桂吾ら同年（代）生まれの竹田町の有力者と良好な関係を持っていたこと（後述）が考えられる。

後藤幾蔵の主君は中川久成である。若殿、中川久成は、慶応三年（一八六七年）十月、徳川慶喜にお目見えするため上洛した。大阪に着いたとき大政奉還の報が入り、急遽神戸から船で豊後に引き揚げた。若殿、中川久成に従っていた後藤幾蔵は、久成が豊後に戻る際に活躍した（前述）。また、明治二年（一八六九年）には家知事調役として、明治三年（一八七〇年）には侍長方、家令方として、中川久成が明治維新を乗り切るのに、裏方として働いている（前述）。後藤幾蔵と二歳年下の中川久成には、武家の身分を超えたつながりがあったことが感じられる。このような、目には見えないつながりも、幾蔵が御茶屋跡を引き継いだ背景にあったと考える。

一枚目（上）、明治三十年（一八九七年）五月三日、後藤幾蔵の岡藩主君、中川久成死去。享年四十六歳。嘉永三年（一八五〇年）生まれの中川久成は、後藤幾蔵の二歳年下。二枚目（下）、中川久任が家督を継ぐ。中川久任は、明治四年（一八七一年）生まれ、昭和十年（一九三五

年）没。『花葵徳川邸おもいで話』に「家令、家扶、家従は徳川宗家の経営、事務に当たった男の職名で、いわば〝表〟の人たちである」とある。鍋島家から梨本宮家に嫁した伊都子は「当時の大名華族は宮家以上の優雅な生活でした。鍋島家でもその例にもれず、家令をはじめ役職の家来たちは、溜池のほとりに屋敷を戴いて家族と住んでいました」と述べている（『三代の天皇と私』）。旧会津藩主の系譜の松平家には「家令の飯沼（白虎隊ただ一人の生き残りで、近所の農民に助けられ蘇生した者の子供）」がいた（『みみずのたわごと』）。明治時代には、元大名家に、財産管理など、「表」に向かって内向きの事柄を掌る者――〝表」と呼ばれた「家令」〟（『徳川おてんば姫』）――がおり、中川家も同様であったと考えられる。後藤幾蔵は、明治三年（一八七〇年）に家令方（家令の補佐）に任じられたが、廃藩置県後、中川久成に付いて東京に上ってはいない。廃藩置県で、地元に残る家令方は有名無実化したと思われる。廃藩置県の前年にしろ、後藤幾蔵が家令方に任じられたことは、殿の家（すなわち中川家）との繋がりを示すと考える。

滝廉太郎は、明治十二年（一八七九年）八月二十四日、東京市芝区南佐久間町に生まれる（『滝廉太郎を偲ぶ』）。明治二十四年（一八九一年）十二月、大分県直入郡長になった父、滝吉弘に付いて竹田町に引っ越した（『滝廉太

郎を偲ぶ』）。明治二十五年（一八九二年）一月、直入郡高等小学校に転入した。滝廉太郎と同年生まれの後藤一彦が直入郡高等小学校の同級生となった。一枚目（上）、二列目左から四人目が滝廉太郎（十三歳）。この写真（『ふるさとの想い出写真集竹田』）は、『大分県先哲叢書瀧廉太郎資料集』で、明治二十七年（一八九四年）、滝廉太郎の「小学校四年卒業記念」の可能性が指摘されている。しかし、この写真に後藤一彦が写っていることから（最前列右から二人目）、これは滝廉太郎の卒業時の記念写真ではなく、明治二十六年（一八九三年）春に撮った同校生徒の写真であると思われる。二列目、滝廉太郎の右の少年は、この年直入郡高等小学校に入った広瀬今朝彦にも見えるが、はっきりしない。二枚目（下）、「明治二十一年七月起　卒業生經暦簿　直入郡高等小学校」（『滝廉太郎を偲ぶ』）。明治二十七年（一八九四年）、直入郡高等小学校を卒業した滝廉太郎の同級生名簿に、後藤一彦の名は無い。後藤一彦は、翌、明治二十八年（一八九五年）に同学校を卒業しており（『竹田小学校開校一二〇周年記念誌楠』）、病気か何かの事情で卒業が一年遅れたようである。

滝廉太郎は、明治三十一年（一八九八年）七月、東京音楽学校（本科専修部）を卒業した（『東京音樂學校創立五十年記念』）。この時、廉太郎は十八歳。滝廉太郎と親しい野原彜夫は、後藤幾蔵の友、野原桂吾（後述）の子である。明治十三年（一八八〇年）三月三十日生まれで、明治二十七年（一八九四年）に直入郡高等小学校を卒業した（『滝廉太郎を偲ぶ』）。野原彜夫は直入郡高等小学校の卒業生名簿に、滝廉太郎と名を連ねている（『竹田小学校開校一二〇周年記念誌楠』）。野原彜夫は、〝滝廉太郎君の想い出〟に「君は学校の卒業試験がすむと直ぐ上京した。別れに節次郎君と三人で写真を撮つた。卒業生皆との一緒の写真は撮られなかつた。……私は、大分県立大分中学校に入学し、五ヶ年経過した。次の一ヶ年東京正則英語学校に学んだ。その間、滝君とは度々音楽学校であつた。その頃すでに君は助教授であつたか、ピアノは上手であつた。……音楽会には明治天皇陛下の皇后様（昭憲皇太后）が見えられ、君は御前でピアノを弾奏した。その時私は陪席した」と述べている（『滝廉太郎を偲ぶ』）。この音楽会は明治三十二年（一八九九年）四月二十一日、「皇后陛下（昭憲皇太后様）の初行啓」の日に開かれた。『昭憲皇太后実録』に、四月「二十一日　午後一時三十分御出門にて東京音楽学校へ行啓あらせらる。乃ち文部大臣伯爵樺山資紀の御先導にて便殿に入御、……同校校長心得渡辺龍聖以下教授六名其の他に謁を賜ふ。尋いで演奏場に臨みて同校教授・生徒等の声楽及びピアノ・ヴァイオリン・箏の演奏を聞召され、畢りて同校を御発、五時三十分還御あらせらる。尚本日の行啓に当り、同校に金二百円を下賜あらせらる。因に同校は去る四日従来の高等師範学校附属音楽学校の学制を改めて独立の一校となりしを期し、音楽奨励の趣旨を以て、本日皇后の行啓を仰ぎたるなり」とある。明治三十二年（一八九九年）四月二十一日、「皇后陛下（昭憲皇太后様）の初行啓」の日に開かれた音楽会のプログラムに、滝廉太郎のピアノ演奏の記載が見当たらない（『東京音樂學校創立五十年記念』）のは理解に苦しむ。「皇后陛下（昭憲皇太后様）の初行啓」の日の音楽会と野原彝夫の「陪席した」音楽会は別の日の可能性も考えるが、はっきりしない。プログラムに「滝廉太郎」の記載は無いが、「皇后陛下（昭憲皇太后様）の初行啓」の日に、ピアノ演奏をした可能性もある。

▶令和四年（二〇二二年）八月　滝廉太郎像（旧東京音学校奏楽堂）

滝廉太郎は、作曲とともにピアノの腕が広く知られるようになり、明治三十三年（一九〇〇年）六月十二日「ピアノ及作曲研究ノ為満三年間獨國へ留學ヲ命」じられた（『大分県先哲叢書瀧廉太郎資料集』）。明治三十四年（一九〇一年）三月末、上野の精養軒で音楽学校の送別会が開かれた。この時、滝廉太郎（二十歳）は「不肖、今回の留学は、国家の命であると共に、また神の命でもあります。〝音楽のため〟、この一語の前には、私は死も辞せず当るの覚悟をもつて、渡航いたします。……思うに恐らく口さき、又は指さきばかりで、すぐれた音楽が生まれると、考へるのは大きな間違ひでありませう。真の偉大な音楽の出現には、その深い背景がある。私は音楽技術と共に、そのドイツの国家的、社会的背景、その音楽精神をつかんで帰国することを念願といたしてをります。無事帰朝の暁には、願はくばそれを土産として、今日の皆様のご好意にむくいたいと思つてをります」と挨拶して旅立った（『滝廉太郎を偲ぶ』）。滝廉太郎は、明治三十四年（一九〇一年）六月、留学先のドイツ、ライプチヒに着いたが、半年たたないうちに結核を発病した。明治三十五年（一九〇二年）七月、ドイツを離れて帰国。大分に戻って療養していたが、明治三十六年（一九〇三年）六月二十九日、二十三歳の若さで他界した（『滝廉太郎を偲ぶ』）。

　滝廉太郎の妹、安部富（とみ、トミ）は、廉太郎が「東京から病気養生のため、大分に下ったのは明治三十五年の暮れであつた」、大分では「床についているでもなし、陽当りのよい座敷で、鉛筆で拍子を取りながら、楽しそうに作曲をつづけていた」が、「笑顔も三十六年の六月に入つてからは、見ることも出来なく」なり、「兄も凡てを覚悟して、いつの間か〝憾〟というピアノ曲が遺してあつた」と述べている（『滝廉太郎を偲ぶ』）。

▶平成二十七年(二〇一五年)三月十五日　滝廉太郎顕彰碑

ライプチヒ、フェルジナンド・ローデ通りにある滝廉太郎顕彰碑。日本語で「日本で敬愛されている作曲家、滝廉太郎（１８７９－１９０３）は１９０１年から１９０２年の間、フェルディナンド・ローデ通り７番に住み、ライプツィヒ音楽院で学んだ。短い一生の中で数々の名曲を残し、日本の近代音楽の扉を開いた業績は永遠に輝き続ける」とある。この碑文の後半「短い一生の中で数々の名曲を残し、日本の近代音楽の扉を開いた業績は永遠に輝き続ける」がドイツ語訳されておらず、滝廉太郎の大きな業績が、ドイツ人に伝わっていない。

▶李香蘭

滝廉太郎作曲の『荒城の月』について、李香蘭こと山口淑子は「借着の盛装で最初にうたったのが〝荒城の月〟だった。……日本の歌曲〝荒城の月〟は、私にとってはまだ見たことのない祖国への郷愁そのもので、それ以来国歌にも等しい大切な曲となった。その後、戦場の兵士慰問でも海外での公演でも、必ずこの日本の曲を最初に、しかも威儀をただしてうたうのが習慣になった」と述べている（『李香蘭私の半生』）。

明治三十三年（一九〇〇年）一月四日、後藤幾蔵の養母、マキ他界。享年七十六歳。このとき幾蔵は五十一歳。

明治三十三年（一九〇〇年）八月、大分県大野郡緒方村の広瀬俊太郎が他界し、翌月一男、広瀬今朝彦が家督を継いだ。この時、今朝彦は十七歳。広瀬俊太郎は安

▶明治四十三年（一九一〇年）頃か、広瀬今朝彦

政元年（一八五四年）八月十八日生まれ、明治三十三年（一九〇〇年）八月十一日没。享年四十五歳。広瀬俊太郎は、上自在を除く緒方村と近郊のエリア（志賀、馬場、軸丸、井上、下自在、太地、中原、土師、岡村、木原など）で金を貸しており、今朝彦はこの仕事を引き継いだ。広瀬俊太郎の「大福日記帳」に「明治三拾三年分金〆　五千六百七拾八円七拾銭　軍事公債金五拾円　銀債〆七百円」、「明治三拾四年旧正月〇〇〇〇〇（五字不明）利子三百五拾円七銭」とある。旧正月に三五〇円の利子収入があるとすれば、相当の額である。広瀬俊太郎は目先の利く、〝やり手〟だったが、血圧が高くて、急逝したようである。広瀬俊太郎の死が突然であり、若輩の今朝彦に十分な引継ぎができていなかったため、相当の貸倒れがでた。

広瀬今朝彦は明治十五年（一八八二年）十二月二十日生まれ。広瀬家の唯一人の男児で、大事に、甘やかされて育った。『古希までの記録』に「父今朝彦は明治十五年生れ、広瀬家分家四代目の一人息子として、乳母日傘で育ったらしくワンマンな自由人で、遊ぶ方が好きなようであった。父の野良着姿を見たことがない。いつも羽織着物姿で、夏、外出する時はカンカン帽に絽の羽織、冬は中折帽子にインバネス、ステッキを突いて出ていく。多分碁打ちのようだった。広瀬家には碁盤が二面あった。父は田舎初段ぐらいの腕前だったろうか。広間で打つが、徹夜組もあり、それに茶を汲む義姉も大変だったろう。とにかく好きであった」とある。「今朝彦は一人息子で、仕事着を着たことがない。酒好き。緒方の殿様と言われていた。碁や将棋を打って遊び暮らしていた」と広瀬家に伝わる。

一枚目（上）、直入郡高等小学校『ふるさとの想い出写真集竹田』。広瀬今朝彦は、直入郡高等小学校（一八八七年－一九〇七年頃）、竹田町に下宿していたという。今朝彦は一八九三年－一八九七年に存在）に通っていた時（一八九三年－野原保の家、またはその近所に下宿していた可能性を考えるが、これを語る資料はない。広瀬今朝彦は滝廉太郎の三級下であるが、廉太郎のことは知っていたと思われる。同じく、広瀬今朝彦は、同じ学校にいた後藤一彦を知っていると思われる。しかし直入郡高等小学校の卒業生名簿に、「広瀬今朝彦」は無い。緒方に高等小学校が出来て、転校

した可能性を考える。二枚目（下）、向かって右は広瀬今朝彦（十歳）に見える少年。左は滝廉太郎。明治二十六年（一八九三年）春の写真（前出）は、この年、広瀬今朝彦が後藤一彦、滝廉太郎と同じ直入郡高等小学校で学んでいた可能性を示唆する。

▶昭和六年（一九三一年）六月一日

二〇世紀に入ると後藤、広瀬、三村、原田、安成の意外なつながりが現れる。『よしだのあゆみ』によると、明治三十四年（一九〇一年）一月二十三日、山口県厚狭郡吉田村の作り酒屋「三村酒場」の酒倉が、カンテラの火が藁に燃え移ったことによる大火事で類焼した。二〇〇〇石の酒が失われ、その酒税が負債となって、三村清二の叔父、三村久之進が破産した。明治三十四年（一九〇一年）当時、酒税は一石（一八〇リットル）あたり十五円で、二〇〇〇石は三万円の酒税となる。この時、三村の親戚、原田百太が広大な田畑の半分を売って、三村を救済したと原田家に伝わる。三村清二の父、三村吉之進が酒作りを試みたが成功せず、全財産を処分して、門司に転居した（『よしだのあゆみ』）。三村家は小松寺で代々庄屋をしていたという（『よしだのあゆみ』）。原田百太の妻、ウラは三村清二の姉。後、三村清二は後藤モトと結婚する（後述）。この写真は、昭和六年（一九三一年）六月一日、原田百太の三男、原田音輔の結婚の日に撮った、百太（六十九歳）とウラ（五十二歳）のツーショット。

　原田百太が田畑の半分を売って救済する行為は、妻の実家を助けるということだけでは理解が難しい。過去に、何か三村から恩義を受ける場面が、原田百太にあったのか？これについては、手がかりが無い。原田百太は文久二年（一八六二年）二月十九日生まれ、昭和十五年（一九四〇年）五月十二日没。享年七十八歳。百太は、山口県豊浦郡豊東村大字上大野村、長州藩三百石取りの安成橘弥の四男で、明治二十二年（一八八九年）七月二十三日、原田家に養子に入る。百太の兄は安成貞一。百太の子は友輔、楳一、タツ（この三人は原田家の跡取り娘、タネとの間に出来た子）。タネが他界した後、明治三十一年（一八九八年）七月、三村家からウラが後妻として百太に嫁した。音輔、清、宗一、啓次は、百太とウラの間に出来た子。原田ウラは明治十一年（一八七八年）十二月一日生まれ、昭和二十四年（一九四九年）十月十五日没。享年七十歳。

明治三十五年（一九〇二年）広瀬今朝彦の祖父、直吉が他界。広瀬直吉は文政九年（一八二六年）十一月五日生まれ、明治三十五年（一九〇二年）一月二十四日没。享年七十五歳。

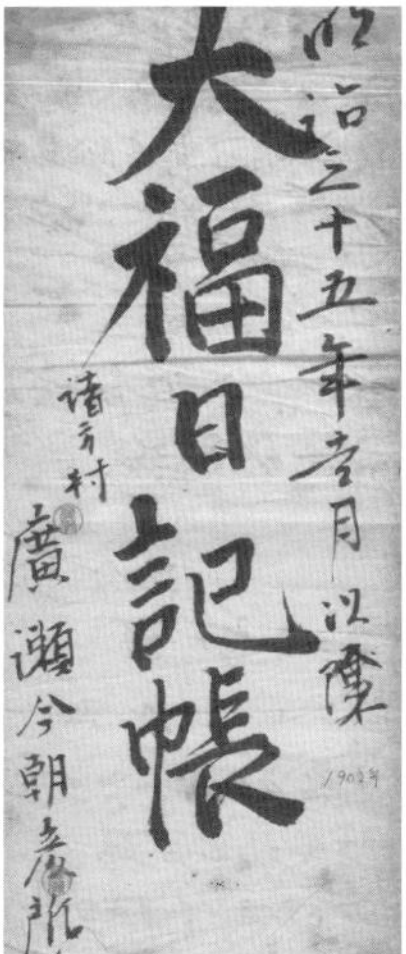

▶「緒方村　廣瀬今朝彦　明治三十五年　大福日記帳」

広瀬今朝彦の大福日記帳によれば、明治三十五年（一九〇二年）、河内谷、後藤幾蔵は広瀬今朝彦より四拾円借金（上）。同じく豊岡村字川下、野原保は広瀬今朝彦より拾五円借金（下）。後藤幾蔵と兄の野原保が、大野郡緒方村で農業のかたわら、金貸し業をしていた広瀬今朝彦か

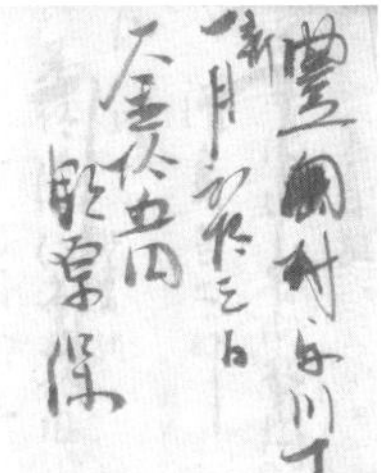

ら金を借りたことで、後藤と広瀬の繋がりができた。後藤幾蔵と野原保は、直入郡高等小学校に通っていた広瀬今朝彦が、亡父から金貸し業を引き継いだことを知ったのであろう。

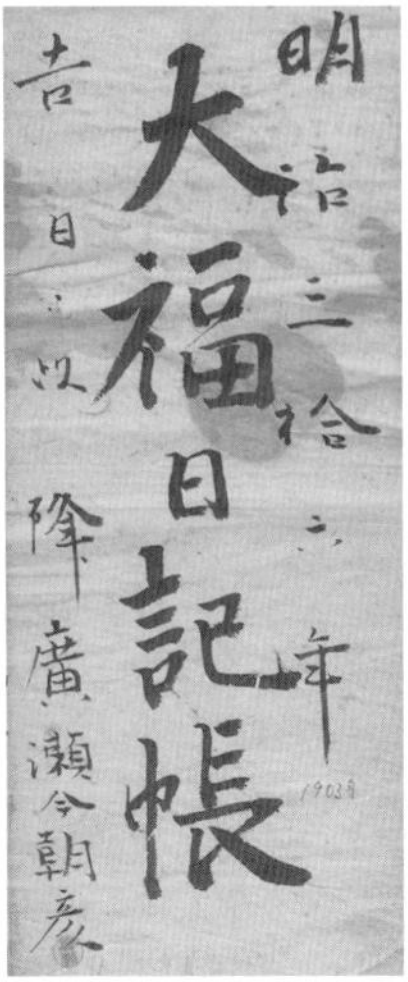

▶「廣瀬今朝彦　明治三十六年　大福日記帳」

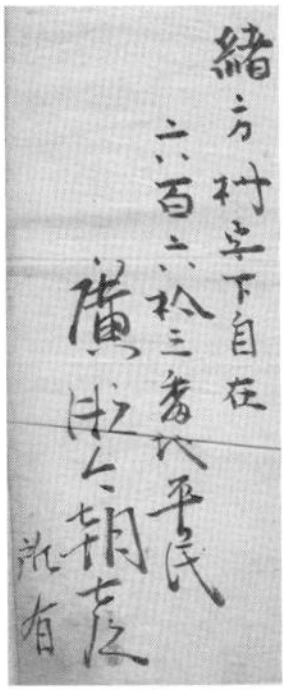

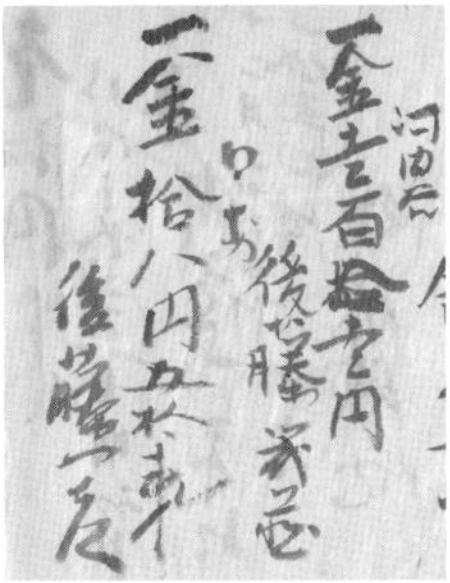

明治三十六年（一九〇三年）河内谷の後藤幾蔵は、広瀬今朝彦より壱百拾壱円を借りる（下）。同じく後藤一彦は、今朝彦より拾八円五拾銭を借りる（下）。同年三月二十三日、後藤幾蔵の五女、カヨ、広瀬今朝彦に嫁ぐ（入籍）。この時、カヨは満十五歳になる直前。広瀬今朝彦は二十歳、後藤幾蔵は五十四歳。同年九月二十四日、広瀬今朝彦、カヨの長男、和義が生まれる（一九〇八年に夭折）。

　後藤幾蔵が五十五歳で定年退職したとすれば、明治三十六年（一九〇三年）に職を退いたことになる。この年二十三歳の後藤一彦は、東京に出ることを希望していたと思われる。竹田町から東京に出て東京音楽学校を卒業し、ドイツに留学した滝廉太郎は後藤一彦と同年の生まれである。後藤一彦は、同級生、滝廉太郎の東京での活躍を聞いたであろう。明治三十六年（一九〇三年）、妹、カヨが広瀬今朝彦に嫁ぎ、父、後藤幾蔵が広瀬今朝彦から百十一円を、一彦が十八円五十銭を借り、後藤一彦の上京の夢がかなった。

　明治三十七年（一九〇四年）日露戦争が始まり、広瀬今朝彦は召集される。この時、広瀬今朝彦は広瀬家の唯一の男子であり、新婚でもあり、字が書けたので内地勤務となったようである。そのために、入隊するときに持って行った三百円を、同輩や先輩を飲ませ食わせするのに使ったという（広瀬照人さん談）。明治三十七年（一九〇四年）十二月一日、広瀬今朝彦、カヨの二男、直俊が生まれる。

　一枚目（上）、広瀬重武（『ふるさとの想い出写真集竹田』）。日露戦争の旅順港口閉塞作戦で戦死した広瀬武夫

の父、重武は元岡藩士。天保七年（一八三六年）生まれ（『大分県歴史人物事典』）。幕末、広瀬重武は岡藩の勤皇家で知られた（前述）。明治維新後、官吏（司法官）となって各地を転勤し、明治十九年（一八八六年）に退職した。「爾来竹田に帰つて、風月を友として余生を送つた」という（『滝廉太郎を偲ぶ』）。明治三十四年（一九〇一年）四月六日に他界（『広瀬武夫全集下巻』）。享年六十五歳。明治の初め、広瀬重武は権大属として中川久成の近くに居たので、後藤幾蔵のことを知っており（前述）、晩年、同じ竹田に住む十二歳年下の元岡藩士、後藤幾蔵と親交があったと考える。後藤家には、幾蔵の遺品として「広瀬中佐がつくった漢詩を書いた書が残って」いる（『後藤家のご先祖さまについて』）。後藤幾蔵は、一、広瀬武夫の漢詩を書いた書を大切にしていた、二、大正四年（一九一五年）二月、二男、後藤一彦が竹田町に帰郷した際、広瀬中佐銅像前で親類縁者と記念写真を撮った（後述）、三、広瀬神社創建時に、広瀬神社に石の手水鉢を寄進する手配をしていた（後述）などから、広瀬重武（広瀬武夫）に、親近感を感じていたと思われる。二枚目（下）、明治三十五年（一九〇二年）三月、広瀬武夫（『ロシヤにおける広瀬武夫』）。広瀬武夫は明治元年（一八六八年）五月二十七日生まれ（『広瀬武夫全集下巻』）。明治三十七年（一九〇四年）二月二十四日、報国丸に乗って旅順港口閉塞作戦を指揮。第一次閉塞作戦の後、広瀬武夫は「何卒単身旅順に赴き主将に説き人道の為め無用の流血を避け全海軍を日本人の手に委せんことを勧告したし」（『ロシヤにおける広瀬武夫』）と述べていた。時機尚早と言う八代六郎に、広瀬は「充分旅順口を閉塞したる後長官に語らひ単身敵将に説く所存なり」と答えている（『ロシヤにおける広瀬武夫』）。同年三月二十七日、第二次閉塞作戦を指揮し、福井丸を離れた時に砲弾を受けて戦死（『広瀬武夫全集下巻』）。享年三十五歳。

明治三十六年（一九〇三年）に東京に出た後藤一彦の、東京での消息を語る資料はない。後藤幾蔵の戸籍から、明治三十九年（一九〇六年）十二月二十二日、後藤一彦が群馬県邑楽郡館林町大字館林五百十三番地、鳥海安太郎の二女、鳥海とくと結婚（入籍）したことが分かる。鳥海（後藤）とくは明治十五年（一八八二年）五月二十七日生まれ、昭和三十二年（一九五七年）二月十八日没。享年

▶明治三十九年（一九〇六年）後藤一彦（向かって左）、鳥海とく（右）

七十四歳（後述）。

一枚目（上）、明治四十年（一九〇七年）五月十三日、拝田原の山下公園で、広瀬中佐の銅像除幕式が行われた（『ふるさとの想い出写真集竹田』）。この日、広瀬武夫と親交のあった横綱常陸山が相撲を披露したという。この銅像の裏手の山（常盤山）に登ると中川神社がある。西南の役の時、官軍は、中川神社に山砲一門を備え、薩軍に総攻撃をかけた（前述）。広瀬中佐の銅像は、昭和十九年（一九四四年）、金属類回収令により、供出された（『ふるさとの想い出写真集竹田』）。二枚目（下）、「萬世橋停車場と廣瀬中佐銅像」絵葉書。明治四十三年（一九一〇年）、万世橋駅（この駅は、今は無い）前に、旅順港口閉塞作戦で戦死した広瀬中佐と杉野兵曹長の銅像が立てられた。昭和二十二年（一九四七年）、ＧＨＱ（総司令部）に追従する日本人によって、この銅像は壊された。

明治三十九年（一九〇六年）十二月二十一日、後藤一彦、とくの一男、守彦が東京市芝区桜田和泉町十番地で生まれる。明治四十年（一九〇七年）一月三日、広瀬今朝彦、カヨの三男、三郎が生まれる。明治四十一年（一九〇八年）九月二十日、広瀬今朝彦、カヨの一女、トクが生まれる。明治四十二年（一九〇九年）十月三日、後藤一彦、とくの二男、嘉彦が東京市赤坂区赤坂台町三十番地で生まれる。同年十一月十日、後藤モトの子、潔、岡本

村大字挟田二番地で生まれて、すぐに亡くなる。潔の父の記載は無いが、「モトは三村清二と恋愛結婚だった」と三村家に伝わるので（太田和子さん談）、潔の父親は三村清二であったと思われる。明治四十三年（一九一〇年）二月二十日、広瀬今朝彦、カヨの四男、俊幸が生まれる。

明治四十三年（一九一〇年）十二月二十六日、後藤モトは福岡県門司市大字門司三〇七四番地の三村清二と結婚（入籍）。この年、三村清二とモトは東京に出る（後述）。明治四十四年（一九一一年）一月八日、三村清二、モトの一男、勇が東京市赤坂区で生まれる。大正元年（一九一二年）九月二日、三村清二、モトの二男、進が四谷区坂町百四番地で生まれる。

この時期、後藤幾蔵の三人の子供（一彦、カヨ、モト）が結婚して、次々と孫が生まれている。幾蔵、トメにとってはうれしい出来事であったが、一方で夭折する孫も少なくなかった。カヨが広瀬今朝彦に嫁いだ後は、後藤幾蔵、トメ夫婦とモトが挟田河内谷の御茶屋跡で暮らし、モトが嫁いで東京に出た後は、後藤幾蔵、トメ夫婦で暮らしていたと思われる。この頃の二人の消息を語る資料は無い。明治四十四年（一九一一年）十一月一日、鉄道が大分に達し、大分―新橋が鉄道で結ばれた（関門海峡は関門連絡船）（『大分県交通史』）。

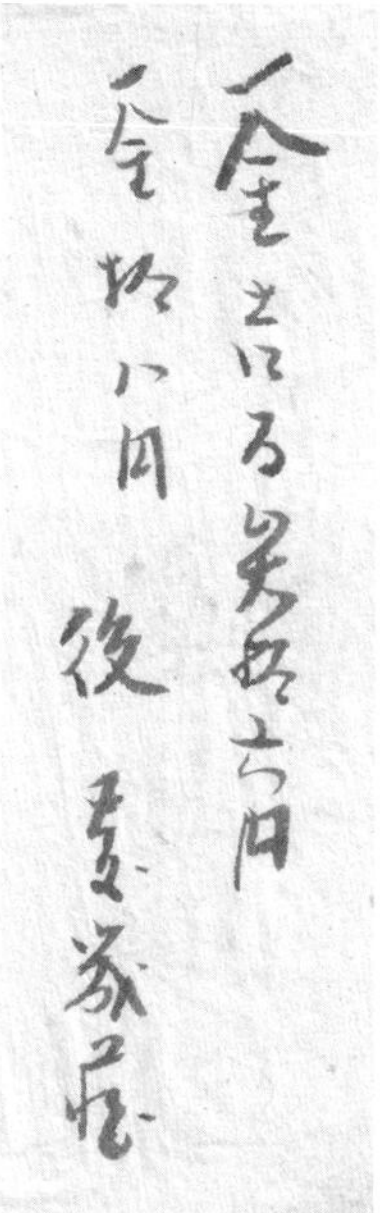

広瀬今朝彦の、明治四十三年（一九一〇年）「金員貸附張」に「一金　壱百参拾六円　一金　拾八円　後藤幾蔵」とあり、今朝彦は後藤幾蔵の娘、カヨを娶っているが、後藤一彦と後藤幾蔵の借金は棒引きになってはいなかった。明治三十六年（一九〇三年）の後藤幾蔵の借金、「壱百拾壱円」より増えているのは、利子が付いたため。「一金　拾八円」は、明治三十六年（一九〇三年）に後藤一彦が借りた「拾八円五拾銭」と思われる。

一枚目（上）、自決当日の乃木夫妻（『明治大帝史』）。二枚目（下）、那須乃木邸（『乃木将軍詩歌物語』）。大正元年（一九一二年）九月十三日、明治天皇のご大葬が終わった後、乃木夫妻は自宅で自決した。乃木希典、享年六十二歳。乃木は「明治十年の役に於て軍旗を失ひ、其後、死處を得度心掛候も、其機を得ず。皇恩の厚きに浴し、今日迄過分の優遇を蒙り、追々老衰、最早、御役に立候時、無餘日候折柄、此度の御大變、何共恐入候次第、茲に覺悟相定

候事に候」と遺書を残している（『乃木将軍詩歌物語』）。希典の辞世の句は「うつし世を神去りましゝ大君の　みあと慕ひて我はゆくなり」、妻、静子の句は「出でまして還ります日のなしときく　今日の御幸に逢ふぞ悲しき」であった（『乃木将軍詩歌物語』）。

頼彦の聞き書きによれば、後藤幾蔵は、日露戦争の乃木将軍を大変尊敬しており、よく乃木将軍の話をしたという。乃木希典は、嘉永二年（一八四九年）十一月十一日生まれ、「山口縣士族乃木希次長男」（『明治大帝史』）。幾蔵は「伏見御親兵々營」などで、一級下の乃木と顔を合わせた可能性があり（前述）、乃木に親近感を抱いていたと思われる。西南の役では共に官軍側で戦った戦友でもある。明治天皇ご大葬の日、乃木夫妻が殉死したことは、後藤幾蔵にとって、衝撃的出来事であった。このとき幾蔵は六十四歳。

乃木希典の自決は、阿南惟幾に多大の影響を及ぼした。明治三十三年（一九〇〇年）香川県善通寺の第十一師団長をした乃木希典が徳島市を訪れた時、乃木歓迎の撃剣試合が開かれ、少年の阿南惟幾は乃木に褒められたという（『一死、大罪を謝す』）。阿南惟幾は、乃木のすすめで軍人の道を選び、明治三十三年（一九〇〇年）九月一日、広島地方幼年学校に入校した（『阿南惟幾伝』）。明治三十六年（一九〇三年）九月一日、中央幼年学校に進んだ阿南は、何度か乃木邸を訪れてその謦咳に接している。「乃木夫人の手から、同家の有名な稗飯の馳走になったことも、二度や三度はあった」（『阿南惟幾伝』）という。大正元年（一九一二年）九月十五日、中央幼年学校の大講堂で、「樋口教官殿の〝君に捧ぐるの命〟という題目のもとに、乃木将軍の殉死についての講話」が行われた時、「阿南生徒監殿は、深い感動に打たれたもののごとく、身じろぎひとつせず、白い手袋をはめた手を眼にあてて、男泣きに泣いておられました。あのお姿は終生忘れられません」と、当時、阿南担当だった生徒は、思い出を語っている（『阿南惟幾伝』）。この時、阿南惟幾は二十五歳。

大正元年（一九一二年）十一月、後藤幾蔵の妻、トメ（五十四歳）が上京した。向かって左から右に後藤とく（三十歳）、嘉彦（三歳）、後藤一彦（三十二歳）、トメ、守彦（五歳十一ヶ月）。守彦、嘉彦の年齢から大正元年（一九一二年）、衣服などから十一月とした。乃木夫妻の自決から二ヶ月しかたっていない。明治四十四年（一九一一年）十一月一日に新橋と大分が鉄道でつながった（前述）とはいえ、この時代、女性が一人で挟田河内谷から上京するのは大変なことであり、一大決心をしたと思われる。息子、娘が東京に居り、孫に会いにいくということだけでは無い。後藤トメは、幾蔵の名代で、乃木夫妻の殉死に弔意を伝えたのではないか。明治三十六年（一九〇三年）、後藤一彦が上京した時、乃木希典に挨拶に行き、何らかの恩義を受けた可能性を考える。後藤幾蔵もトメと一緒に上京したかったであろうが、上京していない。梅の盆栽（後述）の世話で、挟田河内谷を離れられなかったと思われる。

大正元年（一九一二年）十一月、同じ写真館で、日を変えて撮った写真。向かって左から右に三村進（生後二ヶ月。母親に抱かれている）、三村モト（二十一歳）、三村清二（三十一歳）、三村勇（一歳十ヶ月）、後藤トメ。

▶大正二年（一九一三年）四月

向かって右が後藤守彦（六歳）、左が後藤嘉彦（三歳）。後藤一彦の長男、守彦が小学校入学の時と考え、大正二年（一九一三年）四月とした。

大正四年（一九一五年）二月、後藤一彦が竹田町に帰郷し、山下公園の広瀬中佐銅像前で野原、広瀬、吉富の親類縁者と記念写真を撮っている。この時、後藤幾蔵は六十六歳、後藤一彦は三十五歳。前列向かって左端に広瀬今朝彦、左から五人目に後藤トメ、六人目に後藤幾蔵、七人目に野原の縁者、八人目に広瀬カヨ、後列左から四人目に後藤一彦が見える。梅の花が咲いているので二月とした。後藤一彦が帰郷した理由は不明である。何か差し迫った事情があったのか？　半年後に母、トメが他界するので、母

▶大正四年（一九一五年）二月

の見舞いに帰ったとも考えられる。一彦の身なりが立派であり、野原、広瀬、吉富の親類縁者が集まっていることから、故郷に錦を飾った形になったのかもしれない。後藤一彦の竹田への帰郷については、広瀬家に「一彦が竹田に帰ってきたとき、旅館一味楼に泊まって、お金をばら撒いた」という逸話が伝わっている。これは広瀬照人さんが父、広瀬直俊から聞いたが、その真偽は不明である。この時、直俊は十歳であった。

後藤幾蔵は梅の花が好きであった。幾蔵が梅の花を愛でる写真が残っている。大正四年（一九一五年）旧正月に、御茶屋跡で撮った写真と考える。樹齢百年は超すと見られる梅の盆栽が、数鉢並んでいる。梅の花が咲いており、幾蔵が紋付袴を着ているので、旧正月とした。野原家、後藤家とも岡藩の下級武士であり、このように立派な梅の盆栽を持ちうる身分ではなかった。これらの梅の盆栽は、中川家のものであった可能性があり、幾蔵に託されたと考えることもできる。この時代、竹田町の写真屋に御茶屋跡まで出張してもらって写真を撮るには、お金がかかる。帰郷した一彦が写真代を支払ったと考える。後藤一彦は、明治三十六年（一九〇三年）に父、幾蔵が広瀬今朝彦から借りた「壱百拾壱円」と、自身が借りた「拾八円五拾銭」を返済したのであろう。

▶大正四年（一九一五年）二月

大正四年（一九一五年）八月二日、後藤幾蔵の妻、トメが御茶屋跡（直入郡岡本村大字挟田二番地）で他界。トメは安政五年（一八五八年）二月十九日生まれ。享年五十七歳。このとき幾蔵は六十七歳。

大正四年（一九一五年）十一月、竹田町の仕舞（乱舞）の仲間と撮った写真。前列向かって左端が後藤幾蔵、次いで右に順に野原桂吾（医師。岡藩医、野原格玄の子）、黒川文哲（医師。岡藩医、黒川周益の一男）。このとき幾蔵は六十七歳。野原幾蔵が後藤家の家督を継いだ時、後藤は乱舞の家筋なので、稽古専一に励むよう殿様から仰せ付かったことを守って、稽古に励んだことがうかがえる。黒川文哲は、大正四年（一九一五年）十一月十日、地方功労者として、大正天皇即位大礼記念章を授与された（『愛宕の里別巻岡藩医学校梗概并岡藩医古今医人小伝』）。文哲はこれに先立つ八月、軽い中風を患った。療養中か、前列中央の黒川文哲は白服を着ている。黒川文哲の扇子の持ち方が緩く、右手の軽い麻痺の可能性がある。黒川文哲の大正天皇即位大礼記念章受賞の祝いの時として大正四年（一九一五年）十一月とした。妻、後藤トメが他界して日が浅い頃であり、幾蔵の表情に疲労が見える。

黒川文哲は嘉永元年（一八四八年）十一月三日生まれ

(後藤幾蔵と同年)、大正五年（一九一六年）十一月四日に他界した。享年六十八歳。明治元年（一八六八年）十二月、外科執行のため上京（京都）するよう仰せ付かった。翌年一月京に上り軍防官病院に入塾する。三月京都で医業を執行し、四月同郷の野原桂吾と東京二葉町の中川藩邸に入った。丁度この頃、藩が朝廷から市中の取締りを命ぜられた。『中川氏御年譜』明治二年（一八六九年）五月の項に「一、十二日、今般東京市中御取締仰セ蒙ラル、ノ処、四十七番向島辺御受持ニ相成」とある。兵員不足の中川藩は、補充兵として二人を進栄隊に編入した。二人は、本営の谷中の寺に居たが、二ヵ月後に国許の兵が百余人上京したため、除隊となった。早速浜町の伊東方正（伊東玄朴の長子）の門に入った。さらに下谷区の藤堂邸大病院の英国人医師ウリスに師事して臨床医術を身につけた。明治三年（一八七〇年）六月、竹田町の実家が大火で焼けたので帰郷した。明治五年（一八七二年）熊本古城医学校に入学し、オランダ医マンスフェルトの教えを受ける。明治六年（一八七三年）秋帰郷し、医業を代官町に開いた（『愛宕の里別巻岡藩医学校梗概并岡藩医古今医人小伝』）。

野原桂吾は嘉永元年（一八四八年）五月八日生まれ（幾蔵と同年）、昭和十六年（一九四一年）十月九日に他界した。享年九十三歳。野原姓であるが、幾蔵の実家の野原で

▶黒川文哲『愛宕の里別巻岡藩医学校梗概并岡藩医古今医人小伝』

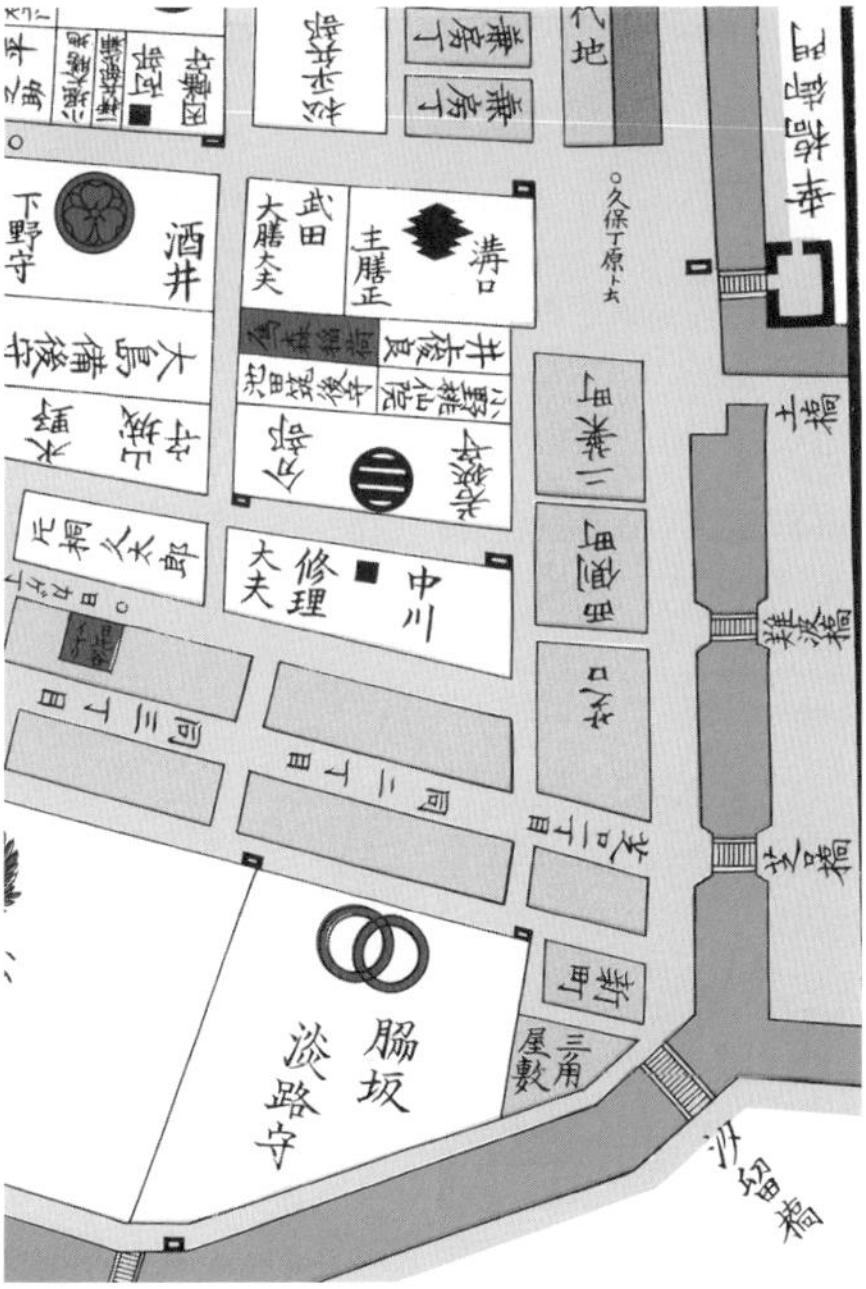

▶中川藩邸　二葉町『尾張屋板江戸切絵図』

▶野原桂吾『愛宕の里別巻岡藩医学校梗概并岡藩医古今医人小伝』

はない。父は、竹田町三二八番地で岡藩医をしていた（竹田町五百五番地の後藤家と近い）。黒川文哲とともに、中川藩の補充兵として上野台谷中の寺院に宿泊していたが、除隊となり、浜町の伊東方正の門に入った。さらに下谷区の藤堂邸大病院の英国人医師ウリスに師事して臨床医術を身につけた。明治六年（一八七三年）熊本古城医学校に入り、翌七年（一八七四年）に帰郷し、開業した。熊本古城医学校には、北里柴三郎がいた。大正六年（一九一七年）に病を得て、医師会長を辞し、大正九年（一九二〇年）に竹田町を出た。一時久住町の親戚の下に身を寄せたが、東京に住む一男、野原彜夫（滝廉太郎の友人。直入郡高等小学校卒業生。前述）の下で晩年を送った。大正十三年（一九二四年）十月二十四日、医制発布五十年紀念祝典に際し、北里柴三郎から表彰状を受け取る（『愛宕の里別巻岡藩医学校梗概并岡藩医古今医人小伝』）。

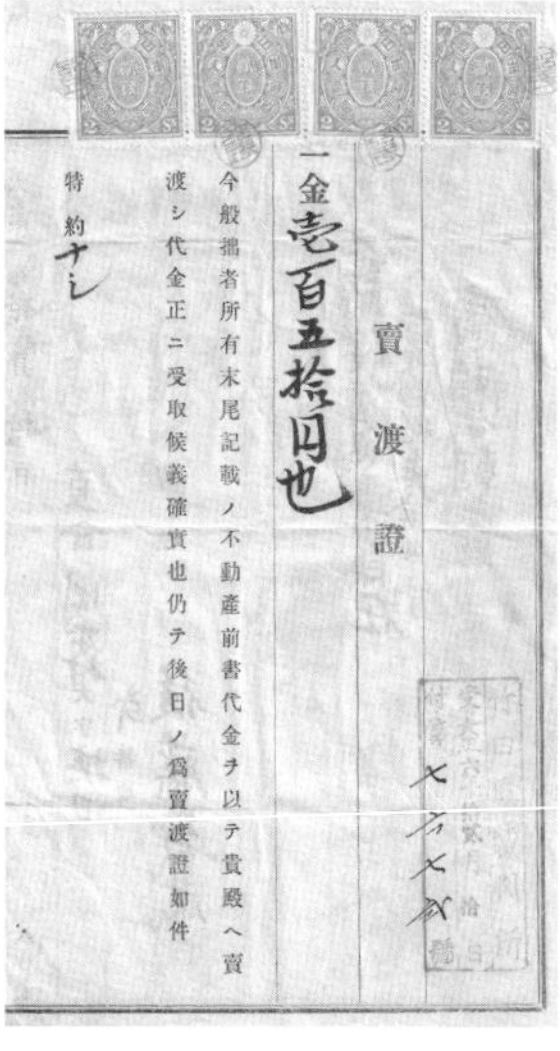

賣渡證

一金壱百五拾円也

今般拙者所有末尾記載ノ不動産前書代金ヲ以テ貴殿へ賣渡シ代金正ニ受取候義確實也仍テ後日ノ爲賣渡證如件

特約ナシ

大正六年（一九一七年）十二月十日、後藤幾蔵は「御茶屋跡」――一木造本家平家造萱葺　壱棟――とその周囲の畑を、娘婿、広瀬今朝彦に百五十円で売っている。この時、幾蔵は六十九歳。「賣渡證　一金壱百五拾円也　今般拙者所有末尾記載ノ不動産前書代金ヲ以テ貴殿へ賣渡シ代金正ニ受取候義確實也仍テ後日ノ為賣渡證如件　特約ナシ　大正六年拾弐月拾日　直入郡岡本村大字挟田弐番地　賣主　後藤幾蔵　大野郡緒方村大字下自在六百六拾参番地　廣瀬今朝彦殿」とある。後藤幾蔵は、大正四年（一九一五年）八月二日に妻、トメが他界し（前述）、一人で生活することに限界を感じたのであろう。六十九歳となり、畑仕事も手に余るようになったと推察する。この後、東京に居る二男、一彦のもとに身を寄せたようである。娘の三村モトも東京四谷に居り、一彦の家とモトの家を行ったり来たりしながら暮らしていた。孫の広瀬（山本）頼彦によれば、「おじいさまは、一彦の家に寄寓していたが、なにも家事をしない芸者の嫁を嫌い、いやがっていた。たびたび母に手紙を送って、東京生活が嫌なことを知らせたので、母が父に相談して、おじいさまを緒方に引き取った」という。結局、故郷の豊後豊肥地区、大分県大野郡緒方村の、広瀬カヨのもとに身を寄せた（後述）。大正七年（一九一八年）―大正九年（一九二〇年）頃のことであろうか、『後藤家のご先祖さまについて』に、後藤一彦は「今の文京区の白山の芸者を身請けして、白山の妾宅で暮らし、本宅には帰ってこなかったようです。父の学生時代、住まいがあった青山から、生活費をもらいに、妾宅のあった白山まで、時折行かざるをえないのが、父にとってなんとも屈辱的にかんじられたのではないか、と母は云っておりました。親戚も、何時も祖父のいる白山の方と交際し、祖母とは疎遠になる一方だった……」とある。祖父とは後藤一彦、祖母は後藤とく、父とは後藤守彦、母は後藤きよ、親戚とは三村清二、モト夫妻、後藤幾蔵である。

三、緒方生活の始まりから終焉まで

大正十年（一九二一年）後半、後藤幾蔵は大分県大野郡緒方村下自在の広瀬今朝彦、カヨ夫婦のもとに身を寄せる。幾蔵は七十三歳となり、一人暮らしが難しくなってきた。東京の息子の下に身を寄せた友人、野原桂吾のように二男、後藤一彦のもとに身を寄せたが、適応できなかったようである。緒方まで鉄道が開通することも、緒方に住む大きな理由であろう。

後藤幾蔵、梅の花の下で広瀬今朝彦一家と写真を撮る。幾蔵は七十三歳。前列向かって左から順に後藤幾蔵、広瀬

▶大正十一年（一九二二年）一月二十八日（旧正月）

良子（四歳）、広瀬カヨ（三十三歳）、広瀬好文（十歳）、広瀬八江子（二歳になる直前）。後列左から順に広瀬今朝彦（三十九歳）、広瀬直俊（十七歳）、広瀬トク（十三歳）、広瀬俊幸（十二歳になる直前）。幾蔵の好きな梅の花がちらほら咲いており、幾蔵とカヨが紋付を着ているので、旧正月に撮った記念写真と考える。広瀬三郎（十五歳）は、既に東京に出ているのか、ここに居ない。広瀬好文は、俊幸より二歳年下であるが、体は兄より大きく見える。子供たちは屈託が無い。カヨも若く、かわいく写っている。広瀬勝子――大正十一年（一九二二年）七月十五日生まれ――はまだ居ない。

一枚目（上）、大正十五年（一九二六年）頃の広瀬家。後藤幾蔵は、おじい様、おじい様と呼ばれて、大勢の孫に囲まれて暮らすようになった。二枚目（下）、今に残る石灯篭。庭の好きな後藤幾蔵は、緒方村に住まうとき、御茶屋跡の植物を緒方に移植し、挟田河内谷から石灯篭を運ばせ、枯山水を作った。『古希までの記録』に「庭は〝枯山水〟で石灯籠や庭木は、竹田の川下、祖父の庭から運んで来たという。そのむこうは、孟宗竹林で、冬など縁側に座るとポカポカと暖かであった。父からの、新聞のニュースで、二・二六事件もこの縁側で聞いた。竹林の葉音や、やわらかい日差し、春はたくましく伸びる竹の子、雪のため弓なりに曲っても折れない強さ、孟宗竹を私は好きである。老木の〝下がり梅〟に赤い花をつけ、芽をだし、紅葉に水滴が溜まった美しさ、紅白のツツジ、四季折々の風情を見せてくれた庭であった」、「私の家は〝馬じめ様〟の隣の、石垣の高いところにあり、見晴らしがよく、緒方平野の向こうに祖母山、傾山がみえる。母屋の前に坪（つぼ）が在り、物干し場と遊び場に使い、花壇があった。坪の左前に白壁の土蔵があり、下は蔵で二階は畳敷でいろいろ荷を置いてあった」とある。

大正十一年（一九二二年）九月六日、広瀬今朝彦の母、

タマ他界。享年六十九歳。

一枚目（上）、大正十一年（一九二二年）十一月二十三日、三重と緒方間の鉄道が開通し、緒方から東京まで鉄道がつながった（関門海峡は関門連絡船）。後藤幾蔵の写真集にある、開通当時の緒方駅の写真。二枚目（下）、大正十二年（一九二三年）四月「電機學校本科入學記念」。広瀬三郎は、明治四十年（一九〇七年）一月三日生まれ、幼い頃から勉強に励む優秀な子供として、今朝彦の期待を集めた。東京に出た広瀬三郎は、三村清二の叶電機商会（四谷区新堀江町一番地）に下宿していた。これは電気学校に入学した時で、広瀬三郎は十六歳。この年九月一日、関東大震災が起こる（後述）。

大正十三年（一九二四年）三月、三村モトは娘、英子を連れて十四年ぶりに帰郷し、母、トメの墓参りをした。衣服、英子の年齢（一歳十一ヶ月）から、大正十三年（一九二四年）三月とした。一枚目（上）、向かって左から三村モト、広瀬今朝彦、後藤幾蔵。二枚目（下）、三村モトと英子。

一枚目（上）、「大正十参年四月」広瀬三郎。二枚目（下）、大正十三年（一九二四年）四月「我こそは天下の大

義人」。この写真から、三郎の勉学の意欲と決意が伝わってくる。胸をそらせ、昂然の気が横溢している。後ろに三村英子（二歳）が見える。

▶「東京駅前丸ビル前大正十四年一月二日午前九時」
広瀬三郎

上京する後藤幾蔵を、広瀬三郎が、東京駅に迎えにいった時の写真か。この日は、広瀬三郎、満十八歳の誕生日の前日。大正十四年（一九二五年）一月、後藤幾蔵上京。いよいよ待ちに待った上京のときがやってきた。三年前に東京を引き揚げて以来の上京である。緒方から東京まで鉄道でつながったとはいえ、足かけ三日かかる上京は、七十六歳の幾蔵にとっては一大事業であったに違いない。平成五年（一九九三年）六月二十二日付三村孝宛、山本頼彦の手紙に「祖父の幾蔵おぢい様がよく、東京四谷のお宅に行く頃は三日がかりで行くのだと話してられた」（原文のまま）とある。東京では、孫の広瀬三郎と娘の三村モトが待っている。東京にいる友人、野原桂吾にも会える。前年十月、野原桂吾が医制発布五十年紀念祝典で、北里柴三郎から表彰状を貰ったこと（前述）も上京の契機になったであろう。東京での幾蔵の写真は、気持ちの高ぶりと興奮を伝えてくれる。

後藤幾蔵と同じ頃、三村清一の両親（三村吉之進、タケ）も上京している。清一の両親と、日光を訪れる。一枚目（上）、向かって左から右に順に後藤幾蔵、三村吉之進、タケ。後藤幾蔵は、三村吉之進と、古くからの知己であったと思われる。二枚目（下）、二荒山神社神橋。向かって左から順に後藤幾蔵、三村タケ、三村吉之進。

大正十四年（一九二五年）二月。後藤幾蔵は広瀬三郎と鶴見稲荷山神誠教会本院（鶴見豊岡）に参拝。当初、これ

らの写真に誰が写っているか、不明であった。拡大してみると、山本頼彦がいる。〝あれっ〟と驚いたが後藤幾蔵であった。晩年の頼彦は、幾蔵と瓜二つである。一枚目（上）、後藤幾蔵。二枚目（中）、後藤幾蔵（向かって右）と、左は広瀬三郎か後藤守彦の可能性を考えるが、はっきりしない。三枚目（下）、後藤幾蔵。

一枚目（上）、稲荷山神誠教會（『鎮魂帰神建国精義入神奥伝』）。二枚目（下）、曹洞宗大本山總持寺。大正十四年（一九二五年）稲荷山神誠教會（上）と称した宗教施設は、その後消滅し、令和二年（二〇二〇年）二月時点で曹洞宗大本山總持寺（下）となっている。これだけの巨大宗教施設が消滅し、まったく別の宗教施設になっているのは珍しい。『鎮魂帰神建国精義入神奥伝』には、「我が神誠教會は、明治二十四年東京市本郷区湯島聖堂の隣地に於て開創し、高島易學教授竝に易斷を兼ね、日夜間斷なく斯道の爲めに、獻身的努力せしが、其の効果は顯著にして、未だ數年ならざるに易學生は三千八百餘名に及び、教會の教師も亦三千餘名を算するに至り、信徒は全國に瀰漫して、純教會員たるもの五萬餘人に達せり」とある。

稻荷山神誠教會全景・開基大教正柄澤照覺肖像

「日本大学機械科時代（大正十四年四月）」。電気学校を卒業した広瀬三郎は、大正十四年（一九二五年）四月、日本大学機械科に進学する。向かって左が広瀬三郎、右は友人、藤本半介。

左一枚目（上）、大正十五年（一九二六年）一月。前方の二人は向かって右が広瀬良子（八歳）、左は広瀬八江子（五歳十一ヶ月）。後方に広瀬今朝彦と頼彦（九ヶ月）。広瀬家の庭の外側から母屋を撮ったと思われる。頼彦は、後藤幾蔵が緒方に来て生まれた初めての孫であった。「頼彦」は、お謡いの源頼光から「頼」を取り、広瀬今朝彦の「彦」をとって、後藤幾蔵が名付けた。二枚目（下）、大正十五年（一九二六年）二月。日本大学に進学した広瀬三郎は、結核を病み、大正十五年（一九二六年）一月に帰郷した。これは帰郷直後に撮った写真。三郎は、写真では堂々とした体格に見えるが、肺を病んでいた。向かって右に、御茶屋跡から運んできた石灯篭が見える。向かって左から右に順に広瀬直俊（二十一歳）、勝子（三歳）、三郎（十九歳）、八江子（六歳）。

▶大正十五年（一九二六年）六月四日

大正十五年（一九二六年）六月、後藤幾蔵は広瀬トクを連れて、再び上京している。向かって左から右に順に後藤幾蔵（七十八歳）、三村英子（四歳）、広瀬トク（十七歳）、三村孝（六ヶ月）、三村モト（三十五歳）。これが後藤幾蔵、最後の上京となった。三村清二が東京四谷で電気店（叶電機商会）をしており、広瀬トクはその電気店の手伝いに上京したと推察される。トクは二年半、四谷にいて、緒方に帰郷した（後述）。叶電機商会には「電工さんがたくさんいて、食事の準備が大変だった。通いのお手伝いさんがいた」と三村家に伝わっている。当時、三村清二は叶電機商会の周りに家作をたくさん持っており、電工さんたちはここに住んでいたようである。働き者のトクは、叶電機商会で大いに役立ったであろう。

一枚目（上）、昭和三年（一九二八年）五月二十九日、緒方で療養していた広瀬三郎は、二十一歳の若さで他界した。これはまだ元気な頃の広瀬三郎。郵便ポストに「四谷局區内」とある。二枚目（下）、昭和四年（一九二九年）一月、後藤幾蔵（八十歳）は、二年半ぶりに帰郷した広瀬トク（二十歳）を大分駅に出迎えた。向かって左から右に順に広瀬頼彦（三歳十ヶ月）、勝子（六歳）、トク、後藤幾蔵。トクは、まもなく静子が生まれる（二月十日）ので、乳飲み子の世話と幼い子供たちの世話に呼びもどされたのであろう。写真の劣化が著しい。

一枚目（上）、昭和四年（一九二九年）碧雲寺で（『ふるさとの想い出写真集竹田』）。前列向かって左が中川久順（中川久任一男）、右が中川久任。後ろの五人は、元岡

藩士の子孫であろう。昭和四年（一九二九年）と昭和八年（一九三三年）に中川久任が竹田に来たとき、いずれかの機会に「後藤幾蔵は威儀を正して久任にお目どおりし、久任から〝幾蔵、息災であったか？〟と声をかけられ、はらはらと涙をこぼした」という（前述）。二枚目（下）、昭和九年（一九三四年）十月十七日、岡城址に土井晩翠の筆になる「荒城の月」の詩碑が建てられた（『滝廉太郎を偲ぶ』）。その時の記念写真（『ふるさとの想い出写真集竹田』）。向かって左から二人目（赤子を抱いている）が中川久順。向かって左端、ステッキをついているのが阿南正茂か（後述）。

原田家の縁者が一堂に会している。原田清の嫁を広瀬家からもらう相談をしたと考える。後列向かって左から右に順に下野タツ（百太の一女）、三村光三、三村サイ（三村光三妻、ハタブの小母さん）、原田ウラ（三村清二姉、百太妻）、原田清、原田ヤナ（百太先妻タネの妹、百太養妹）。前列向かって左端は安成千代五郎と思われる、次いで右に順に（前方に座っている）原田楳一、原田百太、三村タケ（三村清二母）、右端は不詳。安成千代五郎は、兄、

▶昭和四年（一九二九年）

▶昭和五年（一九三〇年）五月

原田百太と朝鮮釜山の火薬・銃砲店の後継者問題を相談するため、山口県厚狭郡吉田村の原田家を訪れたと思われる。

向かって左から右に広瀬静子（一歳三ヶ月）、後藤幾蔵（八十二歳）、広瀬頼彦（五歳）。座敷に連なる縁側で、孫とくつろぐ幾蔵。穏やかな表情を見せている。広瀬静子――昭和四年（一九二九年）二月一日生まれ――が一歳三ヶ月であり、服装、他の写真との整合性から昭和五年（一九三〇年）五月とした。

向かって左から右に順に原田ウラ、後藤幾蔵、広瀬頼彦、三村タケ。三村タケと原田ウラが、広瀬トクを原田清の嫁にという相談で広瀬家を訪れた時。三村タケは、緒方の広瀬家を訪れた後、この年、他界した。

広瀬頼彦は物心つく前から、祖父、後藤幾蔵と同じ寝床で寝ていた。頼彦が幾蔵からかわいがられたことについては、いくつかの証言がある。原田八江子の回想記『鳴あの頃』に、「幼い頃はおじい様っ子で、頼朝公、頼朝公と言って可愛がられていた。おじい様に抱かれて寝、何時も謡や百人一首を口うつしで教えてもらっていた」（原文のまま）とある。また『古希までの記録』に、「昭和三年頃、私は母方の祖父、後藤幾蔵に大変かわいがられていた。夜も抱かれて、おとぎ話に毎晩お謡いを聞かされて寝た。祖父は竹田、岡藩士で、嘉永元年生れ、当時八十歳であるが矍鑠としていた。私が小学校に上がるまで毎月、下自在の一番上（かみ）にある金比羅様にお参りしていた。道が遠く途中で座り込んで、別府堂の飴と煎餅を買ってもらって歩いた」とある。

▶昭和五年（一九三〇年）五月

昭和六年（一九三一年）一月十二日、広瀬今朝彦とカヨのツーショット。三村清二が緒方に来たときに撮った写

真。一枚目（上）、おめかしをしたカヨは、どことなく気恥ずかしそうである。二枚目（下）、広瀬今朝彦が番傘を広げている。番傘に「廣瀬時計店」とある。広瀬俊幸の時計店の宣伝番傘か。

昭和八年（一九三三年）十月十四日、広瀬カヨが他界する。享年四十五歳。『古希までの記録』に、「母カヨは祖父幾蔵の次女として生れ、兄一彦、妹の三人兄弟で、小学校を四年まで通い、十四歳の時、人力車に乗って嫁に来たそうである。それから四十歳までの間に十三人の子供を産んだ。母は毎年乳飲み子をかかえて、経験のない百姓仕事をしていた。これは直俊兄の話である。若くして体を痛め、四十五歳で小さい妹、四歳の静子を残して死んだ。私は八歳であった。心残りだったろう。悲しいできごとである。昭和八年十月十四日が命日である。母と何をしたのか、楽しかった記憶がない。それだけ早く母親に死に分かれ、不幸で縁が薄かったのであろう。今になって想えば、ずいぶん早死にであったと悔やまれる」とある。十三人の子は和義、直俊、三郎、トク、俊幸、好文、七郎、キミコ、良子、八江子、勝子、頼彦、静子であるが、和義、三郎、七郎、キミコ、勝子の五人は夭折した。原田八江子の『鳴あの頃』に、「冬、赤ちゃんを懐に抱き、日向ボッコしながら、着物や足袋の繕いをしていた姿、糊のきいた洗濯物に、口いっぱいに水をふくみ、勢いよくプーッと霧を吹き、型を整え、寝ござに包み、ジカジカと踏み、しわをのしていた姿、夏の夜、足がやけるといって、うつ伏になり足の裏を、ぬれ雑巾で冷した子供の足で踏まされたことを思い出す。たくさんの子供を産み、父親では苦労し、あまりにも短い命であった。親孝行もさせてもらえず淋しい思い出ばかりである」（原文のまま）とある。娘、カヨが亡くなったとき、父、幾蔵は「できるものなら代わってやりたい」と嘆き悲しんだという。

昭和九年（一九三四年）八月、三村モトが英子、孝、テル子（戸籍でテル子、通称照子）を連れて緒方に帰郷。広瀬家で記念写真を撮った。十二人の孫と二人のひ孫に囲まれた後藤幾蔵。他界する四ヶ月前の写真である。後藤幾蔵の娘、カヨは前年に他界した（前述）ので、この場にいない。前列向かって左から右に順に広瀬頼彦（九歳）、広瀬勝子（十二歳）、広瀬静子（五歳）、後藤幾蔵（八十六歳）、

▶昭和九年（一九三四年）八月

三村テル子（七歳）、三村孝（八歳）、三村英子（十二歳）。中列左から右に広瀬好文（二十二歳）、原田清子（一歳八ヶ月）、原田トク（二十五歳）、広瀬今朝彦（五十一歳）、広瀬照人（一歳五ヶ月）、三村モト（四十三歳）。後列左から右に広瀬直俊（二十九歳）、広瀬良子（十六歳）、広瀬ユキエ（二十三歳）、広瀬俊幸（二十四歳）、広瀬八江子（十四歳）。三村英子と広瀬勝子は学年が同じ。三村孝と広瀬頼彦は生年が同じで、学年は二つ違う。

広瀬直俊は、母、カヨが前年に他界し、妻、ユキエと農業をやっている頃。広瀬俊幸は緒方下自在で広瀬時計店をやっている頃。俊幸はこの頃、結婚問題で父、今朝彦と衝突しており、緒方村を出て上京するか、中国に渡ることを考えていたであろう。広瀬家は俊幸の問題で大きく揺れていた。広瀬好文は、満洲事変（後述）が終わり、除隊して間もない頃。まだ軍服を着ている。広瀬良子は二年前に高等小学校を出て、何をするかまだ考えている頃。東京に行きたいことをモトに話したのではないか。広瀬八江子は尋常小学校をこの春に卒業し、高等女学校に通っている頃。広瀬頼彦は尋常小学校四年、広瀬勝子は尋常小学校六年。勝子は何か悩みがあるのか、表情に憂いが見える。勝子は昭和十年（一九三五年）六月に急逝する（後述）。原田トクは、東京から娘、清子を連れて帰郷している。原田清、トク一家が東京を引き揚げる話が出ているか、一家は既に帰郷している可能性もある。三村英子は尋常小学校六年、三村孝は尋常小学校二年、三村テル子は尋常小学校一年。同日、後藤幾蔵は遺影となる武士姿の写真を撮る（写真前出）。

昭和九年（一九三四年）十二月八日、後藤幾蔵、緒方の広瀬家で亡くなる。享年八十六歳。『古希までの記録』に、「おじいさまも昭和九年秋、八十八歳の米寿で枯木が朽ちるように静かに死んでいった。一人で寝るようになり、とても寒く、寂しかった」とある。数え年で八十八歳であった。頼彦は「おじいさまが亡くなった日、一緒に寝ていた。いびきをかき出して、まもなく死んだ。葬儀のとき、竹田の円福寺（法華宗）から僧侶が来た。おじいさまの脇差は、後藤一彦が東京に持って帰った」と述懐する。脳出血で「いびきをかき出し」た幾蔵は、意識の無い間に、あれよ、あれよと逝ったのであろう。孫に囲まれて、幸せな、安らかな最期であった。

一枚目（上）、広瀬家にある幾蔵遺影。二枚目（下）、広瀬家幾蔵遺影書付。

後藤家の幾蔵遺影書付。広瀬家の遺影書付は広瀬今朝彦の手による。後藤家の手は後藤一彦であろう。達筆である。

小柄（幾蔵　遺品）。この小柄は、広瀬頼彦が祖父の遺品として欲しいと密かに願っていたが、後藤一彦が東京に持ち帰ったと頼彦は残念がっていた。

一枚目（上）、二枚目（下）、豊後刀「豊後　住　藤原貞行」。この豊後刀は、長さ六一・三センチメートルと、大刀にしてはやや小ぶりである。実戦ではなく、乱舞の際

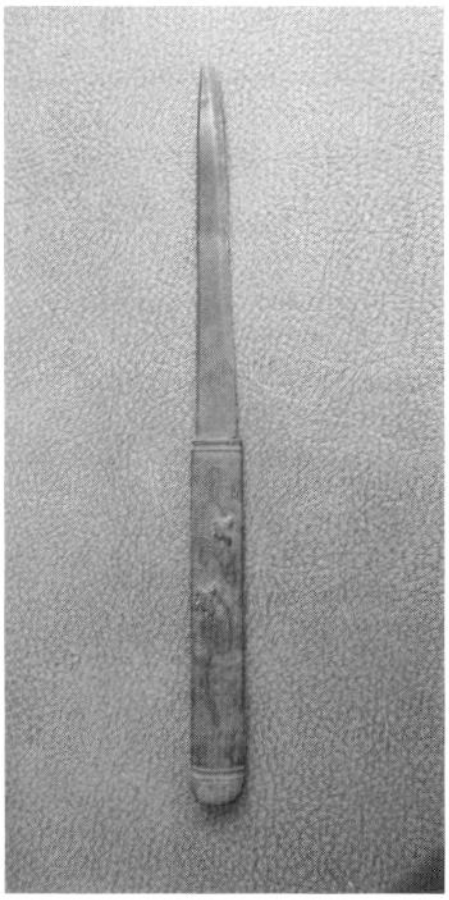

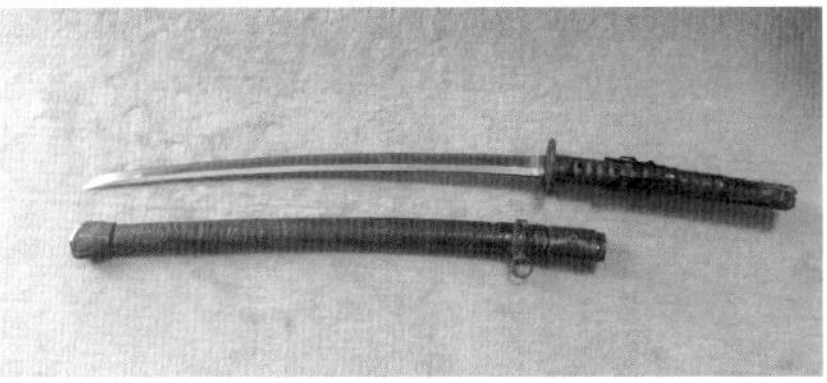

に用いる刀だった可能性を考える。『古希までの記録』に「あるときは、箪笥から大小の刀と裃を出して見せてもらった。刀は時々、刀身に打ち粉を打ち、白紙で磨いていたのを覚えている……刀は大刀二振り、脇差一振り、広間の長押に槍一竿、弓二張りが掛けてあり、書院には矢立てがあり、矢羽のついた矢が三十本たててあった。梅雨上がりには虫干しをして部屋中、樟脳の臭いがした。祖父のことを私たちはおじいさまと呼んでいた。優しいなかにも侍気質をもち、〝武士は食わねど高楊枝、腹が減っても、ひもじゅうない〟と何時も言われていた。そして芝居〝先代萩〟の話をしてくれた」とある。後藤幾蔵の刀について、大刀の一振りは緒方にあり、第二次大戦後進駐軍に接収された。大刀のもう一振りは、令和二年（二〇二〇年）十二月、広瀬家の納屋から見つかり、鑑定、登録した（前述）。小柄と脇差は、幾蔵の葬儀の後、後藤一彦が緒方に来て遺骨とともに東京に持ち帰った。この脇差は第二次大戦後進駐軍に接収された。令和二年（二〇二〇年）十二月に見つかった刀の鍔の意匠が、後藤幾蔵の写真の刀のものと同じである（前述）。

第二章　後藤幾蔵の三系譜

後藤幾蔵には成人した三人の子（一彦、カヨ、モト）がおり、後藤家、広瀬家、三村家の三系譜が存在する。三人の子が生きていた頃は、三系譜の間で行き来があり、互いの消息が分かっていたが、亡くなると、行き来が途絶えがちになった。さらに系譜を下ると、消息が分からなくなった。これが同じ祖先から枝分かれし、離れて暮らす子孫の自然の成り行きである。ここに、幾蔵と頼彦――祖父と孫――の絆、幾蔵の武士姿の写真のインパクト、末期が近い頼彦の無念、頼彦の近況を知らせなければならない事情などが契機となり、後藤幾蔵の生涯を調べるようになった。一人の人間の境涯は、子の終焉まで行かなければ終わらないと考え、子の終焉まで述べることにした。後藤幾蔵の子については、戸籍と写真以外に一次資料が乏しく、戸籍と写真の読影、履歴、環境、状況、家族構成などから事情を考察し、物語を立ち上げた。明治から昭和の初めにかけて、後藤幾蔵の三系譜は入り交じり、分けて語ることは難しい。三系譜の軌跡をまとめて明治から大正、昭和の初めから大東亜戦争まで述べ、次に特筆すべき事柄（四谷皇国少年団）を述べる。次いで大東亜戦争から終戦、戦後への軌跡を三系譜ごとに述べ、最後に終戦から戦後への軌跡を述べる。

一、明治から大正まで

後藤幾蔵の遺品に、明治九年（一八七六年）五月に出版された『官員鑑』（中島翠堂輯）がある。この『官員鑑』

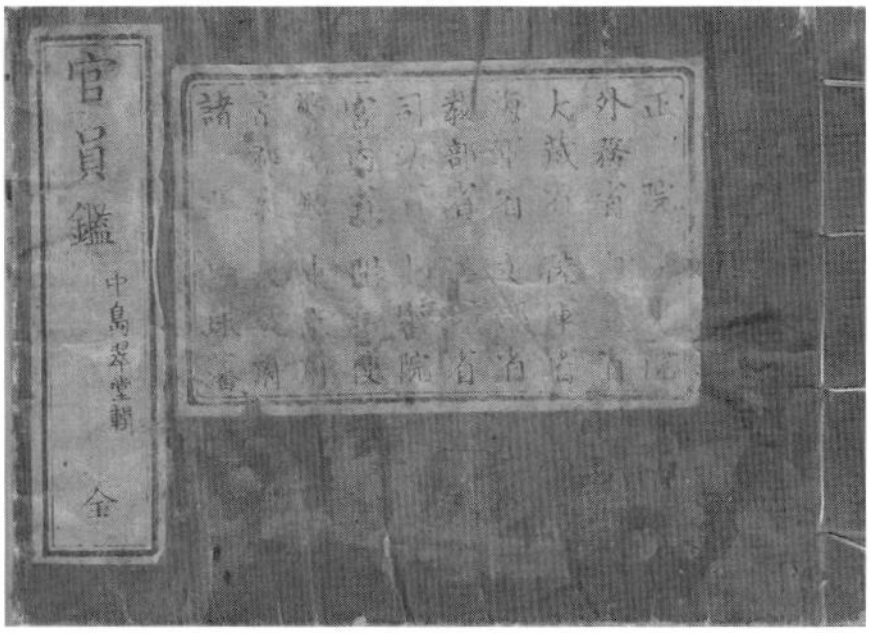

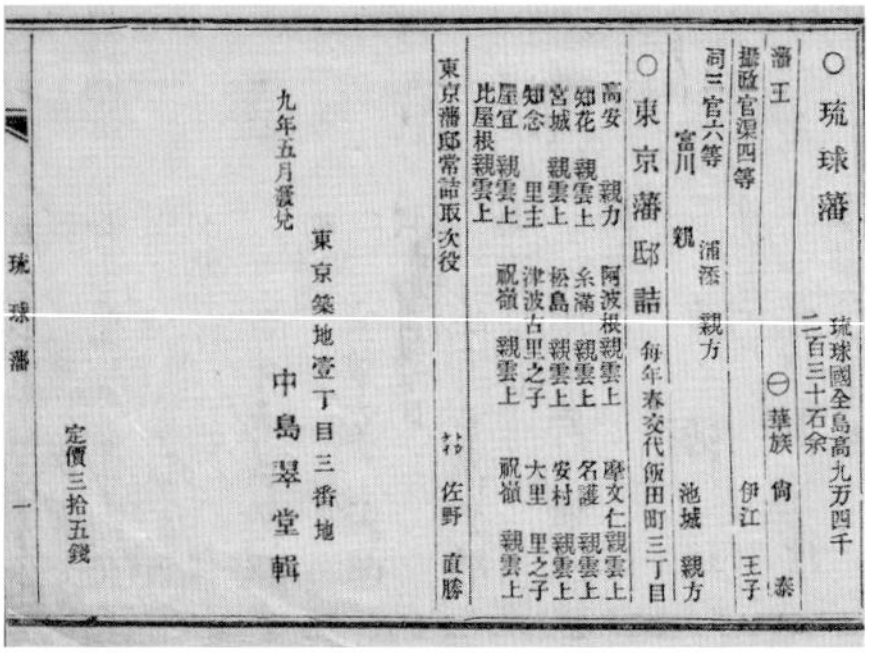
○琉球藩　琉球國全島高九万四千二百三十石余
藩王　㊀華族　尚　泰
摂政官渠四等　伊江　王子
同三官六等　浦添　親方
富川　親　池城　親方
○東京藩邸詰　毎年春交代飯田町三丁目
高安　親力　阿波根親雲上　摩文仁親雲上
知花　親雲上　糸満　親雲上　名護　親雲上
宮城　親雲上　松島　親雲上　安村　親雲上
知念　里主　津波古里之子　大里　里之子
屋宜　親雲上　親嶺　親雲上　親嶺　親雲上
比屋根親雲上
東京藩邸常詰取次役　佐野　直勝
九年五月發兌
東京築地壹丁目三番地
中島翠堂輯
定價三拾五錢
琉球藩　一

には著しい特徴がある。それは、全国の主だった政治家、官僚の氏名と官職に加えて、東京に住む政治家、官僚の住所が記されていることである。この時代、『官員録』、『官員鑑』が何度も出版されているが、住所まで記載したものは極めて少ない。これを後藤幾蔵が大切に持っていたことを知ったとき、ある種の感慨に襲われた。広瀬頼彦は後藤幾蔵から「〝武士は食わねど高楊枝、腹が減っても、ひもじゅうない〟と何時も言われていた」という（『古希までの記録』）。野原家、後藤家とも岡藩の下級武士の系譜であり、貧しかったであろう。幕末から明治初めの激動を生き抜いた曾祖父の、時代の波に乗れなかったことへの忸怩たる思いを感じた。慶応四年（一八六八年）、すなわち明治元年に、京都にあしかけ八ヶ月間滞在した後藤幾蔵が、他藩の下級武士や親兵と接触する機会があったとしても不思議はない。明治になって、薩摩や長州出身の下級武士が立身出世をして顕職に就く中で、自分は田舎の巡査に甘んじなければならない。竹田出身の広瀬重武や阿南尚も官吏となって、立身している。明治十年（一八七七年）の西南の役による災禍が、羽ばたく機会を永久に奪ってしまった。そのような思いである。後藤幾蔵の思いを語る資料は無いが、後に、多額の借金をして、二男、一彦を東京に出したことの背景に、田舎に逼塞している無念の思いがあったのではないか？　自分が東京に出ることがあったら『官員鑑』を使おうと考えていたのではないか？

一枚目（上）、二枚目（下）、明治二十二年（一八八九年）の門司港（『門司百年』）。明治二十二年（一八八九年）十一月、門司港が特別輸出港に指定され、門司港の建設が急ピッチで進められる（『門司百年』）。もともと門司港エリアは、塩田が広がっていたという（『門司百年』）。明治三十年（一八九七年）には、官営八幡製鉄所の建設も始まる。

三村家の写真集に、明治三十年代から、後藤一彦と三

村清二が親しい関係にあることを示す写真が数枚残っている。この写真は、後藤一彦と三村清二が二人一緒に写った写真の中で、最も古いもの。向かって左が後藤一彦、右が三村清二。二人の年齢から推定して、明治三十二年（一八九九年）とした。この年、一彦は二十歳、清二は十八歳になる。後藤一彦は明治二十八年（一八九五年）に直入郡高等小学校を出て四年がたっており、仕事に就こうとする頃で、ハンチングを被った労働者スタイル。三村清二は中学校を卒業してすぐの頃で、着流しスタイル。

三村清二は明治十四年（一八八一年）八月一日、山口県厚狭《あさ》郡《ぐん》吉田《よしだ》地方《じかた》村《むら》第二百四十三番屋敷の生まれ、後藤一彦は明治十二年（一八七九年）十二月二十八日、大分県直入郡竹田町五百五番地の生まれである。これは不思議な写真である。同郷でもなく、親戚でもなく、同級生でもなく、同じ学校に通ってもいない二人は、どこで知り合い、なぜ一緒に写真に収まったのか？　親しい関係がなければ、写真を一緒に撮ることなど無かった時代である。

後藤一彦と三村清二は十歳台から親しい関係にあり、これが二人の世代で始まったとは考えにくい。岡藩の後藤幾蔵の勤録から、幾蔵は明治元年（一八六八年）九月から明治二年（一八六九年）一月まで、京都で、他藩の配下にもなる親兵として働いた。このとき、長州藩三百石取りの安成橘弥（原田百太の父）の一男、安成貞一（原田百太の兄。後藤幾蔵と同年代）の知遇を得、さらに三村友右衛門（三村清二の祖父）、三村吉之進（三村清二の父）らと、何らかの関係が生じたのではないかと推測するが、手がかりは全く無い。あるのは、戸籍と写真に見るつながりだけである。滝廉太郎の滝家は、豊後日出藩（木下家）で家老職を務めたことのある家系である（『滝廉太郎を偲ぶ』）。その滝家の家禄は二百七十石であり（『滝廉太郎を偲ぶ』）、日出藩（三万石）（『大分県の歴史』）と長州藩（約三十七万石）（『山口県の歴史』）の規模が一桁違うとはいえ、安成家（山口県豊浦郡豊東村大字上大野村）の三百石は、必ずしも小さい禄高ではない。明治維新期における、長州藩安成家の役割は明らかではないが、後に東京に出た三村清二とモトの成功と華々しい活動は、長州藩（毛利家）、厚狭郡吉田地方という地縁と血縁、明治維新、佐賀の乱、西南の役を契機とする人のつながり、岡藩（中川家）、竹田町という地縁と血縁に根ざしていることが感じられる。

▶明治三十一年（一八九八年）

前の写真の一年前に撮った三村清二の写真が残っている。清二は、下関の中学を卒業したと三村家に伝わっており、中学生の頃（山口県立下関中学校?）の写真として、明治三十一年（一八九八年）とした。三村清二は十六歳で、中学五年生。三村清二は若い頃からハンサムでおしゃれ。

向かって左から後藤一彦、三村清二、三村久之進。三村清二と後藤一彦に、清二の叔父、三村久之進が加わっている。この年、後藤一彦は二十二歳、三村清二は二十歳になる。三村久之進は明治三年（一八七〇年）三月三日生まれ。この時、三十一歳。明治三十四年（一九〇一年）、三村久之進の酒倉（山口県厚狭郡吉田村）が、近所から出火した火事で類焼している（前述）。数年後、三村久之進は夭折したようである（詳細は不詳）。後藤一彦は事務系の仕事に就いているようにも見える。この頃の三村清二の住所は門司（福岡県門司市大字門司三千七十四番地）であり、門司で撮った写真と考える。撮影場所が門司とすれば、後藤一彦は直入郡高等小学校を出た後、二十歳になる

▶明治三十四年（一九〇一年）

か、ならぬうちから門司で働いていたことになる。後藤一彦は、同級生の滝廉太郎の東京での活躍を聞き、自分も東京に出ることを考えているのであろう。

▶明治三十六年（一九〇三年）

向かって左が後藤一彦、右が三村清二。後藤一彦が、明治三十六年（一九〇三年）、広瀬今朝彦から金を借り、上京する直前の写真と考える。この年、後藤一彦は二十四歳、三村清二は二十二歳になる。後藤一彦の表情から、見知らぬ東京に一人で出る不安が感じられる。三村清二はステッキをつき、堂々としている。四年近く門司で働いた後藤一彦は、希望通り、いよいよ東京に出ることになった。

▶明治三十六年（一九〇三年）

向かって左から右に順に三村久之進、三村友右衛門（清二の祖父）、後藤一彦、三村吉之進（清二の父）、三村清二。後藤一彦が上京するときの、三村家との記念写真。後藤一彦は立派な身なりである。広瀬今朝彦から借りた「壱百拾壱円」で、父、幾蔵が一彦の旅支度を整えたのであろう。この写真は、後藤一彦（すなわち後藤幾蔵）が三村家と親しい関係にあったことを示す。戸籍によれば、三村清二は、明治三十七年（一九〇四年）二月十八日、推定家督相続人廃除裁判が確定した。また、明治四十年（一九〇七年）八月十六日、福岡県門司市大字門司参千七拾四番地戸主三村亮一兄分家している。この頃、三村久之進が夭折したと考える。

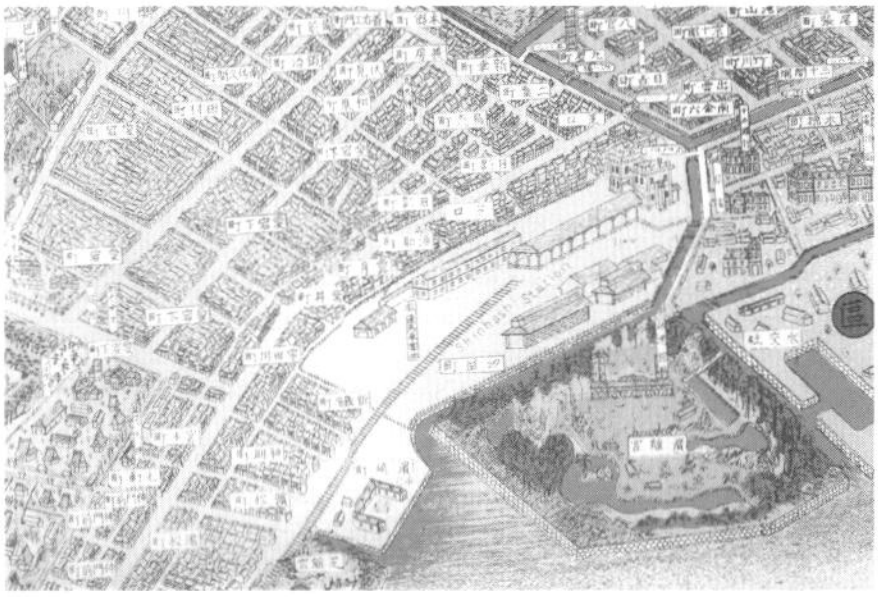

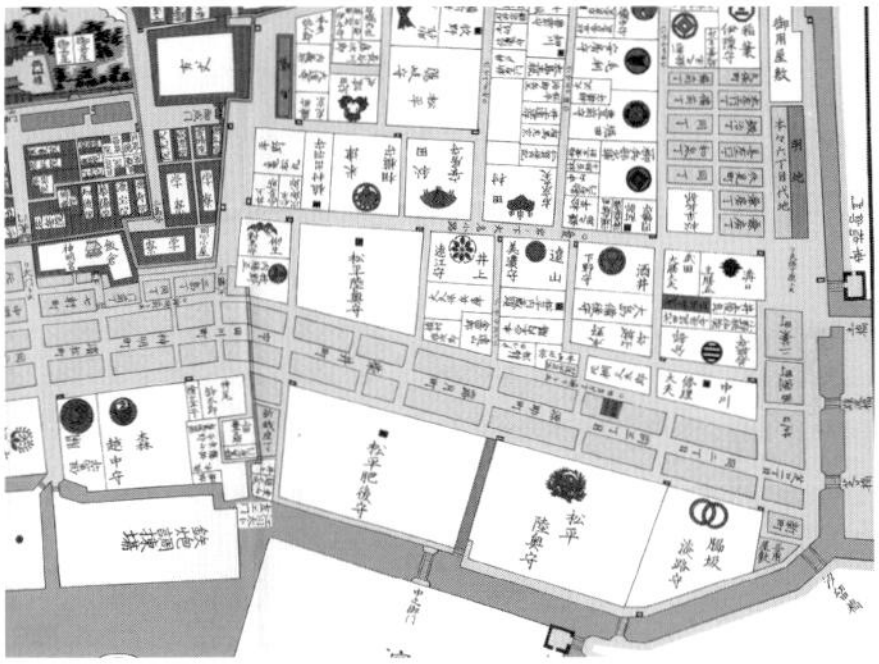

一枚目（上）、明治三十年（一八九七年）の東京地図（芝区）（『東京一目新圖』）。二枚目（下）、「愛宕下之圖」（『尾張屋板江戸切絵図』）。東京に出た後藤一彦の消息を示す資料は、戸籍以外に無い。明治三十九年（一九〇六年）十二月に長男、守彦が生まれたとき、東京市芝区桜田和泉町十番地で出生届を出している（前述）ので、江戸時代に中川藩邸のあった芝区エリアにまず腰を落ち着けたのであろう。『中川氏御年譜』明治九年（一八七六年）十一月八日「日蔭町御邸ヲ……代金弐万四千円ニ御売却　但、御殿并ニ御長屋ハ御残置」、明治十年（一八七七年）四月十八日「日蔭町壱町目壱番地旧御邸御長屋二棟ヲ……〇〇（不明）円ニ御売却」、同年十月十九日「日蔭町壱丁目壱番地旧御殿并ニ御土蔵三棟ヲ……代金七百七拾五円ニテ御売却」、同年十一月二十五日「第弐大区弐小区南佐久間町壱丁目壱番地ニ御殿御新築相成、両殿様・両御奥様・久知様本日御移徒」とあり、明治時代、芝区エリア（愛宕下）に中川家と岡藩の流れの人々が住んでいたようである。後藤一彦は、上京して三年後（一九〇六年）に結婚していることから（前述）、父、幾蔵の知人を介して仕事に就き、順調に働いていたことがうかがえる。

後藤モトは、明治四十三年（一九一〇年）十二月に門司の三村清二に入籍している。この年東京に出た、三村清二とモトの消息を語る資料は戸籍以外に無い。

後藤一彦は、明治三十九年（一九〇六年）十二月に一男、守彦が生まれたとき、東京市芝区で出生届を出し、明治四十二年（一九〇九年）十月に二男、嘉彦が生まれたとき、東京市赤坂区で出生届を出している。また、三村清二は明治四十四年（一九一一年）一月、赤坂区で一男、勇の出生届を出しているので、明治四十四年（一九一一年）

に、三村清二の一家と後藤一彦の一家は、同じ赤坂区に住んでいたと思われる。

三村清二とモトは、後藤一彦を頼って上京したとき、ひとまず東京市赤坂区に腰を落ち着けたのであろう。三村清二の一家は、明治四十五年（一九一二年）、即ち大正元年、赤坂区から四谷区坂町百四番地に引っ越している。その後、大正六年（一九一七年）頃、東京市四谷区新堀江町壱番地に転居し、大正八年（一九一九年）十二月二十七日、福岡県門司市大字門司参千七拾四番地からの転居届を出している。

後藤一彦と三村清二が次に現れるのは、大正元年（一九一二年）十一月、後藤一彦の母、トメが上京したときである。後藤トメが上京して一彦の一家と撮った写真（前出）に、後藤一彦と三村清二の東京での消息を知る重要な手がかりがある。それは、後藤一彦の背広の胸に付いている東京市電気局のバッジ（上）である。このバッジの意匠は東京市電気局のエンブレム（下）と一致するので、後藤一彦が東京市電気局と、何らかの関係を持っていたことがわかる。

東京市電気局の『創業二十年史』によると、明治四十四年（一九一一年）八月、「東京市が東京鐵道株式會社から電車並に電力供給事業を繼承して、東京市電氣局の看板が掲げられ」、東京市電気局が発足した。後藤一彦が東京市電気局発足当時から、これと関わりがあったことを示すバッジに、後藤一彦――電車――電気、三村清二――電気のつながりの鍵があると考える。『創業二十年史』に「東京市では明治四十四年度から、四十八年度に至る四ヶ年繼續事業として、東京鐵道買収後における、電氣供給事業の大擴張計畫を立て」た。その後計画を一部修正して「一萬キロの制限内での擴張案を新たに建てる事とし、既設を合して電燈四十六萬燈、動力六千五百五十馬力の、建設計畫を建て、四十五年五月二十八日の市會で……承認を得、主務省の認可があつて後、工事に着手した」とある。明治末――大正初めの東京の電気関係の仕事では、猫の手も借りたいほどの忙しさであったと思われる。後藤一彦、三村清二の身なりは立派であり、電気関係の仕事が、二人とも順調であったことがうかがえる。

後藤一彦が、電気といかに関わっていたかを語る資料は無い。後藤家には、一彦は「青山で電気屋を開業していた。……電車が前の駅を通過すると、次の駅にその事を自動的に報せる、装置を発明し、その特許を持っていた……大阪で……電気関係の町工場を持ち、電気製品の開発に熱中し、二股ソケットなども一彦さんの発明だった」と伝わっている（『後藤家のご先祖さまについて』）。また広瀬家には、「一彦は、ネオンサインの発明をして、これを東芝に売って儲けた。親子電球を発明した」と伝わっている。後藤家は妻、後藤とくから、広瀬家は後藤幾蔵から伝わっている。後藤一彦が電気と関係し、電気関連の何らかの発明をしたという話は信憑性があると考える。『東京市職員録』で、後藤一彦の名を調べると、「大正元年十月」、「大正五年五月」、「大正六年六月」、「大正七年八月」の職員録に記載は無い。『昭和三年七月東京市職員録』と『昭和九年七月東京市職員録』も然りである。これは、後藤一彦が東京市電気局の職員ではなく、何か外郭、周辺の立場で、電気に関わる仕事をしていたことを示す。

『松下電工60年史』に、松下幸之助は、「大正六年（一九一七）六月、七年間勤めた大阪電灯を退社、独立自営の意気に燃えてソケット製造の準備にとりかかった。この時二十二歳の松下幸之助の手もとには、退職金三十三円二十銭、会社の積立金四十二円と貯金二十円ほどと、一〇〇円にも満たないわずかな資金があるだけであった」、「苦心さんたんの末、完成したソケットは、十日間でやっと十円足らずが売れただけで、最初のソケットづくりは失敗に終わった」とある。ソケット製造で起業した松下幸之助は「大正七年（一九一八）三月七日、大阪市此花区大開町一の三一（現・大阪市福島区大開一丁目）に〝松下電気器具製作所〟を設立、……自分で改良設計した〝アタッチメントプラグ〟の製造を開始した。アタッチメントプラグは、二マタのソケットなどにネジ込み、コードを延長して電灯・電熱器などを使用するための器具で、ちぢめて〝アタチン〟とも呼ばれ、松下電気器具製作所で製造した最初の練りもの配線器具であった。つづいて〝二灯用差込みプラグ〟を改良して実用新案をとり、発売した」という。この記述から、「二マタのソケット」は、すでに存在しており、松下幸之助は、大正七年（一九一八年）にソケットにネジ込む〝アタチン〟を発案、製造、販売したことがわかる。

当時の家庭の電気契約が「電燈定額制本位」（『創業二十年史』）であったことから、東京市電気局（電燈事業もやっていた）の周辺にいた後藤一彦が、「一燈」を二流に分ける二マタソケットを考案した可能性があると考える。大正時代の家庭電気は「電燈定額制本位」が主流であり、夜間中心の送電であった。東京市では大正十三年

（一九二四年）四月一日から「電燈定額制本位」から「從量制本位に更め、同時に晝夜送電を斷行したのであつたが、これがため各家庭にあつては、從來のやうに特別の設備によらなくても、晝夜とも隨意に電力を使用することが出來、從つて電氣厨爐や、電氣アイロンを使用する上に、一方ならぬ便利を得た」（『創業二十年史』）。

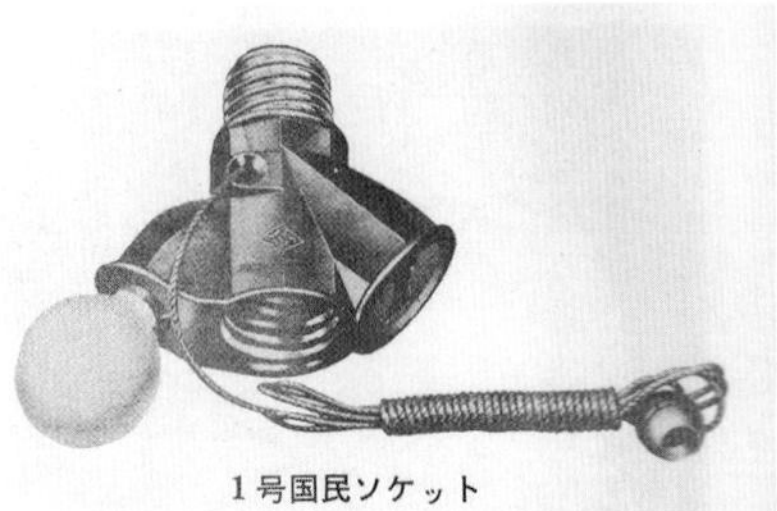
1号国民ソケット

▶「一号国民ソケット」『松下電工60年史』

昭和十年（一九三五年）まで、「家庭には、コンセントはほとんど普及しておらず、電灯笠に取り付けたト型クラスターからラジオ・アイロン・扇風機などのコードをひいていた」という。この不便を解決するため、「昭和十年（一九三五）七月に発売した〝国民ソケット〟は画期的な売れ行きをみせ、業界における当社の地位を高めるひとつのエポックとなった」、「差込口が付いていて、引き紐の操作で親子電球の点滅ができるこのソケットは需要家に喜ばれ、デザインも従来の配線器具にみられない斬新なものであった」（『松下電工60年史』）という。「国民ソケットはその後、同年十月、親子電球の点滅だけの〝二号〟型が、十三年五月には主灯だけの〝三号〟型が発売され、販売面で主力商品になった」（『松下電工60年史』）。

「昭和十四年（一九三九年）、緒方で地震があったとき、とっさに仏壇に置いてあった、後藤一彦が発明した親子電球を持って、竹薮に逃げ込んだ。これは小学校一年のときだった」と広瀬照人さんが述懐している。昭和九年（一九三四年）十二月、後藤一彦が父、幾蔵の遺骨と遺品を引き取りに緒方に来たとき、親子電球を持参している。これは「電球を、ソケットの中で回して緩めると子電球になり、強めると親電球になる」式の親子電球であったという（広瀬照人さん談）。後藤一彦が持参した親子電球は、電灯をつけたまま熱い電球を回すのは難しい。これは、〝松下電器製作所〟の「引き紐の操作で親子電球の点滅ができる」式の親子電球に対抗できなかったと考える。後藤一彦の「電車が前の駅を通過すると、次の駅にその事を自動的に報せる、装置を発明し、その特許を持っていた」ことについては手がかりが無い。

三村清二と電気との関係については、「清二は早くから電気に関わっていたが、清二本人が電気を扱う電工ではなく、電気で商売をしていた」と三村家に伝わっている。後藤一彦、三村清二とも電気関係の仕事に就き、これが軌道に乗っており、東京での足場を築きつつあったことがうかがえる。

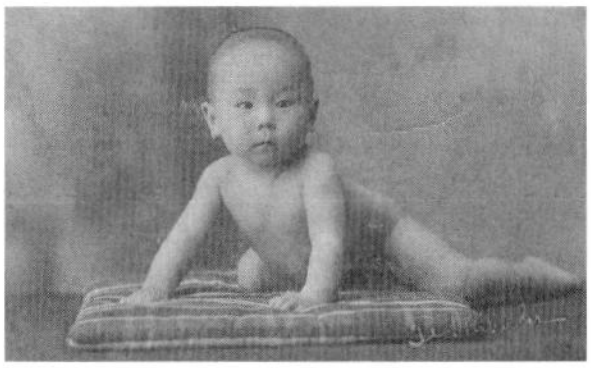

一枚目（上）、明治四十四年（一九一一年）五月。向かって左から三村清二、勇（四ヶ月）、モト。清二、モト夫妻上京後まもなくの頃。九州山口から上京して、成功を収めつつある様子がうかがえる。上京してすぐ仕事が順調であることは、何か親戚・知己の後押しがあったことを感じさせるが、先に上京した義兄弟の後藤一彦が電気関連の仕事をしていたという以外、手がかりは無い。この頃、後藤一彦、三村清二とも家族の写真を撮っている。二枚目（下）、同年七月の三村勇（六ヵ月）。清二とモトは勇がかわいくてしかたなかったようである。

▶大正元年（一九一二年）十一月

向かって左が三村清二、右が後藤一彦。後藤トメ上京（前述）と同じ頃に撮ったツーショットである。後藤一彦は三十二歳、三村清二は三十一歳。いつもポーカーフェイスの清二に比べ、一彦は気分が顔に出やすく、一見別人のように見えることがある。当初、向かって右側の人物は不詳であったが、血縁関係にある広瀬猛さん（後述）によく似ている。血縁による類似性から、後藤・広瀬系につながる人物であることが判明した。ここでは、二人とも自信に満ちた表情をしている。三村清二は上京後、髭を生やすようになった。この写真のカイゼル髯の極端に上に伸びた部分は、写真屋が墨で書き入れたもの。

▶大正二年（一九一三年）一月

三村モトの一男、勇が二歳になったのを記念して撮った写真。向かって右から三村勇（二歳）、モト（二十一歳）、進（生後四ヶ月半）。

▶大正四年（一九一五年）二月（写真前出）

後藤一彦は、竹田町に帰郷して、親類縁者と記念写真を撮っている（前出）。「一彦が竹田に帰ってきたとき、旅館一味楼に泊まって、お金をばら撒いた」という逸話（前述）は、真偽のほどは不明であるが、一彦の〝羽振りが良かった〟ことを示唆する。大正四年（一九一五年）の帰郷の写真を最後に、後藤一彦の写真はほとんど無くなる。そのほかの手がかりもなく、痕跡が消えたかのごとく、消息がはっきりしない。後藤一彦の孫、織田邦彦さんは「祖母のとくと永年暮らしていましたが、写真の存在自体に驚きました。家には祖父一彦、祖母とくの写真は一枚もありませんでした。白髪の祖母しか見たことがありませんでした」、「私が小学五年の時に母は心臓弁膜症で病死、高校一年の時に祖母が脳溢血で急死したため、祖母からはご先祖のことは殆ど聞いていませんでした」という（織田邦彦さん私信）。また、後藤光彦さんも、後藤一彦について「私の小さい時に亡くなりましたから、直接覚えていることもありません。父の守彦からは、祖父一彦のことを聞いたことが一切ありません」と述べている（『後藤家のご先祖さまについて』）。

明治四十五年（一九一二年）に赤坂区から四谷区坂町に引っ越した三村清二の一家は、子供の出生届から、大正六年（一九一七年）頃、四谷区坂町から、四谷区新堀江町に引っ越したことがわかる（前述）。大正八年（一九一九年）十二月に、門司から東京市四谷への転居届（東京市四谷区新堀江町一番地）が出ているが、四谷区新堀江町への転居は、それより二年前（前述）。

向かって左から右に順に三村タケ、三村進、三村亮一、三村勇、三村勲、三村清二。三村清二の母、三村タケが三村亮一（三村清二叔父）と上京したときの記念写真。三村亮一は、明治二十三年（一八九〇年）三月二十二日生まれで、三村清二より、九年若い叔父である。三村亮一は東京で薬局をやっていた（太田和子さん談）。子供の年齢から、

▶大正六年（一九一七年）

大正六年（一九一七年）とした。この頃、三村清二は四谷区坂町から四谷区新堀江町に引っ越し、叶電機商会を設立した。これは、大阪の松下幸之助が、ソケット事業で起業し、苦杯をなめた頃である。第一次大戦で日本が大戦景気に沸いていた頃で、三村清二、後藤一彦とも景気がよかったであろう。

大正六年（一九一七年）六月、須賀神社夏祭り。前列中央の三村勇の年齢（六歳）から、大正六年（一九一七年）とした。三村清二の一家が四谷区坂町から四谷区新堀江町に引っ越した頃である。須賀神社（現新宿区須賀町五番）の夏祭りは六月。ここに見える法被姿の成人男性の数人が、昭和十三年（一九三八年）二月の三村清二の葬儀に参列している（後述）。ご近所さんであったと思われる。

一枚目（上）、大正六年（一九一七年）頃。四谷区坂町から新堀江町に引っ越した頃と思われる。三村清二に見えるが、新堀江町の叶電機商会にはこのような立派な座敷は無かったという（太田和子さん談）。第一次大戦の戦争特需で好景気の時代、いよいよ電気製品が一般家庭に入ってくる時代、電気、電力の需要が高まっていた。叶電機商会も、順調に業績を伸ばしていたようである。叶電機商会は、三村清二の経営する事業であり、後藤一彦がこれに参

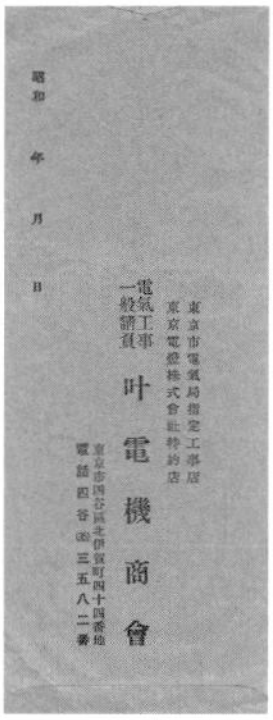

画していた証拠は無い。しかし、二人の親しい関係（同年代、十歳台からの友、義兄弟、電気関係の仕事、九州山口の出身）から、連携関係があったことは間違いない。この頃、三村家は、四谷に住む六代目杵屋彌三郎と知己になっている（後述）。二枚目（下）、叶電機商会の封筒「東京市電氣局指定工事店　東京電燈株式會社特約店」。「四谷區北伊賀町四十四番地」は、叶電機商会の店舗（四谷区新堀江町一番地）ではなく「電氣工事一般請負」の店舗の住所と思われる。

大正六年（一九一七年）頃、日本舞踊、藤娘の写真である。藤娘の舞姫は不詳。

一枚目（上）、同じ頃の長唄、三味線、藤娘の舞台写真。これらの写真の舞姫は同一人であろう。向かって左から四

人目が六代目杵屋彌三郎。二枚目（下）は拡大写真。この時、六代目彌三郎は二十歳。大正時代の舞台の雰囲気が感じられる。

▶大正七年（一九一八年）一月

向かって左から右に順に三村勲（三歳）、勇（七歳）、清二、進（五歳）。子供の年齢から大正七年（一九一八年）とした。三村勇は小学校一年（この年、二学年に進級）。清二が紋付を着ているので、正月とした。モトは力を身ごもって臨月が近いので、写っていない。勲は額に怪我をしたのか、絆創膏を貼っている。勲が悪戯をしたのであろう。勲以外の人物の額部分に色が付けてある。

一枚目（上）、大正七年（一九一八年）八月、四谷区新堀江町界隈で撮った写真。向かって左の三村勇（七歳）と愛犬。右の少女は不詳。二枚目（下）、三村家が飼っていた愛犬。名は不詳。叶電機商会の店舗前。この時代、犬を飼うには犬税を納める必要があった。

一枚目（上）、一つ前の写真と同じ日、同じ時に撮った

写真。向かって左は三村勇。勇が抱いている幼児は三村力（六ヶ月）。向かって左手後ろに「近藤内科病院」があり、右手後ろに「貨物自動車」の看板が見える。二枚目（下）、大正七年（一九一八年）十一月、同じ場所で撮った写真。三村力（九ヶ月）。

一枚目（上）、大正九年（一九二〇年）冬。少女三人の写真。向かって右手に「荒木町九番地」とある。新堀江町の叶電機商会に近い場所である。向かって左端の少女は大きな日本人形を抱えており、徳川祥子（三歳六ヶ月）に見える（後述）。二枚目（下）、大正十年（一九二一年）旧正月に、叶電機商会の看板の前で撮った写真。後列左端は尾上種子（三代目尾上鯉三郎の妹。後、東千代之介母）、右端は種子の妹と思われる。一番前の男児は三村力（三歳）。三村力の後ろの女児は徳川祥子（四歳六ヶ月）に見える。三村力の年齢から大正十年（一九二一年）とした。尾上種子は叶電機商会の正月の手伝いに来ているようで、割烹着を着ている。一枚目（上）、真ん中の女児（不詳）が、二枚目（下）、後列向かって左から二人目の女学生に見える。この女児は大正九年（一九二〇年）に小学校を卒業し、高等女学校に入学したのであろう。

一枚目（上）、大正十年（一九二一年）旧正月、「電氣工事一般請負　叶電機商會」看板前の尾上種子の妹。ピントが甘く、ボケている。二枚目（下）、同じ頃の、尾上種子（向かって左）とその妹（右）。種子は、六代目杵屋彌三郎

と結婚する前である。三村清二、モト夫妻は、結婚前の尾上種子と親しくしていた。

大正十年（一九二一年）、大分県大野郡緒方村で撮った、広瀬家で一番古い写真。向かって左から右に広瀬今朝彦（三十八歳）、広瀬好文（九歳）、右端が広瀬直俊（十六歳）。今朝彦と好文は草鞋を履いている。直俊は下駄。場所は馬求様《まじめさま》――自在社。

大正十年（一九二一年）、後藤幾蔵が、娘、カヨの下に身を寄せる。これは大正十一年（一九二二年）旧正月に広瀬家で撮った記念写真（写真前出）。

大正十年（一九二一年）四月、三村清二が勲を連れ、徳川家の人々と隅田川の河畔で花見をした時の写真。天気は良いが、桜は三分咲きか。前列向かって左が三村清二（三十九歳）、右が徳川祥子。後ろ向かって左は徳川義恕（祥子父。四十二歳）、右は徳川慶喜家の嗣子、徳川慶久（三十六歳）。徳川慶久は、翌年（一九二二年）一月、急死するが、その表情に苦悶が感じられる。徳川慶久は「華族で最も将来を嘱望されていた」人、「生きておられたら、首相候補」と言われた人という（『徳川おてん

ば姫』）。妻、實枝子は、有栖川宮家最後の王女。「明治四十一年（一九〇八）に結婚、お輿入れの行列は、先頭が第六天の屋敷に着いても後ろがまだ有栖川宮邸から出ていないほどの長さだった」（『徳川おてんば姫』）。明治四十二年（一九〇九年）一月十三日、梨本宮伊都子が横浜港から欧州に旅立つ日、「突然、有栖川宮威仁親王さんが自動車でお見えになられました。東京からご自分で自動車を運転なされて横浜まで見送りに来られたので一同はただただ驚くばかりでした。宮家で自家用車を持っておられたのは有栖川宮家のみ」だった（『三代の天皇と私』）。實枝子の父、有栖川宮威仁は大正二年（一九一三年）に薨去した（『皇族・華族古写真帖』）。「有栖川宮家が威仁親王で絶えてしまったので、その祭祀を引き継がれたのが……高松宮殿下だった」（『菊と葵のものがたり』）。この縁で、徳川慶久、實枝子の二女、喜久子の、高松宮との結婚は「二つの時から決まっていた」（『菊と葵のものがたり』）。これには、徳川慶喜の母が有栖川宮織仁の娘という縁もある（『菊と葵のものがたり』）。

一枚目（上）、向かって左が三村勲（六歳）、右が徳川祥子（四歳）。この春、勲は四谷第三尋常小学校に入学する。三村勲と徳川祥子は幼馴染で仲が良い。二人には筒井筒の想いがあったが、結婚は成らなかった（後述）。徳川祥子が三島由紀夫の代表作『豊饒の海』第一巻『春の雪』

のヒロイン「綾倉聰子」のモデルとされる背景に、三村勲とのいきさつの事情があったと考える（後述）。二枚目（下）、同じ日、花見の時に撮った写真。向かって左から右に徳川義寛（祥子長兄。十四歳）、徳川祥子、徳川義忠（祥子三兄。十一歳）。徳川義寛は後に昭和天皇の侍従となり、昭和二十年（一九四五年）八月十四日深更「天皇の玉音放送の録音」に立ち会い、「録音盤を受け取って、皇后宮事務官室の金庫にこれを保管」して反乱軍の手から守った（『語られなかった皇族たちの真実』）。徳川侍従は、昭和六十年（一九八五年）、昭和天皇の侍従長になった。徳川祥子は昭和十年（一九三五年）四月、北白川宮永久に嫁した（後述）。昭和四十四年（一九六九年）女官長になり、皇室のために働いた。

一枚目（上）、二枚目（中）、同じ日、隅田川の河畔で。エプロンの少女は徳川祥子。三枚目（下）、同じ日、浅草で。学生帽の少年は三村勲。少女は徳川祥子。左手後方に、雷門と浅草寺仁王門が見える。三枚ともピントが甘く、劣化が著しい。

右一枚目（上）、大正十年（一九二一年）四月「皇太子殿下御渡欧記念」。大正十年（一九二一年）三月三日、皇太子（昭和天皇）は渡欧のため軍艦「香取」で横浜を出発した（後述）。これを記念して四谷第三尋常小学校で写真

を撮っている。三村勲が小学校に入学して間もない頃。二列目、向かって右から三人目が三村勲。二枚目（下）、「皇太子殿下御外遊巡路畧圖」（『皇太子殿下御外遊記』）。この御外遊は六ヶ月間に及び、皇太子は同年九月三日、横浜港に帰港した（後述）。

一枚目（上）、大正十一年（一九二二年）六月、待望の一女、英子（ヒデコ）が生まれて三ヶ月経たないうちに撮った記念写真。子供の月齢、衣服から六月とした。向かって左から右に順に三村勲（七歳）、モト、英子（三ヶ月）、清二、進（九歳）、勇（十一歳）、力（四歳四ヶ月）。英子の生まれる一年前に、五男、節三が夭折している。二枚目（下）、大正十一年（一九二二年）頃、尾上種子と思われる。六代目杵屋彌三郎と結婚し、若和田種子になる直前であろう。

大正十一年（一九二二年）十一月。一枚目（上）、向かって左が三村英子（七ヶ月）、右の少女は不詳。二枚目（下）、同じ頃の写真。向かって左端が英子。中央の少女は徳川祥子（六歳）。徳川祥子は小学校に入学する前年。右の少女は不詳。

大正十二年（一九二三年）「鎌倉ニテ」。向かって右が三村勲。勲は小学校三年になった。鎌倉に遠足に行ったのであろう、鎌倉大仏が見える。関東大震災の数ヶ月前。

大正十二年（一九二三年）四月、広瀬三郎が電気学校に入学する（前述）。「電氣工事一般請負」の叶電機商会は順風満帆であったが、ここに、東京は大災害に見舞われる。大正十二年（一九二三年）九月一日、関東大震災。こ

れは、広瀬三郎・後藤幾蔵の写真集冒頭の写真絵葉書である。一枚目（上）、京橋より日本橋方面。ビル数個を残して、ほとんどの家が潰れている。二枚目（下）、「銀座通ノ焼アト」。銀座が、地震後に起こった大火で焼けている。東京市電気局も甚大な被害を受けている。『創業二十年史』によれば「地震が起ると共に品川澁谷の兩發電所その他變電所、變壓所が何れもその能力を失ひ、その上鬼怒川、東電群馬水力等からの送電も、停止されたので、遂に全市の電車運轉は五日間に亘つて休止の已むなきに至り、電燈は三日間、送電を行ふ事が出來なかつた。而して、その被害概況は、先づ本局廳舎の燒失、電車の燒失七百七十九輌、車庫の全滅五ヶ所、變壓、變電、開閉、發電所等の被害十八ヶ所、軌道の破損九哩五三二、電線路の被害四十一哩、電燈の損傷十五萬四千七百九十二燈、動力供給の損失九千百キロワツト、局員の死亡者九十七名と、行方不明者十九名等に及ん」だ。

一枚目（上）被服廠の惨状。二枚目（下）、炎上する「警視廳」。被服廠の惨状の写真については、徳川和子が「おばばちゃまの甥の三村さんは、写真印刷をしていた方で、被服廠の屍体の山を着色刷りで絵葉書にしたものを見せて下さったが、親たちはそんなものを子供に見せるのを嫌がった。それでも怖いもの見たさで何度も見た」（『み

みずのたわごと』）と述べている。広瀬三郎の写真集にある、関東大震災の被害を写した四枚の写真は絵葉書に仕上がっている。徳川和子が言うところの被服廠の惨状はこの写真（上）のようなものであろう。「おばばちゃまの甥の三村さん」とは三村清二を指しているようにも見える。三村清二は東京市四谷区新堀江町一で叶電機商会を経営しており、当時珍しかったカメラを持っていた。叶電機商会の近くに写真館アポロがあり、この写真館の得意先であった（後述）。『みみずのたわごと』では、徳川和子こと松平和子の「おばばちゃま」は松平鞆子（松平容大未亡人）とされている。松平鞆子は、浜田藩主、松平武聡の一女で、母は佐倉藩主、堀田正睦の八女、寿子。浜田藩主、松平武聡は徳川慶喜の実弟という（『幕末維新の美女紅涙録』）。第二次長州攻略で、浜田城は大村益次郎率いる長州軍に攻められ、落城した。この時、松平武聡と寿子は小舟で城を脱出している（『幕末維新の美女紅涙録』）。三村清二の祖父、三村友右衛門の戸籍に、鞆子の姉妹に該当する女性の名は見つからない。徳川和子の言う「おばばちゃまの甥の三村さん」と三村清二の関係は不明である。〝何か〟を考えさせるものとしては、一、「おばばちゃまの甥の三村さん」という徳川和子の思い出、二、「被服廠の惨状」の写真絵葉書が後藤幾蔵の写真集にあること、三、三村清二が東京市四谷区に住んでいたこと、四、三村清二が写真好きであったことだけである。明治四十三年（一九一〇年）、三村清二がほとんど裸一貫で上京して、電気事業に乗り出し、成功を収めた背景に、東京の有力者の後ろ盾があった可能性を考えるが、手がかりは無い。

　九月二十七日、震災から一ヶ月もたたないうちに帝都復興院が組織され、後藤新平が総裁になった。四谷の叶電機商会は被害を免れたようである。「叶電機商会は関東大震災後、復興特需で大きく業績を伸ばした」と三村家に、「三村は関東大震災で大もうけをした」と広瀬家に伝わる。

震災で多くの家屋、電燈が破壊され、「電氣工事一般請負」の叶電機商会に電気、電燈復旧の仕事が殺到した。

一枚目（上）、大正十二年（一九二三年）十月、向かって左が三村英子（一歳六ヶ月）、右が三村力（五歳八ヶ月）。関東大震災から二ヶ月たっていない。硬いもの（クリか？）を無心に食べている。二枚目（下）、大正十三年（一九二四年）一月　中渋谷―東京駅間の乗合自動車。『創業二十年史』には「全市大部分の電車軌道は、震災のために殆んど滅茶々々に破壊され、その上多數の電車は、或は車庫内において、或は榮業線路上において何れも焼失し」たため、「應急施設として乘合自動車の兼榮を目論見、……市會へ、これを提案してその承認を求めたのであつた。市會では審議の末その必要を認め……これを承認可決したので、長尾局長は時を移さず米國フォード會社へ對し、乘合用自動車一千臺の注文を發し」たとある。電車事業に対し、市電燈事業は「市内における送電線と配電線は、何れも地下埋設式であつて、唯郡部の一部だけが架空式となつてゐる關係から、電氣供給事業における被害は、電車に比べると、割合に少くて濟んだ」ので、電気工事を施工する叶電機商会は、てんてこ舞いの忙しさだったと思われる。三村清二は、大震災という災禍をくぐり抜けて、かえって裕福になったと言える。

一枚目（上）、大正十三年（一九二四年）一月、緒方村の広瀬家の庭で撮った写真。向かって右から左に広瀬トク（十五歳）、広瀬勝子（一歳六ヶ月）、広瀬八江子（四歳になる直前）。左端は広瀬良子にも見えるが、はっきりしない。広瀬家は、この頃カメラを手に入れたのか、家族の写真が現れるようになる。東京に居る広瀬三郎を介してカメラを入手したのであろう。二枚目（中）、大正十三年（一九二四年）四月、広瀬三郎は、三村清二、力と、成田山新勝寺を訪れた。向かって左から三村力（六歳）、三村

清二（四十二歳）、広瀬三郎（十七歳）。広瀬三郎は「電気学校本科」二年、三村力は四谷第三尋常小学校一年。三枚目（下）、同じ時の写真。

大正十三年（一九二四年）から大正十四年（一九二五年）、広瀬三郎が撮った東京時代の写真が多く残る。三郎がカメラを手にして、写しまくったのであろう。一枚目（上）、大正十三年（一九二四年）の広瀬三郎と三村力（六歳）。力は、空気銃のようなものを手にしている。二枚目（下）、大正十三年（一九二四年）六月、広瀬三郎と少年。この少年は来日して二年目の愛新覚羅憲東（後述）の可能性を考えるが、手がかりは無い。

一枚目（上）、大正十三年（一九二四年）の広瀬三郎と三村力。広瀬三郎はこの頃からメガネを掛け始める。背景の庭は不詳。二枚目（下）、庭で一人黙座の広瀬三郎。

三村清二の電気関連事業が震災復興に関わっていたことを示す、不思議な、驚くような写真である。後列向かって左から右に順に三村清二、近衛文麿、加藤高明、武富時敏、若槻礼次郎、一人置いて尾崎行雄。前列向かって右から片山哲、一人置いて左に松岡洋右、一人置いて左に岸信介、一人置いて左に鈴木文治。その左は中野正剛と思われる。時の首相（加藤高明）と後に首相となる四人（若槻、近衛、片山、岸）が、一堂に会している。憲政会総裁の加藤高明を首班とする内閣が発足して五ヶ月ほど経った時期と考える。憲政会の総務委員、武富時敏は、佐賀の乱の際、反乱側についた人物。この座に、友愛会の鈴木文治が同席しているのが目を引く。写真屋が写真を大幅に修正しているので、年齢が分かりにくく、人物の特定が容易でない。原画では人物の頭髪と髭が墨で黒く塗られており、皺が消され、豊頰に仕上げられている。

近衛文麿と松岡洋右の交流については「松岡と近衛の最初の出会いは古くパリ講和会議時であり、その後交遊はつ

▶大正十三年（一九二四年）十一月

づいていた」という（『松岡洋右――その人と生涯』）。大正八年（一九一九年）一月に始まったパリ講和会議に、日本は六十四名の全権団を送っており、中野正剛や鈴木文治もパリ講和会議を取材している（『松岡洋右――その人と生涯』）。松岡洋右と岸信介については、松岡洋右の（血縁の無い）叔母が岸信介・佐藤栄作の祖父に嫁しており、松岡洋右の妹の娘が、佐藤栄作に嫁しているので、縁戚関係にある（『松岡洋右――その人と生涯』）。松岡の「妹の長女・寛子が佐藤栄作とめでたくむすばれた」際、松岡洋右は、寛子に「栄作はなかなか賢い男じゃが、お前はチイと知恵が足らん女じゃから、亭主を助けようと思ったら、大間違いぞ。じゃまにならんように暮らすことじゃ」とアドバイスしたという（『松岡洋右――その人と生涯』）。この写真に見る宴会の参加者は、憲政会系の政治家、パリ講和会議の参加者、長州系の人士である。

三村清二がこの座に加わった経緯は、不明である。あえて考察すると、一、「山口県厚狭郡吉田地方村」出身の三村清二が、長州系の松岡洋右、岸信介と同郷であること、二、四谷で叶電機商会を経営している三村清二が、仕事を介して四谷、渋谷、麹町、青山、赤坂、高輪などに居宅を構える人々と知己であること、三、三村清二の電気関連事業が震災復興に大いに役立ち、事業が繁栄していること、四、清二が政治家、官僚等と知己になることで、仕事の幅を広げようとしていること、五、清二の明るい、誰からも愛される人柄などが挙げられる。しかし、何か、明らかにはならない、つながりもあったかもしれない。

大正十三年（一九二四年）初夏、子供の祭りか、髪飾りをつけている。一枚目（上）、二枚目（中）、後ろ向かって右が三村力（六歳）。少女たちは不詳。三枚目（下）、髪飾りにエプロンの少女（不詳）。

大正十四年（一九二五年）一月、後藤幾蔵上京（前述）。

一枚目（上）、大正十四年（一九二五年）三月「叶電機商会店前ニテ」。広瀬三郎は叶電機商会に下宿していた。二枚目（下）、大正十四年（一九二五年）三月、広瀬三郎と少女（不詳）。

一枚目（上）、早稲田実業学校卒業写真集の後藤守彦。大正十四年（一九二五年）三月、広瀬三郎が日本大学機械科に進学する頃、後藤一彦の一男、後藤守彦が早稲田実業学校を卒業し、安田銀行に就職した。戦前、早稲田実業学校は予科二年と本科四年で六年の時代と、本科六年の時代があり、基本的に六年制の実業学校であった。この時代は、両親が揃っていないと、財閥系の銀行に就職するのは

難しかったようだという（織田邦彦さん談）。後藤一彦・とく夫婦は、別居していたが、離婚していなかったので、守彦が安田銀行に就職できた。二枚目（下）、大正十四年（一九二五年）二月頃。後藤守彦（向かって右端。顔が丸々としている）と早稲田実業学校の学生の写真と思われる。後ろに「三島喫茶」「Parlour Mishima」と見える。早稲田実業学校卒業が近い頃であろう。広瀬三郎と後藤守彦の間に、交流は無かったようである。

　この頃、東京市電気研究所が発足した。「本市は其の一大市營事業である電氣軌道及び電氣供給事業に關し、科學的竝に經濟的の兩方面に亘つて、徹底的な調査研究の必要を認め」たので東京市電気研究所の設置を決め、「大正十二年三月廳舎の建築に着手し、工程幾許もなく彼の大震災に會し、多大の被害を受けたが、爾来鋭意進捗を圖り二ヶ年有半の歳月と、百二十餘萬圓の工費を投じて、愈々同十四年十月一日竣工を見、茲に東京市電氣研究所の開設を見た……」（『創業二十年史』）。

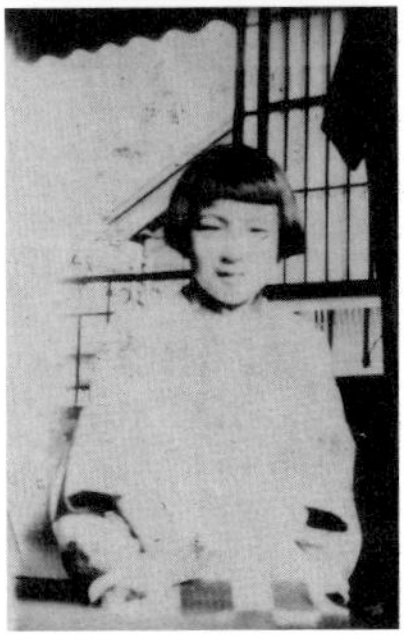

一枚目（上）、大正十五年（一九二六年）四月十七日「電気学校本科第一期」。大正十五年（一九二六年）四月、三村清二の一男、勇が電気学校に入学する。勇は十五歳。広瀬三郎に続き、三村清二の一男も電気を学ぶことになった。二枚目（下）、大正十五年（一九二六年）頃、叶電機商会の二階で撮った少女の写真。徳川祥子（九歳）と思われる。徳川祥子は、三村家を何度も訪れている。

　大正十五年（一九二六年）六月、後藤幾蔵は、広瀬トクを連れて上京した（写真前出）。

一枚目（上）、大正天皇（『明治大帝御寫眞帖』）。二枚目（下）、貞明皇后（『明治大帝御寫眞帖』）。「大正天皇陛下人皇第百二十三代大正天皇陛下は、明治天皇の第三皇子にまします。明治十二年八月三十一日御降誕、御生母は早蕨權典侍（柳原愛子）なり、御幼名を明宮、嘉仁親王と御命名明治二十年八月三十一日、東宮宣下あり越えて二十三年十一月三日天長節の佳辰をトし立太子の式典を擧げさせ給

ひ、同日少尉任官大勲位に叙さる、明治四十五年七月三十日御踐祚、大正四年十一月十日即位の大典を擧げさせ給ふ、大正十五年十二月廿五日午前一時廿五分崩御」（『明治大帝御寫眞帖』）とある。大正十五年（一九二六年）年の初め、大正天皇は寝台（ベッド）を用いるようになり、看護師が二名、「皇后職の御用掛」として、病身の天皇の看護をするようになった（「大正天皇御臨終記」）。侍医頭の日記に、大正天皇の最終の治療と処置が記されている。大正天皇は、大正十五年（一九二六年）八月から葉山御用邸で療養していたが、同年十二月十六日、「御脈微弱」となり、容態が急変した。十二月十七日「今日は聖上御容態あまり御変動なかりしが、夕方より脈および呼吸とも御増加のため、夜に入りリンゲル氏液を大腿両側の皮下に注入す」、十二月十九日「昨日午後より聖上御容体小康を得させらる」、十二月二十三日「昨夜来聖上呼吸および脈ともに変動しやすく、病状少しく御増進の御模様なり……今夜にて聖上の鼻腔栄養を一時中止し、滋養浣腸を始む」、十二月二十四日午後より「刻々御体温御昇騰、御脈御呼吸も著々増悪す、カンフルその他の注射を頻々奉上す。午前中一回、鼻腔奉上せるも午後は休む」、十二月二十五日「御容体ますます険悪、一時二十五分、心音やみ、呼吸止みたる時……ついに崩御あらせらる。……ただちに皇后宮、両殿下、高松宮、内親王方小綿棒に水を潤して、聖上の御口辺に奉上さる。続いて女官一同水を捧ぐ……侍医一同より聖上玉体の洗拭を差上ぐ。硼酸アルコホルを用いたり。鼻、口、肛門等に綿をつめたり。かつ後に氷袋五十個に氷をつめ玉体に載せ防腐の用意をなす」と記されている（「大正天皇御臨終記」）。大正天皇の臨終と死後の処置等については、今日の人々の最期の状況と変わりはない。

昭和三年（一九二八年）五月、広瀬三郎が他界（前述）。広瀬トクは叶電機商会の手伝いをして、昭和四年（一九二九年）一月、緒方に帰郷した（前述）。

二、昭和の初めから大東亜戦争まで

昭和の初め（一九二六年）から、昭和十年（一九三五年）頃まで、三村家（叶電機商会）の繁栄振りを示す写真がたくさん残されている。「歐洲大戰を始め、大正九年の經濟恐慌、同十二年の大震災、昭和二年の金融恐慌に引續く昭和五、六、七年の交に於ける財界の悲境」（『東京市電氣局三十年史』）があったが、叶電機商会の電気関連事業については、これらの影響はほとんどなかったようである。

一枚目（上）、昭和二年（一九二七年）十一月、三村英子の七五三の写真。この時、三村モトは三十六歳。英子は

五歳。一女、英子は大正十一年（一九二二年）四月二十六日生まれ、昭和五十九年（一九八四年）八月八日に他界。享年六十二歳。昭和二十一年（一九四六年）一月二十八日、島嵜三郎と結婚（氏を称す）。子は男児一人、女児二人（名は不詳）。男児は夭折した。後に島嵜三郎と離婚。英子は、三村清二、モト夫妻の待望の女児であり、〝蝶よ、花よ〟と育てられたという。二枚目（下）、昭和三年（一九二八年）四月頃、四谷の叶電機商会で。向かって右から左に順に三村力（十歳）、モト（三十六歳）、テル子（十ヶ月）、孝（二歳五ヶ月）。左端の男性は原田音輔（原田清の兄）と思われる。原田音輔（二十五歳）は、この時、山口から上京していたのであろう。結核を病む三村力は痩せている。三村力は、昭和五年（一九三〇年）六月二十六日他界。

昭和三年（一九二八年）六月。一枚目（上）、二枚目（中）、叶電機商会の二階から見た須賀神社夏祭りの神輿。三枚目（下）、四谷区新堀江町界隈を練り歩く神輿。

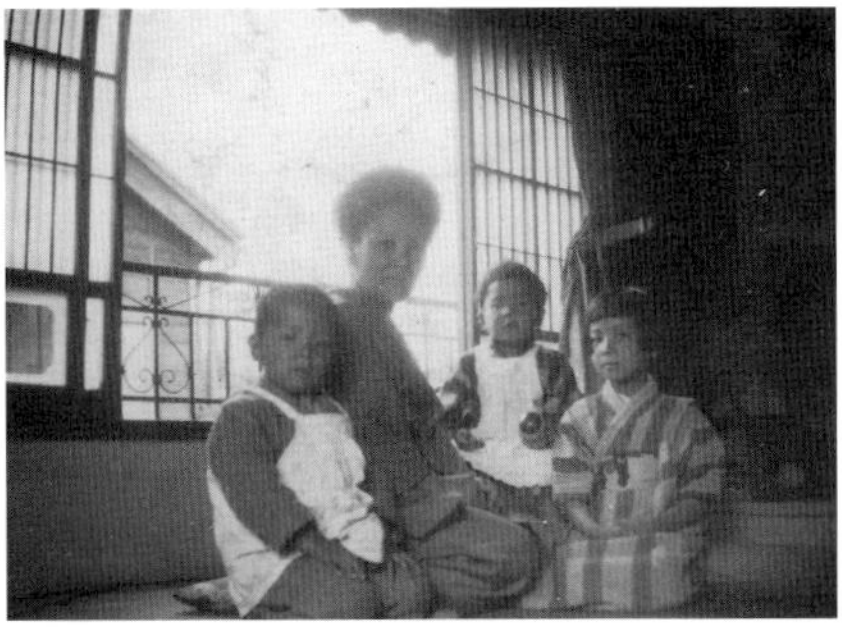

一枚目（上）、昭和三年（一九二八年）九月、叶電機商会二階で、三村家母子の団欒。向かって左から右に順に三村孝（二歳十ヶ月）、モト、テル子（一歳三ヶ月）、英子（六歳）。結核を病む三村力は、ここに居ないので、隔離したか、入院中であろう。二枚目（下）、同年十月頃、四谷区新堀江町界隈で友達と遊ぶ三村孝（向かって左端）。向かって右端は若和田孝之（東千代之介）、後ろの女性は若和田孝之の祖母、ふじと思われる。若和田孝之（二歳二ヶ月）と三村孝（二歳十一ヶ月）は、戸籍では同じ年（大正十五年──一九二六年）の生まれであるが、三村孝の本来の生年は、広瀬頼彦と同じ大正十四年（一九二五年）。三村孝と若和田孝之（東千代之介）は幼馴染。

一枚目（上）、昭和四年（一九二九年）春、向かって右が三村英子（六歳）、左は徳川祥子（十二歳）と思われる。徳川祥子は東京女子高等師範学校に進学する時で、三村家に報告にきたのであろう。しっかりした、賢そうな顔立ちである。入学式の日か、立派な装いをしており、勲に晴れ姿を見せたかったのではないか。徳川祥子の迫力に押されて、三村英子は当惑気味に見える。三村英子はこの春、四谷第三尋常小学校に入学する。二枚目（下）、同じ頃の広瀬家の写真。向かって左から右に、広瀬勝子（六歳）、頼彦（四歳）、静子（二ヶ月）、トク（三十歳）。この春、広瀬勝子は緒方尋常小学校に入学する。広瀬トクは東京から帰郷して三ヶ月。忙しい母、カヨに代わって生まれたばかりの静子を育てていた。頼彦は兄たちのお下がりの、ちんちくりんのセーラー服を着ている。

三村清二が、電気関係の同業者と小金井に花見に行った時の写真。昭和七年（一九三二年）十月、青山電気見本市（後述）に参加する堀切電気商会、土田電機商会、岩下電機工業所、叶電機商会、安藤商会のオーナーの面々と思われる。

一枚目（上）、昭和五年（一九三〇年）四月、広瀬家の精米所付近で撮ったと思われる。大分県大野郡緒方村の上

▶昭和四年（一九二九年）四月「小金井ニ花見ノトキ」

新道と下新道をつなぐ縦道を挟んで、杉皮葺屋根の、広瀬家の精米所があった（『古希までの記録』）。向かって右手後方に精米所らしき建物が見える。椅子に座っているのが広瀬トク（二十一歳）、赤子は広瀬静子（一歳二ヶ月）。トクが静子を育てている。後列向かって左から右に広瀬好文（十八歳）、照子、広瀬俊幸（二十歳）。照子は、広瀬の兄弟姉妹と親しいようであるが、不詳。二枚目（下）、昭和五年（一九三〇年）四月、広瀬家の庭で。馬に跨っているのは広瀬頼彦（五歳）。手綱を引くのは広瀬八江子（十歳）。向かって左に広瀬勝子（七歳）。写真のピントが甘い。

一枚目（上）、昭和五年（一九三〇年）五月、広瀬勝子。この時、勝子は緒方尋常小学校二年生。しっかりして、利発そうに見える。二枚目（下）、同年六月頃、三村清二（四十八歳）とテル子（三歳）。叶電機商会の店舗前で。テル子の誕生日（六月二十一日）か。おしゃれな三村清二は、いつも髭を生やし、髪を整え、スーツに蝶ネクタイである。

一枚目（上）、昭和五年（一九三〇年）、東京市四谷区新堀江町の叶電機商会の店舗に顧客が押し寄せている。親子電球を売り出した頃か？「お金が金庫に入りきれないくらいあったことがある」と三村家に伝わるが、この頃のことか。裕福な三村清二は、あちこちに家作を持っていた。二枚目（下）、これは今日の二マタソケット。昔も今も意匠は変わらない。後藤一彦発明の二マタソケットも似たものであろう。

同じ日の叶電機商会の店舗。原田宗一の写真集に「東京三村家前ニテ早慶戰」とある。早慶戦のラジオ実況放送を聞くため顧客が殺到している。「昭和六年ころの早慶戦は、文字通り日本中を二分して熱狂する、スポーツ界の一大メーンエベントであった。早慶戦が迫ってくると、新聞は連日予想記事から、選手の身辺雑記までを漁って紙面を飾る。学校はもとより、校友も、ファンも早慶戦の話題で持ち切りになる。合宿には全国の校友やファンから、激励の電報や手紙が配達される、という状態であった」、「早稲田は戸塚（安部）球場で、慶応は武蔵新田（蒲田）の球場で、早慶戦に備えての練習を行った。戸塚球場のスタンドは、練習見物に押しかけるファンで、まるで試合が行われているように満員であった」という（『私の昭和野球史』）。

昭和五年（一九三〇年）秋。

東京市電気局の電車課（運輸業務）の関係者、その他「東京地下鐵道株式會社」の関係者の宴会のようである。後ろに東京市電気局の旗が見える。前列中央は広田弘毅にも見えるが、髪の分け方が広田弘毅の肖像写真と逆になっており、この点、疑問がある。この写真は、出席者の髪を、写真屋が墨で塗った形跡が随所にある。髪は、写真屋創作の可能性も否定できないが、広田弘毅は特定できない。前列向かって左端に上機嫌の三村清二が座している。

次いで右に植木壽雄（後に東京市電気局長）、三村清二の後ろの人物は早川徳次に見える。早川は三村清二と仲がよさそうである。三村清二は、東京市電気局等と良好な関係を持っていたことがうかがえる。前列向かって左から七人目の芸者は、うけくちがあり、池田カネに見える（後述）。二列目左から二人目の男性は、消息が途絶えた後藤一彦（五十歳）と思われる。

広田弘毅は、昭和五年（一九三〇年）十月十五日、駐ソ特命全権大使に任命（『広田弘毅』）される。同年十一月十四日、シベリア経由でモスクワに赴任する、その出発当日、東京駅で浜口雄幸首相が暴漢に狙撃され、重傷を負った（『広田弘毅』）。広田は、二年間駐ソ特命全権大使を務めた後、シベリア経由で、昭和七年（一九三二年）十月十四日に帰国した（『広田弘毅』）。

早稲田大学と早稲田実業学校の合同野球倶楽部。前列向かって右端は三原脩、一人置いて左に伊達正男、前列向かって左端に三村勲（十六歳）。後列左端は中島治康。「五反田球場　津之守倶樂部」は早稲田系の倶楽部と思われる。ネットの後ろに大勢の野球ファンが見える。「津之守」は、四谷区新堀江町（新宿区三栄町）、荒木町を貫いて新宿通りから靖国通りに抜ける「津之守坂」を意味する。四谷区新堀江町に住む三村勲が、この倶楽部名を発案したと

▶昭和五年（一九三〇年）十二月七日「五反田球場　津之守倶樂部」

考える。三村勲は左利きであった。三村清二の三男、三村勲は大正三年（一九一四年）十一月十日生まれ。昭和十年（一九三五年）三月、早稲田実業学校（第一本科）を卒業。何かの事情で早稲田実業学校入学か、卒業が二年遅れたようである。昭和五年（一九三〇年）六月、弟の三村力が結核で夭折している（前述）ので、結核で二年遅れたという事情を考えるが、野球にのめりこんで進級が遅れた可能性も否定できない。

三村清二は、昭和六年（一九三一年）一月、父、三村吉之進の三回忌に、郷里、山口県厚狭郡吉田地方村に帰郷した。後列向かって左から右に順に三村清二（四十九歳）、三村光三（四十四歳）、三村亮一（三十九歳）。前列左端が原田ウラ（五十二歳）、二人置いて右に三村サイ（ハタブの小母さん）。この帰郷の時、三村清二は、明治三十四年（一九〇一年）に原田百太が肩代わりした、三村家の酒税の負債三万円（前述）を返済したと考える。前年、叶電機商会に顧客が殺到して大金が入ったのか？

昭和六年（一九三一年）一月十二日、三村清二は、帰郷した足で大分県大野郡緒方村の広瀬家を訪れる。一枚目（上）、向かって右から左に順に三村清二、広瀬勝子、広瀬トク、広瀬頼彦、川辺ユキエ（広瀬直俊妻）、広瀬カヨ。

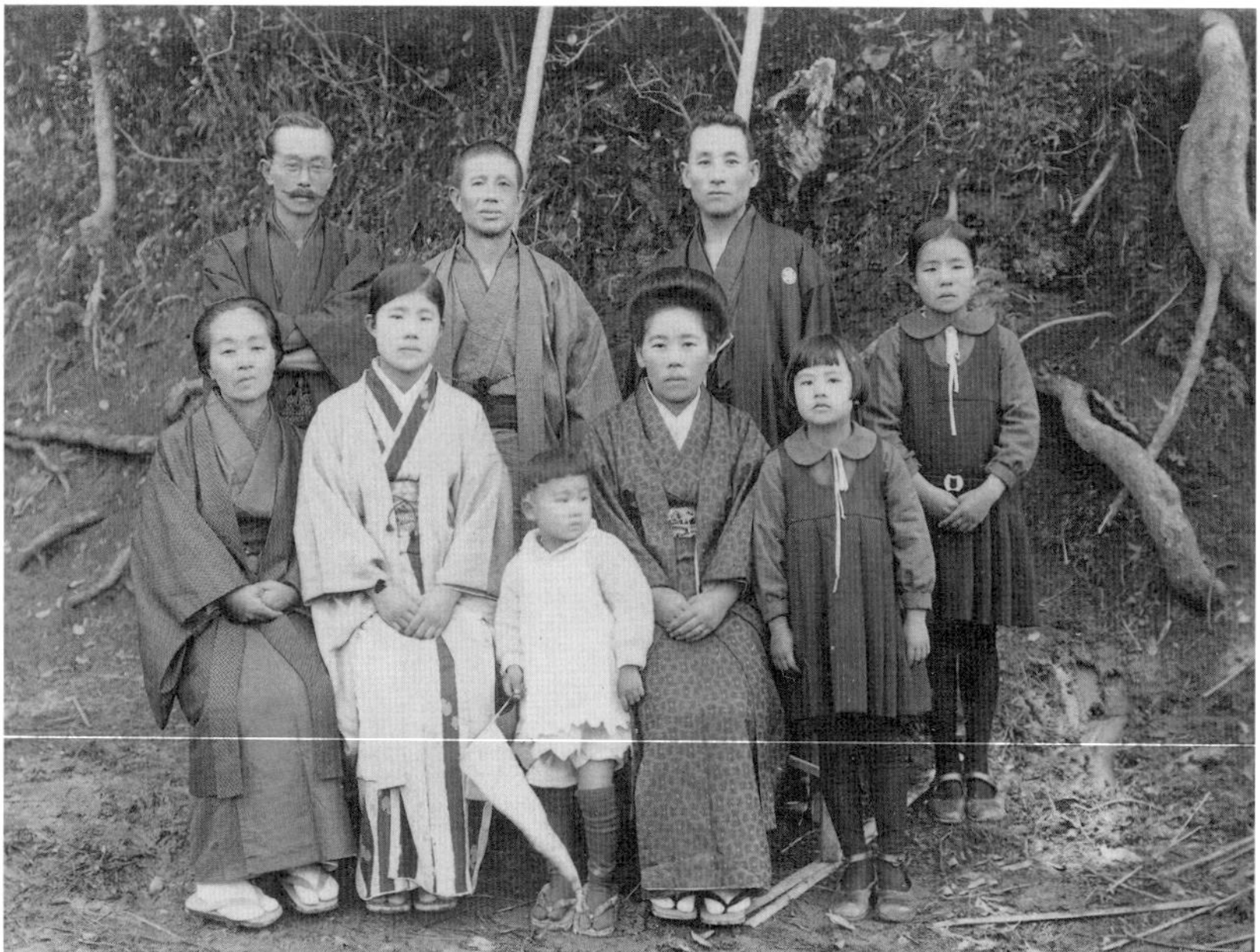

▶昭和六年（一九三一年）一月

東京で成功している三村清二を迎えて、広瀬家の人は大喜びであったと思われる。お土産をたくさんもらったであろう。広瀬カヨは子沢山で、田畑の仕事で苦労しているせいか、大正十一年（一九二二年）の写真と様変わりして、頽然としている。二枚目（下）、三村清二と広瀬勝子のツーショット。三村清二は勝子がお気に入りのようである。

一枚目（上）、「東京市電氣局廳舎」（『創業二十年史』）。二枚目（下）、「電燈課青山營業所」（『創業二十年史』）。東京市電気局は、電車課（運輸業務）、自動車課（乗合自動車の運転）、電燈課（電燈及び電力供給）、電力課（発電所受電設備及び変電所の建設改良及び維持）を軸に四つの大きな事業を担っていた。電燈事業では「配電線路は郡部に於ては兎に角、市内に於ては引込線の末に到るまで、地中式に施設せよ」との命令に従い、「其結果として需用者に

對する供給の開始までに、日柄がかゝり易」く「市電は遅いと非難せられた」が、事業は順調に伸び、昭和五年（一九三〇年）十二月に「いよ〳〵實點百萬燈突破のユートピアに到達するに至」った（『創業二十年史』）。

この頃、関東大震災の災禍を乗り切った東京市電気局に、慶事が続いた。昭和五年（一九三〇年）暮れに「實點百萬燈突破」し、昭和六年（一九三一年）には創業二十周年を迎えた。「昭和六年八月一日の開廳記念日は、市有二十周年に相當するといふので、市電幹部では當日を期し、盛大な祝賀式を擧行すべく、種々の目論見を立てた。

しかし八月では季節が具合が悪いので五月十五日に繰り上げる事に決し」て「昭和六年五月十五日午前十時、日比谷公會堂において、大祝賀會を催した」(『創業二十年史』)。大祝賀会では式典ののち、「市電女聲合唱團」により、『創業二十周年祝歌』が披露され、花電車や装飾電車が東京市を走った。さらに「電燈課にあつては、實點百萬燈突破を祝賀するため、十五、十六の兩日、日比谷公園新音樂堂を中心に、……各種の催物を公開し」た(『創業二十年史』)。

▶昭和六年(一九三一年)五月　装飾電車

徳川和子は、「昭和の御代の初め、花電車は学校に通う途中に沢山見ることができた。五節の舞姫の実物お人形がグルグル回っていたのをよく覚えている」という(『みみずのたわごと』)。装飾電車も実物大の人形が動くのであろう。おしゃれな三村清二は、何処へ行くにも、カイゼル髭に三つ揃いのスーツ、蝶ネクタイである。

この頃行われた東京市電気局大宴会の写真が残っている。昭和六年(一九三一年)五月、東京市電気局創業二十周年祝賀会の記念写真と思われる。ポーカーフェイスの三村清二が、ニコニコしながら、前列右方に座している。芸者衆が十人、半玉が五人の大宴会。一同の後ろには、祝儀と氏名を書いた紙が貼られている。三列目中央で微笑む細面の芸者は、うけくちがあり、池田カネに見える(後述)。三村清二が、後藤一彦と同居する芸者、池田カネを呼んだのではないか。中央に位置し、この座全体の芸妓の差配をしている趣である。

下の写真は、原田百太の三男、原田音輔の結婚の日に撮ったもの。後列向かって左から右に順に原田清(原田百太四男)、原田音輔(百太三男)、原田友輔(百太一男)、原田百太、原田ウラ(原田百太妻)、原田ヤナ(原田百太義妹)、下野タツ(原田百太一女)。前列向かって右から左に順に原田佳津子(原田友輔一女)、原田テツコ(友輔二女)、原田宗一(原田百太五男)、一人置いて左に原田

▶昭和六年（一九三一年）六月一日

啓次（百太六男）、原田達一（原田友輔二男）、原田元輔（友輔三男）。原田啓次は、大正七年（一九一八年）九月七日生まれ、昭和二十年（一九四五年）六月二十二日レイテ島で戦死。享年二十六歳。

▶昭和六年（一九三一年）六月一日「堀ノ橋ノ上ニテ撮影」

結婚式当日の原田音輔（二十八歳）。音輔は明治三十六年（一九〇三年）一月十五日生まれ、昭和六年（一九三一年）九月二十六日、清水アサヱと結婚（入籍）。結婚式は同年六月一日（前述）。没年は不詳。子は百合雄、彰三。

一枚目（上）、昭和六年（一九三一年）七月「長唄出演ノトキ」。向かって左が三村英子（九歳）、右の少女は不詳。三村英子は、長唄と三味線を習っていた。二人とも右手中指に、宝石の指輪をはめている。この時代、女児が六歳になった六月六日から、長唄と三味線を習い始める風があった。英子の長唄と三味線の師匠は六代目杵屋彌三郎。十三歳から踊りを習い始めた東千代之介は「六月六日に始めるといいっていうのね。六月六日は起きる日だから何でも六歳の六月六日に始める」（『東千代之介東映チャンバラ黄金時代』）と述べている。二枚目（下）、三村家の写真集にある子役の俳優と思われるポートレイト。少女雑誌のグラビア写真の趣。三村英子と一緒に「長唄出演」した少女と思われるが、この少女は不詳。

向かって左から右に順に三村英子（九歳）、三村清二（四十九歳）、三村孝（五歳）、広瀬トク（二十二歳）、三村テル子（四歳）、三村モト（四十歳）。広瀬トクと、三村清

▶昭和六年（一九三一年）七月三十日

二の恩人、原田百太の四男、清の結婚が決まって撮った記念写真。広瀬トクは、後藤モトがまだ御茶屋跡に住んでいた頃（一九〇八年）に生まれている。幼いトクを近くで見知っており、後藤モトにとって、広瀬トクは格別に親近感を覚える姪だったと考えられる。三村清二、モト、全盛時の一枚。

一枚目（上）、昭和六年（一九三一年）八月、四谷区新堀江町の叶電機商会の店舗で撮った写真。叶電機商会は、電気関連の工事を請け負うとともに店舗を持ち、電気製品を扱っていた。三村孝（五歳）、テル子の年齢（四歳）から昭和六年（一九三一年）、衣服から八月とした。二枚目（下）、同じ頃、同じ場所で撮った写真。向かって左が三村進（十八歳）、右が三村勲（十六歳）。

▶柳条湖　満鉄線路爆破地点『南満洲鐵道株式會社三十年略史』

昭和六年（一九三一年）九月十八日、奉天郊外の柳条湖で満鉄線路爆破事件が起こり、満洲事変が勃発した（後述）。

一枚目（上）、昭和六年（一九三一年）十一月十日「津之守倶樂部」。三村勲の私的野球クラブと思われる。ピントがぼけている。この日は、三村勲の十七歳の誕生日。二枚目（下）、「昭和六年十一月十七日上番風紀衛兵　中隊裏入口に於て撮影す」。昭和六年（一九三一年）、ピカピカの初年兵、三村勇。昭和六年（一九三一年）から、後藤幾蔵の孫が、毎年、徴兵により入隊するようになる。三村勇は、昭和六年（一九三一年）秋に徴兵で入隊し、昭和八年（一九三三年）秋に兵役を終了して除隊。昭和十六年（一九四一年）に召集されて入隊。昭和十八年（一九四三年）十月、部隊は北満から転進し、フィリピンに上陸。昭和二十年（一九四五年）六月八日、ルソン島タルラック州コンポリス峠で戦死（後述）。享年三十四歳。子は武、和子。

これも昭和六年（一九三一年）の写真である。沈痛な表情の出席者が多いので、電気局関係の追悼会の可能性を考える。渋沢栄一（昭和六年十一月十一日没）の追悼会を考

えるが、はっきりした手がかりは無い。前列向かって左端が三村清二である。二列目向かって左から二人目は早川徳次、前列向かって左から六人目の男性は後藤一彦に見える。「電車が前の駅を通過すると、次の駅にその事を自動的に報せる、装置を発明し、その特許を持っていた」（『後藤家のご先祖さまについて』）を裏付ける可能性のある写真と考える。東京市の地下鉄事業については、『創業二十年史』に「浅草から萬世橋までの工事を完成して、目下盛んに營業してゐる東京地下鐵道株式會社は、……現同社の専務取締役である早川徳次氏の、涙ぐましい奮闘努力の賜で」あったとある。早川は大正三年から五年にかけ欧米各国の地下鉄事業を調査し、大都市の交通機関としては、将来地下鉄に限るとの結論を得た。帰国後「各方面へ對し、頻りと狂奔したが、何分當事にあつては、地下鐵事業などは、全て夢物語りとして、デンデ相手にされない有様だつた」（『創業二十年史』）。そこで大正六年（一九一七年）一月十二日に、「澁澤榮一子と會見し、地下鐵事業の必要缺く可からざる所以を、力説した」ところ、「老子爵は結論を聞くに及んで首肯一番、忽ち大賛成の意を漏らし、時の東京市會議長であつた中野武營氏に、一切を委囑するといふ事になつ」て、一気に事が運び始めたという（『創業二十年史』）。

▶昭和七年（一九三二年）一月五日「入営記念」

昭和七年（一九三二年）が明けると、三村清二の一家は、勇の「入営記念」（勇は前年に入営している）の写真を、四谷区新堀江町一番地の叶電機商会の店舗前で撮っている。前列向かって左から右にモト（四十歳）、テル子（四歳）、勇（二十歳）、孝（六歳）、清二（五十歳）、英子（九歳）。後ろ向かって右は勲（十七歳）、左は進（十九歳）。昭和七年（一九三二年）、八年（一九三三年）、九年（一九三四年）が三村家の繁栄と栄光のピークの時となった。四谷区新堀江町一番地は、昭和十八年（一九四三年）四月一日より、新宿区三栄町二十五番地一と変更された。

昭和七年（一九三二年）から昭和十年（一九三五年）にかけ、三村清二は四谷皇国少年団を立ち上げ、その世話、指導をしている（これについては別立てで述べる）。

昭和七年（一九三二年）、広瀬好文は徴兵により入隊。これはピカピカの初年兵、広瀬好文（二十歳）。歩兵第四十七連隊（第六師団）で初年兵教育を終え、一期の検閲を受ける。昭和七年（一九三二年）末、第六師団は満洲に出撃し、昭和八年（一九三三年）二月、熱河作戦に参戦。『古希までの記録』に「兄は現役のときは、満洲事変で熱河作戦に参加、勲七等青色桐葉章を叙勲されている」とある。昭和九年（一九三四年）に除隊となり、広瀬家の精米所で働く。昭和十二年（一九三七年）、日華事変で再び召集され、第十軍（柳川兵団）の杭州湾上陸作戦に参加（後述）。同年十二月、南京攻略戦で中華門を攻略中に迫撃砲

弾を受け、負傷。除隊後、昭和十三年（一九三八年）七月三十日、結婚（入籍。後述）。昭和十六年（一九四一年）、大東亜戦争が始まり、三度目の召集を受ける。満洲に派遣され、昭和十七年（一九四二年）、腎結核を患い、奉天の満洲医科大学病院で腎摘出術を受ける。退院後除隊し、福岡県田川市の三井田川炭鉱で働く。

向かって左から右に原田音輔、清、アサヱ（原田音輔妻）、百合雄（原田音輔一男）、広瀬トク。昭和七年（一九三二年）四月、原田清が、婚約者、広瀬トクを連れて釜山の安成の家を訪れた時に撮った写真。原田音輔の一男、百合雄は昭和七年（一九三二年）一月二日、「朝鮮釜山府大新町千貳拾六番地」で生まれている。原田音輔夫婦が、安成千代五郎の火薬・銃砲店を継ぐことになるのであろう。

原田百太の弟、安成千代五郎が朝鮮蔚山で、火薬・銃砲店を経営していた。たくさんの人を使い、陸軍に火薬を納めていた。安成千代五郎は慶應義塾で学んだ。福沢諭吉が下関の春帆楼に来たとき「安成君に会いたい」というので、千代五郎は会いに行った。この時、諭吉から揮毫を貰ったという。朝鮮の安成火薬・銃砲店は、原田百太の三男、音輔が継いだが、昭和十二年（一九三七年）頃、何ら

▶昭和七年（一九三二年）四月十七日「朝鮮釜山ニテ」

▶明治四十三年（一九一〇年）頃　安成千代五郎

かの理由で音輔がここを離れ、原田百太の五男、原田宗一が継ぐことになった。原田宗一は広瀬八江子と結婚し、終戦まで夫婦で火薬・銃砲店をやっていた。終戦直後、宗一と八江子が幼い恵子（三歳）をつれ、着の身着のまま、釜山から下関に引き揚げるとき、福沢諭吉の揮毫を失ったという。

　安成千代五郎の一男、安成貞雄は九州帝国大学を卒業し、満鉄に入社、撫順でシェールオイルの研究・製油事業に就いていた。広瀬頼彦が満鉄に入社するとき、安成貞雄が保証人になった（後述）。頼彦は「撫順の安成の家に行ったことがあるが、立派な社宅に住んでいるので驚いた」と述懐している。戦後撫順から帰国した満鉄社員は、撫順は「あまりにも素晴しい勤労者のパラダイスであった……市街の美観、道路と並木の素晴しい調和、そして家

▶安成貞雄

庭にあっては零下四十度の極寒にも浴衣一枚でビールを飲み、時間に関係なく何時でもコックさえ捻れば熱湯が迸り、風呂も洗濯も思いのまま、社宅の前後に畑を耕し、草花を植えて四季の移り変りを愛でられた生活」ができたと述懐する（『撫順炭礦終戦の記』）。「満鉄は鉄道と、これに附帯する埠頭・港湾を管理運営し、鉄・石炭・油・化学工業品等を生産し、あわせてこれらの売買をも行い、満洲国の誕生までは教育・行政その他、国として為さねばならぬ一切の業務を遂行した特殊会社であった。しかも、社員のすべてが満洲開発の先駆者としてアジア諸民族と共に安住の楽土を建設する熱意に燃え、パイオニアとして自負を持つ者の集りであった」（『撫順炭礦終戦の記』）。

　一枚目（上）、「製油工場全景・撫順」（『南滿洲鐵道株式會社三十年略史』）。二枚目（下）、「製油工場・分解揮發油

工場」（『同上』）。日本に「天産の油田」が無い中で、撫順のシェールオイル（頁岩油）――石油原油類似の油――は「國防上燃料獨立」のために必須と位置づけられた。『南滿洲鐵道株式會社三十年略史』に「撫順油頁岩は必ずしも貧鑛でなく層の深さによつては含油率一〇％以上の良質のものがあり、……平均含油率六％に達し……撫順油頁岩工業は重要な燃料資源として各方面の注視する所となり、殊に軍當局は國防上の見地より本事業を重視し、海軍燃料廠は大正十一年から試驗を開始し」たとある。昭和十三年（一九三八年）正月、「第十三代満鉄総裁」、「関東軍最高顧問」の松岡洋右は、「鉄道建設は既に東辺道・東満地区を残してほとんど限界に近い。主要幹線の輸送力の増強は複線化か、輪転材料の改良・増強で解消する問題である。鉄と油の問題の内、鉄は〝満業〟が受け持つから、残るのは油である。これはあくまでやらねばならぬ。次は調査部の業務、これは満鉄の主要なものであり、膨大な人材を擁している」、「調査部の拡充強化と石炭液化事業、これが主たる攻撃目標である」と結論する（『松岡洋右――その人と生涯』）。

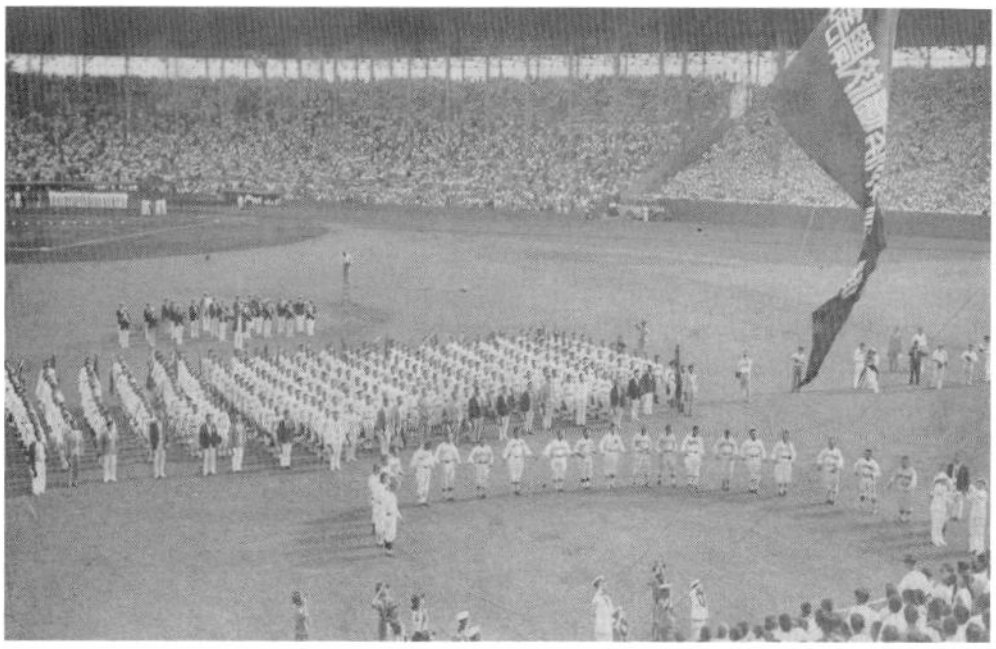

前ページ一枚目（上）、昭和七年（一九三二年）七月二十六日、三村勲の早稲田実業が中学野球東京大会で優勝（神宮球場）。前列向かって右端が三村勲。二枚目（下）、昭和七年（一九三二年）八月十三日、第十八回全国中等学校優勝野球大会入場式（甲子園球場）。昭和七年（一九三二年）は、中京商（愛知）が優勝した。早稲田実業は、昭和六年（一九三一年）、七年（一九三二年）、昭和九年（一九三四年）から十一年（一九三六年）、全国中等学校優勝野球大会（夏の甲子園大会）に出場している（『早実七十五年誌』）。

一枚目（上）、昭和七年（一九三二年）八月十五日、「甲子園甲陽中学グランド」。第十八回全国中等学校優勝野球大会に出場した早稲田実業学校の選手。前列向かって右から三人目が三村勲。甲子園での試合が終わったのか。後列右から五人目の選手（氏名不詳）は、何度も勲と同じ写真に収まっている。二枚目（下）、同年十月頃、早稲田実業学校の野球選手。前列向かって左から三人目が三村勲。早稲田実業学校キャンパスで。

一枚目（上）、昭和七年（一九三二年）夏、三村進が兄、勇に会いに横須賀に行った。向かって左が進、右が勇。二枚目（下）、昭和七年（一九三二年）九月五日、広瀬直俊（二十七歳）が川辺ユキエ（二十一歳）と結婚（入籍）。入籍は、二人の同居から一年以上経っている。六ヶ月後に生まれる子（照人）の妊娠を確認して入籍した待孕婚——足入れ婚——だったと思われる。

▶「撫順附近圖」『撫順炭礦概要』

李香蘭こと山口淑子は大正九年（一九二〇年）二月十二日、満洲奉天近郊で生まれ、「生後まもなく一家は撫順に引越した」（『李香蘭私の半生』）。撫順は、「国策の資源開発促進を反映し生産活動が活発で、かつ抗日匪賊の襲撃に戦々競々としていた炭鉱の街だった」（『李香蘭私の半生』）。満洲事変が始まって、「炭鉱近郊に匪賊が頻繁に出没する事件が相つぎ、用事のない遠出は禁じられた。日本軍の撫順守備隊が手薄という理由で官公庁や満鉄の在郷軍人社員からなる民間防衛隊が結成され、各町内には自警団も組織された」（『李香蘭私の半生』）。昭和七年（一九三二年）九月十五日夜、「関東軍・撫順守備隊の大半が周辺地方の警備に出て留守部隊が手薄だった虚をついた形」で、約一千名の匪賊が襲撃してきたが、「留守部隊、警察隊、在郷軍人による炭鉱防備隊、町内自警団などの奮戦でようやく撃退」した（『李香蘭私の半生』）。「抗日ゲリラの襲撃を受けた日本軍の撫順守備隊が翌朝、報復措置として楊柏堡村近くの平頂山部落の中国人住民を近くの平頂山の麓で大量殺害した」という（『李香蘭私の半生』）。

一枚目（上）、昭和七年（一九三二年）、「左端は戦友殿です」。戦友と三村勇（向かって右）。三村勇は徴兵で「横須賀重砲兵聯隊」に入隊。二枚目（下）、昭和七年（一九三二年）「横須賀重砲兵聯隊」。横須賀重砲兵聯隊の

聯隊長との記念写真、聯隊本部前で。前列向かって右から二人目が聯隊長、湯淺榮次郎。二列目左端が三村勇。

一枚目（上）、昭和七年（一九三二年）。横須賀重砲兵聯隊の実弾射撃演習のための挽曳行軍。二枚目（下）、昭和七年（一九三二年）射撃演習場の野戦高射砲。前列向かって左から二人目が三村勇、その右に湯淺榮次郎聯隊長（陸軍砲兵大佐）。

昭和七年（一九三二年）十月、東京市の市域が大拡張された。これを記念して、青山で市域拡張大東京記念の電気見本市が開かれた。見本市には、電気店（電機商会）が新製品を陳列している。向かって左手に電燈課「青山営業所」の看板、右手に三村清二、中央に東京市電気局のエンブレムが見える。左方の二人は、見本市に出品した電気店（電機商会）のオーナーと思われる。

青山電気見本市の陳列。東京市電気局指定電気器具店として堀切電気商会、土田電機商会、岩下電機工業所、叶電機商会、安藤商会の名が見える。この頃、叶電機商会の電気関連事業は全盛期を迎えた。

▶昭和七年（一九三二年）十月

一枚目（上）、昭和七年（一九三二年）秋、三村清二は栃木県宇都宮市、天開山大谷寺（大谷観音）を訪れている。この年、市域拡張大東京記念の青山電気見本市に出品した堀切電気商会、土田電機商会、岩下電機工業所、叶電機商会、安藤商会のオーナーの面々と思われる。青山電気見本市の慰労会か。二枚目（下）、旅館の前で。東京から宇都宮まで、乗用車で乗りつけたようである。

▶原田清　広瀬トク

昭和七年（一九三二年）十一月一日、原田百太の四男、清が広瀬トクと結婚（入籍）。この頃から、幾蔵のひ孫が生まれはじめる。広瀬トクと原田清が結婚したのち、原田夫婦は東京に住んで、電器屋をしていた。叶電機商会で働いていたと考える。東京で電器屋をしていた原田清は、昭和十年（一九三五年）、脊椎カリエスのため、東京を引き払い、大分県大野郡緒方村に帰ってきた。時計修理を学んだ後、緒方村で広瀬俊幸がやっていた広瀬時計店を継いだ（後述）。

昭和八年（一九三三年）一月、三村進の入営の祝い。一枚目（上）、向かって左から四人目紋付袴姿が三村進。次いで右に順に原田清（二十七歳）、川辺豊（広瀬ユキエ兄。

三十六歳）。次いで右は後藤守彦（メガネを外していると思われる。二十六歳）にも見えるが、はっきりしない。次いで右は三村勲（十八歳）、右端は佐保（名前不詳。川辺家縁戚）。向かって左から二人目は後藤嘉彦（二十三歳）にも見えるが、はっきりしない。二枚目（下）、左端は原田清。次いで右は後藤嘉彦にも見えるがはっきりしない。次いで右に三村進。次いで右は後藤守彦にも見えるがはっきりしない。次いで右に川辺豊。右端の男性は「食料品」の法被を着ている。叶電機商会隣の食料品店の従業員ではないか。山口県の原田家、大分県の川辺家は、広瀬家を介して東京の三村家と縁戚となり、交流していたことがうかがえる。東京に居る、原田、川辺、後藤の系譜の若手が、三村進の入隊祝いに集まった可能性を考える。

　早稲田実業野球部が静岡に遠征。泊まりがけで行っている。一枚目（上）、後列向かって右から二人目が三村勲。前列右から三人目の選手は、昭和九年（一九三四年）六月の、野球の花形選手、宮家、華族の子弟の懇親会に参加している（後述）。二枚目（下）、同じ日。二列目中央に三村勲。二列目右端は矢野幸三郎に見える（後述）。

　一枚目（上）、昭和八年（一九三三年）二月「退院祝記念　上等兵三村勇」。三村勇は、何かの病気で入院していたようである。二枚目（下）、同じ年、同じ月に撮った広瀬俊幸の写真。俊幸の二十三歳の誕生日と思われる。立派に和装を決め、自信に満ち、堂々としている。大分の三井時計店で時計修理を学んだ広瀬俊幸が、緒方村に広瀬時計店を構えている頃か。仕事が順調に行っているのである

▶昭和八年（一九三三年）一月二十八日「静岡商業招聘遠征 静岡ニテ」

う。撮影場所は、広瀬家に隣接するお宮、馬求様（自在社）。従兄弟の三村勇と広瀬俊幸はよく似ている。三村勇は広瀬俊幸の一級下。

昭和八年（一九三三年）春、「小松宮殿下銅像」前で、親子遠足の記念写真（上野恩賜公園）。二列目向かって左から二人目が三村孝。三列目左端が東千代之介。最後列向かって左から七人目が三村モト、最後列向かって右から三人目が東千代之介の母、種子。種子の抱いている子は不詳。

昭和八年（一九三三年）四月、「朝鮮釜山府大新町千貳拾六番地」の原田音輔宅玄関前で撮った写真。向かって左から右に順に安成千代五郎、原田アサヱ、原田百合雄、原田音輔。百合雄は、日の丸のついたおもちゃの戦車を買ってもらい、大得意である。原田音輔が安成千代五郎の火薬・銃砲店を一旦継いだのであろう。

昭和八年（一九三三年）四月十一日「花見帰リ撮影ス」。向かって右は原田トク、左は安成セツ（安成貞雄妻）。原田家と安成家の親しい関係を示唆する。

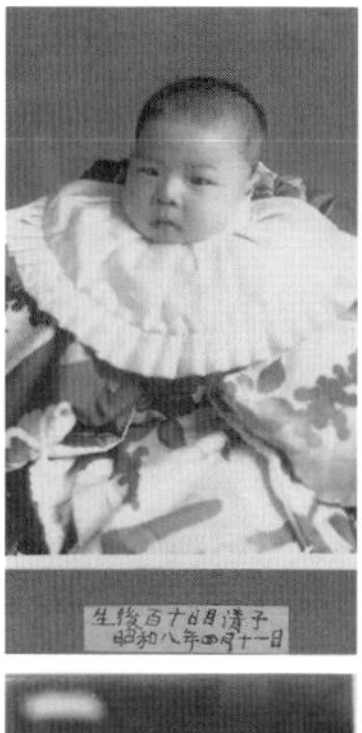

広瀬今朝彦の初孫。一枚目（上）、昭和八年（一九三三年）四月十一日、原田清子。原田清、トクの一女、清子は、昭和八年（一九三三年）一月一日生まれ。これは「花見帰り」と同じ日に撮った写真。二枚目（下）、昭和八年（一九三三年）八月、広瀬照人。広瀬直俊、ユキエの一男、照人は、昭和八年（一九三三年）三月一日生まれ。

昭和八年（一九三三年）五月、三村清二は親しい仲間（書画の諸家）と那須を訪れる。三村清二は、仕事の枠を超えて、いろいろな人と幅広い交流があった。一枚目（上）、「後方ノ山ハ那須連峰ノ一朝日ヶ嶽」。三村清二のはるか後方に朝日岳、向かって左に茶臼岳が見える。この頃は、那須ロープウェイは、まだ無い。二枚目（下）、「那須

野ノ原ニテ　三村叔父様」。

一枚目（上）、後ろの山は茶臼岳か。向かって左から二人目が三村清二。寒そうである。清二の右の男性は、大正六年（一九一七年）、須賀神社夏祭りに法被姿で参加している（氏名不詳）。二枚目（下）、那須温泉か。気持ちいいのか、笑顔が見える。

一枚目（上）、「昭和八年五月大阪選抜大会ニ出場シ大阪甲子園ニテ　三村勲　友人」。向かって左が三村勲。二枚目（下）、昭和八年（一九三三年）頃、「Waseda Business School Base Ball team」。この写真の中ほどに、笑顔の三村勲が見える。

昭和八年（一九三三年）九月に撮った三村進と勇の写真。一枚目（上）、三村進（二十一歳）。進は海軍を志願し、昭和八年（一九三三年）に横須賀海兵団に入隊。三村進は私立赤坂中学校（日大三中）を卒業。子は和弘、一

代、正。進の戦歴、没年は不詳。二枚目（下）、向かって左が三村勇、右が三村進。勇は「横須賀重砲兵聯隊」、進は「横須賀海兵団」に居たので、横須賀で撮ったのであろう。三村勇は除隊直前。

昭和八年（一九三三年）十月十四日、広瀬カヨ他界。享年四十五歳（前述）。わがままな夫に仕え、沢山の子を産み、慣れない野良仕事で苦労し、短い一生を終えた。明治三十六年（一九〇三年）に十四歳で広瀬今朝彦に嫁ぎ（入籍）、三十年目に他界した。

一枚目（上）、昭和八年（一九三三年）十一月、三村テル子の七五三の記念写真。これを撮ったときは六歳になっていた。テル子は昭和二年（一九二七年）六月二十一日生まれ。昭和二十二年（一九四七年）八月九日、東京都千代田区永田町一丁目五番地一の松岡輝丸と結婚（入籍）。平成十二年（二〇〇〇年）七月十九日没。享年七十三歳。子は晃。二枚目（下）、昭和八年（一九三三年）十一月の三村孝。号令をかけているのが三村孝。向かって右手前は三村清二。昭和八年（一九三三年）から昭和九年（一九三四年）にかけ、三村孝は、四谷皇国少年団で活躍している（後述）。

一枚目（上）、昭和九年（一九三四年）一月、叶電機商会の居住部分に続く物干し場で遊ぶ三村孝とテル子。三村孝は、四谷第三尋常小学校一年。二枚目（下）、同じ時に、同じ場所で撮った写真。三村孝が手すりによじ登り、双眼

鏡で近所を見回している。男の子は冒険心が旺盛。テル子はこの春、四谷第三尋常小学校に入学する。

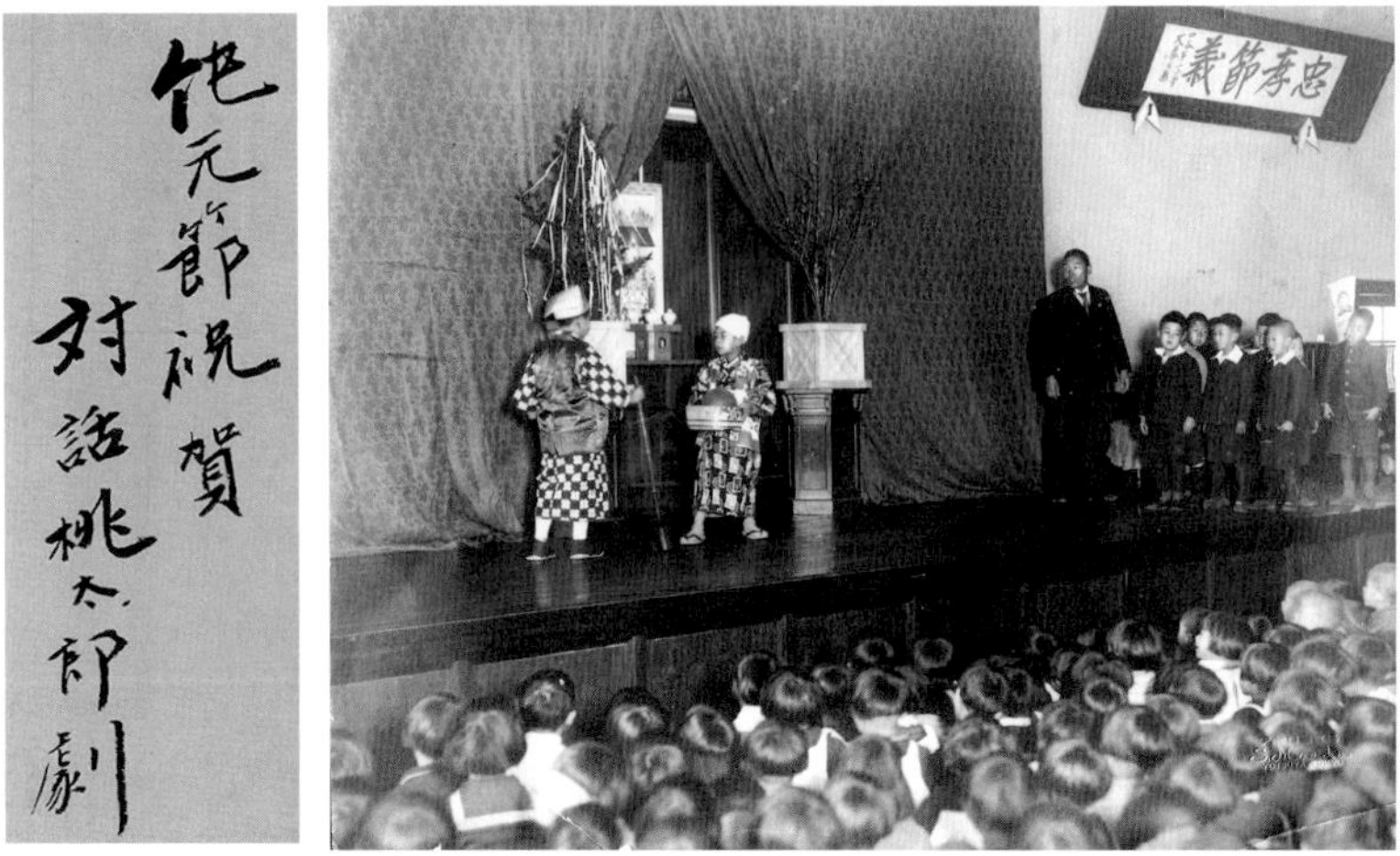

昭和九年（一九三四年）二月十一日、紀元節の日に行われた、四谷第三尋常小学校の学芸会で、三村孝が「紀元節祝賀対話桃太郎劇」に出演した。舞台出演者の右手が三村孝か。これはA４判に近い大きな写真であり、三村家にとって、この「紀元節祝賀」劇は重要イベントであったようである。三村孝と東千代之介の紀元節祝賀劇出演は、三村家が関わる「四谷皇国少年団」（後述）の存在と関係があると思われる。これについて東千代之介は「学年末の学芸会では、〝桃太郎劇〟の主役に抜擢された。僕の主演第一号である。七五三で着た紋付を着た桃太郎さんだった」と述べている（『東千代之介東映チャンバラ黄金時代』）。東千代之介こと若和田孝之は大正十五年（一九二六年）八月十九日生まれ。昭和二十年（一九四五年）三月の大空襲で焼けるまで、「東京市四谷区塩町一の十八」に生家があった（『東千代之介東映チャンバラ黄金時代』）。この写真では、「七五三で着た紋付を着た」東千代之介は、まだ登場していないようである。

一枚目（上）、昭和九年（一九三四年）三月。向かって右は広瀬良子（十六歳）、左は川辺サヨコ（広瀬ユキエの妹。通称小夜子）。良子は着物をしっかり着こなしており、落ち着いて見える。サヨコは十九歳で、卒業式に出たといういでたち。サヨコは看護学校を卒業し、救護看護師にな

るのであろう。二人は叔母、姪の関係であるが、年齢が近く、仲がよかった。二枚目（下）、同じ頃、中学校を卒業した原田宗一。

一枚目（上）、昭和九年（一九三四年）四月九日「大阪ビル屋上」。向かって右が三村勲（十九歳）、左の学生は、昭和七年（一九三二年）八月、一緒に甲子園に出場した早実野球部の友人。昭和九年（一九三四年）は、三村勲の早稲田実業学校最後の年である。三村勲はスポーツマンで、清二に似た、明るいナイスガイであった。昭和八年（一九三三年）－昭和九年（一九三四年）、三村勲は、何度も関西に足を運んでいる。二枚目（下）、昭和九年（一九三四年）四月、原田宗一が中学を卒業し、朝鮮釜山の原田音輔の家を訪れた時に撮った写真。向かって左から右に順に原田宗一、原田音輔、原田アサヱ、安成貞雄（安成千代五郎一男）。子供は原田百合雄（二歳三ヶ月）。この頃、安成貞雄は撫順の満鉄製油工場「臨時計畫係主任」（『社員録』）として、シェールオイル（頁岩油）抽出の新計画に関わっていた。

昭和九年（一九三四年）五月、三村清二の趣味関係の仲間（書画の諸家）と群馬県法師温泉に湯治に出かけた時の写真。一枚目（上）、三村清二の一行七人は、「元湯長壽館」の女性の見送りを受け、宿の人の案内で、三国峠に向かう。三村清二は向かって左手に腰を下ろし、ニコニコしている。二枚目（下）、三国街道を進み、三国峠に着いた。ここで休止。三村清二ほか、やれやれと腰を下ろして休んでいる。向かって右手に、御阪三社神社の鳥居が見える。

はるか向こうの山に残雪があるので、五月と考える。「長壽館」と縁起がいいので、湯治に選んだと思われる。

向かって右が徳川祥子、左が朝香宮湛子。仲良しの二人は、お揃いの洋服を着ている。お似合いなので、三村勲が、二人から写真を贈られたのではないか。徳川祥子は、大正五年（一九一六年）八月二十六日生まれで、この時十七歳。三村勲とは幼馴染。昭和九年（一九三四年）三月、東京女子高等師範学校を卒業している。朝香宮湛子は大正八年（一九一九年）八月二日生まれで（『素顔の宮家』）、この時十四歳。女子学習院の生徒。朝香宮湛子は

▶昭和九年（一九三四年）五月頃

「一人では外出したことがありませんでした。……〝籠の鳥〟という流行歌がありましたが、私も邸の〝籠〟の中で暮らしていたのです。学校へ歩いて行ったことも、一度もなかったのです。お供がついてきて、供待部屋があり、そこで裁縫をして待って」いたと述懐する（『素顔の宮家』）。

徳川祥子の弟、徳川義恭は大正十年（一九二一年）一月十八日生まれ。徳川義恭は、大正十四年（一九二五年）一月十四日生まれの三島由紀夫（平岡公威）の四級上であるが、学習院で親しい友、先輩であった。三島は「中學時代の私は、先輩の坊城俊民氏と、毎日厚い文學的な手紙のやりとりをしたり、同じく先輩の東文彦氏や徳川義恭氏と

〝赤繪〞といふ同人雑誌をはじめたりしてゐた」（『私の遍歴時代』）と述懐している。文学の先輩、友の徳川義恭宅を訪れたことがあり、三島が、姉の祥子を見知っていたことは間違いない。学習院に通う三島由紀夫と、四谷第三尋常小学校に通う三村孝に直接の接点はない。しかし、以下のような経緯から、三島由紀夫と四谷皇国少年団（後述）の接点の可能性が浮き上がってくる。一、三島由紀夫は、文学の先輩として徳川祥子の弟、徳川義恭と交流がある、二、徳川祥子は、幼馴染として三村勲をよく知っている、三、徳川祥子と親しい朝香宮湛子は、大の野球ファンである、四、早実野球部の三村勲は夏の甲子園大会に出たことがある、五、三村勲の弟、孝は四谷皇国少年団員であり（後述）、父、清二、兄、勇は四谷皇国少年団を運営、指導する立場にあり、四谷区新堀江町に住んでいる。これらの経緯から、東京市四谷区に住む平岡公威（三島由紀夫）が、徳川義恭、徳川祥子、朝香宮湛子、三村勲を介して、孝の属する四谷皇国少年団を身近に感じる場面があったとしても不思議はない。平岡公威の学習院の同級生が、四谷皇国少年団に入っていた可能性もある。

　大勢の人と写った三村勲の驚くべき写真が残っている。最後列向かって左端に三村勲、次いで右に愛新覚羅憲東（川島芳子同母弟）と思しき男性。愛新覚羅憲東は三村勲

▶昭和九年（一九三四年）初夏

と同じ年の生まれで（後述）、二人は仲がよかった。この写真を撮った時は、愛新覚羅憲東が陸軍士官学校を卒業する頃にあたる（後述）。勲から見て右下に、甲子園大会に出場した早実野球部の友人が見える。おしゃれなモダンガールが多い。完璧を期しがたく、思わぬミスも否定できないとの了解の下、人物を特定した結果を示す。前列向かって右から左に順に朝香宮孚彦（二十一歳）、北白川宮永久（二十四歳）、北白川宮美年子（降嫁して立花美年子）、徳川祥子（十七歳）、朝香宮湛子（十四歳）、一人置いて左に藤堂千賀子、次いで左に北白川宮多恵子、徳川久美子（十一歳）、徳川喜佐子、松平康愛。二列目向かって右から三人目は石坂操子（石坂泰三二女）、次いで左に順に山本登茂子（山本権兵衛孫、十七歳）、松平和子（十六歳）、三條光子と思われる。前列向かって左端は徳川家達（徳川宗家十六代）、二列目左端が徳川泰子（家達妻）、二人置いて右に徳川豊子（二十歳）、次いで右に順に徳川敏子（十六歳）、徳川順子（十四歳）。徳川家達は、明治三十六年（一九〇三年）から昭和八年（一九三三年）六月まで、貴族院議長を務めた。昭和八年（一九三三年）八月、「翌年日本で開催される予定の赤十字国際大会に協力を求めるため、欧米を旅し」、「昭和九年四月五日、横浜港に帰った。十か月に及ぶ長い旅」（『花葵徳川邸おもいで話』）を終えたばかりであった。この頃、華族の子弟が多く通う女子学習院は、「華族間の姻戚も多く、また歴史的にも繋がりがある家同士が少なくありませんでしたので、ある種独特な世界だった」という（『徳川おてんば姫』）。写真裏のスタンプは、この写真が、銀座に近い場所で撮られたことを示す。

徳川久美子の姉は高松宮喜久子妃（『徳川おてんば姫』）である。徳川順子の向かって右に高松宮喜久子妃、その右に高松宮宣仁親王が居られる。この時、高松宮喜久子妃は二十二歳、高松宮宣仁親王は二十九歳。お二人は中央部に居られるので、この会の主賓であろう。『高松宮日記第二巻』昭和九年（一九三四年）五月二十九日に「午前、今度総裁になることにした国際文化振興会の頼貞、樺山、岡部三人に会つて話をキク。夜は大宮御所へオヨバレ」、「五月三十日「東郷元帥なくなり」、五月三十一日「午後、国際文化振興会の総裁奉戴式あり。オ歴々ばかりにてマボシキばかり。お茶ありて四時半かへり、四時四十五分出発。宮ノ下の新しい（もとの御用邸改造）家へとまりにゆく。七時二十分着」とある。この写真の集まりは、高松宮宣仁親王が「国際文化振興会の総裁」に就任する頃のレセプション（茶菓の会）であろう。野球選手（野球はアメリカ由来のスポーツ文化）、愛新覚羅憲東、李鍝、李鍵らが参加しており、国際文化振興が意識されている。高松宮宣仁親王のお召物が国際文化振興会総裁奉戴式の記念写真の時

（『KBS30年のあゆみ』）とは異なっており、総裁奉戴式とは別の日と思われる。

二列目向かって右から西村幸生（二十三歳）、次いで左に山下実（二十六歳）。三列目右から水原茂（二十五歳）、次いで左に順に李鍝（朝鮮王世子李垠の甥）、宮武三郎（二十六歳）、三原脩（二十二歳）、沢村栄治（十七歳）、李鍵（李鍝の異母兄）。最後列向かって右から四人目に若林忠志（二十五歳）、次いで左に三宅大輔（四十歳）、三人置いて左に苅田久徳（二十四歳）。最後列向かって左から三人目は久慈次郎（三十五歳）、二人置いて右に中島治康（二十四歳）。早実野球部の面々、中等学校野球と六大学野球の花形選手がここに集まっている。昭和九年（一九三四年）十一月、第二回日米野球のため、ヤンキースのベーブ・ルースやルー・ゲーリッグらが来日した。ここに挙げた野球花形選手の多くが、第二回日米野球の日本チームのメンバーになった。第二戦のオーダーには、苅田久徳、三原脩、山下実、久慈次郎らが、第十一戦のオーダーには中島治康、水原茂らが入っている（『私の昭和野球史』）。この時十七歳の沢村栄治は、十一月二十日、静岡で行われた第十戦で、ベーブ・ルースやルー・ゲーリッグらを三振に打ち取る大活躍を見せ、全日本が敗れたものの「0対1で最後まで投げ切った」（『写真で見る日本プロ野球の歴史』）。

「野球ファンになった昭和天皇は、宮内省でもやってはどうかと言われ、省内に野球チームができました。……皇族たちに野球が流行しました。……皇族や華族の間では、野球好きな人がたくさんいました」（『素顔の宮家』）という。「昭和九年に職業野球団ができて、巨人軍や阪神タイガースが創設されました。しかし、人気はまだ低く、野球の花形は、なんといっても六大学野球、とくに早慶戦が人気の的でした」（『素顔の宮家』）。「昭和天皇は、大正十五年に完成した神宮球場に早慶戦を観に行かれ」た。「昭和天皇に同行して早慶戦をご覧になった秩父宮様が、満員の客席を見て、野球場をもっと広くすれば観客がもっと入って楽しめるではないか、と提言したのを受けて、神宮球場が広げられたのは昭和六年」だったという（『素顔の宮家』）。

『高松宮日記第二巻』昭和九年（一九三四年）六月二十日に「北白川の宮のおば様よりお手紙にて、永様に義恕男の祥子と云ふオヂヨー様を来年おもらひの由、佐和様もおきまりのよし」とある。日記の前日（六月十九日）に徳川祥子と北白川宮永久の婚約が新聞発表された。前列右から二人目の北白川宮永久は、ニコニコして恥ずかしそうであり、徳川祥子との婚約のことを前もって知っていたのであろう。

宮家、華族の子弟とその友人たち、野球で活躍している選手が参加している。沢村栄治はこの春、選抜で活躍し、この夏、再び甲子園で活躍することになる。徳川祥子は昭和十年（一九三五年）四月二十六日、北白川宮永久に嫁すが、永久王は昭和十五年（一九四〇年）九月、蒙疆で戦傷死する（後述）。沢村栄治は昭和十九年（一九四四年）十二月、フィリピンへの輸送船が撃沈されて戦死し、西村幸生は昭和二十年（一九四五年）四月、フィリピンで戦死した（『野球殿堂２０１８』）。水原茂は昭和十七年（一九四二年）召集され、昭和二十年（一九四五年）八月ソ連軍の捕虜となった。シベリアで四年間強制労働に従事し、昭和二十四年（一九四九年）七月、舞鶴港に上陸、帰国した（『野球殿堂２０１８』）。水原の帰国は、広瀬頼彦の舞鶴港上陸とほぼ同じ頃であった（後述）。徳川順子は、昭和十六年（一九四一年）十一月、保科光正に嫁すが、保科光正は「終戦の年四月に、大東亜省次官武内氏の随員として南方に出張し、帰国の途次〝阿波丸〟の沈没事故で、若い命を失った」（『花葵徳川邸おもいで話』）。徳川久美子は、昭和十六年（一九四一年）九月、松平康愛（松平春嶽曾孫）に嫁すが、松平康愛は「二十年六月四日、比島で戦死」した（『徳川おてんば姫』）。李鍝は、昭和二十年（一九四五年）八月六日広島で被爆し、翌八月七日に戦死した（後述）。この写真に現れた四人の女性（朝香宮湛子、徳川順子、徳川久美子、松平和子）は後に、手記・思い出話を書き残している（「参考文献と資料」記載）。

一枚目（上）、昭和九年（一九三四年）六月五日「比叡山山上食堂」。早稲田実業学校最後の年、三村勲は親しい仲間と関西に足を延ばしている。向かって右から三人目が三村勲。二枚目（下）、同じ頃、大阪城で。向かって左が三村勲。勲が右手に提げているのはカメラか。

一枚目（上）、昭和九年（一九三四年）八月、三村モトは姉、カヨの初盆で、英子、テル子、孝とともに大分県大野郡緒方村の広瀬家を訪れた（写真前出）。モトには、これが父に会う最後の機会となった。二枚目（下）、九州への旅で、別府の地獄も訪れている。向かって左が三村モト、右が三村英子。『古希までの記録』に「小学校四年生の夏休み、東京の叔母が従兄弟の英子、孝、テル子ちゃんを連れて母の盆参りに来た。その時が始めて逢うて、また最後であった。この時の写真が緒方にあるはずである。その時、子供心にも、東京人はどこか垢抜けしたところがあるなと思った」とある。

昭和九年（一九三四年）八月の九州旅行に、三村清二も同行したと思われる。清二が知人と阿蘇に登っている。一枚目（上）、三村清二（五十三歳）。二枚目（下）、知人。広瀬俊幸に見えなくもないが、はっきりしない。

▶昭和九年（一九三四年）九月　後藤守彦　きよ

安田銀行勤務で大阪市住吉区に住んでいた後藤守彦は、昭和九年（一九三四年）九月七日、大阪市で長谷きよ（きよは東京の人）と結婚（入籍）。守彦の父、後藤一彦の姿は見えないようである。

一枚目（上）、昭和九年（一九三四年）頃、野球チームAll Kameido。三村勲は、あちこちの野球チームから、助っ人に借り出されている。前列左から四人目が三村勲。

二枚目（下）、昭和九年（一九三四年）十月十日「早実最後ノ野球部員トシテ」。早稲田実業学校野球部の記念写真。前列中央に三村勲。「早実」、「野球」ともお別れが近い。

一枚目（上）は、昭和九年（一九三四年）秋、浜離宮で撮ったモダンガールの写真。向かって左は朝香宮湛子と思われる。朝香宮湛子は「大の野球ファン」だった。「早慶戦が始まると、隣の野球場から応援団の歓声が授業中の女子学習院の教室まではっきりと聞こえてくるので、私は気もそぞろになりました」（『素顔の宮家』）という。

右は徳川祥子。昭和初め頃（昭和二年〜昭和十年）、宮家や華族の若い女性の間に、おしゃれな帽子が流行していたことがうかがえる。このような帽子を被って、おしゃれな洋装で、銀座を闊歩するとモダンガールと呼ばれる。三村家にはカメラがあったので、勲が撮ったのであろう。二枚目（下）は明治三十年（一八九七年）の浜離宮の図。学習院の遠足は、「春は浜離宮で秋は新宿御苑と決まって」いたという（『徳川おてんば姫』）。

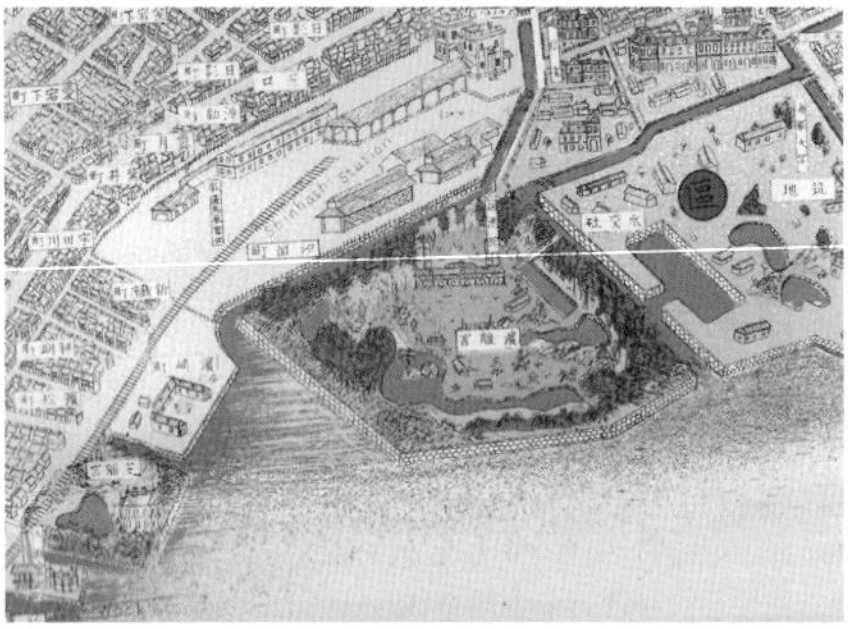

一枚目（上）、結婚が決まった徳川祥子が、彫刻家に作成を依頼し、三村勲に贈ったと思われる胸像の写真。二枚目（中）、胸像の写真の裏書、「Isao Mimura」とある。三

枚目（下）、前の徳川祥子の写真を反転したもの。胸像は徳川祥子のイメージをよく捉えている。それなりの彫刻家が作ったと思われる。

▶昭和九年（一九三四年）十二月頃

徳川祥子と思われる。暖かな日だまりの中で、ポーズをとっている。綺麗に写った写真なので、自信作を、胸像とともに徳川祥子が三村勲に贈ったのであろう。

▶昭和九年（一九三四年）十二月一日「銀座若松ニテ」

最後列向かって左から二人目が三村勲。向かって右に愛新覚羅憲東と思しき男性。最後列左端（やや隠れている）は、昭和七年（一九三二年）夏に甲子園に出た早実野球部員。昭和九年（一九三四年）初夏の集まり（前述）に参加した女性たちが見える。前列向かって右から五人目の徳川祥子は、この秋に浜離宮で着けたものと同じスカーフを着けている。このスカーフは、三村勲が徳川祥子に贈ったものであろう。最前列、徳川祥子の左に朝香宮湛子、次いで左に藤堂千賀子、次いで左に北白川宮多恵子。最前列左端が徳川順子に見える。徳川祥子の右に立花美年子、次いで右に松平和子、次いで右に徳川久美子。二列目右端に石坂操子。二列目左から二人目は山本登茂子。

　最後列向かって右から二人目は高松宮宣仁親王に見える。高松宮宣仁親王の前、顔を隠している女性は高松宮喜久子妃と考える。この日は、「ドレス仮縫」のため喜久子妃は洋装である。写真に写りたくなかったのであろう。『高松宮日記第二巻』昭和九年（一九三四年）十一月二十八日に「外国でつくつたブラックタイとドレスと虫が穴をあけてしまつたので、三越でつくる。大損害なり。ブラックタイ出来。少しズボンがながいのでつめさす」、十二月一日「土曜日……三時、三越ドレス仮縫。六時より霞ヶ関離宮にて親睦会の閑院宮古稀のお祝の晩餐」とあり、高松宮喜久子妃のドレスの仮縫が終わった後、時間があり、若い人たちの忘年会に呼ばれて、お二人で参加したと思われる。

　「銀座若松」は、明治二十七年（一八九四年）創業の「おしる粉」と「あんみつ」の店。スイーツで忘年会か？　川島芳子の姪、川島簾子は、「中日戦争のころは東京九段に家を構えていて私も半年ほど寄食させてもらいましたが、夕方二人で着飾って銀座にみつ豆を食べに行ったり」したと語る（『男装の麗人・川島芳子伝』）。川島芳子と簾子が「みつ豆」を食べたのは「銀座若松」であったと思われる。「銀座若松」は、令和五年（二〇二三年）十二月三十日、創業地での百三十年の営業を終了した。

昭和九年（一九三四年）十二月八日、後藤幾蔵、大分県大野郡緒方村の広瀬家で永眠（前述）。享年八十六歳。

一枚目（上）、昭和十年（一九三五年）春。三村勲は前

列中央、ネクタイを締めている。早稲田実業学校卒業の頃と考える。三村勲は、昭和十年（一九三五年）三月に早稲田実業学校（第一本科）を卒業。昭和十年（一九三五年）に徴兵により入隊し、二年間兵役に就く。昭和十二年（一九三七年）に除隊し、予備役となった。同年八月、第二次上海事変が勃発して召集され、第百一師団で戦い、昭和十三年（一九三八年）二月頃、中国より帰還した（後述）。その後ポリドールの歌手、北廉太郎として活躍していた（後述）が、昭和十五年（一九四〇年）秋より、中野の陸軍電信隊（陸軍中野学校）と関わりを持つようになった（後述）。昭和十七年（一九四二年）に結核を発病し、療養していたが、昭和十九年（一九四四年）九月十五日に他界した（後述）。享年二十九歳。二枚目（下）、令和四年（二〇二二年）十二月四日「広瀬神社」鳥居と「広瀬武夫」銅像。昭和十年（一九三五年）五月、竹田町に、日露戦争で戦死した広瀬武夫を祭神とする広瀬神社が創建された。この時、広瀬今朝彦は、参拝者が手や顔を清める、石の手水鉢を神社に寄進したという（広瀬照人さん談）。乃木将軍、日露戦争に思い入れの深い後藤幾蔵が、生前、日露戦争の軍神を祀る広瀬神社に、手水鉢を寄進する手配をしたと思われる。この石段を上り切ると、右手に社殿が見えてくる。石の手水鉢は、今は無い。

一枚目（上）、昭和十年（一九三五年）、早稲田実業学校を卒業した三村勲は、徴兵で入隊。二枚目（下）、向かって右が三村勲、左が三村進。三村進は兵役を終えており、ここではビジネスマン風に見える。

一枚目（上）、昭和十年（一九三五年）、三村勇の見合い写真であろう。勇は、この時二十四歳。昭和十一年（一九三六年）、三村清二は病気療養中で、三村勇は叶電機商会を引き継いで忙しく、清二と勇の写真が少なくなる。二枚目（下）、昭和七年（一九三二年）の三村進（写真前出）。三村進は兵役を終えているが、除隊後、何をしていたかは分からない。時々、叶電機商会に現れて、店の金を持ち出すことがあり、勇が〝店の勘定が出来ない〟と嘆いていたという（太田和子さん談）。

一枚目（上）、昭和十年（一九三五年）広瀬勝子。向かって左の広瀬勝子は、仲良しの同級生と、雑誌を見ているようである。広瀬勝子は大正十一年（一九二二年）七月十五日生まれ。勉強熱心で成績が良く、父、広瀬今朝彦が大きな期待をかけていた。二枚目（下）、昭和六年（一九三一年）九月一日、広瀬勝子は、副級長を命じられた。この時代は、いかに成績が良くても、女児が級長を命じられることはなかったという。

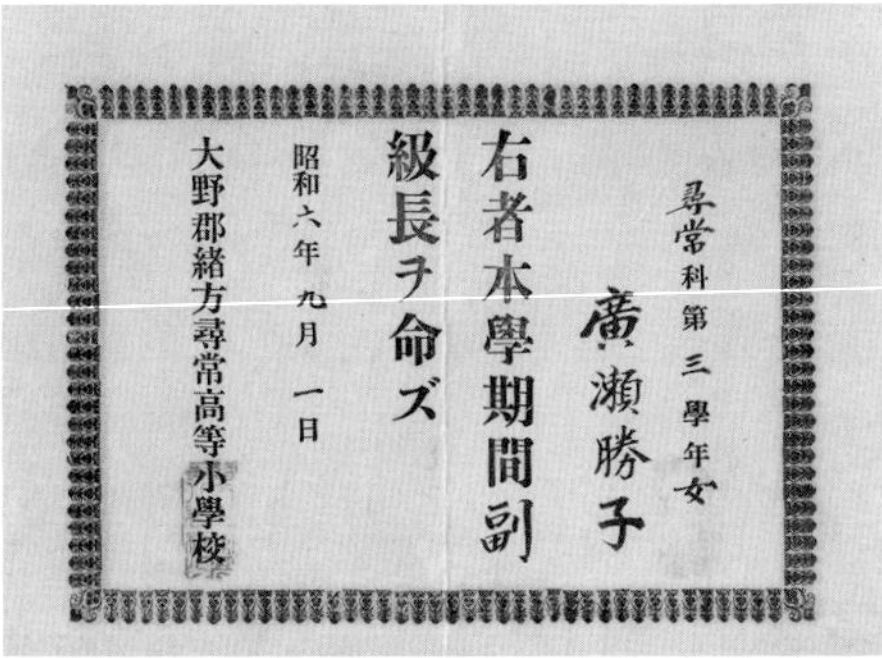
尋常科第三學年女
廣瀬勝子
右者本學期間副級長ヲ命ズ
昭和六年九月一日
大野郡緒方尋常高等小學校

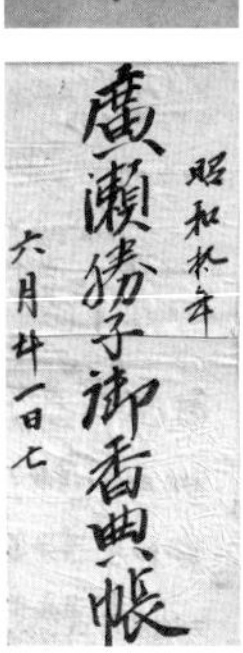
昭和拾年
六月廿一日七
廣瀬勝子御香典帳

一枚目（上）、昭和十年（一九三五年）三月、広瀬勝子。これは、緒方尋常小学校卒業写真の広瀬勝子。勝子は、全女子卒業生の最前列、中央に位置している。写真の「勝子」は、後に父、今朝彦が書き入れた。広瀬勝子は、昭和十年（一九三五年）三月、緒方尋常小学校を卒業し、大分県女子師範学校に進学したが、同年六月二十一日、わずか十二歳で夭折した。結核で急逝したらしいと伝わるが、緒方から大分まで汽車通学をしていたようで、事故死のようなものも否定はできない。二枚目（下）、「昭和拾年　廣瀬勝子御香典帳　六月廿一日亡」が、今日まで伝わっており、勝子を失った広瀬今朝彦の無念さ、嘆きが伝わってくる。三村清二が壱円、原田百太が壱円、川辺豊が二円の香典を出している。

一枚目（上）、昭和十年（一九三五年）頃、三村勲の友人、矢野幸三郎はボクサーだったことがある。「矢野幸三郎」は、早稲田実業学校の卒業生名簿には無い。トランクスにKの文字が見えるが、幸三郎のKか。二枚目（下）は、拳闘の試合後の記念写真と思われる。一列目中央の選手が矢野幸三郎。この場に三村勲はいない。兵役に就いているのであろう。

一枚目（上）、三村勲も、矢野幸三郎にならって、ボクシングをやったことがあるのか。二枚目（中）、昭和十年（一九三五年）八月十六日「日清紡績会社野球部」。三村勲が、日清紡野球部に助っ人として出向いた時の記念写真。向かって左から三人目が三村勲。左利きの勲は、右手にグラブを着けている。三枚目（下）、昭和十一年（一九三六年）一月二日、三村清二。昭和十年（一九三五年）後半から、三村清二の写真が少なくなる。痩せてきており、体調が万全ではなくなってきたことがうかがえる。昭和十一年（一九三六年）の年頭に、遺影となる写真を撮影。この時、清二は五十四歳。療養にもかかわらず、肺結核がだんだん

進行していたのであろう。

一枚目（上）、昭和十一年（一九三六年）一月、三村勇と宮川美津の結婚式の記念写真。前列向かって左端に三村モト、次いで右に三村清二、一人置いて右に三村勇、次いで右に宮川美津、一人置いて宮川市太郎（美津父）、次いで右に宮川いち（美津母）。後列向かって左から三村光三、次いで右に三村亮一。一人置いて右に宮川一男（美津兄）。宮川一男は、中学生の時、YMCAのプールで泳いでいて細菌性眼内炎に罹り、左眼を失明した。左眼は義眼である。左眼を失明したため、兵役には就かなかったという（太田和子さん談）。三村清二と勇の間の男性が媒酌人であろう。この男性は、三村清二の友人で、「書画の諸家」の一人（氏名不詳）。後ろに雪が残っており、新郎、新婦以外は下駄履きである。結婚式の日取りが、雪と重なったようである。健康に不安がある三村清二は、一男、勇の結婚を急がせたのではないか。三村モトは、写真屋が顔を修正しているのか、少女のように見える。三村進と勲は姿を見せていない。三村勲は徴兵で入隊しており、三村進は、兄と顔を合わせたくなかったのであろう。二枚目（下）、三村勇は宮川美津（戸籍で美津、通称美津子）と結婚（入籍は同年十月十四日）。宮川美津は、東京市麹町區麹町五丁目三番地六、宮川市太郎の二女。電気学校を出て、兵役を終えた勇が叶電機商会を切り盛りしていた。美津は、電工さんのご飯のまかないが大変だった。お嬢さん育ちの美津は、商売という形に戸惑って、「いらっしゃいませ」がなかなか言えず、顧客対応にまごついたという（太田和子さん談）。

昭和十一年（一九三六年）二月二十六日、二・二六事件が起こり、斎藤実内大臣、高橋是清蔵相、渡辺錠太郎教育総監が殺され、鈴木貫太郎侍従長が重傷を負う。「蹶起趣意書」には「宛カモ第一師団出動ノ大命渙発セラレ、年来御維新翼賛ヲ誓ヒ、殉国捨身ノ奉公ヲ期シ来リシ帝都衛戍我等同志ハ、将ニ万里征途ニ上ラントシテ、而モ顧ミテ内

▶「警視庁を占拠の野中隊」『世界史の中の一億人の昭和史3 二・二六事件と第三帝国』

ノ亡状ニ憂心転々禁スル能ハス。君側ノ奸臣軍賊ヲ斬除シテ彼ノ中枢ヲ粉砕スルハ我等ノ任トシテ能ク為スヘシ」とある（『二・二六事件蹶起将校最後の手記』）。この頃、第一師団の青年将校を中心に不穏の動きがあった。不測の事態を避けるべく、第一師団を満洲に出動させる大命が出されていた。青年将校が、第一師団の満洲出動の機先を制して蹶起したことがうかがえる。

　この頃の状況について、『古希までの記録』に、九州の農村でも「収穫が終り、田んぼのあちこちに、〝こずみ〟ができると、小学校では落穂拾いの行事がある、全校生徒が自分たちの部落内の田に落ちている稲穂を拾い、学校に持ち寄り、東北地方の不作地帯へ送った。この頃〝東北地方の女子は身売りして家計を助けている〟と先生は言っていた。今では想像もつかないことである。正月が終り、学校へ行くと〝餅を一人二個ずつ持って来るように〟と、朝礼の時に先生から言われた。〝東北地方は冷害で米がとれず、正月の餅が搗けないので学校に贈るのだ〟と云われ、三年くらい続けて送った」とある。

　この事件で、大日本少年団連盟の総長、斎藤実が凶弾に倒れた。『二・二六事件蹶起将校最後の手記』に「坂井中尉部隊（歩三）、高橋少尉、安田少尉、麦屋少尉　内大臣斎藤実、機関銃隊ヲ以テ戸ヲ射撃シ、之ヲ排シテ入ル。階上寝室ニ内大臣ヲ求メタリ。夫人察知シ、戸ヲ圧シテ入ルヲコバム。排シテ入ル。内大臣寝台ヨリ起キ出テ片手ニテ制シツヽ入口ニ来ル。坂井、天誅トサケヒ拳銃ヲ発射。寝台ノ方ニヨロメク。続ク機関銃手射撃数十発。夫人身ヲ以テカバウ。誤ツテ腕ニ銃丸ヲ受ク。最イ感ナリ。残念ナリ。誤テ夫人ニ負傷セシム。一同敬礼シテ立去ル（丈夫ノ夫人ナリ）」とある。

　蹶起に対し、昭和天皇は激怒した。昭和天皇は「朕ガ股肱ノ老臣ヲ殺戮ス、此ノ如キ凶暴ノ将校等、其精神ニ於テモ何ノ恕スベキモノアリヤト仰セラレ、又或時ハ、朕ガ最モ信頼セル老臣ヲ悉ク倒スハ、真綿ニテ、朕ガ首ヲ絞ムルニ等シキ行為ナリ、ト漏ラサル。……陛下ニハ、陸軍当路ノ行動部隊ニ対スル鎮圧ノ手段実施ノ進捗セザルニ焦慮アラセラレ、武官長ニ対シ、朕自ラ近衛師団ヲ率ヒ、此ガ鎮定ニ当ラント仰セラレ」た（『二・二六事件蹶起将校最後の手記』）。昭和天皇の断固たる姿勢により、蹶起部隊は腰砕けとなった。二月二十九日午後八時過ぎ「一、今からでも遅くないから原隊に帰れ。二、抵抗するものは全部逆賊であるから射殺する。三、お前たちの父母兄弟は逆賊となるので皆泣いておるぞ」という「兵に告ぐ」が放送された。「再三再四放送し、また飛行機からも同文のビラを撒布して帰順をすすめた。……参謀本部附近において帰順の兆候があるという第一報に続いてその後次々に帰順の報告を聞くに至った」という（「二・二六事件二十回放送」）。蹶起部隊は原隊に復帰するとともに、首謀者は逮捕され、または自決した。二・二六事件が終息した後、第一師団は大命に従って「万里征途ニ上」った。

落語家の柳家小さんは、「入隊したのが昭和十一年で麻布三連隊。入営早々に二・二六事件にぶつかった」（「二・二六事件と私」）。出撃を命じられた柳家小さんは、野中四郎大尉の指揮下に入り、桜田門の警視庁に機関銃をすえた。「結局、武装を解除され、帰隊するまで、事件の内容は、なにがなんだかさっぱりわからなかった……その年の五月、私たちは満州へ送られた。満州では、反乱軍の汚名をそそぐという目的で徹底的にしごかれた。半年ほど満州にいて、私は内地の留守隊に帰された。無論、満州に残された者も少なくなかった」と回想している（「二・二六事件と私」）。

この時、三村勲は、徴兵で兵役に就いていたが、蹶起部隊にいたかは不明である。勲は、昭和十年（一九三五年）に入営し、二・二六事件勃発の時は、一期の検閲は終わっているので、戦力となりうる兵士であった。三村勲は昭和十年（一九三五年）から十三年（一九三八年）まで、兵役を務めているように見える。徴兵による兵役は二年で終わり、一旦除隊した可能性がある。昭和十二年（一九三七年）七月七日に蘆溝橋事件、続いて第二次上海事変が起こり、特設師団（第百一師団）が編成される。この時、予備役兵として召集され、兵役が三年に達したと思われる（後述）。

昭和十一年（一九三六年）三月十五日、安成千代五郎一家の家族写真。朝鮮、釜山で撮ったと思われる。前列向かって左から右に槙ノブ一女（名前不詳）、槙ノブ（安成千代五郎一女）、槙ノブ二女（名前不詳）、安成千代五郎、安成貞敏（安成貞雄一男）、安成セツ（安成貞雄妻）。後列向かって左は安成謹十郎（安成千代五郎二男）、右は安成貞雄（安成千代五郎一男）。安成貞敏（七歳）が小学校二年生に上がる時の家族写真か。安成千代五郎の妻、

フデは病気か、ここに居ない。安成千代五郎は慶応三年（一八六七年）生まれ、昭和二十年（一九四五年）三月十九日没。安成貞雄は明治三十二年（一八九九年）生まれ、昭和四十六年（一九七一年）十月十七日没。この写真は、写真屋が髪や顔を修正しており、人物が分かりにくい。

昭和十一年（一九三六年）三月、広瀬俊幸は上海に渡った（後述）。

三村清二は、電気関係の仲間と旅をしている。桜が咲いているので四月とした。親しい仲間との、最後の花見であろう。清二はステッキをついて、とても痩せている。一男、勇が結婚して、ホッとしたに違いない。花冷えか、寒そうである。撮影場所は不詳。

一枚目（上）、昭和十一年（一九三六年）五月「朝鮮釜山府大新町千貳拾六番地」の原田音輔邸。表札に原田音輔とある。門のところに見える子供は原田彰三（音輔二男）、

▶昭和十一年（一九三六年）四月

母親はアサヱ。二階の窓から原田音輔、原田啓次、百合雄が顔を出している。中学を卒業した原田啓次が、朝鮮釜山の兄の家を訪れた時。安成火薬・銃砲店は蔚山にあり、住居は釜山にあった。二階部分まで蔦が絡まっており、なかなかしゃれた家である。二枚目（下）、同じ時、原田音輔宅の庭で。安成火薬・銃砲店は広く商いをして繁盛していたという。向かって左から右に順に原田百合雄（四歳）、原田啓次、原田音輔、原田アサヱ、原田彰三。一つ前の写真と同じ時に撮られた。小さいながら日本庭園がしつらえてある。

一枚目（上）、昭和十一年（一九三六年）六月、広瀬八江子（通称八重子）。八江子は、高等女学校を出て、看護師になる道を選んだ。二枚目（下）、医院の先生、看護師さんたちと。後列向かって左から三人目が八江子。広瀬今朝彦が脳梗塞で倒れた時（後述）、八江子は父を看護した。

一枚目（上）、「昭和拾壱年七月十九才」。昭和十一年（一九三六年）七月、原田啓次（十七歳十ヶ月）のポートレイト。兄、原田音輔に似たダンディなハンサムボーイである。二枚目（下）、昭和十一年（一九三六年）暮れ頃の原田啓次。三つ揃いのスーツと中折れ帽で、バッチリ決めている。

朝鮮釜山の乗馬倶楽部。前列向かって右から三人目、馬の手綱を引いているのが原田啓次。憲兵の腕章をつけた兵が見える。向かって左方の三人は警察官であろう。朝鮮に住む日本人は、横のつながりが強いようである。

▶昭和十一年（一九三六年）秋

▶昭和十一年（一九三六年）十一月

気の合う仲間（書画の諸家）と信州へ。三村清二の生前最後の写真。撮影場所は信州松本城。清二はさらに痩せている。清二の仲間も痩せた人が多い。

▶昭和十二年（一九三七年）三月

昭和八年（一九三三年）、原田清は、叶電機商会の一員として、東京で電器屋をしていた。脊椎カリエスを患い、昭和十年（一九三五年）、東京を引き揚げ、トクの故郷、大分県大野郡緒方村に帰ってきた（前述）。昭和十年（一九三五年）、三村清二が叶電機商会の経営から実質的に退き、結核療養に専念するようになったことも、東京を引き揚げる理由となったであろう。『古希までの記録』に

「原田時計店は義兄で、清子を頭に五人の姪と甥がいた。姉、トクは東京の三村の叔母の家にいるときに、叔父の甥にあたる義兄、原田清と結婚したが、姉父子は兄が脊髄をわずらい、兄、俊幸の経営する広瀬時計店に弟子入りしてきた。原田の兄はもともと電器屋であった。長女、清子とは八つ違いで、東京から帰ってきた当時はよく守りをしてやった。照人と同じ年だ。このころラジオが珍しく、下市部落にはなかった。父は母を亡くし不寥を慰めるため、毎日のようにラジオを時計屋に聞きにいった」とある。原田清は、トクの弟、広瀬俊幸から時計修理を学んだ。昭和十一年（一九三六年）、広瀬俊幸が結婚問題で親と衝突し、中国に渡ったため（後述）、原田清が広瀬時計店を継いだ。この写真は、原田清が、広瀬俊幸の跡を継ぎ、大分県大野郡緒方村で原田時計店をやっている頃。胸の懐中時計が光っている。向かって左から右に原田清子（四歳）、原田清、原田栄子（一歳五ヶ月）、原田トク。

一枚目（上）、昭和十二年（一九三七年）三月、三村武の百日の祝いの記念写真。昭和十一年（一九三六年）十一月二十九日、三村清二、モト夫妻待望の初孫、武が生まれた。向かって左から、三村美津、テル子、英子、武、モト、孝。病気療養中の清二は写っていない。三村孝は四谷第三尋常小学校五年に、テル子は小学校四年に、英子は千代田高等女学校三年に上がる直前。三村孝は、広瀬頼彦と同年（大正十四年）の生まれであるが、学年は二級下（後述）。二枚目（下）、同じ頃、三村勇がカメラを手に、撮影に出かけている。中央の少年は不詳。向かって右端が三村孝。

次ページ一枚目（上）、昭和十二年（一九三七年）四月、広瀬頼彦が竹田中学に入学した。緒方から竹田中学に汽車通学している学生たちと、広瀬神社に参拝したときの写真。最前列向かって左から二人目が広瀬頼彦。頼彦の体は

まだ小さい。『古希までの記録』に「昭和十二年四月、竹中四十一期生一〇〇名は入学した。我々新一年生から服装が全面改正されて、国防色に木綿の折襟服、毛製国防色の巻脚絆、黒の編上げ靴、国防色の帽子に替わり兵隊さんと同じになった。前年までは、夏は霜降りの詰襟、帽子は黒に白の日覆いを掛け、冬は、黒の詰襟に黒の編み上げ靴、胸は中学の金ボタンであって、この方が学生らしかった。当時、制服四円五十銭、帽子一円二十銭、巻脚絆八十銭、編み上げ靴（本町の石橋靴店であつらえて）七円五十銭、革製ランドセル四円五十銭、剣道防具七円、緒方―竹田駅間の一年定期券二十四円四十銭であった。校長は藤井為博、教頭は七里公章、担任は小野相謙先生で九教室になった。小野先生は國漢が受持ちであり、碧雲寺の住職で、竹田中学の先輩でもあった。国語、漢文、英語、物理、化学、幾何、代数、博物、地理、歴史、図画、習字、工作、体操、教練、柔剣道等、今までと違った教え方と、特訓教育に戸惑いを感じた。毎月二十七日は、〝軍神日〟といって朝礼のときは、四、五年生は軍装、一、二、三年生は徒手巻脚絆で進軍ラッパを吹きながら、軍神、廣瀬中佐を祭った〝廣瀬神社〟に参拝し、午後は濁淵まで五キロメートルのマラソンがあった。身心を鍛えるためであろう」とある。二枚目（下）、昭和十二年（一九三七年）六月頃、三村の一家が、武を連れて公園にハイキングに出かけた。向かって左から右に三村孝、テル子、英子、美津。幼児は武（六ヶ月）。美津は、やんちゃな武に手を焼いているようである。

▶後藤一彦

昭和十二年（一九三七年）五月十二日、後藤一彦他界。享年五十七歳。大正四年（一九一五年）二月に竹田町に帰郷してから、昭和十二年（一九三七年）五月に他界するまで、後藤一彦の消息を語る資料はない。昭和五年（一九三〇年）と昭和六年（一九三一年）に宴会に出た写真があるだけである（前出）。大阪で町工場のようなものをやっていたのか（後藤家聞き書き）、海水浴場の海の家のようなものをやったことがあるのか（三村孝談）、消息は分からない。後藤幾蔵の葬儀後、遺骨と遺品を引き取りに、緒方の広瀬家に来たとき、自分が発明したとする親子電球を持参している（前述）。後藤一彦は、長い間自宅（東京市赤坂区赤坂台町参拾番地）を離れ、好きな女性宅（東京市小石川区表町四拾八番地）に住んでおり、ここで急逝した。亡くなったときは、同居の女性（池田カネ）が葬式を出し、一男、後藤守彦の妻、きよの父、長谷清五郎が葬儀に参列したようである。この時、池田カネに会った長谷清五郎が「成程、おとくさんが苦労するわけだ」と、きよにカネの印象を語ったことがあり、カネは「粋な美人」の（元）芸者というのが、後藤家の認識であったという（『後藤家のご先祖さまについて』）。後藤一彦は、いろいろな経緯から、大正四年（一九一五年）頃、妻、とくの下を去り、女性宅で暮らしていたと推察される。一男、守彦は早稲田実業学校を出ており、二男、嘉彦は桃山中学から日大予科文科に進んでいるので、養育費と学費は一彦が出していたのであろう。戸籍上は離婚の事実は無い。池田カネは、その後も、一彦の墓にお参りに来ることがあったという（『後藤家のご先祖さまについて』）。

後藤一彦の死後、「残された遺族は、祖父から遺産らしい遺産を、一切貰うことはなかった」、その理由は「祖父が亡くなった時、父は、限定相続をしました。これは、祖父の資産の範囲内で祖父の債務を弁済したら、それ以上の祖父の債務は弁済しなくてもよい、という裁判所の裁定をうけたものです」（『後藤家のご先祖さまについて』）という。こうなった背景として、一に、後藤一彦は、町工場で親子電球を作り、売り出したが、〝松下電器製作所〟（昭和四年に社名を改めた）の親子電球に対抗できず借金が残った可能性（前述）、二に、後藤一彦が、息子の養育費や学費、別居中の妻、とくの生活費などを三村家から借りていた可能性などが考えられる。後藤一彦は、三村清二、モト夫妻から、（資産の範囲を超えて）借財していたと思われる。後藤守彦は、昭和十二年（一九三七年）八月九日に「家督相続」の届出をしている。

昭和十二年（一九三七年）七月七日、蘆溝橋事件が起こり、日中の軍事衝突が始まった。蘆溝橋事件が起こる前、「東京政界の消息通の間に〝七夕の晩に、華北で柳條溝事

件の二の舞の事件が起きる〃という謡言が、ささやかれていた」という（『支那事変の回想』）。写真二枚とも、平成四年（一九九二年）十一月一日撮影の蘆溝橋。

▶今井武夫

「七月六日即ち蘆溝橋事件勃発の前日」、北平大使館附陸軍武官輔佐官、今井武夫に、翼北保安総司令の石友三が突然、「武官！　日華両軍は今日午後三時頃蘆溝橋で衝突し、目下交戦中だ。武官はこの情況を知っているか」と言ったが、今井は「そんなことは知らないし、またないだろう。いやしくも万一そんな重大事件があれば、日本軍が私に知らせない筈はない。私がここに泰然としていることは、そんな重大事件がない証拠だから、安心して酒でも飲み給え」と答えている（『支那事変の回想』）。翌七月七日、「中国軍の直上指揮官の関知しない実弾が、夜間演習中の日本軍に龍王廟から飛来して来た」（『支那事変の回想』）。日本側は、七月二十二日、「日本憲兵隊から憲兵数人を中国人に仮装させて中国人密偵と共に斥候に命じ」た（『支那事変の回想』）。斥候は、爆竹を鳴らす男女の学生を逮捕した。斥候を中国人と勘違いした学生らは「われわれは北方局の命令に従ってやっているのに、何故邪魔するか」と居丈高に喰ってかかったという（『支那事変の回想』）。彼等の口から「北方局」、「劉少奇」という語が聞こえた。「その頃劉少奇は表面北京大学図書館に勤務しながら、実際は中国共産党北方総局第一書記として全権を握り、専ら華北の地下工作を指導していた」という（『支那事変の回想』）。また、北京生まれの中国通の日本人が「蘆溝橋事件当時、私は日華両軍の衝突を企画し、日本軍に対して発砲したり、或いは青年を指揮して戦線の各所で、爆竹を鳴らしたりした」という石友三軍の一旅長の密語を聞いている（『支那事変の回想』）。

蘆溝橋事件勃発の翌日、その知らせを受けた満鉄総裁、松岡洋右は大連の天ぷらやで昼食を食べていた。この時、松岡は、「よいか、いま北支で戦争すれば、これが中支へ、そして南支へと波及するにきまっちょる。それだけではない。必ずそれが英米との衝突に発展する。世界戦争だ。そうなれば日本も、満洲も、前線も銃後もない。一様に航空機の襲撃を受ける。見ちょれ、わしの見透しに狂いはない」と言ったという（『松岡洋右――その人と生涯』）。「七月八日、北支那駐屯軍より北京附近に於て日支両軍の衝突を報告して来た。……石原第一部長を含む首脳部は事態の不拡大を希望して、現地にて交渉妥結せんことに努力した」（『比島から巣鴨へ』）。この頃、「陸軍省、参謀本部は挙げて騒然、拡大、不拡大で甲論乙駁火花を散らした」（『石原莞爾』）。武藤章作戦課長は石原莞爾に「部長閣下、抗日侮日の打倒はいつやるんですか。……今やらないでいつやりますか！　あなたが辞められるか、私が辞めるかの問題です」と積極策を訴えると、石原莞爾は「いや、あくまで不拡大だ。不拡大堅持だ」と答えたという（『石原莞爾』）。しかし、「支那軍が天津―北京鉄道上の要点郎坊駅を破壊占拠して北京附近の軍隊は孤立包囲の状態に陥り、「通州に於ける日本人の暴行大虐殺」が起こり、軍を北支に増派せざるを得なくなった（『比島から巣鴨へ』）。

八月十日、奉天ヤマトホテルに宿泊中の松岡洋右のもとに南京満鉄事務所の西義顕が来て「七月三十一日に蔣介石・汪兆銘・高宗武の三者会談が行われた午後、呉震修に招かれた」、「呉の邸に行くとそこに高宗武がおり、蔣・汪・高の三者会談の内容をきかされ、近衛首相説得のために松岡満鉄総裁の助力を求め、日本における最高最後の政治力の動員によって、東亜壊滅の危機を最後ぎりぎりの線において防止し得しめんことの依頼を受けた」と話した（『松岡洋右――その人と生涯』）。松岡は「事すでにここに至る、日華両民族の背負った宿業である。……時機が来たならば、だれか因縁のあるものが両国和平再建の端緒を劫火灰燼のなかからつかまなければならぬ。それをつかむものは因縁あるものだ。君は南京に使して、それだけの信用を中国側に確立したのだから、その機会に対して待機すべきひとりでなければならない」、「その間、満鉄は君を会社の業務から解放す。なぜなら会社の業務より、それがはるかに重大であるからである」と言って、近衛内閣の書記官長宛に紹介状を書いたという（『松岡洋右――その人と生涯』）。

昭和十二年（一九三七年）八月十三日、第二次上海事変が起こり、同年八月二十四日、「東京を根拠地とする特設師団である第百一師団」が編成される。第三師団長を最後に退役していた伊東政喜に師団長の声がかかった（『第百一師団長日誌』）。伊東政喜は、大分県大分郡竹中村に生

▶伊東政喜『支那事變記念寫眞帖』

まれ、明治二十八年（一八九五年）、大分中学に進学。大分中学四年の時、陸軍中央幼年学校に入学し、明治三十四年（一九〇一年）五月に卒業。陸軍士官学校に進んでいる（『第百一師団長日誌』）。伊東政喜の父は、「西南戦争に軍夫として従軍し、延岡まで行った」という（『第百一師団長日誌』）。第百一師団は召集された予備役、後備役の兵からなる特設師団であった。動員、編成が完了し、第百一師団は九月十六日に品川を出発、九月二十二日上海周辺「呉淞桟橋」に上陸した。伊東師団長の『第百一師団長日誌』九月六日に「軍刀に革鞘を拵ふ為注文」、九月七日「軍刀の革鞘出来、受領す」、九月十五日「北白川宮邸伺候。大妃殿下、大新宮殿下に拝謁。賜物を頂て感激退下」、九月十六日「品川駅に至る。見送人頗る多し。……北白川宮より御菓子を賜はり、且駅南方ガード上に雨中御見送り下さる、感激の外なし」とあり、第百一師団は、北白川宮から格別の思召しをいただいている。東京市四谷区の三村勲が第百一師団に居た可能性があり、雨の中、品川駅南方ガード上で、北白川宮祥子は三村勲を見送ったのではないか。

第百一師団は、昭和十二年（一九三七年）九月二十八日、第三師団とともに攻撃を開始した。編成から僅か一ヶ月余りで、戦闘に加わっている。上海周辺の中国軍の抵抗は頑強で、戦況は予断を許さなかった。昭和十二年（一九三七年）十月六日「加納隊下士官等七名、渡河前対岸に渡りあり……午前五時、渡河開始の通報あり」（『第百一師団長日誌』）と、蘊藻浜クリーク渡河作戦を始めるも、翌十月七日「左翼隊方面悲報頻りなり」、「加納部隊の状勢頗る不利にして敵の逆襲を受け、果して能く占領地域を確保し得るや否や疑はしく、楽観を許さざるものあり」、同年十月十日「第一線は四日間雨にさらされ、誠に泥の如くなつて不眠不休。糧食も不十分にして真に悪戦苦闘、傷病者続出、其位置の固守さへ如何かと思はれるの情勢に在り」、同年十月十一日「加納連隊本部に迫撃砲弾落下し、遂に連隊長は戦死し、外死傷十数名を出せり」、同年十月十四日「各隊共に損害頗る大にして、戦力甚しく消耗しあり」、同年十月十六日「之以上無理に強行するも最早進展の見込なし……上海戦は目下の状態にては、一時進展の見込みなきものと認む」との状況に追い込まれた。伊東師団長は、十月十七日「特設師団は編成素質不良にして且訓練の時間なく、而も尤も堅固なる正面の攻撃に任ぜられ、参戦以来約三週間昼夜連続の戦闘を為し、相当の死傷者を生じたるも、神仏の加護と将兵の奮戦に依り堅固なる陣地を撃破し、至難なるクリーク渡河戦に成功せり。志気旺盛、目下戦局の進展に努力中」と、陸軍省に苦しい説明をした（『第百一師団長日誌』）。同年十月十七日を期して、第三師団、第九師団、第百一師団が攻勢に出た。同年十月十九日「第三師団戦車隊、野砲とともに独断攻撃し前進す……戦勢恢復の徴あり。喜びに堪へず」、同年十月二十四日「軍より第三、第九師団正面は大なる抵抗を受くることなく前進中の通報あり。敵兵退却の徴あると判断せらる」、「敵は総て退却中なり。全般の状況は頗る有利に展開しつゝあり」、同年十月二十五日「万歳の声起る旨報告あり」、翌十月二十六日「大場鎮東端には旭旗上り居る」と大場鎮を制圧した。

一枚目（上）、広瀬好文。昭和十二年、広瀬好文は召集された。広瀬好文の第六師団は、第十軍（柳川兵団）隷下となり、杭州湾に上陸し、南京攻略に向かった（前述）。『古希までの記録』に「南京攻略戦で城門を目前に控え、迫撃砲弾を左足に被弾、負傷して大分陸軍病院に帰っていたので父とお見舞いに行った。病院にはたくさんの白衣の負傷者がいた」とある。二枚目（下）、柳川平助（『支那事變記念寫眞帖』）。昭和十二年（一九三七年）十月「上海附近に於ては、クリーク地帯に予想せざるトーチカ陣地を設けてあり、加うるに降雨甚だしく、次々に増加せる兵力もこの泥濘の中に立往生の姿となった」（『比島から巣鴨へ』）。「参謀本部第三課長（作戦担当）」の武藤章は「状況を判断して上海附近の支那軍を、現在の如く正面よりのみ力攻しても、上海と云う国際都市に妨げられて、国際紛争を惹起するばかりであるから、杭州湾に一軍を上陸せしめ、背後から支那軍を脅威し、一挙に撃攘するがよいと上司に意見を具申」し、「松井大将初め上海派遣軍から強固なる反対が表明された」が、これを押し切り杭州湾上陸作戦が敢行された（『比島から巣鴨へ』）。昭和十二年（一九三七年）十一月五日「杭州灣頭を壓した大輸送船隊、墨を流したやうな咫尺を辯ぜぬ眞黒な空、軍刀の柄を握りしめた将軍」に「午前七時四十五分上陸成功がもたらされた」。翌十一月六日「肉彈飛び散る蘇州河の敵前に

……〝日軍百萬杭州灣上陸〟と大書したアドバルーンが渦巻く砲煙を蹴散らすやうに揚つて行つた」（『〝覆面将軍〟柳川平助は何をした？』）。これを機に、「常に我が側背を脅かしてゐた浦東の頑敵掃蕩、敵の上海南京間の陸上連絡遮斷、大上海の包圍戰、敵首都南京攻略戰」が成し遂げられた（『〝覆面将軍〟柳川平助は何をした？』）。『第百一師団長日誌』同年十一月六日「柳川兵団は、松江南方董浦江左岸に進出せり……柳川兵団の成功と共に、戦局は大転換を為し、敵を殲滅するに至るべし」、同年十一月八日「上海新聞に依れば、柳川兵団の上陸に依り、浦東の住民浦西に避難するもの数を知らず。又浦東の敵は戦意を失ひ、逃亡者続出す」とある。同年十一月七日「高松宮殿下戦場御視察。……本日、北白川宮御用掛水谷川氏に対し手紙を出す」とあり、第百一師団長、伊東政喜が北白川宮家に戦況を報告していたことがうかがえる。

▶周仏海

『周仏海日記』は昭和十二年（一九三七年）七月一日より始まっている。この頃、周仏海は、戦況の推移に従って江蘇省鎮江、南京、武漢（漢口）へ移動しており、日記で中国側の事情をうかがい知ることができる。昭和十二年（一九三七年）七月十三日「車で蓮花洞に行き、輿に乗り換えて山（廬山）に登る。……北方の情勢が緊迫している……」、七月十四日「北方当局が日本側に屈服したとの情報に接し、今後対外問題は対内問題に転じるおそれあり、中央の対応は一層難しくなることを思い、悵然となる」、七月十七日「第二回談話会に出席。……蒋先生が蘆溝橋事件及び中央の方針について報告する。内容は応戦はすれども求戦はせず、ゆえに平和解決を辞さずとし、三項目の最低条件を提出した……」、七月十九日「二時半に希聖が来訪し、……一緒に共産党の首領周恩来、林伯渠を訪ねる。十年前の老友なり」、八月十二日「晩、朱徳、周恩来、葉剣英を招宴する。公博、希聖が陪席し、中日問題、遊撃戦術、民衆組織及びソ連の状況について語る」、八月十五日「敵機十八機が激しい爆撃を加えた」、「南昌、杭州も同時に爆撃され、南京襲来の敵機は六機撃墜され……」、八月二十二日「敵機来襲し、激しい空中戦を展開」、八月三十一日「希聖が汪先生からの電話を受けるが、それによると我々の提案した外交進行方式は蒋先生に採用されなかったという。大いに失望し、互いに無言のまま数十分ほど過ごす……」、九月二日「陳独秀が来て、中国の前途についで語る。もしも自力更生の望みなき場合は他国に依存すべきであり、経済的には従属し、政治的には独立するものとする。ロシアの時機はすでに失し、英、日の両国のいずれかを選ぶべし、と主張する。……」、九月二十一日「敵方は在京各国大使館・領事館に、南京に対して大規模な爆撃を行なうので、本日十二時前に退去するよう通告した……」、九月三十日「敵情を推察するに、最後までやりぬく決意と実力はなく、ある期間にいたれば、和平の空気を匂わすに違いなく、その時になればわが方は国際的斡旋によって苦境を乗り切ることができる。しかし相手が口火を切るまでのかなりの期間は忍従しなければならぬ」、十月六日「国防参議会に出席」、「皆このまま戦っていけば、中国のために戦うのではなく、実際はソ連のための戦いになり、国民党のための戦いではなく、実際は共産党のための戦いになる、という認識で一致」、十月十日「伝聞によると、上海の外人の間では和平に動く空気が濃厚で、しかも和平の鍵は日本にではなく、わが方にあるとのこと」、十一月十五日「中央と国府が重慶への遷都を決定した……軍事委員会はまず武漢に移動し、次いで衡陽に移動することにし、……」、十一月十六日「ドイツ大使トラウマンが正式に調停案を提示した……ドイツ大使は、ヨーロッパ大戦の時、ドイツは何度か降りられる機会があったのだが、ヴィルヘルムが応じなかったために、ついに一敗地に塗ることとなった、中国がこの轍を踏むことなきように、とも述べたという。その言、まさに誠意ある忠告なり。しかるに蒋先生は考慮することを拒絶した。一体このまま突き進んでいって何が期待できるというのか！」、十一月十七日「蒋先生が若輩を子供扱いし、国家大計をすべて彼個人の腹の中に仕舞い込み、決して討議にかけようとせず、しかも明示もしない……」、十一月二十日「船で武漢に向かう」、十二月十一日「国防参議会に出席。ドイツの調停が失敗したことを知り、苛立つこと限りなし。命運もはや尽き、挽回の余地なし！　……散会となる前に席を立った……宗武、思平、希聖と一緒に昼食をする。食後時局を討議し、話は四時間に及んだ。いずれもなす術なし、といったところで、苦悶の情は言葉に表せない」とある。この頃、上海武官府で特務工作に関わっていた岡田酉次によれば、「昭和十二年一〇月、第九師団が上海郊外戦線の一部をようやく突破した頃から、首都南京では急に和平論議が台頭し始めたとの情報が上海特務部に入りだした。……かかる平和への動きは、その後の汪兆銘一派すなわち陶希聖や周仏海など焦土抗戦反対早期和平を主張する、いわゆる〝低調クラブ〟と称する有力な一派がその中心をなしていた」という（『日中戦争裏方記』）。昭和十二年（一九三七年）十二月十三日「中華民国ノ首都南京陥落」。「南京から家財道具をまとめて大混雑のうちに脱出した」高宗武によれば、「南京へ向ってどんどん突進して来た柳川兵団の足があまり早過ぎて、闇夜の道を歩いているうちに、前方を退却している筈の中国兵を追い越してしまった」(『揚子江は今も流れている』)。トラウマン和平工作が頓挫し、和平が遠のいて戦いが続けば、共産党を利することになる。周仏海、高宗武、梅思平、陶希聖らは、汪兆銘を擁立して、和平運動を展開する方向に進む(後述)。

昭和十三年(一九三八年)冬「分会狩猟大会」。釜山の、何らかの分会の狩猟大会。鹿二頭と大きな鳥一羽(キジか?)をしとめている。後列右から五人目が原田宗一。中央付近の若者六人は学生か、新兵か。在郷軍人らしき人物も見えるので、軍事教練もかねていると思われる。向かって右端に朝鮮の子供が見える。原田宗一の出征前。朝鮮蔚山の安成火薬・銃砲店は、原田百太の三男、音輔が継ぐことになっていたが、昭和十二年(一九三七年)頃、何らかの理由で音輔がここを離れ、原田百太の五男、原田宗一が継ぐことになる(前述)。この写真も、朝鮮に住む日本人の横のつながりと団結を示している。

トラウマン和平工作が成らず、近衛首相は、昭和十三年(一九三八年)一月十六日「爾今国民政府を相手とせず……真に支那民衆に基づける新政権の完成を待望しこれと

相提携して永遠の和平達成に進まんとする」との「帝国政府声明」を出す（『陸軍畑俊六日誌』）。この頃、教育総監、畑俊六は「支那派遣軍も作戦一段落と共に軍紀風紀漸く頽廃、掠奪、強姦類の誠に忌はしき行為も少からざる様なれば、此際召集予后備役者を内地に帰らしめ現役兵と交代せしめ、又上海方面にある松井大将も現役者を以て代らしめ、又軍司令官、師団長等の召集者も逐次現役者を以て交代せしむるの必要あり」（『陸軍畑俊六日誌』）と陸軍大臣に進言した。その結果、意外にも畑自身が「松井の后任」に推薦され、二月十四日、畑俊六は中支那派遣軍司令官に補せられた（『陸軍畑俊六日誌』）。畑は、同年二月十八日、羽田から福岡を経由して上海の呉淞飛行場に着いた。「揚子江下流の南京を含む三角地帯は、日本軍の手に収められ……東京の命令はこれ以上の作戦を行わない方針である」ため「軍隊の整理が行われた。一時九師団以上に達した兵力は六ヶ師団に減少された」（『比島から巣鴨へ』）。「当時北支方面軍は山東省を席巻して、徐州方面に南進中であったが、台樹荘附近で有力なる支那軍と衝突して苦戦に陥っていた。徐州附近に集中した支那軍は三十師団以上と云われた」（『比島から巣鴨へ』）。同年四月十九日「大本営命令あり。北支は四師団、中支は二師団にて徐州を包囲作戦をなすことゝな」った（『陸軍畑俊六日誌』）。中支那派遣軍の参謀副長武藤章が、北支軍と打合わせの結果、「中支軍は徐州に近く且なるべく速に策応」する方針が打ち出され（『陸軍畑俊六日誌』）、「各支那派遣軍は約二師団の兵力を以て北支那方面軍に協力し、徐州附近の敵を撃滅」することになった（『比島から巣鴨へ』）。「今回の徐州会戦は成功すれば第二の奉天会戦とな」りうる作戦であり、昭和十三年（一九三八年）五月五日、「第九、第十三師の前進開始は端午の佳辰をトし本未明より開始」された（『陸軍畑俊六日誌』）。畑俊六は、「直接徐州街道を北進せず、先ず西方に突進して蒙城附近より右折し徐州の西方滝海線を遮断して、徐州附近の支那軍主力を包囲する」作戦を立てた（『比島から巣鴨へ』）。この作戦は図に当たり、「そのスピードは極めて迅速」、五月十九日に徐州を占領した。『陸軍畑俊六日誌』五月二十日「正午徐州に入場式を行ふ。徐州東南方に集結せる敵の大兵団西南方に脱出を企図……如何せん地域広大にて兵力足らず脱出せらるゝの公算頗大なるは残念」、五月二十二日「徐州東南の敗敵はこゝに一団かしこに一団となりて我包囲の網の目をくゞり西南方に敗走しつゝあり」とある。中支軍の徐州作戦成功を受け、「北支軍は続いて滝海線に沿い鄭州に向い進撃せんとした」（『比島から巣鴨へ』）。

昭和十三年（一九三八年）六月、「徐州方面からの日本軍の進攻を阻止するため」、蔣介石軍の手で「開封近郊、柳園口の上流・花園口で堤防が破壊され、氾濫が起こった」（『李香蘭私の半生』）。「おりからの雨期で増水していたので、濁流は大奔流の勢いで平原に溢れ、河南、安徽、江蘇の三省を水びたしにした。水没面積五万四千平方キロ、水没部落三千五百、被災者千二百万人、死者九十万人。濁流は各地で洪水の連鎖反応を起こしながら南下をつづけ、黄河は淮河にまでつながってしま」う空前の大災害となった（『李香蘭私の半生』）。この大災害で日本軍兵士は被災した人々を助けた。昭和十四年（一九三九年）頃、川島芳子が「田舎を旅するごとに、〝今度来た日本人は、人種が違うのではないか？〟などという質問を、一再ならず受けたほどで、去る夏（昭和十三年）華北の各地区に水害があったが、この天災に遭難した農民に対して、日本兵は生命を賭して救護に当ってくれたという美挙や、兵隊さんが支那の子供を可愛がってくれるというような佳話は、至る処で見聞し、その都度支那民衆の口から、異口同音に感謝の意を表している事実を知って、感銘を新たにせずにはいられなかった」という（『動乱の蔭に――川島芳子自伝』）。

このような「焦土抗戦」に反対し「早期和平」を求める勢力が国民党に台頭する（前述）。昭和十三年（一九三八年）七月、「早期和平」の道を探るため来日した高宗武は「対日戦よりも対共産党闘争の方を、中国のために重く見ている……蒋委員長の周囲の一部の軍人のように、共産党闘争を後廻しにしても対日戦争を国の最大急務と考えるやり方は、私は反対」と述べる（『揚子江は今も流れている』）。

▶高宗武『揚子江は今も流れている』

昭和十三年（一九三八年）二月二十五日、三村清二は結核のため、東京市四谷区北伊賀町四十三番地で他界。享年五十六歳。経過が思わしくなかったのか、三村清二の昭和十二年（一九三七年）の写真は一枚も無い。一枚目（上）、三村清二の葬儀。向かって左から三村勲、進、勇が棺を抱えている。遺族の中央に悲しみに打ちひしがれた三村孝が居る。その後ろに三村テル子、その後ろに三村英子。英子の向かって左に三村モト。英子の向かって右に三村美津。美津と英子の後ろに宮川いち。美津の向かって右に広瀬良子と思しき女性が見える。棺を抱える三村勇の向かって右に後藤守彦、次いで右に三村亮一。一人置いて右に後藤嘉

彦（最後列。メガネをかけている）。後藤守彦、嘉彦は三村家と親戚の付き合いをしていた。「帝國在郷軍人會」のテントと「四谷區海軍部」の花輪が見える。三村勲は軍服姿であり、最近まで兵役に就いていたと思われる。第百一師団は上海周辺での激戦を終え、昭和十二年（一九三七年）十二月、杭州に進出し、新年をここで迎えた（『第百一師団長日誌』）。昭和十三年（一九三八年）一月、杭州を出発。敵掃蕩を行いながら、同年一月二十三日上海、黄浦江に至った（『第百一師団長日誌』）。同年二月十八日、新たに親補された畑俊六中支那派遣軍司令官が上海に着き、同年二月十九日、朝香宮鳩彦上海派遣軍司令官が凱旋帰国の途中、上海に立ち寄った。『第百一師団長日誌』昭和十三年（一九三八年）二月二十一日に「近時、一般将兵に凱旋気分起り、志気弛緩せしむと。之れ、一に一部部隊の凱旋するものあればなり。而して、師団は遠く第一線の後方に位置し、単に警備に任じ、敵情の刺激するものなきを以てなり」とある。三村勲は、「一部部隊の凱旋するもの」として、朝香宮鳩彦の凱旋帰国と相前後して帰国したと思われる。軍服のまま、父、三村清二の葬儀に駆けつけている。東京市電気局の職員の顔も見える。二枚目（下）、同じく葬儀の写真。割烹着を着た近所の人が手伝いに来ている。十歳台から、二人三脚で人生を歩んできた後藤一彦と三村清二は、ほとんど同じ年代で、同じ頃に、相前後して亡くなった。

一枚目（上）、昭和十三年（一九三八年）四月三日、緒方村下自在、原田時計店の店舗前で撮った原田清一家の写

真。向かって左から右に順に原田清子（五歳）、清、栄子（二歳六ヶ月）、トク。原田時計店も順調にいっているようである。二枚目（下）、同じ頃、原田清の兄、原田音輔一家の写真。後ろ中央が原田音輔（三十五歳）。前列向かって左から右に原田百合雄（六歳）、原田彰三、原田アサヱ（二十七歳）。百合雄が小学校に入学した記念写真と思われる。

朝鮮蔚山から出征する原田宗一の出征祝い。日の丸と「祝原田君」の幟が五本立って、にぎにぎしい出征である。前列向かって左端は原田啓次、次いで右に安成千代五郎、一人置いて右に安成フデ（千代五郎妻）、次いで右に槙ノブ（千代五郎一女）。後列左端は安成貞雄（千代五郎一男）、次いで右に原田宗一。安成貞雄は、満洲、撫順から駆けつけたのであろう。槙ノブは、両親の近く（朝鮮蔚山）に住んでいた。前列の二人の女児は槙ノブの娘。原田宗一は、家族、縁者に見送られて、勇躍出征した。

昭和十三年（一九三八年）、ポリドールの野球チームSHINAGAWAの集合写真。早実時代、夏の甲子園大会に出た三村勲が、野球チーム、SHINAGAWAの助っ人に借り出されたと思われる。この時、三村勲は既に除隊している。前列向かって右から奥田良三、二人置いて左に

▶昭和十三年（一九三八年）七月十六日「祝原田君之出征　朴〇〇（二字不詳）」

高田浩吉、次いで左に三村勲、次いで左に東海林太郎、一人置いて左に、色のついたメガネをかけているのが田端義夫。後列向かって左から如月俊夫、次いで右に榎本健一、二人置いて右に近江志郎（俊郎）、次いで右に上原敏、一人置いて右に三丁目文夫。上原敏、東海林太郎、榎本健一は、野球が好きだったという（『アイケ・コプチャタの唄』）。左後方に、ポリドールの会社の人が写っている。上原敏こと松本力治は、明治四十一年（一九〇八年）八月二十六日、秋田県大館町生まれ（『アイケ・コプチャタの唄』）。昭和五年（一九三〇年）専修大学に進んだ。専修大学では野球部に入り、東京五大学リーグ戦で活躍したという（『アイケ・コプチャタの唄』）。昭和九年（一九三四年）に大学を卒業し、昭和十年（一九三五年）「栄養と育児の会」（後のわかもと製薬）に入社した。「わかもと」の野球部にいた時、「選手層がうすく、とくにフリーバッティングの投手の補充が急務であった」ポリドールチームから、上原敏に助っ人の声がかかった（『アイケ・コプチャタの唄』）。上原敏こと「会社員の松本力治が歌手に転向したいきさつ」は、野球の「練習後に風呂場で東海林太郎の歌を口ずさんだところ、ポリドールの社員が耳にして……」（『アイケ・コプチャタの唄』）ということだったたという。上原敏は、昭和十一年（一九三六年）に歌手デビューし、二百四十曲近くレコーディングした（『アイケ・コプチャ

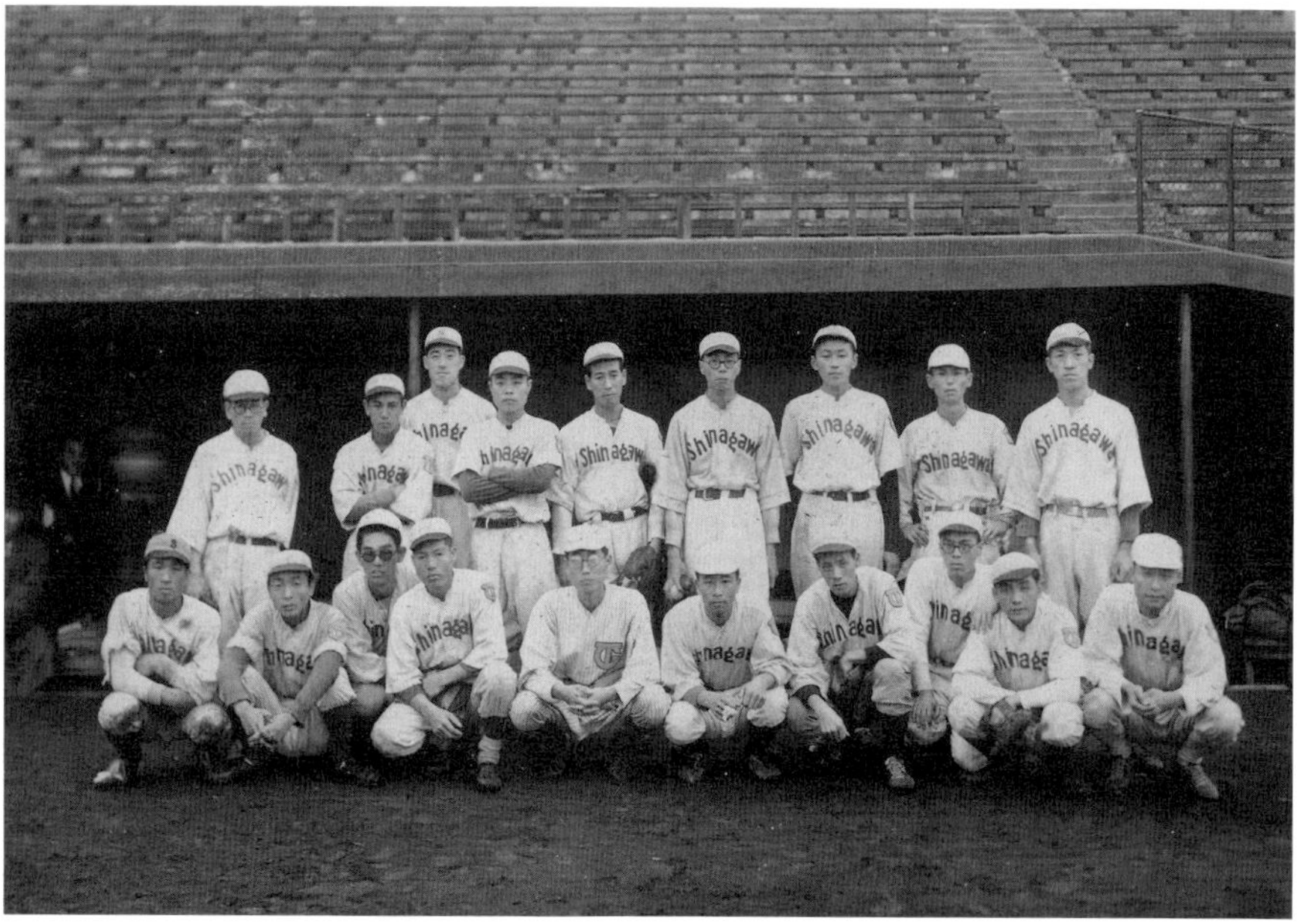

タの唄』）。上原敏は、昭和十三年（一九三八年）から昭和十七年（一九四二年）にかけて「七回にわたり満州や、華北、中支、南支の戦場に将兵を慰問した」（『アイケ・コプチャタの唄』）。昭和十八年（一九四三年）四月に召集された。内地にとどまるよう説得されたが、戦地に行くことを望み、昭和十九年（一九四四年）七月二十九日、ニューギニアで戦病死したという（『アイケ・コプチャタの唄』）。享年三十五歳。

一枚目（上）、結城道子。これは三村勲が写した写真と思われる。結城道子は、三村勲（北廉太郎）と同じレーベルでレコードを出している。三村勲の「北廉太郎」の場合も、上原敏と同じく、野球が取り持つ縁があったと考える。レコード会社、ポリドールを立ち上げた阿南正茂は、竹田町の出である。「阿南は竹田町城下に生れ、旧姓野尻、東京帝大の法科の出身である。卒業して畑ちがひの実業界に入り、日本ポリドール、レコード株式会社を創立してビクターやコロンビヤと鼎立して斯界の寵児となつたが、惜しいことに早死された」（『滝廉太郎を偲ぶ』）。昭和九年（一九三四年）十月十七日、阿南正茂は、岡城址に、土井晩翠の筆になる「荒城の月」の詩碑を建てている（前述）。三村勲が「北廉太郎」としてレコードを出す時、ポリドールの社長、阿南正茂が竹田町の出だったという縁もあったと思われる。二枚目（下）、「北廉太郎」を名乗る歌手。三村勲は、芸名「北廉太郎」で、ポリドールから歌手デビューしたことがあると推察される。母、モトの故郷（大分県竹田町）と関わりの深い、偉大な作曲家、滝廉太郎（前述）をもじった芸名である。三村勲のいとこ、広瀬良子は、昭和十三年（一九三八年）上京し、叶電機商会の手助けをしていた。良子の父、広瀬今朝彦は、直入郡高等小学校に通ったものとして、同小学校を卒業した滝廉太郎のことをよく知っており（前述）、このような縁も三村勲の芸名（北廉太郎）に関係したのではないか。北廉太郎は、何らかの事情で本名、素性を全く表に出していない「幻の名歌手」である。北廉太郎の歌として『ヴォルガ旅愁』、『若き日の歌』、『進軍の一夜』、『潮来夜船』、『追憶の馬車』、『夢のゆりかご』、『出船の唄』、『黒龍千里』、『再見上海』、『白樺月夜』、『望郷の唄』、『北は黒龍』、『青春のふるさと』、『歌の慰問袋』『佐渡の故郷』、『島よさらば』な

どがある。何れもインターネットで聞くことができるが、『ヴォルガ旅愁』、『追憶の馬車』、『黒龍千里』、『望郷の唄』は胸を打つ名曲。昭和十三年（一九三八年）二月、父、三村清二が亡くなったので、歌手デビューが具体化したのであろう。「北廉太郎」は、昭和十三年（一九三八年）、ポリドールのレーベルで登場し、昭和十五年（一九四〇年）秋、歌謡界から忽然と姿を消した（後述）。

　三村勲の写真集に、不思議な、女性の写真が残っている。女性は、川島芳子こと愛新覚羅顯玗。撮影場所は北京、中南海の「中華民國臨時政府」「中華民國政府聯合委員會」前、及び瀛臺《えいだい》である。瀛臺は中南海の南海にある小島。清朝末期（一八九八年）、西太后が光緒帝を幽閉した場所である。川島芳子は、右脇にハンドバッグを持っている。拳銃が入っているのであろう。その表情は穏やかで、チャイナドレスを着て、ぽっちゃりして見える。男装が多い川島芳子であったが、昭和十二年（一九三七年）三月二十三日、松本市の公会堂で演説した時は、チャイナドレスを着ていたという（『男装の麗人・川島芳子伝』）。昭和十二年（一九三七年）十二月十四日、北京に親日の中華民国臨時政府が成立した（『上海時代』）。写真に「中華民國臨時政府」の看板と半袖のチャイナドレスを着た川島芳子が見えるので、これらの写真は、昭和十三年（一九三八

年）夏、北京を訪れた三村勲が撮ったと考える。三村勲のすぐ側には、川島芳子の同母弟、愛新覚羅憲東（川島良治）（後述）がいるのではないか。

　昭和十三年（一九三八年）から福岡に長期滞在していた川島芳子は、「一流ホテル、九大病院、さらに市内大名町

の病院などを転々としながら東中洲の料亭で遊びまわっていた」、「福岡・東中洲のホテル清流荘、天津・松島街の東興楼、そして北京・東単牌楼無量大人胡同の寓居を行き来していた」という（『男装の麗人・川島芳子伝』）。川島芳子は、東京にも足を運んでおり、四谷に住む三村勲と交流があった可能性もある。川島芳子は、昭和十三年（一九三八年）十二月三十一日、「天津の病院に知り合いの婦人を見舞に行って、抗日テロ団の兇手に襲われ」た（『動乱の蔭に——川島芳子自伝』）。「後頭部に一撃」を受けた芳子は、一報を受けた日本租界警察と憲兵隊によって、日本租界の共立病院に運ばれ、意識をとりもどした（『動乱の蔭に——川島芳子自伝』）。

　これらの写真を三村勲が持っていた理由をあえて考察すると、第一に、川島芳子の同母弟、愛新覚羅憲東が三村勲の友人であり（前述）、三村勲と川島芳子は知り合いだった可能性があり、第二に、三村勲は、ポリドールの歌手として、華北の将兵を慰問する歌の慰問団の一員として北京にいた可能性を考える。川島芳子がチャイナドレスを着て穏やかな表情を見せ、撮影場所が瀛臺という愛新覚羅家にとって意味の深い場所なので、三村勲が北京にいた時に撮ったのではないか。この時、愛新覚羅憲東も北京に居たと推察する。ポリドールの歌手、上原敏は、昭和十三年（一九三八年）から昭和十七年（一九四二年）にかけて「七回にわたり満州や、華北、中支、南支の戦場に将兵を慰問した」（前述）。上原敏は昭和十三年（一九三八年）八月一日－八月二十七日、満州（新京、奉天、大連）、中国（北京、南京、天津）を巡業している（『アイケ・コプチャタの唄』）。昭和十五年（一九四〇年）初めには、「北廉太郎」の歌う「伊那節」が入った『歌の慰問袋（四）』が、ポリドールから出されている。

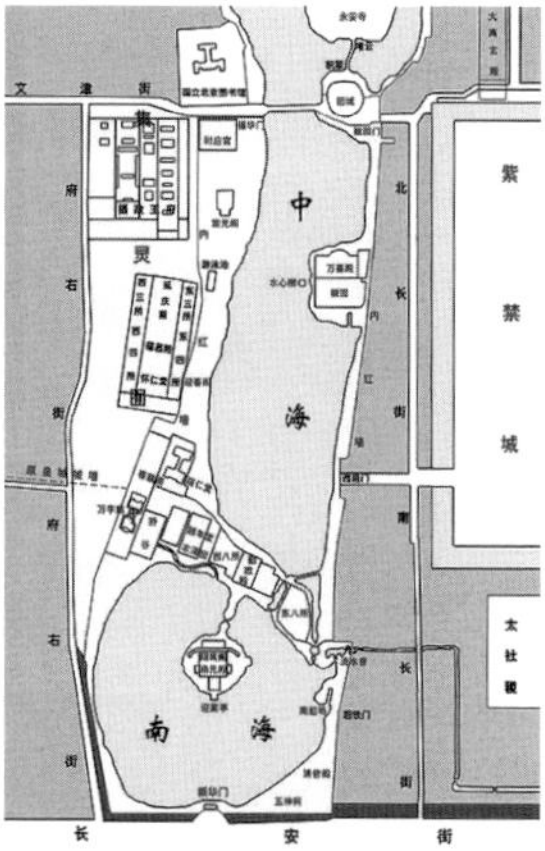

一枚目（上）、中南海の見取り図。南海の中の小島が瀛臺である。前の写真で、「中華民國臨時政府」「中華民國政府聯合委員會」の看板が懸かっているのは、この地図の最下段に見える新華門。二枚目（下）、軍服姿の川島芳子（『真実の川島芳子』）。川島芳子と親交のあった山口淑子は「川島さんが軍服軍帽を着用するのは、金璧輝司令として出席するパーティーや正式の会合のときだけだった。日ご

ろは黒い繻子の旗袍を着て、黒い繻子の丸い帽子をかぶっていた。男装ながら、いつもほんのりと赤い頬をしていた」と述べている（『李香蘭私の半生』）。

　紫禁城と中南海は川島芳子にとって、特別の場所であった。明治三十三年（一九〇〇年）、義和団事件の際、「北京が列国軍の手中に治められたとき、華麗をきわめた宮殿紫禁城の一郭には日本軍と独逸軍とが迫っていた。連合軍は……即刻紫禁城攻撃を主張した。殊に独逸軍の鼻息が強く直ちに砲撃にうつる気勢さえ見えた。しかし、日本軍は、列国軍と見解を異にしていた。……心ある軍の幹部達は攻略論に反対して、寛大な態度を示し、その降伏の時を待つことにした」、「川島は単身、神武門に出向いて行った」、「川島の言を容れた城内では、翌朝東華門を開いた。……紫禁城以外の宮殿や王府は列国軍の掠奪と砲撃にあって、ひとたまりもなく灰燼に帰してしまったのに、此処だけは日本軍の厚意ある態度と、川島の計いで戦禍から免れたのであった。西太后や帝の蒙塵先である西安に着いた父の粛親王は、勅命を帯びて、再び北京へ情況視察の為に帰った。帰って見ると日本軍によって城内の秩序は保たれ、北京市民は日軍の公明、仁愛に感泣していた」という（『動乱の陰に――川島芳子自伝』）。

　愛新覚羅顕玗は明治四十年（一九〇七年）五月二十四日生まれ（一九〇六年とする説もあるが、ここでは一九〇七年を採る）、清朝の王族、粛親王善耆の第十四王女。大正二年（一九一三年）十月二十五日、六歳で川島浪速の養女になる（『川島芳子獄中記』）。川島芳子を名乗り、日本で育った。昭和二十年（一九四五年）十月十日、国民党の憲兵に捕まり（『川島芳子獄中記』）、昭和二十三年（一九四八年）三月二十五日、銃殺された。「処刑の直前、最後の希望をたずねられて、〝獄衣ではなく、せめて和服姿で死なせて〟と白羽二重の晴着の着用を懇願したが、かなえられなかった」（『李香蘭私の半生』）という。享年四十歳。川島芳子は獄中で「回顧すれば、僕は数奇な運命であつた。男装の麗人と云ふ通俗的な呼びかたから、東洋のジャンヌ・ダルクだとか、或は、亞細亞のマタ・ハリだとか、ジャーナリズムに踊つた僕の代名詞も数限りはない。或はまた別な面では、女志士だとか。或はまた、熱河作戰の前戰に、土民軍を率ひる女総司令官だとか、甚だしきに至つては、ダンスと、カクテルと、恋愛に浮身をやつす淫奔な女性だとか、肉体を賭けて総ての枢機を探る女スパイだとか。勝手な憶測の下に、勝手な報道をする。それには僕にも一半の責任が無いでもない。時には面白半分から、強請まれるまゝに、色々なことを思索して、まことしやかにジャーナリストに提供したこともあるのだから」と回想している（『川島芳子獄中記』）。「日本の父川島浪速は、機会ある毎に、中国の民衆を評して〝砂の様な民族″と云つた。いくら水を入れて捏ね廻して見たところで、固まらないと云ふ意味だ。中国の父もそれを否定しなかつた。いくら水を入れて捏ね廻して見ても、その水分が乾いて無くなると、またばら〴〵になつて、どんなに握つて見ても固まらない、もとの砂になつて仕舞ふ。此の砂を石の様に固めるには、セメントが必要だ。そのセメントの役割を果すものは日本である――と喝破し」て行動してきたが、それは「中国四億民を塗炭の苦しみから救ふ」ためであったという（『川島芳子獄中記』）。このような心情の川島芳子であったが、一般には「松本連隊旗手・山家亨少尉との初恋、失恋、自殺未遂。……スパイ工作者田中隆吉少佐との同棲、上海事件の謀略。皇帝溥儀の皇妃・秋鴻妃の身柄を護送した脱出行。満州帝国宮廷女官長。満蒙ホロンバイルへの遠征、多田駿・満州国軍政部最高顧問への接近、満州国安国軍司令に就任、金璧輝と名乗り、熱河討伐作戦に従軍。持病（外傷性脊椎炎）の悪化、麻薬への耽溺、日本軍・満州国軍からの絶縁、そして東興楼への隠遁……」など、多彩な行動、経歴が語られる（『李香蘭私の半生』）。川島芳子をよく知る山家亨は、李香蘭に「とにかく何の関係も持たないほうがいいよ。毒の針を持っている人だから」と言ったという（『李香蘭私の半生』）。

▶昭和十三年（一九三八年）秋

向かって左から右に広瀬頼彦、広瀬今朝彦、広瀬照人、広瀬静子。『古希までの記録』に「中学二年生の時、学校から帰ると、どうしたことか、急に″写真を撮るから、背嚢カバンをおろして庭に来い″と言う。巻脚絆を解き、あわてて父と甥の照人と三人で写る。これが、父と一緒にとった最後の記念写真となった。父は背広姿、私は中学の制服制帽、巻脚絆をとったままのシワシワのズボンに網上げの革靴、照人は小学校に上がる前で、セーラー服にランドセル、鉄兜をかぶっている。やはり、祖父の初孫と、私を想っていてくれたのかな、と感じている」とある。頼彦は、妹、静子も一緒に写っていることを忘れたようである。この写真を撮ってまもなく、広瀬今朝彦は脳梗塞で倒れる。今朝彦に、何か虫が知らせたのか。

一枚目（上）、阿南惟幾と愛馬（『阿南惟幾伝』）。昭和十三年（一九三八年）十一月、陸軍中将、阿南惟幾は、第百九師団長として華北に出征した。第百九師団は金沢で編制され、「装備粗悪なばかりでなく、兵員は予後備兵を中心とする老兵が中心」の「特設師団」で、「その保有兵力は独立混成一旅団と独立後備歩兵四大隊であった」（『阿南惟幾伝』）。「装備も十分でなかったが、質実剛健でしかも仏教の信仰すこぶる厚い分別盛りの壮年者のみなので万事着実で……友軍間では特設師団だとばかにしてはならんとの評判高く、戦さ上手で、少い犠牲で大きな戦果をあげるので、入手した敵の情報をみると、この師団を敵は恐れており、郷党間では補充召集を受けても、第百九師団要員であると聞けば喜色があった」という（『阿南惟幾伝』）。

阿南は、戦場巡視の途中、「今度の出征に当って、陛下が直接私をお居間へお呼びになり、食卓を共に遊ばされた。陛下と私だけだった。私は四年間侍従武官を勤めたが、かつて前例のないことだ。この高恩に報いるためには、戦場で死ぬほかない。私にはもう何も恐れるものはなくなった」と部下の旅団長に語ったという（『一死、大罪を謝す』）。父親が大分県直入郡玉来町出身の阿南惟幾は、竹田中学に講演に来たことがある（山本頼彦談）。その軍事哲学は、「徳義ハ戦力ナリ」であった（『阿南惟幾伝』）。阿南惟幾の父、尚は、西南の役のとき、官軍側で戦っている（前述）。二枚目（下）、昭和十四年（一九三九年）二月十日、広瀬今朝彦（これは肖像画）が他界。享年五十六歳。『古希までの記録』に「この父も昭和十三年晩秋の夕暮れ、広間で田北茂市さんと碁を打っていて脳梗塞で倒れ、病床に就くこととなり、家族、特に八江子姉の看病に一時季回復して、便所に〝一人で行く〟と言って、止めるのも聞かずに行き、体の不自由を一人で嘆いていたが、次第に重症となり、明けて昭和十四年二月十日、帰らぬ人となった」とある。『鳴あの頃』に「何時も着流し姿で碁を打ったり、新聞を見ている姿しか浮ばない。夜は、長火鉢で酒燗をし、肉や魚を焼き、一人が満足感に浸っていた。

子供は別の火鉢を囲み、いい香りにかたづを飲み、チラチラ横目で見ているばかりで、欲しいとも言えず、父も又、素知らぬ顔で一人おいしそうに食べていた。しょう油の味のついたサザエの蓋をもらい、しゃぶった時のおいしかったこと。わんまんな父も、早く母に先立たれ、寂びしい思いをしたと共に、母の存在の有難さを、十分に思い知らされたことと思う。でも結構、老らくの恋とやらもして、楽しい思いをして五十八歳の生涯を閉じた」（原文のまま）とある。広瀬今朝彦は、カヨが亡くなった後、緒方川の向こう岸（野仲）に好きな女性がいたようである。広瀬照人さんが小さい頃、今朝彦に手を引かれて、女性宅に行ったことがあり、頼彦が女性宅に米を届けたことがあるという。また、今朝彦が亡くなったとき、千円の飲み屋の〝付け〟が回ってきたので、広瀬直俊が支払った。三村清二は結核で次第に衰え、死期の近いことを悟ったであろうが、後藤一彦と広瀬今朝彦は突然病に襲われ、死の準備というか、最期がきたとは思わなかったかもしれない。

一枚目（上）、昭和十四年（一九三九年）三月、広瀬直俊が三村清二の一周忌で上京した際、妻、ユキエの親戚と明治神宮を参拝した時の記念写真。広瀬直俊は三村家に、お悔やみと、広瀬三郎とトクがお世話になったお礼、広瀬今朝彦が他界したことを伝えたのであろう。向かって左から右に広瀬直俊、佐保（佐保春子夫、名前不詳）、佐保春子（ユキエの縁戚）、川辺サダコ（ユキエの兄、川辺豊の妻。通称貞子）。この頃、直俊の妹、広瀬良子も上京していたと思われる（後述）。この時、広瀬俊幸は日光まで足を延ばしている。二枚目（下）、中禅寺湖の広瀬直俊。後ろに雪山が見え、寒そうである。

昭和十四年（一九三九年）六月、阿南惟幾の第百九師団は山西軍殲滅戦を行った。この時の参謀長は「当時阿南師団は山西省北部の警備を担任していたため、この作戦に使用できる兵力は精いっぱい掻き集めても四個大隊、その一大隊の兵力もかなり不足している有様でした。この四個大隊の槌で四個師団の蕨を打破ろうということは、一般戦術常識からは無謀ですが、阿南将軍は敵軍の素質、わが将兵の戦力特に山岳地帯の特性にかんがみて、作戦の妙を得

るならば必勝間違いなしという信念で作戦を敢行し、大勝を得たのでした。この戦闘は山西軍四個師団に対し約五個大隊（幸い五個大隊を抽出できました）をもって包囲作戦を敢行し、四日三晩の連続攻撃を実施し、殆ど敵の主力を殲滅し遺棄死体約三千、捕虜は師団長以下約二千、……わが方の損害は戦死十九、負傷は四十を超えなかった……作戦規模からいえば小さいものですが、彼我兵力の差、戦果、作戦指導などからみれば戦史上例の少ないもの」であったと述べる（『阿南惟幾伝』）。阿南師団長は、部下に「われわれはおのおのその祖国のためお互に敵味方となって戦ったが、個人として何ら怨恨があるわけはない。諸君は武運つたなく敗北しわが軍の俘虜となったが、今後十分な保護を与えるから安心して命に従うように」と、投降した敵軍に伝えるよう命じた。「戦々競々と運命を心配していたかれらは意外な温いことばに安堵し、口々に〝謝々〟と感謝した。その後この俘虜は汪精衛の軍隊に入隊を希望するもの、郷里に帰ることを望むものは帰郷させたというさせ、省の巡警等を希望するものはおのおの就職（『阿南惟幾伝』）。「阿南と戦闘をともにした第百九師団は、のちに栗林師団長に率いられて硫黄島に再出征して玉砕した」（『阿南惟幾伝』）。

三、四谷皇国少年団と三村清二、モト

令和元年（二〇一九年）秋、三村由美さんから、三村家の古い写真集を預かり、パラパラと見ていた。その中に見慣れない場面の写真が四十枚くらいあった。それは、戦前のボーイスカウトの写真と、身なりの立派な数十人の女性たちの集合写真である。戦後ボーイスカウトが盛んになり、珍しい光景ではなくなったが、戦前のボーイスカウトを目にしたのはこれが初めてである。よく見ると、ボーイスカウトの少年たちを、三村清二と三村勇が指揮、指導している。さらに、この少年たちが、将軍と思しき人物と写った写真があり、小学校で講演を聴き、校庭で分列行進までしている。これらの写真は何を意味しているのか？何を語るのか？　何かを語りうる人たちはすべて鬼籍に入っており、写真以外に手がかりは何も残っていない。ならば、写真を読み解くことから、意味を解明するしか手はない。

最初の手がかりは、将軍が、少年たちと一緒にカメラに収まっている写真である。この将軍は、中央部に立ち、陸軍の正装をしており、非常に尊敬される地位にあることは一目瞭然である。高齢の将軍がどこかに出向いて写真に収まったとは考えにくい。すなわち、将軍の私邸の庭であろう。この将軍は誰か？　これについては、撮影時期が重要

である。撮影時期は、少年の年齢、すなわち、三村孝の年齢である。三村孝は、感激の面持ちで、将軍の右側に立っている。このとき孝は四谷尋常小学校一年、すなわちこの写真は昭和八年（一九三三年）秋である。

▶鳴滝紫麿『少年團研究（第十二巻第十二號）』

戦前のボーイスカウト運動に関わった人物を調べていくと、鳴滝紫麿が出てくる。最後列、向かって右から、立っている三人目が鳴滝紫麿、二人目は三村勇、四人目は三村清二である。向かって左端の少年は少年団の団旗をささげ持っている。鳴滝紫麿は元陸軍中将の退役軍人。中央の将軍は、鳴滝紫麿より階級が上、つまり、陸軍大将か、元帥である。昭和八年（一九三三年）時点で、陸軍大将か元帥として数人の名が挙がってくる。ここで、昭和八年（一九三三年）時点の陸軍大将、元帥の肖像写真を調べていくと、梨本宮守正のラインにたどり着く。すなわち、この記念写真は昭和八年（一九三三年）秋、梨本宮邸（青山

▶昭和八年（一九三三年）春　四谷皇国少年団

美竹町）で撮ったということになる。

次の手がかりは、四谷皇国少年団の写真である。この写真撮影の場が、四谷区新堀江町一番地、三村清二の叶電機商会の店舗前であることは一目瞭然である。三村孝の年齢から、昭和八年（一九三三年）春と考える。天幕が張られ、神官とおぼしき人物がおり、四谷皇国少年団と書いた団旗が見える。三村孝は最前列向かって左から四人目。その右隣、学生帽を被っているのが東千代之介（若和田孝之）。三村孝と東千代之介は、四谷第三尋常小学校の同級生（前述）。東千代之介は、戸籍では三村孝と同年の生まれ（大正十五年）であるが（『東千代之介東映チャンバラ黄金時代』）、生年では孝が一歳年長なので、一回り体が小さく見える。最後列向かって左端に三村清二、次いで右に順に鳴滝紫麿、二荒芳徳、近衛秀麿（近衛文麿の異母弟）。鳴滝紫麿と二荒芳徳の前、白い帽子を被っているのが三島通陽。前列向かって右端（座っている）は阪谷希一。二荒芳徳は大正十年（一九二一年）の「皇太子殿下御外遊」に際し、宮内書記官として随行し、大正十一年（一九二二年）結成の少年団日本連盟の理事長となる。三島通陽（副理事長）とともに、早い段階から少年団活動に関わっている（後述）。三島通陽と近衛秀麿は、学習院の同級生。阪谷希一と三島通陽は義兄弟。この写真から、三村清二が近衛家や三島家、二荒家、阪谷家など、いわゆる華族の人たちと知り合い、懇意にしていたことがうかがえる。叶電機商会が、それらの屋敷の電気工事や、電気製品納入などを通じて知り合ったと推察される。

東千代之介は昭和八年（一九三三年）四月、四谷第三尋常小学校に入学。この東千代之介は、小学校入学間もない頃。この頃、自分は「悪たれ坊主」で「おばあちゃんは、まことに躾のキビしい頑固者だった」という（『東千代之介東映チャンバラ黄金時代』）。「長唄の稽古の時、おばあちゃんと口喧嘩の揚句〝このくそババァ、死んじまえッ〟などと大それたことを言って、おばあちゃんを激怒させたのである。〝おのれ、クソ坊主〟とばかり、おばあちゃんは外濠公園に逃げ込んだ私を追っかけて、〝出てこいッ〟と白髪をふり立てて怒鳴った。あの時の怖さは忘れられない」と語っている（『東千代之介東映チャンバラ黄金時代』）。

▶六代目杵屋彌三郎

二列目向かって右から七人目（横から顔を出している）は、六代目杵屋彌三郎と思われる。この時、六代目は三十六歳。六代目杵屋彌三郎は二男、若和田孝之と一緒に、四谷皇国少年団を見学にきたのであろう。若和田孝之（東千代之介）は、まだボーイスカウトの服を着ていないが、「この頃、四谷皇国少年団に入団した」という（『東千代之介東映チャンバラ黄金時代』）。三村清二（三村家）と六代目杵屋彌三郎（若和田家）は近所に住んでおり、三村孝の姉、英子が六代目杵屋彌三郎から長唄と三味線を習っていた（前述）関係で、両家は親しくしていたと思われる。

一枚目（上）、昭和三十一年（一九五六年）七月二日、三村孝と東千代之介がＮＨＫの『私の秘密』に出演した。二枚目（下）、その打ち上げのとき。この時、三村孝は

三十歳、東千代之介は二十九歳。旧友に会って、三村孝は上機嫌である。三村家には「東千代之介は四谷第三尋常小学校の孝の同級生。後に転校して、少年団で見かけなくなった」と伝わる。東千代之介は「二年生の頃から長唄のお稽古を本式に始めた。……三年の二学期から暁星小学校に転校した」（『東千代之介東映チャンバラ黄金時代』）と語っている。東千代之介は、長唄の稽古などで、小学校二年生になった頃から、四谷皇国少年団に、あまり姿を見せなくなったようである。

同じく打ち上げの日、同じ場所で撮った写真二枚。一枚目（上）、向かって左から右に順に河名宏、三村孝、若和田種子（東千代之介母）、東千代之介。二枚目（下）、向かって左から右に順に河名宏、東千代之介、三村孝、若和田邦夫（東千代之介兄、七代目杵屋彌三郎）。河名宏は、芝中学で、三村孝の同級生であり、親友であった。四谷第三尋常小学校や芝中学で同級だった三人（三村孝、東千代之介、河名宏）が再会して、気焔をあげている。

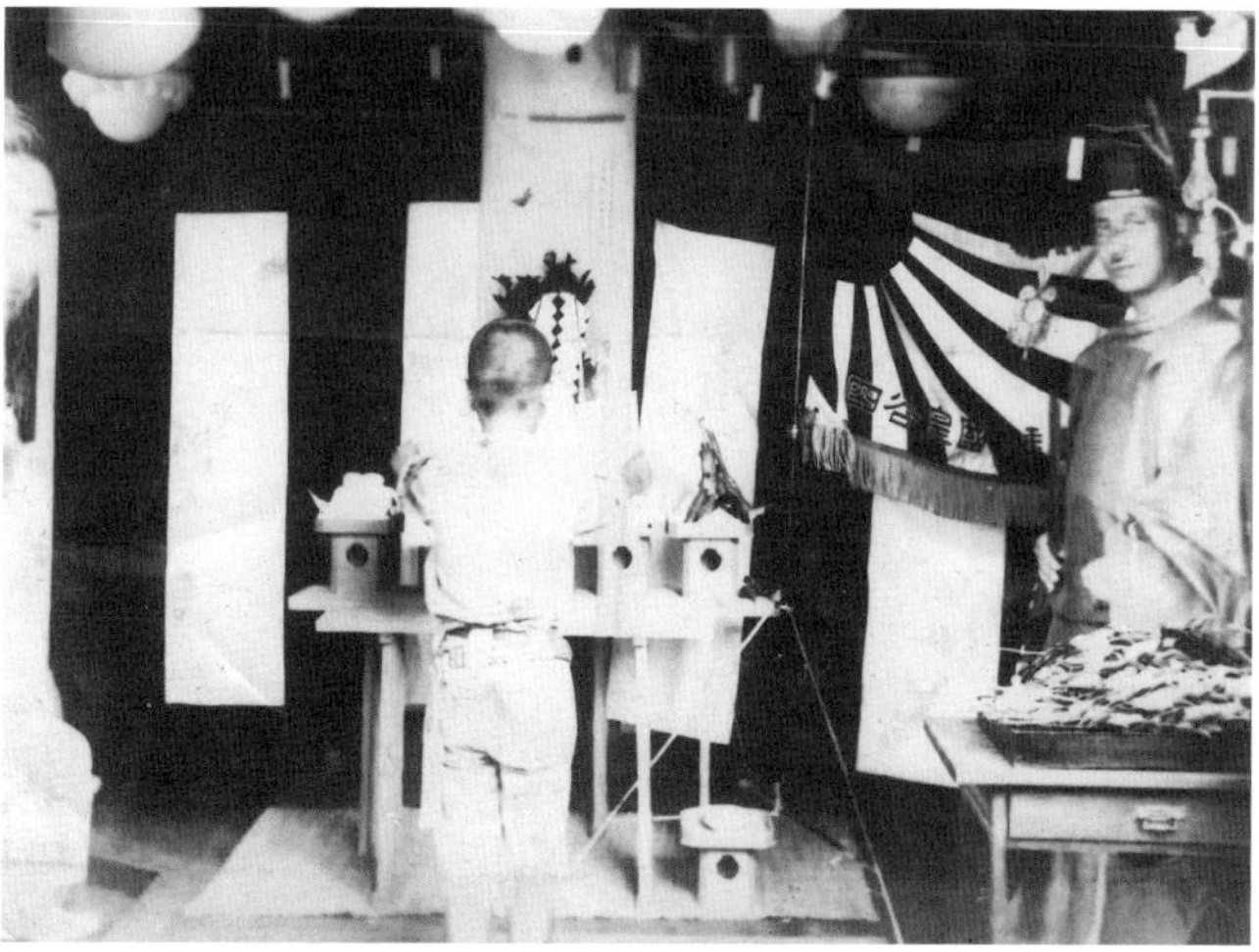

▶昭和八年（一九三三年）春

叶電機商会店舗前の写真と同じ日の写真。叶電機商会で神事をしている。少年団日本連盟の理事長、二荒芳徳は、昭和十年（一九三五年）八月、「全日本少年團大野營」の開会にあたって、入場式場に「注連繩をはり廻して神座を設け……守護神祭に始まり……ひもろぎを執つて清め祓ひを行ひ……降神の詞を申し上げ、……二拝二拍手の拜禮を行ひ……宣詞を申し上げ」（『少年團研究〈第十二巻第九號〉』）る儀式を行っている。「四谷皇國少年團」を立ち上げる時、これに順ずる神事をしたようである。

▶三島通陽

三島通陽の『ボーイスカウト十話』によると「天皇陛下はお若いころ、よく側近の人々に〝わが国のボーイスカウト運動に火をつけたのはわたしだよ〟と冗談のように、おっしゃった」が、「陛下のこのご冗談は、まんざら火のないことではなかった」ようである。「陛下が皇太子でご渡英になったのは、大正十年で、その五月十七日にベーデン－パウエル卿を謁見された」という。皇太子（昭和天皇）は、大正十年（一九二一年）三月三日、渡欧のため軍艦「香取」で横浜を出発、九月三日に帰国した（『皇太子殿下御外遊記』）。皇太子は、同年十一月二十五日、摂政に就任する。

▶大正十年（一九二一年）五月十五日『皇太子殿下御外遊記』

前列向かって右から二人目が皇太子、次いで左にロイド・ジョージ。大正十年（一九二一年）五月十五日、皇太子は「自動車で、チェッカースの首相別荘に成らせられ、ロイド、ジョージ氏から午餐の饗應を御受けになつた。……首相は非常に喜んで自ら園内を御案内して、殿下を舊知の如く御接待申上げた」（『皇太子殿下御外遊記』）とある。この二日後、皇太子は「彼の少年斥候隊の創立者で、南阿戰争の勇者たるベーデン、パウエル中將を御引見になつた。同中將は……〝少年斥候隊の運動は……實は少年をして名譽と愛國との觀念を信條化せしめ、精神・身體共に強壮なる人間に仕上げようとするものである。随つて其の訓練の如きは、日本武士道の眞髄を採つてこれを行ふものである。……〟と懇々申上げ、少年斥候隊の最高徽章の〝銀狼牌〟を獻上した。殿下には殊の外御喜びになつて、〝自分も十分興味を以て、この運動を研究するであらう。〟と仰せにな」った（『皇太子殿下御外遊記』）。五月二十一日、皇太子は「英國陸軍大將の御軍装で、離宮に程近いキングス公園へ御徒歩で行啓。そこで行はれたエヂンバラの少年斥候隊の大集會に台臨あらせられた。……殿下には此の少年斥候隊について、日本の少年團の事と聯關して、頗る御興味をお持ち遊ばしてゐらせられるので、特に御熱心に御視閲あらせられた。殿下には當日同少年斥候隊に對して、左の御詞を賜はつた。茲ニ余ガ、豫テヨリ聞キ及ンデ居タエヂンバラ市少年斥候隊ノ盛大ナ會合ヲ見ルコトヲ得タノハ大ナル喜ビトスル所デアル。先ニ予ガロンドンヲ去ラントスル前日、諸子ノ最モ尊敬スル少年斥候隊長ベーデン、パウエル中將ハ親シク予ヲ訪問シテ、此ノ運動ガ世界ノ人々ハ同胞デアルトイフ精神ヲ以テ興リ、而シテ此ノ運動ノ成功ハ、ヤガテ世界永久ノ平和ヲ建設スルニ貢獻スルコトガ尠クナイデアラウト告ゲタ。予ハ其ノ如ク美シイ精神ヲ保持スル此ノ運動ガ、當然収ムベキアラユル成功ヲ贏チ得ルコトヲ切ニ祈ルト共ニ、最近日本ニ於イテ同ジ目的ヲ以テ起ツタ少年團運動ガ、時ヲ逐ウテ今日此所ニ見ルヤウナ進歩ノ域ニ達シ、コノ運動ノ目的トスル貴イ使命ヲ實現スルニ協力センコトヲ望ムモノデアル」と述べられた（『皇太子殿下御外遊記』）。このお言葉を契機に、大正十一年（一九二二年）四月十三日、少年団日本連盟が結成された。総裁（のち総長）は後藤新平、理事長は二荒芳徳、副理事長が三島通陽であった（『ボーイスカウト十話』）。

『ボーイスカウト十話』に、ボーイスカウトを日本に紹介した人物として、乃木希典が挙げられている。それによれば、「乃木は英国のキッチナー元帥の心の友であった。このキッチナーはまたベーデン—パウエル卿の心の友であったので、こんな関係から、このボーイスカウトの資料写真などが、乃木の手にはいり、深くこれに興味をもった。これよりさき、乃木は旅順の戦いで、多くの部下を失い、たびたび申し訳ないとしょんぼり凱旋してきたとき、明治天皇は、乃木の心を見抜かれたか〝乃木、お前はふたりの子を失ってさぞさびしかろうから、たくさんの子をさずけてやろう〟とて、学習院長を命ぜられた。乃木は感泣して、自分の家を捨て、学習院の中、高等科を全寮制度とし、自分も寮に泊まりこんで、身をもって範を示す体あたりの生活指導をした。一年生がはいってくると、その夜からまずいっしょにフロにはいり、全生徒の名と性質を覚え、時には母親のように優しく親切で、時には父親のように厳格で質素を旨とし、時にはユーモアもあって、それは楽しい生活指導であった。……この寮生活で生徒は、カーキ色のボーイスカウトと同じ服（ただしネッカチーフと半ズボンはなかったが）を着せられ、これを作業服と呼んだ。それから、乃木はキャンピングをやってみたかった。しかしその頃日本には小さい手頃のテントがなかった。ところが乃木は、旅順の戦利品の中に、かっこうなテントがあったのを思い出し、それを陸軍省から払い下げてもらいあとはそれをまねて作り、夏の片瀬海岸の遊泳の時、やらせた。わが国初の青少年キャンピングである」ということであった。学習院にいた三島通陽は、乃木院長が企画した片瀬海岸遊泳に参加している。

『ボーイスカウト十話』に、ボーイスカウトに貢献したもう一人の人物として、後藤新平が挙げられている。それによれば、大正十一年（一九二二年）四月に少年団日本連盟が結成されたが、「そのころの少年団のなかには、ボーイスカウトもあったが、いわゆる子供会のようなものから、兵隊ごっこのようなものと、種々雑多であったから、後藤はまずハッキリとボーイスカウトで行くとの方針をきめ、ボーイスカウト世界事務局に申請登録をし」た。「晩年の後藤は……スカウト運動に一番熱心だった。〝後藤さんも、もっと早く総理大臣になるようなことをしたらいいのに、ガキ大将とは……〟といって笑われても、いっこうに平気で、ユニホームを着、日本中を飛びあるいた……昭和四年四月三日、自邸に集まったスカウトたちに囲まれ、うれしそうに遊んだうえ、夜行で岡山に講演に向かったが、車中、脳溢血で倒れた。……後藤は、東京をたつ前……〝よく聞け、金を残して死ぬ者は下だ。仕事を残して死ぬ者は中だ。人を残して死ぬ者は上だ。よく覚えておけ〟といった」という。後藤は四月十三日に他界した。享年七十一歳。

▶後藤新平『南満洲鐵道株式會社三十年略史』

昭和十年（一九三五年）八月三日、東京市郊外久米川で行われた全日本少年団大野営の二日目、後藤新平の胸像除幕式が行われた。一枚目（上）、「故後藤總長の胸像除幕式綱を引くは故總長令孫みち子さん」（『少年團研究〈第十二巻第九號〉』）。二枚目（下）、後藤新平の胸像と石碑（『同上』）。

　さて、ボーイスカウトの形をとった、四谷皇国少年団が生まれた契機は何か？　これを語る資料は皆無に近く、やはり写真を読み取り、そこから浮かび上がるストーリーから、四谷皇国少年団結成の契機を組み立てるしかない。ここにもう一枚の写真がある。

▶昭和八年（一九三三年）五月

若い人から中高年の人まで、三十五人の盛装した女性の集まりである。何かフォーマルな会で、いずれかの邸宅の庭で撮った記念写真という趣である。一見して分かる人物は、後列向かって右から二人目の三村モトである。髪を二百三高地髷に結い、盛装している。モト以外の女性たちは誰か？　これを解く鍵は、四谷皇国少年団と一緒に写真に収まった元帥、梨本宮守正にあると考える。梨本宮守正、すなわち皇族、十二宮家のラインが浮き上がってくる。この盛装した女性たちは皇族、十二宮家の人、またはそれに連なる人々ではないか？

梨本宮守正のラインで調査すると、宮の配偶者、すなわち梨本宮伊都子が前列向かって左端にいることが分かる。この知見を糸口に、写真中の女性たちは皇族、宮家の女性という作業仮説にしたがって調べた結果が、以下の通りである。なにぶん、お目にかかったことがない方々で、完璧を期しがたい。思わぬミスも否定できないとの了解の下、人物を特定した結果を示す（特に中高年の女性では、写真屋が墨で髪を黒く塗ったり、眉を引いたり、顔を修正したりするので年齢が分かりにくく、特定が難しい）。

前列（座っている）向かって左から梨本宮伊都子、次いで右に順に朝香宮允子（明治三女。明治天皇の、成人に達した三人目の皇女の意。以下同じ）、朝香宮紀久子（降嫁して鍋島紀久子）、伏見宮朝子、竹田宮禮子、山階寿賀子、華頂宮華子、閑院宮直子、賀陽宮敏子、久邇宮知子、賀陽宮好子。昭和八年（一九三三年）十一月三日に薨去した朝香宮允子が写っているので、それ以前の写真である。この写真では、朝香宮允子はメガネをかけ、体調が優れないように見える。昭和八年（一九三三年）四月三十日に竣工した白金邸への引っ越しで、「獅子奮迅のはたらき」（『素顔の宮家』）をした朝香宮允子の疲れが見て取れる。『素顔の宮家』に、朝香宮允子は「手芸が好きで、やはりフランスから雑誌を毎月取り寄せて、フランス刺繍をしていました。また紹刺しをよくしていましたが、紹の目がよく見えないと言って、眼科医に通い出します。それが死病の前兆の一つでした」とある。「新邸が完成して……母の体調は次第に悪くな」りはじめた頃（『素顔の宮家』）、即ち昭和八年（一九三三年）五月の記念写真と考える。

後列（立っている）向かって左から竹田宮昌子（明治一女）、一人置いて右に千種任子、二人置いて右に園祥子（明治天皇四皇女生母）、一人置いて右に北白川宮房子（明治二女）、次いで右に久邇宮静子、一人置いて右に東伏見宮周子、次いで右に順に貞明皇后（大正天皇皇后宮）、九條籌子、山階宮安子（降嫁して浅野安子）、山階宮常子、久邇宮俔子、伏見宮経子、東久邇宮聰子（明治四女）、一人置いて右に柳原愛子（大正天皇生母）、次いで右に閑院宮智恵子、二人置いて右に三村モト、右端は不詳。

「明治天皇と昭憲皇太后は、率先して文明開化を採り入れようとしました。洋食を召し上がり、牛乳を飲み、肉料理を食べ、洋装を宮廷の正装とした」という（『素顔の宮家』）。「服装については、貞明皇后は終生、これを守って洋装で通し」た（『素顔の宮家』）。戦後であるが、貞明皇后のおそば近くに仕えた皇太后宮職事務主管は「大宮さまの和服を召したお姿は拝見したことはない」という（『今上陛下と母宮貞明皇后』）。三笠宮百合子妃によると、貞明皇后は、洋服でも「皇太后陛下におなりあそばしてからでしょうけれども。絶対に紫か黒以外の色は召されませんでした」（『母宮貞明皇后とその時代』）。この写真に見る、晴れやかな貞明皇后の和装姿は、非常に珍しいといえる。

貞明皇后（九條節子）は明治十七年（一八八四年）六月二十五日誕生（『母宮貞明皇后とその時代』）。昭和二十六年（一九五一年）五月十七日崩御（『素顔の宮家』）。享年六十六歳。貞明皇后は「しっかりして健康な方で、世情にもよく通じて」いたという（『素顔の宮家』）。貞明皇后は、従妹にあたる尼さんに「藤原不比等の子で鎌足の孫にあたる光明皇后が、悲田院とか施薬院のような救済施設をつくって、困っている人々のためにあれだけのことをなさった。自分も藤原北家の九條の出の者として、何か世の中の役に立つような事をしたいと思う」と語られた（『菊と葵のものがたり』）。大正十二年（一九二三年）九月一日、関東大震災が起こった日、貞明皇后は日光の田母沢御用邸に居られた。九月二十九日に東京に戻った時、貞明皇后は、「被災者はまだ着のみ着のままでいることでしょう。わたくしも今しばらくはこのままでいます」と言って、夏服のまま、被災者の収容所や病院を慰問したという（『母宮貞明皇后とその時代』）。

▶畑俊六支那派遣軍総司令官

昭和十九年（一九四四年）十二月六日、支那派遣軍総司令官から教育総監に転補された畑俊六が四年ぶりに帰朝し、青山大宮御所に参内した。畑は、この時の様子を「皇太后陛下に拝謁被仰付、言上の后特に御椅子を賜はり長時間種々御下問に奉答、主として支那の状況、一号作戦等に関し御下問あり、中々御承知なるには恐懼の外なし。此度無事御凱旋になりて結構なり、天皇陛下にも復命を聞召され定めし御満足なるべし、此後とも教育総監として十分御奉公致す様にと難有き御言葉を賜はり、長時の拝謁の后退下……」と記す（『陸軍畑俊六日誌』）。畑俊六に椅子まで勧めて、長時間にわたり、熱心に中国情勢、戦況を聞く貞明皇后の熱意と関心の高さに驚くほかない。昭和二十年（一九四五年）五月、「空襲が激しくなっても、昭和天皇が皇居におられるのだからと、貞明皇后は疎開されずに大宮御所で暮らしていて、焼け出されてしまいました」（『素顔の宮家』）。大給湛子（朝香宮湛子）は「昭和皇室を支えたのは貞明皇后だといわれるほど、各方面に気を配って、慕われた方です」（『素顔の宮家』）と記す。

この写真から、大正天皇の生母（柳原愛子）、明治天皇の四人の皇女（昌子、房子、允子、聰子）、四人の皇女の生母（園祥子）、大正天皇皇后宮（貞明皇后）、宮家（閑院宮家、伏見宮家、東伏見宮家、久邇宮家、東久邇宮家、北白川宮家、竹田宮家、梨本宮家、朝香宮家、山階宮家、賀陽宮家、華頂宮家）の女性が、一堂に会していることが分かる。昭和八年（一九三三年）春、明治天皇の宮廷と関係が深い人々、明治天皇の皇女、大正天皇の宮廷と宮家の人々が明治天皇と大正天皇を偲び、追悼したと考える。

この写真の前列左から二番目に朝香宮允子（明治三女）、三番目に朝香宮紀久子（鍋島紀久子）が見える。朝香宮紀久子は、昭和六年（一九三一年）五月十八日に梨本宮伊都子の甥、鍋島直泰に降嫁している（『朝香宮家に生まれて』）。この記念写真に見る集まりは、朝香宮邸竣工の頃、大きな話題になったであろうアール・デコ様式の宮邸を、皇族、宮家に披露する意味もあったと思われる。

▶朝香宮邸（現東京都庭園美術館）

アール・デコ様式の朝香宮邸の建設は、一、大正十二年（一九二三年）四月一日、パリからノルマンディーに通じる道路で、北白川宮成久が、自身の運転する自動車の事故で薨去したこと、二、同乗していた朝香宮鳩彦と北白川宮房子が重傷を負い、鳩彦王を看護するため、朝香宮妃、允子が渡仏したこと、三、大正十二年（一九二三年）九月一日の関東大震災で、高輪の朝香宮邸洋館が倒れたこと、四、大正十四年（一九二五年）、パリで開かれたアール・

デコ博覧会に、朝香宮允子が魅了されたことなどを背景にしている（『素顔の宮家』）。「母は、この博覧会が気に入って、毎日のように出かけていた……最先端の流行を敏感に察知して、これを日本に持ち帰ろうと考えた」（『素顔の宮家』）という。アール・デコ様式の朝香宮邸は、昭和六年（一九三一年）四月に起工し、昭和八年（一九三三年）四月三十日に竣工した（『素顔の宮家』）。朝香宮允子は、この邸宅の建設に精力を注ぎ、高輪から白金への引っ越しで疲労困憊し、完成から半年で薨去した（『素顔の宮家』）。「アール・デコとは、一九一〇年代から三〇年代にかけて、フランスを中心に流行した装飾様式の総称」（『素顔の宮家』）という。「直線と幾何学模様を基調とし……動物や、原色同士の配色など、モダンと言われたキレのよい意匠が特徴」で「ショートカットの髪でさっそうと歩くモガの時代」（『素顔の宮家』）を表象していた。

では、朝香宮邸での皇族、宮家の集まりに、なぜ庶民たる三村モトがいるのか？　これを解く鍵は、やはり四谷皇国少年団（三村清一が企画、運営する少年団）にしかない。『ボーイスカウト十話』は、少年団日本連盟結成に至る過程で、明治天皇と皇太子（昭和天皇）の思召し、乃木希典の思いが深く関与した可能性を示唆している。この集まりが催された昭和八年（一九三三年）五月は、日本が国際連盟を脱退してすぐの時期に当たる。明治天皇と大正天皇を追慕する皇族、宮家の集まりが、明治天皇と昭和天皇の思召しを受ける少年団と交わるとすれば、四谷皇国少年団の意義は大きいと言わざるをえない。

では、四谷皇国少年団の少年たちは誰か？　これについて分かるのは、三村孝と東千代之介だけである。若い宮家の女性が勢ぞろいしている光景に「男子皇族は軍人となって政治に関与すべきではない」との明治天皇の思召し（『語られなかった皇族たちの真実』）を重ねると、四谷皇国少年団に、宮家や華族、その縁戚の子弟（学習院に通う子供たち）が参加していたと推察することは飛躍ではない。明治四十三年（一九一〇年）、「親王、王ハ満十八年ニ達シタル後、特別ノ事由アル場合ヲ除クノ外、陸軍又ハ海軍ノ武官ニ任ス」と定められたという（『母宮貞明皇后とその時代』）。

このような少年団を組織、運営するには金がかかる。「少年團日本聯盟」の「昭和八年三、四月中加盟年醵金領収表」では、「東京聯合少年團」が二六四、〇〇円醵金している。広島の「福山少年團」が三、〇〇円、奈良の「三木松少年義勇團」が三、〇〇円である（『少年團研究〈第十巻第六號〉』）。単一の少年団が、三百円を加盟年醵金するとなれば、これは少ない額ではない。少年団の制服や帽子や団旗にしても同じく金がかかる。昭和七年（一九三二年）前後に少年団を結成して、ボーイスカウト活動を子供にさせるのは、親やその周辺が裕福でなければ難しい。三村清二は、明治末から昭和の初めまで電気一筋に生きてきて、関東大震災でさえ事業の拡大につながった経緯の持ち主である。このような少年団を結成、維持する力が充分にあったといえる。また、キャンピングは、山野で日夜を過ごすことであり、そのための多くの物や事を山野でまかなわなければならない。キャンピングをするには、山野で生きる方法を学ぶ必要がある。これを教えることができるのは、野営が必須の軍人、ということで、当時軍人、退役軍人が、ボーイスカウトの指導、訓練を担うことがあった。

鳴滝紫麿は、昭和六年（一九三一年）から昭和十年（一九三五年）まで、四谷皇国少年団のほとんどすべての写真に写っている人物である。『少年團研究（第十二巻第十二號）』には、鳴滝紫麿は「傳へ聞く所によると、先生は陸軍大學を優等で出られて所謂恩賜の軍刀組であつたさうだ。當然、大將にまで進まれる方であつたのだが、腦溢血で倒れられて一時は危險狀態だつたので軍を退かれ、その後養生の結果、回復せられたので、少年團に身を投ぜられたのであつた。その軍隊にあられた時には、工兵出身であられたが、その間電信隊長、鐵道聯隊長、氣球隊長、飛行學校長等をせられたので、少年團教育には誠によき材料を澤山もつて居られた」とある。電信隊長をしたことがあ

寫眞は本年度の年少部第一期山中道場に於ける記念撮影　前列右より加藤大佐、牛久保大佐　後列右より森少將、三島所長、鳴瀧中將、中村中將

▶昭和十年（一九三五年）夏『少年團研究（第十二巻第十二號）』

るので、電気関連事業を介して三村清二と知己になったのではないか。

『少年團研究』は少年団日本連盟が結成されて以来、出版されている少年団の雑誌である。この表紙に、少年団の理念が掲げられている。この理念はまさに明治天皇のご聖旨であり、昭和天皇の思召しでもある。

先の三十五人の女性が集合した写真の他に、もう一枚の写真がある。これは、前記の写真より早い時期の写真と思われる。完璧を期しがたく、思わぬミスも否定できないとの了解の下、人物を特定した結果を示す。最前列（ござに座っている）向かって左から朝香宮湛子、子供二人を置いて右に竹田宮禮子、次いで右に順に久邇宮知子、梨本宮伊都子、筑波喜代子。中列向かって左より、朝香宮紀久子（降嫁して鍋島紀久子）、二人置いて右に柳原愛子、次いで右に順に園祥子、千種任子、野間幾子、一人置いて右に九條篷子、中列右端は不詳。後列向かって左から右に順に、北白川宮房子（明治二女）、朝香宮允子（明治三女）、竹田宮昌子（明治一女）、三人置いて右に山階宮安子（降嫁して浅野安子）、次いで右に閑院宮智恵子、一人置いて右に久邇宮静子、次いで右に三村モト、二人置いて右に東久邇宮聰子（明治四女）、後列右端は不詳。野間幾子は、九

宣誓

私は神聖なる信仰に基き名譽にかけて次の三條を誓ひます。
一、神明を尊び、皇室を敬ひます。
一、人の爲、世の爲、國の爲に盡します。
一、少年團のおきてを守ります。

おきて

一、健兒は忠孝を勵む。
二、健兒は公明正大、名節を生命とする。
三、健兒は有爲、世を益することを務とする。
四、健兒は互に兄弟、總ての人を友とする。
五、健兒は常に親切、動植物を愛する。
六、健兒は長上に信頼し、團各長に服從する。
七、健兒は快活、笑つて困難に當る。
八、健兒は恭謙、禮儀正しい。
九、健兒は勤儉質素である。
十、健兒は心身共に淸い。

▶「宣言」「おきて」『少年團研究（第十二巻第九號）』

▶昭和七年（一九三二年）秋

條節子姫、すなわち貞明皇后の生母である。仏道に帰依し「浄操院様」と呼ばれていた（『母宮貞明皇后とその時代』）。貞明皇后と同腹の妹にあたる九條籌子が（『母宮貞明皇后とその時代』）、高齢の母、野間幾子の付き添いをしているようである。野間幾子は、昭和二十一年（一九四六年）四月五日に永眠（『今上陛下と母宮貞明皇后』）。

この集まりは、前者に比べてインフォーマルな、より私的な集まりに見える。が、前者と同じく、明治天皇と絆、縁の深い人々の集まりである。前者では、二〇三高地髷の女性が多かったが、ここではこの髷をしていない人が多い。写真屋が墨で髪を塗っていないので、女性が、前者の写真より、高齢に見えることがある。顔は写真屋が修正している。最前列の人はござの上に正座しているので、よりプライベートな、明治天皇ゆかりの人々の、明治天皇崩御二十年を記念する会、天皇を追悼する会であると考える。二枚の宮家女性の写真に乳幼児がいるが、同一人である。この写真の乳幼児は、前の写真のそれに比して、より幼いので、前者を昭和八年（一九三三年）春、後者を昭和七年（一九三二年）秋と考える。前列向かって左から二番目の男児は、四谷皇国少年団に入団することになる。この少年を仮にAとすると、宮家の縁戚の少年Aは、後に、四谷皇国少年団の写真に現れる（後述）。

▶貞明皇后

この場に貞明皇后は不在であるが、生母の野間幾子と妹の九條篷子が居るので、貞明皇后の思召しに沿った会と思われる。大正十三年（一九二四年）、貞明皇后は「新年歌会始めにおける御歌」について「我日本人を通して此現世に輝けるところの光明の道は神随《ながら》の道なり、即神の存在をみとめ信仰を主旨として自己を大生命に帰一せしめ、世のあらゆる事実普《あまね》き道理を包容し、真善美愛をして全からしめ、如何なる場合如何なる事にも有難く懐かしみ思ふ心即清明心晴々したる心の意気込を以て世に処する所の道なり、然して他を排斥せず常に自他の融合を期しつつ　この世界を救済せむとするまことなる　弥栄《いやさか》の道といふを得べし」との見解を示されたという（『今上陛下と母宮貞明皇后』）。貞明皇后は「社会福祉にお力を注がれる一方、大正末葉以来、わが国体の根幹、日本民族の理想信仰として、肇国以来伝わっている神ながらの道を御究明になり、これを御自身遵守なさると共に、広く伝えることについて極めて御熱心であった」（『今上陛下と母宮貞明皇后』）。また、昭和十六年（一九四一年）、朝香宮湛子が大給義龍に降嫁するとき、貞明皇后は「常ならぬみくにのため女性の模範となり給い上は、すめらみこと（天皇）の御為一日も大恩ゆるがせにおもい給うことなく、朝彦王の御名にはずかしからぬ御諸行あらん事」を神に祈っているとの私信を送ったという（『素顔の宮家』）。

貞明皇后の思召しは、少年団の「宣誓」、「おきて」に通底すると考える。四谷皇国少年団が、はっきりと姿を現した昭和七年（一九三二年）は、明治天皇崩御二十年に当たる記念すべき年である。すなわち、明治天皇の思召し（ご聖旨）を引き継ぐことを意図して、四谷皇国少年団（スメラ）が企図、結成されたと考えるのである。明治天皇の思召し（ご聖旨）は、昭和天皇の思召し、貞明皇后の思召しでもある。

明治天皇崩御二十年を期して、大帝のご聖旨に依るべく四谷皇国少年団が発足する。少年団の世話、運営は三村清二が担い、少年たちの訓練、キャンプの実施等は鳴滝紫麿らが担う。三村清二の長男、勇が徴兵で入隊しているので、訓練で鳴滝紫麿を補助する。他に、少年団を支えるボランティア。『少年團研究（第八巻第十一號）』によると、昭和六年（一九三一年）には「全國八萬結盟健兒」がおり、東京には「東京聯合少年團」があったという。さまざまな少年団に入っている宮家や華族、その縁戚の子弟を糾合し、四谷に住む三村孝や東千代之介らが加わって、四谷皇国少年団が結成されたと考える。

『少年團研究』（昭和九年二月号二ページ）には、

【加盟団登録】
左記の団は、本連盟加盟規則第五条により昭和八年十二月二十八日加盟を承認し登録を了せり。
登録番号：一一八〇
種別：一
団名：四谷皇国少年団
代表者名：森山香浦
事務所：東京府東京市四谷区新堀江町一、三村方、と

ある。

また、『少年團研究』（昭和九年六月号二ページ）には、

【団長更迭】
新団長名：三村清二
【事務所変更】
新事務所：四谷区新堀江町一、とある。

『少年團研究』の記載はないが、ボーイスカウト東京連盟の資料によると、事務所のあった三村方は電気業を仕事にしており、当初は役員四人、団員四十五人で登録をしていた。

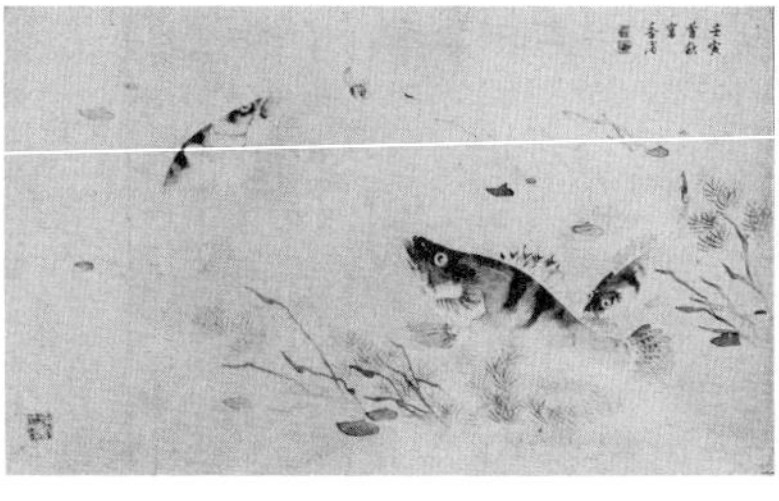

一枚目（上）、明治三十五年（一九〇二年）森山香浦（『現今名家書畫鑑』）。四谷皇国少年団の代表者、森山香浦は明治十六年（一八八三年）一月生まれの日本画家（『現今名家書畫鑑』）。父は佐倉藩士。明治二十八年（一八九五年）に上京し、絵を学んだ（『現今名家書畫鑑』）。東京市小石川区初音町十二に住んでおり、小石川区表町四十八に住む後藤一彦の知人と推察される（初音町は表町と目と鼻

の先）。後藤一彦の義弟、羽振りのいい三村清二が森山香浦のパトロンだった関係で、四谷皇国少年団の代表者になったのであろう。三村家にはたくさんの掛け軸があった。二枚目（下）、森山香浦作品（『現今名家書畫鑑』）。

一枚目（上）、昭和六年（一九三一年）頃、後列向かって左から三人目が三村清二、前列左から二人目が森山香浦。森山香浦は、手に『現今名家書畫鑑』を持っており、書画の諸家の懇親会と思われる。この時、森山香浦は四十八歳。三村清二が、懇親会のお膳立てをしたのであろう。後列左から二人目の男性は、大正六年（一九一七年）六月の須賀神社の夏祭りに法被姿で参加し、昭和十三年（一九三八年）二月の三村清二の葬儀に参列しているので、四谷界隈に住む親しい知人であろう。二枚目（下）、昭和七年（一九三二年）頃、銀座のレストランでの、書画の諸家の懇親会。後列向かって右から四人目が三村清二。三村清二が、懇親会のお膳立てをしたと思われる。前列右から三人目は森山香浦。森山香浦は血圧が高いと推察する。昭和八年（一九三三年）、九年（一九三四年）の書画の諸家の湯治旅（前述）に、森山香浦は居ないので、昭和八、九年頃、病気を患ったか、他界したと考える。これが、「代表者名：森山香浦」から「新団長名：三村清二」に変わった理由であろう。

▶昭和九年（一九三四年）十一月、四谷皇国少年団の団旗

ここで、四谷皇国少年団の写真を年代順に示す。年代を特定する手がかりは、三村孝の経年変化、成長である。

一枚目（上）、昭和六年（一九三一年）七月三十日の三村孝（五歳八ヶ月）。二枚目（下）、昭和十二年（一九三七年）三月の三村孝（十一歳四ヶ月）。三村孝は、小学校五年に上がる直前。三村孝は、大正十四年（一九二五年）十一月二十二日生まれであるが、戸籍では大正十五年（一九二六年）十一月二十二日生まれとなっている。三村勇の妻、美津は「孝さんとテル子さんは、戸籍では、七ヶ月しか生年月日が離れてない。双子でないと変ね」と語っていたという（太田和子さん談）。三村孝の生年と戸籍年が異なる事情は不明であるが、孝の生年日に二卵生双生児の女児（チツ子）が生まれ、生後一ヶ月経たないうちに夭折している。古い民間信仰か、何かの理由で、二卵性双生児の男児（孝）の戸籍を一年ずらした可能性があると考える。いずれにしろ、三村孝は、戸籍年齢で小学校、中学校と進んでいく。

一枚目（上）、昭和六年（一九三一年）秋。四谷皇国少年団で最も早い段階の写真。孝が幼く、満五歳（生年齢で）、小学校に上がる前々年（戸籍年齢で）である。向

かって左端に鳴滝紫麿、その右に三村勇、後列右端に佐野常羽、その左に三村孝、一人置いて左に三島通陽。満洲事変が始まってすぐの頃、四谷皇国少年団を立ち上げる時期である。この時、三村勇は二十歳。この秋、徴兵で入隊する三村勇は、まだ入隊していない。二枚目（下）、一枚目の写真と同じ日に撮った写真。向かって左から右に鳴滝紫麿、三島通陽、三村勇、佐野常羽。三島通陽と佐野常羽は、四谷皇国少年団立ち上げに力を貸したのであろう。

一枚目（上）、昭和十七年（一九四二年）、柳条湖の満鉄線軌条爆破現場に建つ記念碑。二枚目（下）、昭和十七

年（一九四二年）、柳条湖近くの兵営「北大営」の廃墟。

「北大営は張学良の麾下王以哲の部下部隊の兵舎」（『石原莞爾』）。「〝満州〟はわが国民には日清・日露の戦役以来〝先輩流血の地〟として心に深く刻まれていた」（『石原莞爾』）。「日本は満州において商租権を取得し、鉄道附属地以外においても、土地商租の権利があるが、日本人や多年定住している朝鮮人の土地商租は、支那官憲の圧迫によって、新たに取得することは愚か、既に得た権利すら維持困難な有様であった。……支那側は満鉄に対する併行線を自ら建設し、胡盧島の大規模の築港を外国（オランダ）の会社に委託して、日本の経営している鉄道及び大連の商港を無価値たらしめんと企図するに至った」（『昭和の動乱〈上〉』）。昭和六年（一九三一年）九月十八日、奉天北大営西側柳条湖で満鉄線軌条爆破事件が起こったのを機に、関東軍が軍事行動を起こした（いわゆる満洲事変）。張学良の「南満州鉄道枯死政策（平行線 ―― 打通線の敷設等）」と「二十二万にのぼる常備兵力の維持……その軍隊配置は逐次に満鉄沿線の我軍駐屯の諸地域の包囲態勢に変更」により「わが権益は日におびやかされ、露骨な排日運動は激化し、侮日行為は執拗にくり返される」（『石原莞爾』）中での軍事行動であった。当時の関東軍は「僅かに一万三千（独立守備六個大隊と平時編制の一個の駐剳師団）の駐満兵力しかなかった」（『石原莞爾』）。事変勃発の第一報を受けた、関東軍「本庄軍司令官は瞑目せられて沈思黙考約五分間、開眼せられまするると一般の形勢を判断せられ、〝よろしい、本職の責任においてやろう〟と、確固たる決意をもって断案を下されました」と石原莞爾は述べる（『石原莞爾』）。旅順を出て北上する軍司令部の軍用列車の中で、本庄軍司令官が「石原参謀、いいか、大丈夫か？」と言うと、石原は「ハ、大丈夫であります。……世界を挙げて来攻するも、さらに恐るるものではありません」と答えたという（『石原莞爾』）。関東軍参謀の石原中佐によれば「由来満州の地は、政治的には支那のものであるが、支那本部とは違う。昔は朝鮮人、満州人、蒙古人などが住んでいた。明治以後、日本人も多く入ったが、つい最近まで漢民族は南の小部分にしかいなかったので、いわば満州の地は、諸民族共同の財産であった。……そこで何か事あれば、支那本土から離れて独立しようという気配が、一般民衆の中に非常に強かった」という（『石原莞爾』）。

▶川島芳子（愛新覚羅顯玗）

柳条湖の満鉄線路爆破事件によって勃発した満洲事変は、川島芳子こと愛新覚羅顯玗（後述）には、「禅譲の帝、溥儀氏となられてから二十年、父祖三百年の覇業の象徴たる、紫禁城を後に、国民軍の銃剣を脱れて天津の日本租界へ移って、一天津市民となられてから六年余、柳条溝に投じた王以哲軍の一弾が、端なくも、満蒙三千万大衆の救いの烽火となり、忍苦の幾星霜をすごされた、宣統帝に、新国家の元首として出蘆を願う日が来た」（『動乱の蔭に――川島芳子自伝』）と思えた。大正六年（一九一七年）七月一日、「張勲、康有為等、宗社党の有力者が起って、幼帝（当時十三歳）を擁し、清朝の昔を今にかえそうとする、復辟挙兵があ」った（『動乱の蔭に――川島芳子自伝』）。しかし「あまりに功を急いだ為に、復辟僅かに十三日間にして、一敗地に塗れてしまった」（『動乱の蔭に――川島芳子自伝』）。満洲事変は、関東軍の軍事力をバックに復辟のチャンスということである。

一枚目（上）、内田康哉（『南満洲鐵道株式會社三十年略史』）。二枚目（下）、「軍と會社との共同作業（事變と滿鐵）」（『同上』）。

満洲事変が勃発した時、満鉄総裁内田康哉は、奉天に出向き、奉天ヤマトホテルで、板垣征四郎大佐、石原莞爾中佐、竹下中佐、花谷正少佐と四時間以上にわたって会見したという（『満州事変の舞台裏』）。花谷が「まず地図を開いて満州全般にわたる日満両軍対立の状況、イルクーツク以東浦塩に及ぶソ聯軍の配置、熱河省以遠支那本部における張学良軍および南京政府軍の情況を述べ、この事変勃発を契機として日、満、漢、蒙、鮮五族を基幹とする民族協和の新天地を作り交通に産業に、政治に、教育に大発展をするような新国家を仕上げねばならぬ。もちろん日本は満州を領土とする意思があってはならぬ」と述べたところ、内田総裁は「そのような諸般にわたる構想が練られ、他民族をも含む多くの人々と、従前から交わりがひそかに結ばれ、強大な武力が現在までに把握せられ、諸計画の大綱が出来ておるとは夢にも知らなかった。私はかつて外務大臣もやり、総理大臣代理もした者でありながら、日本民族および満州三千万民衆を厚生さすそのような具体的な雄大な計画を考えたことも作ったこともない」、「私も老軀に鞭打ってただ今以後、関東軍に全幅の信頼をよせ、満鉄の財産全部を投じても諸君に協力する同志となる」と述べた（「満州事変の舞台裏」）。昭和六年（一九三一年）十月中旬に上京した内田康哉は「幣原その他に会った、遠き慮の策案がない、諸君の意志を枉げず邁進せられよ、途は自ら開ける」と電報で花谷らを激励し、「陸軍省、参謀本部の首脳者にも会い、対満強硬策を述べ、現関東軍を掣肘するな、と烈しく進言した。政治家に対しては日本民族発展の好機を逸するなかれ、と論じ、枢府の老人に対しては積極的に政府を鞭撻せよと唱えた」（「満州事変の舞台裏」）。内田に「天皇陛下および皇太后陛下には別々に拝謁御下問があった」という（「満州事変の舞台裏」）。「十一月四日満洲事情について上奏」（『内田康哉』）した際、内田康哉は、花谷らが奉天ヤマトホテルで述べたことを、昭和天皇と貞明皇后に上奏したと思われる。

昭和六年（一九三一年）十一月、「少年團日本聯盟」は早くも、「二十五名を一隊とせる青年健兒を滿洲に派遣」した。この派遣は「第一に名は軍隊並に滿蒙の加盟團慰問のための派遣であるが、只の生やさしい慰問ではない。實に將來の日本人の活動する天地に親しく足を踏み入れ、滿洲の土地を理解し、滿洲人を理解し、又今回の事變の起因を理解するのにある。滿洲に於ける内地人の認識不足はお互も今回の事變によつて大分悟つたのであるが、斯る機會に如何に日本人は滿蒙に處すべきか、又将來東亞の大陸民と如何に親睦して世界に眞の平和を招來すべきかをも反省するための旅行」（『少年團研究〈第八巻第十二號〉』）とされた。

▶若槻禮次郎

昭和六年（一九三一年）秋、「全国至るところの国民大会は若槻内閣打倒、満州事変完遂、外国怖るるに足らずを絶唱決議して内閣に迫ったため」（「満州事変の舞台裏」）、若槻民政党内閣は総辞職した。同年十二月十三日、犬養政友会内閣が成立すると、「森恪氏がその書記官長に就任し新内閣のスポークスマンとして組閣早々対華強硬意見を発表、新内閣は前内閣とは全く反対に、中国に対して強硬なる積極政策をとるものであることを繰り返し表明した」（『重光葵外交回想録』）。「森恪は、闘士として政友会内に相当なる勢力をなしていた。……彼は陸海軍部の革新運動に共鳴もしまた助長もし、進んで自ら独裁政治実現の野心を蔵し、満洲事変を拡大して、東亜における日本の覇権を樹立せんことを夢見ていた」という（『昭和の動乱〈上〉』）。

大川周明によれば、昭和六年（一九三一年）十二月中旬、奉天市長になる趙欣伯が「東北四省の政権を握っていた張学良」を非難する「演説を日支両国語で放送した」（「満州新国家の建設」）。その中で趙欣伯は、張学良が「自分一人の欲望を充たすために、東北四省の人民に対して交換し得ない紙幣を発行し、この紙幣をもって農民が終日孜々として働いて作った糧食を強制的に買い占め、これを外国の価値ある紙幣に取り換えて自分の私有財産にするのであります。また人民が負担するに堪えないほどの税金を強制的に徴収して鉄砲弾を買い入れ、数十万の同胞を虐殺する軍隊を養い、自分の地盤を拡張して勢力を増進するの具に供するのであります」、「最近三、四年来、東北四省の人民中に、あるいは逃亡しあるいは餓死する者があっても、彼は毫も憐れむことをせず、ただ東北四省の人民の膏血をもって関内に入り、自分一人の発展向上を求めるのでありますが」、「彼が東北四省の軍民の首脳者になって以来、ここに四年でありますが、人民は家をつぶされ、財産をなくされ、商店は大損害を蒙り、閉店する者が数えるに遑ないほどであります。ゆえに東北三千万民衆は、あたかも地獄の中にいると同様でありまし」たと述べている（「満州新国家の建設」）。于沖漢は、満洲事変により「旧軍閥の覇道政治が亡んで、東北には真個に政治革命の時機が到来した。今や吾らは、民意を基調とする善政主義を実行しなければならない。しかしてその新旗幟は絶対的保境安民主義であり、そのためには旧軍閥政権および南京政府と完全に絶縁せる新国家を建設することが必須の条件である」（「満州新国家の建設」）として、新国家「満州国」建国に進んでいく。これを知った大川周明の見立ては「この国家が、日本と特殊の関係に立つべきは言うまでもない。新国家が成立し、その国家と日本との間に、国防同盟ならびに経済同盟が結ばれることによって、国家は満州を救うとともに日本を救い、かつ支那をも救うことによって、東洋平和の実現に甚大なる貢献をなすであろう」（「満州新国家の建設」）であった。重光葵は「もともと、満洲事変は、日本革新運動と同根であって、大川周明博士等満鉄調査部の理想論が、多分に採用せられていた。五族協和とか、王道楽土とか、財閥反対とかの左傾右傾の革新精神が、関東軍の幕僚によって唱導せられ実行されて行った」と述べる（『昭和の動乱〈上〉』）。石原莞爾は「行動推進途上たまたま于沖漢という独立主義者に邂逅し、そのすばらしい政治能力を知るや、心中まさに魚の水を得たるの喜びをもって、占領意図を放棄し〝民族協和〟の独立国満州を目指して一路事変行動に邁進したのであった。彼の于を得た歓喜は蓋しその一生を通じての感激の頂点であった……かくて満州事変の軍事行動は〝侵略〟を越えて、世界無類の民族協和の王道国家〝建設の契機〟となり、ひいては日華大同、東亜連盟の基礎を築いたものとなった」という（『石原莞爾』）。

昭和七年（一九三二年）一月十八日、上海、引翔港路を通行中の日本人僧侶らが、中国人「抗日団体、義勇隊」に襲撃されたことをきっかけに、第一次上海事変が勃発する（『動乱の蔭に——川島芳子自伝』）。一月二十九日には、「日本陸戦隊と支那軍との間に終日射撃戦が行われ」た。日本の派兵した第九師団、混成旅団と「十九路軍」が対峙している頃、川島芳子は「一人で支那軍の義勇隊へ入って行った」という。その理由として「私の五体は支那人の血と日本人の魂とから出来ているのです、だから、今度の事変の見方だって、日本人の見方とも異うし、支那人の考え方とも違うのです、今度も両軍が何んとかして戦わないで済む方法が講じられないものかと思って、あちらの様子を見てきたのですが、どうにもなりません、十九路軍は蔣介石の意のままに動く軍隊ではないし、その間に、人民戦線派、広東派、その他の政治家や軍閥がどさくさにまぎれて、自己勢力の扶植をしようと機会を覗っているというしまつです。彼等は餓えた原始人か狼のように、己の政治的野望を満足させることばかり考えていて、民衆が、どんなに水火の苦しみに喘いでいるかということなど一度だって考えたことが無いのです。……第一線で拉夫されてきた兵士達が、一瞬のうちに何百人斃れようとも、彼等は平気で居られる程無神経なのです、私はおなじ同胞としてそれを見すごしては居られない」と述べる（『動乱の蔭に——川島芳子自伝』）。これを聞いた「余儀なく左翼思想を清算したばかりの」武村昇は「此処へ来てみると、単なるものずきやなんかで、ポンポン弾丸の飛んで来る中を歩けるものじゃないということを知りました。僕は、このごろになって、貴女が口を開けば東洋の平和を叫び、日支の提携を語る気持がやっと解ったのです。また、永年軍閥戦に悩まされ続けてきた支那の民衆が、戦争をなくし、自分たちの休威を念頭に置いて国を治めてくれるなら、日本人だろうが、ロシア人だろうが、英国人だろうがかまわない、というような考え方になるのも無理がないことだ、ということも解りました。……前の満洲事変、今度の事変、これを経済的方面から見て、決して日本と支那との戦争じゃない、遠東に野望を抱く英国資本家を初め、東洋に関心を持つ野心家達との三角戦争だというような結論に達した」と答えた（『動乱の蔭に――川島芳子自伝』）。つづけて「各国の出稼ぎ資本家と結託して、野望を満たしている支那の軍閥は、血も涙もない、其処には絶対専制主義があるばかりだ。それを永年見てきた私はゴドインじゃないけど一つの倫理的社会を主張したくなる、私の理想は支那に戦争をなくすることだ――。という、あれですよ。それで僕は、此処でやらなければならない仕事は、軍閥専制の蒙を啓き、支那が、いまも敵としなければならないのは、阿片戦争のときの敵だ、と主張することだと思って働きだした」と述べる（『動乱の蔭に――川島芳子自伝』）。武村昇なる者が実在したかは不明であるが、このような発言をする、このような人物が、当時の上海にいたことは理解しうる。「当時上海方面を守備していた中国の軍隊は蔡廷鍇の率いる第十九路軍で、この十九路軍は南京の中央政府に属していたが、国内の勢力争いからほとんど独立行動をとっていた左傾的な軍隊で、反帝国主義、排外思想に固まっていた。したがって上海の排日運動は非常に危険なものだった」という（『重光葵外交回想録』）。

川島芳子は後に獄中で「大陸に飛び出してからの奇策縦横は、その何れも的中して、全く無人の野を往くの慨があつた」、「上海事件の時は全く天佑だつた。あんな危い眞似をして、よくも生命があつたものだ。毎日日本軍司令部と、十九路軍の間を往復して居て……。それは、日本軍に使嗾されるスパイ行為でも何んでもない。相互の接拶点を見出して、和衷せしめる為だつた」と述懐する（『川島芳子獄中記』）。

昭和七年（一九三二年）二月、鶴岡八幡宮の四谷皇国少年団。三村清二、勇、孝、鳴滝紫磨、三島通陽らの姿が見える。紀元節（二月十一日）と考える。

昭和七年（一九三二年）二月、三月、血盟団事件が起

こり、前蔵相、井上準之助と三井の団琢磨が暗殺される。「国家改造運動の第一陣は民間が一人一殺で引き受ける。失敗を覚悟でのろしを上げる。陸海軍人は連合して第二陣となるべきだ、というのが日召の持論であった」という（「初めて語る五・一五の真相」）。井上準之助は「少年團日本聯盟」の顧問でもあった。『少年團研究（第八巻第十一號）』によると、昭和二年（一九二七年）日本銀行総裁の井上準之助は、少年団日本連盟が「今上陛下御外遊を期して成立せること、現代の武士を以て任ずる同志の結束であること」を理解した渋沢栄一が連盟への力添えを申し出たとき、連盟の助成会の成立に一役買った。

▶溥儀『別冊一億人の昭和史日本植民地史2満州』

昭和七年（一九三二年）三月一日、清朝最後の皇帝（宣統帝）であった溥儀を執政として、「満洲国」新国家建国宣言が出された。三月八日、執政溥儀が長春（新京）駅頭に降り立つと「駅頭にあふれた幾千の官民は、沿道を埋め、五色旗をかざし〝皇上万歳〟を叫ぶ声は天地に響きわたった」という（『動乱の蔭に――川島芳子自伝』）。翌日「人類は、須く道徳を重んずべし。種族の見あれば、即ち、人を抑え己を揚ぐ。その道徳たるや、甚だ薄し。人類は須く仁義を重んずべし。国家間の争いあれば、即ち、人を損し己を利す。その仁愛たるや、甚だ薄し。今、吾国を建つ。道徳、仁愛を以て主となし、種族の別、国際の争いを除去せむ。当に王道楽土はその実現を見るべし。凡そ我が国民たるもの、望むらくは共にこれを努めよ」との「執政宣言」が発せられた（『動乱の蔭に――川島芳子自伝』）。

▶阪谷希一

満洲国樹立に向けた日本側の動きはすばやかった。「事変勃発の十日後」に「満洲事変の立役者である旧知の石原莞爾中佐からの〝直ぐ助けに来い〟という電報を受けとった」阪谷希一は、関東軍司令官本庄中将の招聘を受けて満洲に赴任する（『三代の系譜』）。「満洲国が成立するとすぐ三月に、中央銀行を作るということで、満洲国政府そのものが整備されないうちに、軍統治部の手で設立委員会が設けられ、貨幣法や中央銀行組織について草案が作られた」（『三代の系譜』）。昭和七年（一九三二年）三月十二日、阪谷希一は満洲国新政府「財政部総務司長」を発令された。阪谷は「国の基礎作りの中核となる財政制度と通貨制度の確立が焦眉の急であり、満洲にいた満鉄社員その他の寄せ集めから成る急造の満洲国政府官吏をもってしては到底それが不可能であることを痛感し、日本の大蔵省の友人たちに呼びかけて、その道の専門家たちの派遣を訴えた（『三代の系譜』）。阪谷の要請を受けて、大蔵省から人員を選抜し、満洲に派遣することになった。星野直樹ら大蔵省派遣団が渡満に際し、高橋是清蔵相に挨拶に行くと、高橋は「日本の利益をはかることを第一にしてはいけない。満州国人の真の幸福をはからなければならない」と激励したという（『秘録板垣征四郎』）。昭和七年（一九三二年）七月中旬、「大蔵省派遣団が新京駅頭に姿を現わした」（『三代の系譜』）。直ちに、大蔵省派遣団の一人、星野直樹が財政部総務司長を発令された。昭和七年（一九三二年）六月一日から「国務院総務庁次長」であった阪谷希一は、同年十月から「総務庁長代理」となった。満洲国の総務庁長の「権限は絶大で、満洲国の最高指導者にひとしかった」ので、昭和七年（一九三二年）十月から、昭和八年（一九三三年）七月に新総務庁長が決まるまで、阪谷希一は「事実上の総務庁長（「蔭の国務総理」）として草創期の満洲国の行政全般の指揮を執った」という（『三代の系譜』）。「財政制度と通貨制度」が整うにつれて、「通貨と物価の安定をもたらし、満洲国の基礎」が固まってきた（『三代の系譜』）。

昭和七年（一九三二年）四月、本庄繁関東軍司令官と石原莞爾は「軍状奏上」のため上京し、昭和天皇に拝謁した（『石原莞爾』）。本庄が「事変勃発前後より、今日にいたる戦闘経過の概況、その他の軍状を奏上し終わった時」、温顔で聞いていた昭和天皇は「報告によってよくわかったが、いろいろ心配も多く、まことにご苦労であった。それで今回の事変で満州の住民は皆喜んでいるかどうか？」とご下問があった（『石原莞爾』）。本庄「将軍は、〝ハッ〟と声を出したが、言葉は続かない。満堂しばし何の声もないうちを陛下は〝皆によろしく伝えよ〟と申されて静かにおひきになった」（『石原莞爾』）。この時、石原は「民族協和――そして王道楽土――これこそ全く陛下の大御心であった」と悟ったという（『石原莞爾』）。

昭和七年（一九三二年）四月二十九日天長節、上海の新公園で行われた観兵式で、日本公使、重光葵は朝鮮人が投げた爆弾で右足を負傷、切断した（『重光葵外交回想録』）。

容態が落ち着いた五月十三日、有吉大使が「犬養首相及び芳沢外相の代理」として重光を見舞いに来た。有吉が「芳沢大臣の話されるには、大臣が参内する度ごとに陛下より重光のその後の容体はどうかと御下問になられるので委細奏上したが、誠に恐懼の至りであったとのことだ」と重光に告げた（『重光葵外交回想録』）。これを聞いた重光は「いま自分の容体に御心を注がれていることを伝承して、ちょっとも動くことのできぬ自分は男泣きに泣いた。自分はいま直ちに死すとも思い残すことはないと思った」（『重光葵外交回想録』）という。

「犬養総理は、元来孫文の友人として、支那国民革命に対しては少なからぬ理解を有っていた」、「彼は、満洲事変を速かに解決して、日支関係を恢復したいと考え、……森恪等には秘密に、……浪人を窃かに南京に派遣したりした。かくして当面の政策問題について、森恪等の政友会の一派及び軍部とは、水と油の如き関係が政府部内において初めから生じていた」（『昭和の動乱〈上〉』）。有吉大使が「犬養首相及び芳沢外相の代理」として重光を見舞いに来た僅か二日後に、五・一五事件が起こり、犬養毅首相が暗殺される。

昭和七年（一九三二年）五月十五日、「海軍将校十名、陸軍士官候補生十一名、民間關係者二十名に上る一味」（『五・一五事件陸海軍大公判記』）は、首相官邸、内大臣官邸、立憲政友会本部、麹町区丸の内三菱銀行、警視庁、東京周辺の変電所を襲撃し、官邸にいた犬養毅総理を殺害し、変電所などに爆弾を投げつけた後、東京憲兵隊に自首した（『五・一五事件陸海軍大公判記』）。首相官邸を襲撃した第一組には、大分中学から陸軍士官学校に進んだ後藤映範がいた（『五・一五事件陸海軍大公判記』）。また、立憲政友会本部を襲撃した第三組には、後に陸軍中野学校の教官となる吉原政巳（写真。後述）がいた（『五・一五事件陸海軍大公判記』）。この時、後藤映範と吉原政巳は、陸軍士官学校本科生（士官候補生）であった。昭和八年（一九三三年）、後藤と吉原は陸軍軍法会議で、禁錮四年の判決を受けている。

▶吉原政巳

五・一五事件の「動機及目的」は「近時我が國の情勢は

政治、外交、經濟、教育、思想及軍事等あらゆる方面に行詰りを生じ國民精神亦頽廢し現狀を打破するに非ざれば帝國を滅亡に導くの虞がある。而して此の行詰りの根源は政黨財閥及特權階級互に結託し只私利私慾にのみ没頭し國防を輕視し國利民福を思はず腐敗堕落したるに因るものであると為し此の根源を剪除して以て國家の革新を遂げ眞の日本を建設せざるべからず」、「全國民よ醒めよとの警鐘」となるべく決起したという（『五・一五事件陸海軍大公判記』）。

▶石原莞爾『石原莞爾』

昭和七年（一九三二年）松岡全権を補佐するため、石原莞爾がジュネーブに派遣された。この夏、石原をロンドンに迎えて、「英陸、空軍の当事者および各国武官に対し、〝石原大佐にものをきく会〟と銘を打って、彼らをカールトン・ホテルの晩さん会に招」いた（『石原莞爾』）。石原莞爾は「紋付羽織袴に雪白の足袋、フェルトの草履といういでたち」（『石原莞爾』）で現れたという。石原を囲む会談で、英陸軍大尉が「この度の満州事変は世間では日本軍の計画的行為であると言われているが……」との問いに、石原は「当時現地の排日行動は言語に絶するものがあった……満州はあたかも悪性の腫物が膨れあがって、針一本でその膿がほとばしり出たのが柳条溝の爆破事件である」（『石原莞爾』）と答えた。仏少将が「日本軍いかに精鋭といえども僅か一万数千の兵力で張学良二十数万の大軍に対し、あれだけの戦果を挙げ得るとは思われぬが、如何」との問いに、石原は「満州の緊迫した情勢の中にあって、日本軍は日夜激しい訓練を重ねていた。それに二十数万というも支那軍の大部は匪賊の集団のようなもので、到底精強な日本軍とは戦力の上で比較にはならぬ」と答えた（『石原莞爾』）。スウェーデンの中佐が「日本側の報道によると、満州国の住民は日本軍の満州占領をむしろ歓迎しているとのことであるが、事実そうであろうか？」との問いに、石原は「過去における張学良政権の悪政や匪賊の横行等によって住民は長い間苦しんだが、現在は治安もよくなり安居楽業の実が着々あがりつつある」と答えた（『石原莞爾』）。続いて「近頃満州の娘さん達が日本軍の若い兵士にラブするものが多くて、部隊長は閉口している」と述べたところ、満場の大爆笑が起こったという（『石原莞爾』）。石原莞爾、会心の質疑応答だったようである。

▶昭和七年（一九三二年）七月

神宮球場で、早稲田実業を応援する四谷皇国少年団。この年、三村孝の兄、勲の早稲田実業は中学野球東京大会で優勝し、甲子園に出場した（前述）。「早實側のファン四谷報國少年團にどうして早實を應援するかときけば早實の一壘手三村さんの弟がこの團員だものとの事、地元と緣故との二重關係だけに應援もなか〳〵熱心だ」とある。新聞記者は、「皇国」を「報国」と思い込んだようである。

犬養毅亡きあと、斎藤実に組閣の大命が下った。斎藤実内閣で外務大臣となった内田康哉は満洲国承認に動き、昭和七年（一九三二年）八月二十五日、「満洲国が益々健全なる発達の道程を辿って居りますのは御同慶の至りであります。帝国政府は新国家に対する承認を以て満蒙の事態を安定し延て極東に於ける恒久的の平和を招来すべき唯一の解決方法と認むるものであります。仍て政府は速に満洲国を正式に承認する決意の下に目下着々準備を整へて居るのでありまして、右準備整ひ次第不日承認実行の筈であります」と演説した。つづく森恪との質疑応答の中で「我行動の公正にして適法であるといふことは、これは何人も争はないところであらうと思ふ。……この問題のためには所謂挙国一致、国を焦土にしてもこの主張を徹することに於ては一歩も譲らないといふ決心を持って居る」との「焦土外交」演説を行い、満場を驚愕させた。（『内田康哉』）昭和七年（一九三二年）九月十五日、日本政府は日満議定書に調印し、満洲国を正式に承認した（『広田弘毅』）。

昭和七年（一九三二年）秋、東京市を行進する四谷皇国少年団。一枚目（上）、議事堂前。二枚目（下）、裁判所前。行進しているので、ピントが甘く、ややボケている。昭和七年（一九三二年）九月三十日、国際連盟満州問題調査団のリットン報告書が日中両国に手交された（『松岡洋右――その人と生涯』）。

この頃、ソ連は、大正十五年（一九二六年）より、日ソ

間の懸案となっていた「日ソ不可侵および中立条約の締結問題」を持ち出し、条約の締結を日本政府に迫ってきた（『広田弘毅』）。ソ連側は、「日本にして希望するなら、日本と同時に満州国とも不可侵条約を締結してもよい」という姿勢であった（『広田弘毅』）。これに対し、日本政府は「日ソ不侵略条約に関する商議開始の時機は未だ熟し居らず」（『広田弘毅』）の立場であった。参謀本部第二部（総合班）にいた武藤章は「この年……ソ聯との不可侵条約の問題が起った。第二部としては一部反対の意見はあったが、即時応諾すべしと云うのであった。然し他の有力な反対があって、国策として採用せられなかった。私は国際聯盟の反対決議、米国の厳重なる抗議等、国際情勢の悪化が日々増加するにも拘らず何にも知らぬ他部の強硬意見と、第一線の無頓着とにあきれたことであった。が無力な第二部の力ではどうすることも出来なかった」と述べる（『比島から巣鴨へ』）。

昭和七年（一九三二年）秋、明治天皇崩御二十年を記念し、天皇を偲ぶ人々の集まり（写真前出）。

駐ソ大使の任を終え、昭和七年（一九三二年）秋に帰国することになった広田弘毅に、カラハンから「せめてコーカサス地方だけでもご旅行になってはいかが」と打診があった。「クリミヤ方面」を見たいと思っていた広田は、八月、ウクライナを訪れた。ウクライナ共和国の首都ハリコフで、広田のために「盛大なる午餐会」が開かれた時、ウクライナ政府の要人は「この上は不侵略条約を締結することが絶対に必要だ」と述べた（『広田弘毅』）。広田が帰国前にカラハンに会うと、カラハンは「満州国の承認につきソ連邦としては未だ何等の決定を為しおらず……満州国はソ連邦の接壌国にてもあり、貴国が満州国を列国に先んじて承認せられなば、極東における事態を明確にし、極東における平和を確立する上において効果鮮やかなるべしと思考す。また右承認は共に満州国に隣接する貴我両国の関係を一層確立する出発点ともなるべしと思考す、要するに貴国の満州国承認は早ければ早きほど極東の平和に貢献すべし」と述べている（『広田弘毅』）。「ソ連はその後も不侵略条約に対する働きかけを緩めなかった」（『内田康哉』）。

▶スターリン『松岡洋右――その人と生涯』

昭和七年（一九三二年）七月－八月、スターリンは、ウクライナで強権的に穀物徴発を行う準備を整えつつあった（『The Harvest of Sorrow』）。穀物徴発により、ウクライナ全土で飢餓が進行し、焦土のような危機的状態に陥ることが見えていた。この頃、ソ連指導部の中に懸念を抱く部分が発生した（『Stalin』）。昭和七年（一九三二年）十一月、スターリンは、夫人のナジェージダ・アリルーエワと友人、ヴォロシーロフ宅を訪れた。この時、ナジェージダ・アリルーエワが、飢餓と、国内の不満、飢餓政策が党にもたらす道徳的破産について懸念を口にしたところ、スターリンは激怒し、怒号を発して妻を罵倒したという（『Stalin』）。その日の夕、ナジェージダ・アリルーエワは自殺した（『Stalin』）。スターリンは、指導部の懸念の向きを無視し、ウクライナ収奪政策を強行した。昭和七年（一九三二年）秋からウクライナで飢餓が始まった（『The Harvest of Sorrow』）。昭和八年（一九三三年）春には、ウクライナの飢餓がクライマックスに達した（『The Harvest of Sorrow』）。昭和七年（一九三二年）から八年（一九三三年）にかけ、穀物徴発で生じた飢餓により、ウクライナと北コーカサスで六百万人が亡くなったという（『The Harvest of Sorrow』）。

昭和七年（一九三二年）十月十一日、松岡洋右は「瑞西

▶松岡洋右

国寿府に於て開催の国際聯盟総会臨時会議における帝国代表者被仰付、特に親任官の待遇を賜ふ」の辞令を受けた(『松岡洋右――その人と生涯』)。出発をひかえた松岡は、十月十四日、日比谷公会堂で開かれた「東京市主催の国際時局講演会」で「昨年の秋あの満洲事変が勃発した。これはもとより起こるべきして起こったものである。しかして吾々がやっているような遣り方をして歩んでいるところの道を歩むことが、やがて我帝国の存立を全うする所以であるのみならず、これが明治以来の我が国是であり、東亜全局の保持を確実にする所以である。この東亜――今は主として支那でありますが、支那はあのとおりの戦慄すべき混乱状態にあるので、これがやがて東亜の天地に平和を恢復するところの唯一の方法であり、ひいてこれが世界の平和に貢献する所以であると、かように信じている」(『松岡洋右――その人と生涯』)と演説して、ジュネーブに出発した。この「国際時局講演会」はラジオで、全国に中継放送されたという(『松岡洋右――その人と生涯』)。

昭和七年(一九三二年)十一月四日、五日、「ジュネーヴに赴く途中モスクワに立ち寄った松岡国際聯盟日本代表に対し、リトヴィノフ外務人民委員、カラハン同代理は不侵略条約の締結を熱望し、また〝イズヴェスチャ〟外交担当者ラデックはソ連側に満洲国の承認と日ソ不侵略条約を結びつけてもよいとする意向のあることを明らかにした」(『内田康哉』)。この時、松岡は「スターリンに働きかけ、聯盟がわが言分を認めないで仲間から締め出すなら、よし、日本はソ連と結んで対抗するぞ、というゼスチュアを示すと共に、できればソ連との提携を計ろう」との意図で、モスクワに滞在したという(『松岡洋右――その人と生涯』)。しかし不侵略条約に対する日本の否定的態度は変わらず、日ソ不侵略条約締結とソ連による満洲国承認は実現しなかった。

昭和八年(一九三三年)冬、第六師団歩兵第四十七連隊に属する広瀬好文は熱河作戦に従軍した。第六師団は昭和八年(一九三三年)三月、熱河(承徳)を制圧した。この写真は、熱河作戦の頃の広瀬好文。この時、川島芳子は、満洲国新京から出撃し、錦洲に総司令部を設け、熱河作戦を支援した(『動乱の蔭に――川島芳子自伝』)。川島

▶昭和八年（一九三三年）「満洲ニテ」

芳子は「熱河民団定国軍総司令官」として「我が支那は戦乱に次ぐに戦乱、火害の苦を逃れる暇もなくその間二十二星霜。種々な人々に、次ぎ次ぎとこの天下を預けてみたが、皇帝の愛しみ給う良民の幸福を齎し得る政治は遂に行われず、皇帝に代って天下に徳を至し得る者とては無かった。此度、我等の皇帝は成年に達せられ、御自ら万民のために此難局に出爐あそばされ、兄弟の国日本の好意ある援助を乞うて、皇帝は生仏として茲に立たれたのである。然乍ら、皇帝は無意味な殺生を憎みたまう。出来る限り人命を傷けることなく、殺さぬように戦争せよ」（『動乱の蔭に――川島芳子自伝』）と訓示したという。川島芳子は、「日本軍が熱河に入った時分には、御本尊の満洲ですら馬賊匪賊の悪業の絶間ない時でありました。況や熱河は反満日軍の屯す地方、此処で一発の銃弾をすら日本軍に向けしめなかったのは、……我が定国軍の力であった」と述べている（『動乱の蔭に――川島芳子自伝』）。川島によれば、「熱河事変の前に、私を盟主とし、方永昌を副司令として組織された満洲国定軍は、……大陸の戦雲がおさまると同時に解隊した」（『動乱の蔭に――川島芳子自伝』）。

昭和八年（一九三三年）三月十二日、日本は国際連盟脱退を通告した。これに先立ち、「連盟に七〇パーセントの勢力をもっている英国」は、「リットン報告をそのまま連盟が採用しない」ように、「米国の参加」を条件に「満洲問題の和協的解決のため和協委員会」の設置を提案していた（「ジュネーヴの機密室」）。松岡洋右全権は「満洲の事態は進行中であるから今すぐに不承認決議をすることを避け、非連盟国（米国）の招請は明文上から削除し、追って必要の場合は日支直接交渉を援助する意味で干渉を排除するように権限を定めておくならば考慮してもよいという外交工作」を模索する（「ジュネーヴの機密室」）。しかし、「米国の参加が無害であっても、とにかく米国が参加するというだけでもう受諾はできぬ」とする内田康哉外相の「米国の参加を拒絶」により、交渉継続が不可能となる。リットン報告は連盟総会へ上程され、昭和八年（一九三三年）二月二十四日、リットン報告ならびに勧告案の表決が行われた。賛成四十二、反対一でリットン報告ならびに勧告案が可決され、松岡は報告書反対を宣言し、「さよなら」と言って総会を後にした（「ジュネーヴの機密室」）。この頃、満洲国では治安もよくなり、「通貨と物価の安定」が得られていた。これは、松岡洋右が国際連盟総会で「さよなら」を言う追い風となった。

▶影佐禎昭

影佐禎昭は、明治二十六年（一八九三年）に広島県で生まれたが、「九州の大分中学に一年ぐらいいて、大阪市岡中学にてん校した」という（『人間影佐禎昭』）。市岡中学卒業後、陸軍士官学校に入学し、職業軍人の道を進む。大正七年（一九一八年）―大正八年（一九一九年）には、北白川宮成久の副官を務めた。後に、梅機関を率いて汪派国民政府樹立工作に挺身する（後述）。昭和七年（一九三二年）六月、「欧米に出張を命ぜられ其の大半は国際聯盟に於ける帝国全権団の業務を補佐する為寿府に滞在した」影佐禎昭は「聯盟ではリツトン調査団の報告書を基礎とし満洲問題が俎上に上つたが満洲事変前に於ける支那の抗日政策が満洲事変の遠因であり、これありたればこそ満洲事変が起つたのでこれ無かりせば満洲事変は生起しなかつたことの如きは聯盟では馬耳東風であつた。……遂に日本は聯盟を脱退して国際的孤立状態に甘んぜざるを得ざるに至つた、茲に於て支那は一躍世界の寵児となり抗日は天下後免となつた観がした」。影佐は、密かに「日本は満洲放棄は固よりのこと支那に於ける過去の権益を一切犠牲にする迄譲歩するか、然らざれば最悪の事態にまで突入して輪贏を争ふに至る迄は日支関係の根本的解決は不可能である」と、「悲観説を抱懐するに至つた」と語る（「曾走路我記」）。

松岡洋右は「満蒙問題のみに没頭して、一意専心努力して、南支・中支の貿易はやむを得なければ犠牲にしてもよいとさえ思っている。十年間満蒙問題に傍眼もふらないで努力すれば、支那に関するあらゆる問題は自ら解決してしまう」という考えであった（「松岡洋右縦横談」）。石原莞爾は、昭和十年（一九三五年）七月、「やつぱり日本としては、どうしても満洲を固めて行くより道がない。満洲さへ立派に整つて行けば、おのづから北支は随いて来る。いはゆる桃李言はざれども下おのづから蹊を成す、といふ具合に、自然に徳化して行くことができる。だから、いま北支に小細工をやつたり、蒙古にかれこれ手を出したりすることは最も愚作であつて、自分の採らないところ」だと語っている（『三代の系譜』）。内田康哉、松岡洋右、石原莞爾らの思考は、「日、満、漢、蒙、鮮五族を基幹とする民族協和の新天地」が、〝全世界の民族を基幹とする民族協和の一つの世界〟の嚆矢となり、「波風は　しづまりはてて　よもの海に　てりこそわたれ　天つ日のかげ」に帰結するところの「壱（一）」のライン、すなわち「スメラノイツ」（後述）であることを示唆している。しかし「みなはらからと思ふ」誠（後述）を思考し、それに依って行為し、その結果、壱（一）に至ることは、至難の業である。これについて、川島芳子は「日本の武士道精神は、支那民衆の翹望する仁義の精神であって、その間何等の矛盾撞着をも生じない。私はかつて、或る朝鮮人と、排日分子をもって目されている支那人と、親日家と称する西洋人等とともに、伊勢大廟へ参拝に出かけたことがある。そのとき支那人と朝鮮人とは、あの霊域に着くや、口にはいえない森厳さ、神々しさに、身も心も打たれてただに有難さに涙をこぼし、一言も発することができなかった。……それ以来、日支両国の関係は、人間の業も必要であるが、人間以上の神業で、必ず結ばれるものと信じられるようになった」と述べる（『動乱の蔭に――川島芳子自伝』）。

中央の将軍は梨本宮守正。梨本宮守正は、昭和七年

▶昭和八年（一九三三年）三月

（一九三二年）八月八日、元帥府に列せられた（『三代の天皇と私』）。向かって左端は鳴滝紫麿、前列向かって左から四人目に三村孝、後列向かって左より右に順に土方与志、阪谷希一、三村清二。この頃、「赤い伯爵」土方与志は警察からマークされており、変装のためか、髭を生やし、メガネを外している。阪谷希一の妻、寿子は、土方与志の妻、梅子の姉。寿子と梅子は姉妹で、二人は三島通陽の妹。阪谷希一と三村清二の間に見える少年は阪谷希一の一男、阪谷芳直（中学一年）と思われる。この写真が撮られた頃、日本は国際連盟を脱退し、広瀬好文が熱河作戦で戦功をたて、勲七等青色桐葉章を与えられている（前述）。

▶ひとつ前の写真の裏書「四谷區新堀江町一番地　四谷皇國少年團　電話四谷（三五）三五八二番」

阪谷芳直は、三島通陽について「四十数年もの間親しんだ伯父であったが、伯父の印象はといえば、何時もボーイ・スカウトの格好をしたときの、いかにも嬉しそうな、生き生きした姿で、その他の場合の伯父の姿は私の頭にどうしても浮かび上がって来ないのである」、「私は、自分もハッキリ自覚しないうちに、ウルフ・カッブ（現在のカブ・スカウト）の緑の帽子を被っていっぱしスカウトのつもりでハネまわるほどに、伯父の影響下に入れられてしまっていた」と述べている（『21世紀の担い手たちへ』）。昭和四年（一九二九年）八月、阪谷芳直が父、阪谷希一の転勤に伴って旅順から「東京に戻ってくると、たちまち伯父の彌栄第二健児団に入れられた。山手線が代々木と原宿の中間で彎曲しているあたりの線路のすぐ下の雑木林の中にあった団の小屋の前で、或る夕暮れに、私は伯父の前に立って団旗の隅を左手で握り、右手で三つ指の敬礼をしながら〝……世のため人のために尽くします。少年団の掟を守ります……〟という誓いをさせられた……だが、中学二年頃から、何時とはなしに、私は少年団から離れて行った。中学での運動部その他の生活が忙しくなったことや、次第に軍国主義の高まるなかでバタ臭いものを敵視する風

▶阪谷芳直

潮に影響されて、まだ舶来品の印象を払拭し切っていなかった当時の少年団という存在に何となく反撥した」という（『21世紀の担い手たちへ』）。父、阪谷希一についてきて、梨本宮邸で、四谷皇国少年団と写真に収まったと思われる。服装と帽子から、阪谷希一も「少年團日本聯盟」に関わっていたことが分かる。

▶土方与志

土方与志は明治三十一年（一八九八年）四月十六日生まれ（『土方与志——ある先駆者の生涯』）。暁星小学校から学習院中等科、高等科に進んだ。学習院では、三島通陽や近衛秀麿と同級生で、「演劇グループ・友達座」を作って一緒に演劇活動をしていた（『土方梅子自伝』）。三島通陽は「白樺派や乃木希典学習院長に心酔」していたが、土方与志は「乃木式教育に反撥」していたという（『土方梅子自伝』）。

築地小劇場と新築地劇団の運営に関わっていた「赤い伯爵」土方与志は「華族の中での厄介者」（『土方梅子自伝』）とされた。「当時の与志は伯爵」だったので、「天皇の許し——勅許がなければ逮捕」できなかった（『土方梅子自伝』）。「華族社会では厄介者の与志が外国へ行ってくれるのは大歓迎で、親戚たちがパスポート許可の運動をし」た。「フランスへ行くとみせかけて、モスクワの国際革命演劇同盟（モルト）の世界大会と演劇オリンピアードに出席」したという（『土方梅子自伝』）。昭和八年（一九三三年）四月四日、土方与志は、妻、梅子、子供二人の四人で神戸港を出発し、五月二十四日にモスクワに着いた（『土方与志——ある先駆者の生涯』）。これは、土方与志が「病気療養とヨーロッパ演劇界の視察」（『土方梅子自伝』）と銘打った旅に出発する直前の写真である。昭和九年（一九三四年）九月、モスクワ滞在中の土方与志は爵位を失った。これについて、「明治維新の功臣として伯爵の恩命に浴し、かつて宮内大臣の顕職にあった土方久元氏令孫与志こと伯爵従四位土方久敬氏（三十七年）の栄爵並に族称剥奪の件は……〝華族の体面を汚辱する失行ありたるもの〟の条項によって……栄爵返上を議決した。……宮内省に出頭した土方家の親戚三島通陽子に返上辞令書を湯浅宮相より手交した」と報道されている（『大阪朝日新聞』昭和九年九月二十一日）。土方与志は、昭和十六年（一九四一年）七月八日、家族と共に横浜に帰ってきたところを逮捕された。昭和二十年（一九四五年）十月八日、政治犯釈放により出獄した。昭和三十四年（一九五九年）六月四日他界（『土方梅子自伝』）。享年六十一歳。

一枚目（上）、昭和八年（一九三三年）春、明治神宮で、四谷皇国少年団結成を報告し、その成功を祈願している。向かって右端に鳴滝紫麿。前列（座っている）左端に東千代之介、その右が三村孝。昭和天皇の天長節（四月二十九日）と考える。二枚目（下）、明治神宮の写真と同じ日に撮った写真。叶電機商会前で（写真前出）。

昭和八年（一九三三年）五月、明治天皇を追慕し、四谷皇国少年団結成を記念する集まり（写真前出）。

昭和八年（一九三三年）二月－四月、「支那は失地を回復せむとし共産軍の満洲国共産化運動と相俟つて満洲国の治安を攪乱すること寔に甚大であるので関東軍は熱河を平定し其の余勢を以て関内に作戦を拡張せむとし」た（「曾走路我記」）。「機を見るに敏なる支那の有名無名の政客で河北所在の雑軍やら土匪軍等と連絡して河北の一部に中立地域を設定し安定せる地盤を獲得せむと計画する者乃至親日態度を表明することにより地盤の安固を計らんとする者等」で「平津地方真に物情騒然たるものがあつた」（「曾走路我記」）。昭和八年（一九三三年）五月三十一日、「塘沽停戦協定が成立し北部河北省に非武装地帯を設定することとなり関東軍は茲に関内作戦を終へ其の兵力を満洲国内に斂めた」結果（「曾走路我記」）、満洲事変に伴う一連の戦乱が一旦収束した。

一枚目（上）、昭和八年（一九三三年）初夏、日比谷公園大音楽堂での「よもの海」コンサート及び集会の写真である。ステージ後方に、大きな旭日旗と明治三十九年（一九〇六年）明治天皇の御製歌「波風は　しづまりはて　よもの海に　てりこそわたれ　天つ日のかげ」が掲げられている。ラジオ放送されているのが分かる。前列左方に四谷皇国少年団。この「をりにふれたる」御製歌は、明治三十九年（一九〇六年）の段階では、日露戦争が日本の勝利に終わって、東洋に平和が訪れたことを嘉する歌としてある。「よもの海」は、天皇を中心とする世界が拡大するにつれ、地域を表すものから、国家、極東、東洋、アジア、全世界へと広がりうる観念である（「〝超国家主義〟の論理と倫理」）。昭和八年（一九三三年）時点では、満洲国の建国と満洲事変の収束で、東洋に平和が訪れることを嘉する歌と解釈することができる。二枚目（下）、日比谷公園大音楽堂の「よもの海」コンサートに行く前の四谷皇国少年団と思われる。団員は手に手に旭日旗を持っている。

昭和八年（一九三三年）夏、東京の少年団の合同野営が「東京市郊外久米川」で開かれ、色々な少年団が集まっ

てキャンプをした。その中のひとつが四谷皇国少年団のキャンプ、スメラ（ＳＵＭＥＲＡ）。「スメラ」とは天皇のこと。一枚目（上）、四谷皇国少年団「ＳＵＭＥＲＡ」のキャンプ入口での記念写真。「ＳＵＭＥＲＡ」の上には大きな日の丸。ゲートの両脇には四谷皇国少年団の提灯が下がっている。向かって右手後方に鳴滝紫麿が見える。二枚目（下）、「ＳＵＭＥＲＡ」に大きな日の丸が掲げられている。後ろのテントで少年たちが休憩している。四谷皇国少年団にいた東千代之介によれば、四谷皇国少年団は〝よつや　すめら　しょうねんだん〟と読むという（『東千代之介東映チャンバラ黄金時代』）。これは即ち、四谷の天皇の少年団という意味の団名であり、貞明皇后の思召し、貞明皇后を介して昭和天皇の思召しを受けなければ名乗れない団名であろう。四谷皇国少年団が「ＳＵＭＥＲＡ」を掲げたのを見て、他の少年団は驚愕したのではないか。

一枚目（上）、と二枚目（下）は、時間を置かずに撮っている。一枚目（上）、向かって右手に鳴滝紫麿が見える。立っている少年の、向かって右から三人目が東千代之介。二枚目（下）、鳴滝紫麿は少年たちの後ろに移動している。少年たちは、一枚目と同じポジションである。向かって右手に和服の女性が見える（後述）。向かって右手後方に、少年たちのリュックサックが吊り下げられているのが、そのさらに後方にはテントが見える。次の写真で、四谷皇国少年団のキャンプに、いきなり不思議な少年が登場する。

一枚目（上）、「ＳＵＭＥＲＡ」のゲートに、四谷皇国少年団の制服を着ていない、普段着の少年が現れる。この少年は隣の東千代之介より一－二級上に見え、利発そうである。少年の前には三村清二が座っている。相変わらず蝶ネクタイにカイゼル髭である。向かって左端の少年は四谷皇国少年団の団旗を広げ持っている。二枚目（下）、普段着の少年はゲートを離れて座り込み、団の少年たちと写真に

収まっている。緊張しているのか、微笑もうとして表情がこわばっている。

一枚目（上）、見知らぬ少年は、ゲートの四谷皇国少年

団の提灯の下で写真に収まる。この少年は白い丸帽に白い開襟シャツ、半ズボンで、四谷皇国少年団の団員ではない。この少年は誰か？　そのヒントはこの写真の後方にある。向かって右手後方に成人女性と、その前に、柵にもたれた少女が見える。この女性は、平岡公威の母、平岡倭文重（二十八歳）である。少女は公威の妹、平岡美津子（五歳）と思われる。二枚目（下）、平岡倭文重の拡大写真。すなわちこの少年は、母、妹と四谷皇国少年団のキャンプを見学に来た平岡公威（後の三島由紀夫）である。

一枚目（上）、先の写真に現れたこの女性については、平岡公威の祖母、平岡夏子（なつ。五十七歳）の可能性を考える。この日平岡公威は、祖母、母、妹と、四谷皇国少

年団のキャンプ見学に来たのであろう。二枚目（下）、「SUMERA」のゲート横で。向かって左は三村孝、右は四谷皇国少年団の少年。後ろにたくさんのテントが見える。今夜は、ここで野営をするのであろう。後方に成人女性が二人、幼女が一人見える。平岡公威の家族のようである。

一枚目（上）、平岡公威（八歳）は、キャンプ見学に飽きたのか、一人で林の中を散策している。公威の顔はしっかりしており、大人の顔にも見まがう老成ぶりを示している。向かって左手、はるか後方に、人影がある。心配して付いてきた三村清二に見える。二枚目（下）、真夏の日差しの下、平岡公威は散策を続ける。四谷皇国少年団のキャンプの写真はしっかりと撮れており、カメラを使い慣れた者が撮っている。これらの写真を撮ったのは三村勇と考える。三村勇は、林の中まで平岡公威について行き、写したのであろう。勇もこの不思議な少年に関心があったのではないか。平岡公威は大正十四年（一九二五年）一月十四日、東京市四谷区永住町二番地で生まれ、この時、学習院初等科三年生（『文芸読本三島由紀夫』）。作家、三島由紀夫は『八月十五日前後』で、夏野の不思議な体験を「七月末の、しんとした暑い日のことである。……私は相棒と二人で、窓に肱をついて、ぼんやり夏野のひろがりをながめてゐた。そのとき窓の下から、こんな対話がきこえた。〝戦争はもうおしまひだつて〟〝へーえ〟〝アメリカが無条件降伏をしたんだつて〟〝へえ、ぢや日本が勝つたんだな〟……私は何だか、急激に地下へ落つこちたやうな、ふしぎな感覚を経験した。目の前には夏野がある。遠くに兵舎が見える。森の上方には、しんとした夏雲がわいてゐる。……もし本当にいま戦争がをはつてゐたら、こんな風景も突然意味を変へ、どこがどう変るといふのではないが、我々のかつて経験したことのない世界の夏野になり森になり雲になる。私は、何かもうちよつとで手に触れさうに思へる別の感覚世界を、その瞬間、かいま見たやうな気がした」（『文芸読本三島由紀夫』）と書く。平岡公威は、夏野の森の中で「SUMERA」のキャンプを見た時、「別の感覚世界を、その瞬間、かいま見」る体験をしたのではないか。

一枚目（上）、レクリエーション。夕刻か。暑いのか少年たちは上半身裸で、パンツ一枚で相撲をとっている。後

ろには、干した洗濯物。向かって左手前方のシャツの少年は平岡公威のようでもあるが、シャツとズボンの色が先の写真と違っている。二枚目（中）、二列目、向かって左端が三村孝、右端が東千代之介。三枚目（下）、昭和八年（一九三三年）の三島由紀夫とされる写真（『現代日本文学アルバム三島由紀夫』）。四谷皇国少年団のキャンプ見学と同じ時期の写真であろう。

一枚目（上）、昭和八年（一九三三年）八月「二荒理事長閣下ノ御訓示」。中央に立っているのが二荒芳徳。大正十一年（一九二二年）四月十三日に発足した少年団日本連盟の理事長。二荒芳徳の妻に、北白川宮成久の妹、北白川宮拡子が降嫁している。北白川宮家は、二荒芳徳、二荒拡子を通じて、少年団に理解が深く、これとの関わりが深かった。「大日本少年團聯盟」の「聯盟旗」は「北白川宮殿下より賜はつた」（『少年團研究〈第十二巻第九號〉』）。二枚目（下）、皇国の行進曲を演奏する四谷皇国少年団。向かって左手に、たくさんの父兄が見える。

一枚目（上）、少年団に訓示する三村清二。二枚目（下）、国旗に敬礼する少年団。

一枚目（上）、思い思いにくつろぐ少年団。二枚目（下）、やれやれと一休みの三村勇。久米川駅か、後ろに大和運輸と見える。元気のいい少年たちを引率し、世話をするのは大変であろう。お疲れ様。

一枚目（上）、二枚目（中）、昭和八年（一九三三年）十一月「スメラ主催小田急沿線登戸ニ行脚」。スメラ（四谷皇国少年団）が主催した、少年団のトレッキング訓練。満洲の荒野を駆け巡る少年を彷彿とさせる。女子（ガールスカウト）も参加している。三枚目（下）、大きな水たまりを前に、考えに耽る三村清二。

昭和八年（一九三三年）十一月三日、梨本宮邸で、明治節（明治天皇天長節）に撮った写真と考える（写真前出）。中央の将軍が元帥梨本宮守正、最後列向かって右から二人目が三村勇、その左に鳴滝紫麿、次いで左に三村清二。元

帥の右に三村孝。二列目中央やや右の、中腰の少年が東千代之介。最後列、元帥の右の男性が広橋真光（梨本宮守正、伊都子の二女、規子の夫）。前列左端座っている少年の、後ろに少年A（宮家の縁戚の少年）がいる。『三代の天皇と私』によると、梨本宮邸には、「元帥の間という部屋」があり、「正装には勲章がつけてあり、それを木の人形が着てい」たという。それを元帥が着て、すぐ写真を撮れるようになっていた。「宮様が着用する時、たくさんの勲章をいちいちつける手間を省いた」ためで、「勲章の重みが約十キロ」もあった（『三代の天皇と私』）。この頃から、三村清二が、ボーイスカウト姿で写真に登場するようになる。この頃、四谷皇国少年団の代表者、森山香浦に異変が起こり、三村清二が新団長になったのであろう。

同じ日に、同じ場所で、同じメンバーで撮った写真。三村孝が団旗を持っている。二列目向かってやや右手、中腰の少年が東千代之介。二列目左端に中腰の少年A。最後列向かって左端は鳴滝紫麿、その右に広橋真光、最後列将軍の右に三村清二、四人置いて右に三村勇、最後列右端の男性は不詳。広橋真光は、昭和十六年（一九四一年）十月から昭和十九年（一九四四年）七月まで、東條英機総理大臣の秘書官をしていた。東條英機総理の言行を記録した『東條英機大将言行録（廣橋メモ）』を残している（後述）。

同じ日、同じ場所。整列して将軍に敬礼している。明治時代の終わり（一九〇八年―一九一二年）頃、「品川の毛利元昭公邸の元旦の閲兵式は有名だった。長州出身の陸海軍人、上は大将、中将から下は幼年学校の生徒までが毎年毛利邸に集まり、元昭公のまえで閲兵式を行なった。その日の指揮官はいつもいちばん年の下のものがやることになっており、幼年学校生徒はその指揮官になることを年一度のたのしみにしていた」という（『阿南惟幾伝』）。小学校一年の三村孝が指揮官になっており、毛利邸の元旦閲兵式に倣っている。号令を掛ける三村孝の、向かって左に東千代之介。

一枚目（上）、昭和八年（一九三三年）頃、少年団指導員の慰労会。向かって左より右に順に、鳴滝紫麿、三島通陽、三村清二、右端の男性は不詳。二枚目（下）、同じ時に撮った写真。向かって右から左に三島通陽、鳴滝紫麿。左端の男性は不詳。

一枚目（上）、昭和九年（一九三四年）四月、四谷第三尋常小学校の講堂で講演会が行われた。講演者は三島通陽。左手前方に団旗。左手、役員には頭を垂れている人がいる。少年たちの後ろに、紋付羽織の聴衆。二枚目（下）、講演者は梨本宮守正。

同じ日、講演会に続いて、分列行進、栄誉礼が行われた。一枚目（上）、四谷第三尋常小学校で、分列行進をする四谷皇国少年団。向かって左方ステップ上に、梨本宮守正と三島通陽が見える。その右前方に三村清二。二枚目（下）、栄誉礼の四谷皇国少年団。天長節（四月二十九日）と思われる。

一枚目（上）、二枚目（下）、昭和十四年（一九三九年）、四谷第三尋常小学校（『卒業記念写真帖』）。四谷第三尋常小学校は、昭和四年（一九二九年）七月二十日「洋風近代鐵筋コンクリート三階建校舎竣工」した。同年十月二十八

日、「皇太神宮、明治神宮、須賀神社ノ三神を迎へ奉リ盛大ナル鎮座式ヲ擧行」した(『卒業記念写真帖』)。校舎は戦災に遭わずに残ったが、昭和五十五年(一九八〇年)に建てかえられた。

同じ日の写真。前列向かって左より三人目に三村孝。左後方に鳴滝紫麿。右後方に三村モトと思われる人影。

昭和九年(一九三四年)、梨本宮邸で撮った四谷皇国少年団の記念写真。明治節(十一月三日)と思われる。「四谷皇國少年團」と書いた幟が見える。前列向かって左端

（ドラムを持っている）が三村孝。二列目中ほどに、中腰の東千代之介。最後列向かって左端は鳴滝紫麿、次いで右に三村勇、ネクタイを締めた男性は梨本宮伊都子の弟、鍋島哲雄。メガネを掛けた男性は梨本宮伊都子の弟、鍋島直縄と思われる。最後列向かって右端に広橋真光。「二年生の頃から長唄のお稽古を本式に始めた」東千代之介は、忙しいのか、同じ日の次の写真には見えなくなる。

同じ日、同じ場所で撮った写真。左端に四谷皇国少年団の団旗。前列向かって左端に三村孝（ドラムを持っている）。元帥の右に三村勇、一人おいて右に鳴滝紫麿、元帥の左に三村清二、次いで左に鍋島直縄、次いで左に広橋真光。前列向かって右端、軍服様の服を着た少年は李玖。李玖は、朝鮮の王世子、李垠に嫁いだ方子（梨本宮守正、伊都子の長女）の二男。李玖の左上方の、学生服を着た少年は、戦後、梨本家の養嗣子となる久邇宮徳彦（臣籍降下して龍田徳彦）。

梨本宮方子と王世子李垠の結婚の挙式は大正八年（一九一九年）一月二十五日と決まり、一月二十一日、「方子の調度品はすべて宮内省の特別自動車にて、鳥居坂の王世子御殿へと送り届け」をした日の夕、李太王が脳溢血で倒れたとの報が入った。李太王はそのまま急逝し、毒殺さ

▶昭和九年（一九三四年）十一月

▶昭和九年（一九三四年）十一月

▶梨本宮伊都子

れたと噂がたったという（『三代の天皇と私』）。婚儀は一年延期され、大正九年（一九二〇年）四月二十八日に挙行された。「馬車が鳥居坂の御殿の正門に近づいた時……何者かが馬車めがけて手投弾を投げつけました。……その弾は不発のままコロコロと転り、行列の速度は少しも乱れることもなく、邸内に辷り込みました」と梨本宮伊都子は述懐している（『三代の天皇と私』）。李垠と李方子の一男、李晋は大正十年（一九二一年）八月十八日生まれ（『三代の天皇と私』）。大正十一年（一九二二年）四月下旬、李垠が「赤ん坊の晋殿下まで連れて、李王両殿下に結婚のご報告に帰国」した（『三代の天皇と私』）。ところが、李晋は五月十一日に急逝する。梨本宮伊都子は「朝鮮の王宮には陰謀渦巻くと聞いているだけに、不安でなりませんでした」、「毒殺以外には考えられませんでした」（『三代の天皇と私』）と述べている。

▶李玖

李垠の二男、李玖は昭和六年（一九三一年）十二月二十九日生まれ（『三代の天皇と私』）。この写真を撮った時、李玖は二歳十ヶ月。

昭和十年（一九三五年）一月二十七日　千葉県佐倉へ行進する四谷皇国少年団。

▶昭和十年（一九三五年）一月二十七日「千葉縣佐倉兎狩」

三村清二と鳴滝紫磨が見える。「千葉縣佐倉」は四谷皇国少年団の代表者であった森山香浦の故郷。

横須賀の戦艦陸奥を見学したときの記念写真。紀元節（二月十一日）と考える。後列中央に三村清二、向かって左に一人置いて鳴滝紫磨。前列（座っている）左端に三村勇、前列中央に三村孝。三村清二の二男、進が横須賀海兵

▶昭和十年（一九三五年）二月十一日

団にいたので、陸奥を見学したと思われる。後列向かって右から三人目、「横須賀海兵團」の帽子を被った水兵が三村進。「大日本軍艦金剛」の帽子を被った水兵も見える。

昭和十年（一九三五年）六月頃。この二枚が、四谷皇国少年団として最後の写真。一枚目（上）、三村勇は、ボーイスカウト姿ではなく、背広を着ている。二枚目（下）、東京市郊外で、ニンジンを収穫して馬に食べさせている。体調不良があるのか、三村清二は写っていない。キャンプや冬の兎狩などが体にこたえたかもしれない。三村清二は、昭和十年（一九三五年）八月の「東京市郊外久米川に

於ける三千二百餘名」（『少年團研究〈第十二巻第九號〉』）の「全日本少年團大野營」に参加しなかったようである。

▶鳴滝紫麿

三島通陽によると、鳴滝紫麿は、昭和十年（一九三五年）八月の「大野營には顧問をしてゐられて、色々準備中よき御指導を下さつたが、野營の一寸前より發病された」（『少年團研究〈第十二巻第十二號〉』）。「醫者から〝少年團に行つて野營するなどは以ての外です、絕對に野營してはいけません〟と堅く禁じられて居りましたが、久米川の大野營が開始されますと〝船橋の子供達（船橋義勇少年團の健兒達）が行つて寂しがつてゐやう、殊に營火の時は居てやりたい〟と家の者の止めるもきかずに……出かけ」たという（『少年團研究〈第十二巻第十二號〉』）。昭和十年（一九三五年）十月八日、鳴滝紫麿は胃潰瘍で急逝。享年六十一歳。

▶昭和十年（一九三五年）八月五日『少年團研究〈第十二巻第九號〉』

北白川宮永久は、昭和十年（一九三五年）八月、「東京市郊外久米川に於ける三千二百餘名」の「全日本少年團大野營」を訪れ、少年団を激励した。『少年團研究（第十二巻第九號）』に「北白川宮永久王殿下の台臨を辱ふした事はまことに光榮の至りであつた。殿下は學習院御在學の當時に於かれて既に屢々野營の御經驗を積まれ、今日に於ては有數のキャンパーであらせられ、今次の大野營を御巡視遊ばされての御感想に、前回の東京聯合少年團の大夏の村の野營と比較せられて〝格段の進歩が一見して解かる殊に秩序の正しさ、統制のよくとれてゐる點が眼立つ〟と仰せられた」とある。北白川宮永久は少年時代、少年団活動に参加したことがうかがえる。この時、「大日本少年團聯盟」の「聯盟旗」を「北白川宮殿下より賜はつた」（前述）。

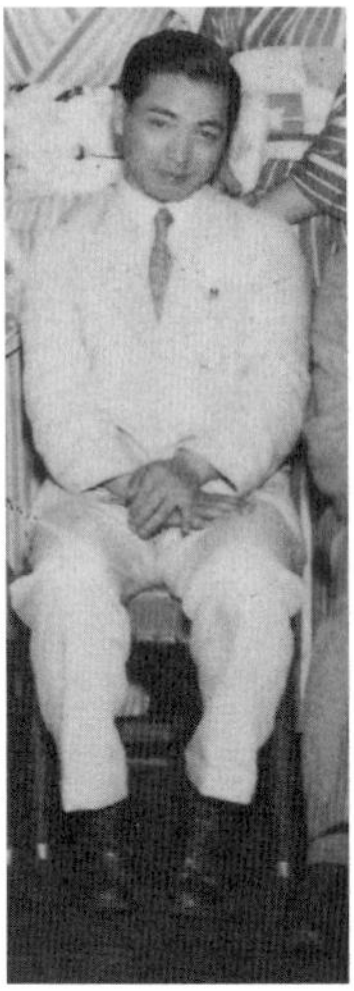

▶北白川宮永久

北白川宮永久の母は、明治天皇二女、北白川宮房子。父、北白川宮成久は、大正十二年（一九二三年）四月一日、パリ郊外で自動車事故により薨去（『語られなかった皇族たちの真実』）。この自動車事故で、同乗していた妻、北白川宮房子と朝香宮鳩彦も重傷を負った（前述）。北白川宮永久は、明治四十三年（一九一〇年）二月十九日生まれ。「学習院初等科から陸軍幼年学校、そして陸軍士官学校へ進学し……昭和十五年（一九四〇）三月九日に中国に派遣されて、駐蒙軍参謀となる」（『語られなかった皇族たちの真実』）。昭和十五年（一九四〇年）九月四日、「駐蒙軍参謀として、内蒙古戦線での演習に参加したところ飛行機事故により戦傷死した」（後述）。享年三十歳。北白川宮祥子には、一男、道久と一女、肇子が残された（後述）。

▶「電話を架設してくれた中野電信隊架設班の一部」
『少年團研究（第十二巻第九號）』

昭和十年（一九三五年）八月、「東京市郊外久米川」で開かれた「全日本少年團大野營」で、中野電信隊が電話を架設した（『少年團研究〈第十二巻第九號〉』）。この中野電信隊の跡地に、昭和十五年（一九四〇年）、諜報、防諜の特殊教育を行う学校が、陸軍中野学校として現れた（後述）。

▶永田鉄山『少年團研究〈第十二巻第十號〉』

昭和十年（一九三五年）八月十二日、相沢事件起こる。永田鉄山陸軍省軍務局長が「現役将校に軍刀を以て暗殺せられ」た（『少年團研究〈第十二巻第十號〉』）。享年五十一歳。永田鉄山は「我國少年團運動の先駆者の一人」で、「實修所出身であり、文字通り同じ飯盒の飯を食つた仲間であり、審議員として心から健兒運動に捧げてくれた人」であった（『少年團研究〈第十二巻第十號〉』）。「士官学校を卒え、海外に駐在する機会も多かったので、思想的には一時自由主義の空気も吸うたが、漸次デクテーターシップの思想に近づくようになっていた」永田は、「陸軍将来のことを煩悶し憂慮し」た結果、「軍の統制」ということに帰着したという（「刺された永田鉄山」）。「陸軍士官学校を首席で卒業し、……陸軍大学も首席で卒業」した永田は「家庭では口数の少ない、気難かし屋であったが、……酔えば得意の隠し芸、裸体踊りもやれば、外国で覚えたダンスも得意に踊るという、はしゃぎ屋でもあった」（「刺された永田鉄山」）。昭和七年（一九三二年）から昭和八年（一九三三年）にかけて、陸軍参謀本部第二部に、「日ソ不可侵および中立条約」（前述）の強い条約賛成論があり、永田鉄山はその中心人物の一人であった（『内田康哉』）。

昭和十年（一九三五年）の議会で「国体明徴の問題がやかましくなり、議会がすんでも後を引き、陸軍では在郷軍人が全国的に騒ぎだした。林陸軍大臣はこれが沈静化を図られたが益々火の手が上り、不穏怪文書は乱れ飛び、政府に対して憲法の解釈を表明せよと迫った」（『比島から巣鴨へ』）。当時陸軍省軍事課にいた武藤章は「軍務局長は永田鉄山少将であった。我々部下は同少将に〝合理適正居士〟の尊称を奉っていた。永田少将はいろいろのデマを放送され、陰謀家のように云われたが、全くの虚構であって、合理適正と認めざるかぎり頑として応じない人であった。それが一部の野望家たちには妨げになるから排斥された」と述懐する（『比島から巣鴨へ』）。「国体明徴の問題に関する永田少将の意見は〝我々日本人には一君万民、君民一如炳として明徴せられている。我々の国体に関する信念には何の疑いはない。憲法の学的研究は学者の任であって政府のなすべきものでない。もし政府が統治権を論ずるに主体客体の用語を以てせば、君民一致の国体観念に破綻を来す虞あり云々〟と云う趣旨であった」という（『比島から巣鴨へ』）。

一枚目（上）、昭和十年（一九三五年）「齋藤總長に杖門の禮をする盛岡少年團の健兒」（『少年團研究〈第十二巻第十號〉』）。二枚目（下）、ボーイスカウト姿の斎藤実。昭和十一年（一九三六年）二月二十六日、二・二六事件が起こり、内大臣斎藤実が暗殺される（前述）。享年七十七歳。

昭和四年（一九二九年）四月に後藤新平が急逝した後、昭和十年（一九三五年）から、斎藤実が大日本少年団連盟の総長の任にあった。『ボーイスカウト十話』に「後藤の友、斎藤実が第二代総長となった。そして初めて久米川のキャンプに来た。当時の久米川は、よい森林で、まん中に広場があり、子供のキャンプ・サイトとしては好適だった……さて、そのとき、数千の子供たちが広場に集まり、まず斎藤の祝福を受けた。私が先導をしていて、ウッカリ、土バチの巣をふんだ。怒ったハチどもは、次に歩いてくる斎藤に襲いかかり、半ズボンから、身体の中にはいり刺しまくった。しかし、斎藤は眉も動かさずニコニコして祝福をすませ、壇上で訓辞をしそれからサンタクロースのように子供らと遊んだ。帰りがけに〝おれのサルマタの中にハチがいる〟というので小さいテントに入って裸にすると、急所まで刺されていた。この話は、すぐに子供らに伝わった。〝僕らのこんどの総長は強いぞ〟、〝えれーぞ、急所をハチに刺されても平気で、僕らと遊んでくれた〟と、やんやのかっさいをおくった。この斎藤は、二・二六事件で、青年将校の凶弾に倒れた」とある。

昭和十年（一九三五年）春、三村清二の体調不良が始まる。同年八月、永田鉄山が惨殺される（前述）。同年夏、鳴滝紫磨の体調不良があり、十月に急逝する（前述）。昭和十一年（一九三六年）二月、二・二六事件で斎藤実総長

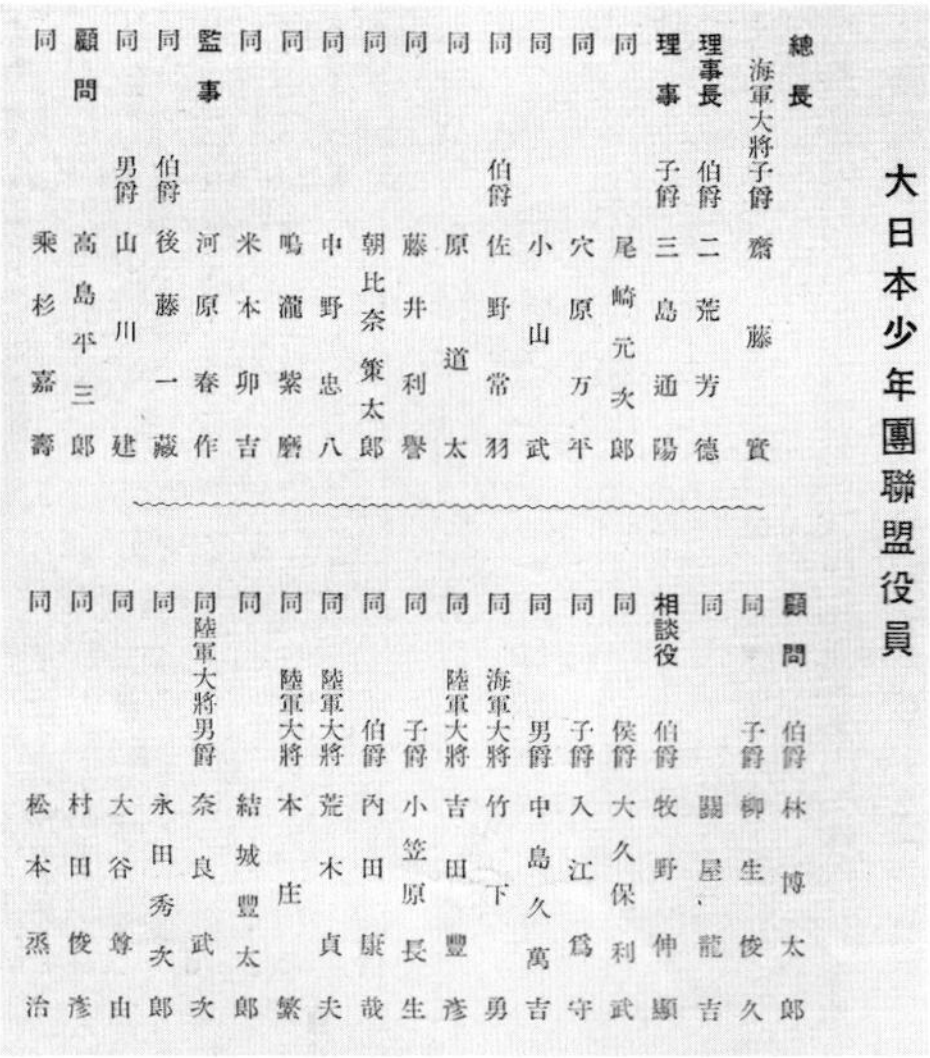
大日本少年團聯盟役員

總長　海軍大將子爵　齋藤實
理事長　伯爵　二荒芳德
理事　子爵　三島通陽
同　尾崎元次郎
同　穴原万平
同　小山武
同　伯爵　佐野常羽
同　原道太
同　藤井利譽
同　朝比奈策太郎
同　中野忠八
同　鳴瀧紫磨
同　米本卯吉
監事　河原春作
同　伯爵　後藤一藏
同　男爵　山川建
顧問　高島平三郎
同　乘杉嘉壽

顧問　伯爵　林博太郎
同　子爵　柳生俊久
同　闘屋・龍吉
相談役　伯爵　牧野伸顯
同　侯爵　大久保利武
同　子爵　入江爲守
同　男爵　中島久萬吉
同　海軍大將　竹下勇
同　陸軍大將　吉田豐彦
同　子爵　小笠原長生
同　伯爵　內田康哉
同　陸軍大將　荒木貞夫
同　陸軍大將　本庄繁
同　結城豐太郎
同　陸軍大將男爵　奈良武次
同　永田秀次郎
同　大谷尊由
同　村田俊彦
同　松本烝治

▶「大日本少年團聯盟役員」（『少年團研究〈第十二巻第十號〉』）。

が凶弾に斃れる（前述）。昭和十三年（一九三八年）二月、三村清二が他界する（前述）とともに、四谷皇国少年団も消え去った。

四谷皇国少年団は消滅したが、昭和十七年（一九四二年）三月、「原級留置」——中学三年をもう一度やること——を通知された東千代之介は、「親睦会であると共に奉仕団体」である「日の丸会」を立ち上げた。会長は東千代之介。「日の丸会」の誓いの言葉は「一、僕らは、必ず立派に体を鍛えます。一、僕らは、必ず団結し敢斗精神を養い、国難に当たりましょう。一、僕らは、必ず少年兵を志願し米英をゲキ滅し大君の御心を安んじ奉ります」であったという（『東千代之介東映チャンバラ黄金時代』）。「日の丸会」の立ち上げに、東千代之介の、四谷皇国少年団の経験が役に立ったのであろう。「毎朝早く起きて〝日の丸会〟の子供たちと東宮御所の清掃をする」ことで、昭和十八年（一九四三年）四月、今度は無事に四年生に進級した（『東千代之介東映チャンバラ黄金時代』）。毎朝東宮御所の清掃をしながら無事進級できたが、昭和十八年（一九四三年）から「学徒勤労奉仕」が強化されたため、東千代之介の学校の、高学年の中学生は「鮫洲の藤倉工業品川工場へ防毒マスクの作業にかり出され」、学校で勉強するどころではなかったようである（『東千代之介東映チャンバラ黄金時代』）。

▶東千代之介

四、大東亜戦争から終戦、戦後へ

後藤幾蔵の三人の子（一彦、カヨ、モト）のうち、広瀬カヨは昭和八年（一九三三年）十月に、後藤一彦は昭和十二年（一九三七年）五月に他界しているので、戦争から戦後を生き抜いたのは三村モトだけということになる。したがって、この時代を語るとすれば、一彦、カヨの系譜では、その子たち、モトの系譜ではモト自身とその子たちについて語ることになる。

1 後藤一彦の系譜

後藤守彦は明治三十九年（一九〇六年）十二月二十一日生まれ（前述）。大正八年（一九一九年）三月、青南小学校（青山）を卒業し、早稲田実業学校に進んだ。大正十四年（一九二五年）三月、早稲田実業学校を卒業し、安田銀行に勤めた（前述）。昭和九年（一九三四年）九月七日、長谷きよと大阪で結婚（前述）。長谷きよは東京市板橋区板橋町五丁目七百十番地、長谷清五郎の長女。後藤守彦は、昭和十三年（一九三八年）五月、大分県直入郡岡本村大字挟田二十四番地（御茶屋跡）から本籍を東京市荏原区下神明町弐百拾七番地に移す。竹田町を訪れた守彦は、このとき円福寺を訪れ、先祖の墓の土を持ち帰って、青山霊園の後藤家の墓に埋葬した（前述）。昭和六十二年（一九八七年）七月七日に他界。享年八十歳。子は光彦、晴彦、正夫。晴彦は昭和十八年（一九四三年）六月十日、幼くして夭折。

▶昭和三十五年（一九六〇年）一月　後藤守彦

一枚目（上）、昭和四十年（一九六五年）頃、後藤守彦、

きよ。円覚寺で。二枚目（下）、昭和四十五年（一九七〇年）頃、後藤守彦、きよ。

後藤嘉彦は明治四十二年（一九〇九年）十月三日生まれ（前述）。大正十一年（一九二二年）三月に青南小学校（青山）を卒業し、桃山中学（大阪）に進んだ。昭和三年（一九二八年）三月に桃山中学を卒業。昭和六年（一九三一年）三月に日本大学予科文科（三年制）を卒業し、厚生省（保険局）に勤めた。昭和十四年（一九三九年）十二月一日、加藤静と結婚（入籍）。加藤静は、東京市淀橋区柏木一丁目百参拾五番地、加藤利三郎の二女。子は邦彦、征彦。一枚目（上）、昭和十五年（一九四〇年）頃「保険局属」後藤嘉彦。二枚目（下）、昭和十九年（一九四四年）四月、後藤嘉彦は応召し入隊。これは入隊する時の写真。この時、後藤嘉彦は三十四歳。子供を二人置いての出征はつらかったと思われる。

昭和十六年（一九四一年）三月頃。この二枚は同じ日に撮った写真と思われる。場所は戸越公園。藤の花はまだ咲いていない。親子三人で、公園を散策したのであろう。一枚目（上）、後藤静（二十四歳）と邦彦（九ヶ月）。二枚目（下）、後藤嘉彦（三十一歳）と邦彦。

一枚目（上）、昭和十六年（一九四一年）三月頃。後藤とくと邦彦。後藤一彦の妻とくは、後藤一彦が去った後、一人で後藤守彦と後藤嘉彦を育てた。後藤守彦が安田銀行

に勤めて独立し、結婚した後は後藤嘉彦と暮らした。後藤嘉彦が厚生省に勤め、結婚した後も嘉彦一家と住んでいた。後藤嘉彦がシベリアの収容所で亡くなった後、後藤とく、邦彦、征彦、静は一緒に暮らしていたが、後藤静が昭和二十六年（一九五一年）十二月二十日、心臓弁膜症で他界した。享年三十五歳。その後、後藤とくは一人で邦彦と征彦を育てたが、昭和三十二年（一九五七年）二月十八日、脳溢血で他界した（前述）。「不幸な結婚生活を送り、戦後という余裕のない時期に孫たちの面倒を見続けた苦労の多い人生に耐えたひと」だった（『後藤家のご先祖さまについて』）。二枚目（下）、同じ頃の写真。後藤守彦（向かって左）と後藤邦彦（右）。後藤邦彦さんは、成人して織田家に婿入りし、織田邦彦を名乗る。

一枚目（上）、昭和十六年（一九四一年）三月頃、後藤とく（向かって左）と後藤邦彦（九ヶ月）。河川敷に、ピクニックに出かけたという趣。二枚目（下）、昭和十七年（一九四二年）秋、後藤光彦（右）と後藤邦彦（左）。二人で近くの小学校に散歩に行っているようである。

後藤嘉彦が入隊した時、戦友と撮った写真と思われるが、はっきりしない。向かって左に満鉄のエンブレムが入った旗が見える。後ろに掲示している写真も満洲、大陸を思わせる。この隊が陸軍部隊とすれば、二十歳台の兵士は少ない。三列目向かって左から三人目が後藤嘉彦。陸軍兵長、後藤嘉彦の部隊（独立歩兵第四十一大隊）は山東省張店に展開していたが、昭和二十年（一九四五年）七月、朝鮮威鏡南道定平に移動し、そこで終戦をむかえた。ソ連軍の捕虜となった後藤嘉彦は、シベリアの収容所に送られ、昭和二十一年（一九四六年）二月二十六日、ソ連沿海州アリチョム収容所で、栄養失調のため亡くなった。享年三十六歳。

同じくシベリアに抑留された山本（広瀬）頼彦の『古希までの記録』に、ソ連の収容所の食料事情が記されている。それには「食料事情は大変に悪く、一日黒パン三百五十グラム、スープ（引き割り小麦とニシンの塩汁、ロシアでカーシャと言う）、砂糖五グラム、タバコ（マホ

ルカひとつまみ五グラム、マホルカとは軸と葉を一緒に刻んだオカクズみたいなタバコで、新聞紙に巻いて吸う）が一日の給与である。黒パンといっても小麦や燕麦の〝イガふすま〟の着いたまま、粉に曳いたものであった。翌朝排泄物を見ると、イガがそのまま出て肛門が痛かった。トウモロコシの粉のときはイースト菌が発酵せず、固いパンで、パンと言う物ではなく、カチカチの固いものだった。こんな食料事情が続き、栄養失調患者が次々と死んでいった。患者は手、足、胸の肋骨が、洗濯板を見るように痩せ、頬の肉は削げ落ち、眼孔は落ちこみ、腹だけはパンパンにふくれ大きく張り出すと、幾日もたたずにお参りする。就寝まで横に寝て話していた隣の戦友が、朝には冷たく死んでいる有様である。ロシア人は死者をスッポンポンの丸裸にしてソリに乗せ、密林のなかに穴を掘りうめさせる。穴と言っても土は凍り、鶴嘴ではなかなか掘れず、山苔しか掘れないので雪を掛けて置き、春になり土がとけるのを待って再度埋めなおした。……一九四六年（昭和二十一年）一月一日の正月は、エンドウ豆十粒ばかりはいった塩汁スープの朝飯だった、これでは生きて行けない、皆がそう思った。有馬茂君が大きな声で、〝正月の朝飯がエンドウ豆スプーン二匙、これで生きて行けるか！〟と涙声で叫んだのが忘れられない。本当にひどい哀れな食料事情で、死亡者が続出した」、「食糧不足は我々日本人捕

虜ばかりではなかった、一処に働かされている軍馬も同様である。粗飼料である干草が少なく、絶対量が足りず、白樺の小枝の先の方を喰うていた。馬房に連れ帰って、白樺の縁木を嵌めてあるが、それを噛ってたべてしまう。牧柵も同様で、何回か取り替えた。飼料の豆粕も、人間様の口にまわり、馬には僅かしか与えなかった。ロスケが不審に思い、燕麦に切り替えたが、あのイガイガの付いた燕麦さえも、人間様にピンハネされていた。ピンハネされた燕麦は仕事場の焚火に円匙で炒られ、持ち帰って晩飯の足しにする。喰うて見たが、口の中がジャボジャボとして、私は余り喰えなかった。それでも摺って粉にしたり、炊いて食べたりしていた」とある。シベリア中の収容所が、このような悲惨な飢餓状況だった。

昭和二十一年（一九四六年）の「五月一日メーデー」の頃になると、森に草や昆虫や小動物が出てきて、状況がやや好転した。『古希までの記録』に、ロシア人は「スコーラー、メーデー、オデハイ、スパーチ、オーチェン、ハラショウ（まもなくメーデーの日がやってくる、休日で寝ることか出来て大変よろしい）等我々に話していたので、我々もその恩恵に預かるかと楽しみにしていたが、食べ物の増食も、仕事の休みもなく、ただ駆り出され仕事をさせられた。メーデーが終わると雪溶けは進み、河の氷も溶けて増水し、音を立てて流れだす。白樺とカラ松が一斉に芽を吹く。シベリアは春、秋の期間が非常に短く、一度に夏がやってくる。日照時間が長くなり、遂に白夜となって、太陽の沈むのは四時間ぐらい。太陽は無くても満月の夜より明るく、薄暗くなったかと思うと東の空が白みかけてくる。こうなると、我々捕虜の労働時間も自然に長く延びて来る。時計を没収された捕虜は、太陽を見ての計測時間か、腹時計しかない。……やがて昼近くになると、ブォーチカ（樽）にカーシャ（粥）を積んだ、二艘の馬橇が見えてくる。我々は途中で仕事を放り出し、馬を橇から解いてやり、乾草をあたえて、昼飯を焚火で温め、故郷の話をしながら一時間の休憩にはいる。雪がすっかり無くなると、やがて緑の青草が芽を出してくる。お腹をすかした捕虜は、何か食べられる草は無いかと探しに歩く。良くしたもので、野生のシベリアネギ（ニラ）、あかざ、イライラ草などを見つけだし食用にした（草の名前はシベリアでつけたもの）。飯盒に入れ、焚火で湯がき、丸めて持ち帰り、夕食のたしにする。昼休みも、休まずに山中を探しまわる。又仕事中交代で採りに行く。喰うことについては、生きるために、食べられるものは何でも喰うた。動物蛋白ではミミズ、ネズミ、カエル、ネコ、犬、目についたものは何でも食べた。……河の岸には赤紫の甘酸っぱい実がなる木が在り（日本ではユスラといったところか）、仕事の目を盗んで良く採りにいく。しまいにはカヌボーイが採らせに行く様になった。八月になると、日本の十月の終わりぐらいの気候か、白樺の倒れた木にシメジが沢山に吹き出して来る。これも防虫網を袋にして採ってきて、飯盒で炊き、晩飯の足しにする。シメジの多いのは驚きであった」とある。

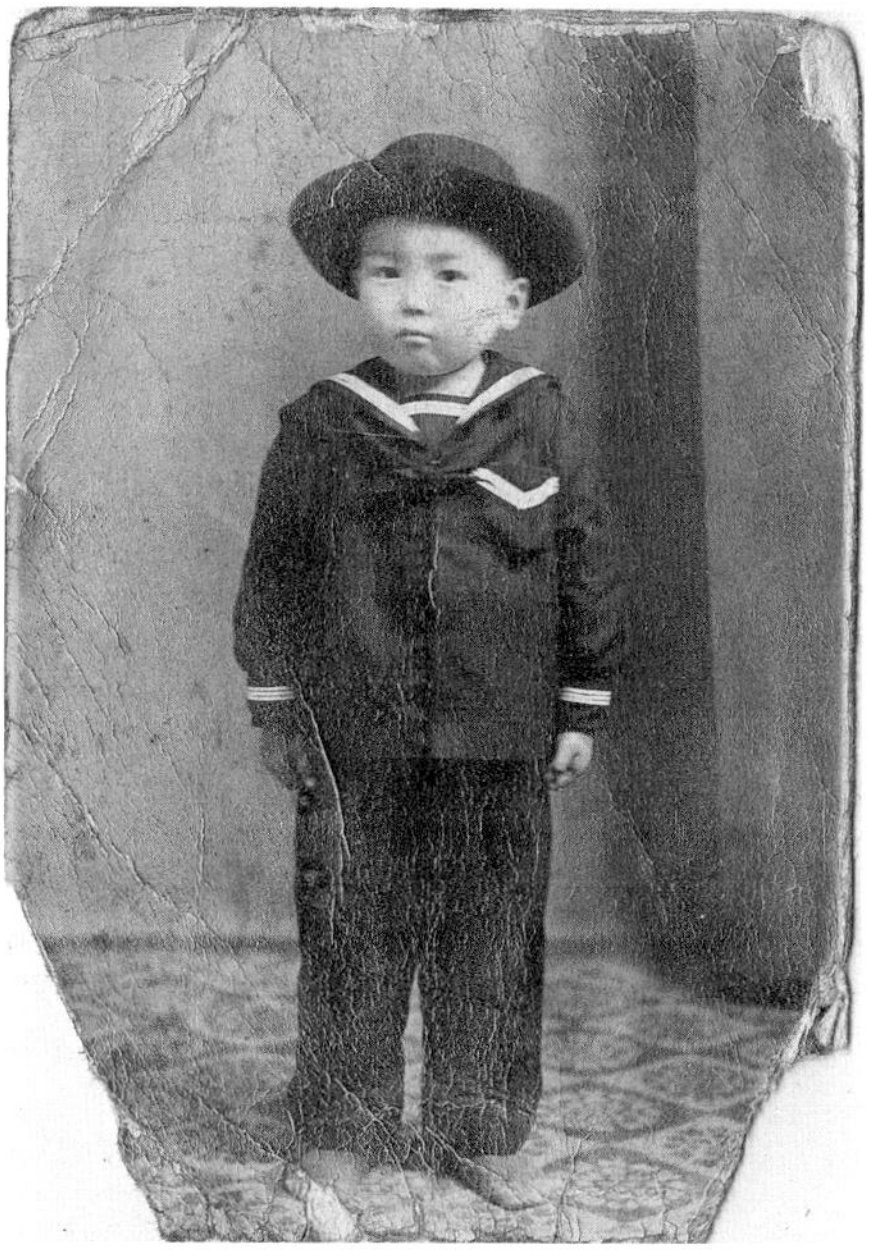

この写真は、織田（後藤）邦彦さんの七五三の写真という。昭和十九年（一九四四年）四月、応召し入隊する後藤嘉彦は、この写真を布袋に入れ、布袋を軍服に縫いつけ、肌身離さず持っていた。後藤嘉彦が収容所で亡くなったとき、戦友が見つけた。嘉彦のメガネとともに、戦後遺族のもとに届けてくれたという。その奇跡の一枚。

一枚目（上）、昭和二十八年（一九五三年）の後藤征彦。運動会か。二枚目（下）、昭和四十六年（一九七一年）十月の後藤征彦。抱いているのは後藤征彦の一男、尚彦（四ヶ月）。後藤征彦は昭和十七年（一九四二年）六月十三日生まれ、「祖母とくの五十回忌、並びに母きよの七回忌」（『後藤家のご先祖さまについて』）の直前、平成十八年（二〇〇六年）二月十七日に大動脈瘤破裂で急逝した。享年六十三歳。血圧が高かったのか？

一枚目（上）、日本人死亡者慰霊碑（アルチョム五〇二一埋葬地）。後ろの青空がまぶしい。ソ連沿海州アリチョム収容所で他界した後藤嘉彦の一男、織田（後藤）邦彦さんは、平成二十三年（二〇一一年）、「ソ連抑留中死亡者慰霊巡拝（沿海地方）」に参加した。邦彦さんは「幾

つかの捕虜収容所、野戦病院の跡地と言われるところへ行きましたが、どこも丈の高い草ぼうぼうの場所でした。そこにはコンクリートなど存在しないので、木材で組んだ建物は既に朽ち果てていて、跡形もありませんでした。父の亡くなった収容所は、ウラジオストックから50キロメートルの比較的都会に近い場所でしたが、それでも当時の面影すら分かりませんでした。ただこの収容所の場所には慰霊碑が建てられており、せめてもの慰めでした」と述懐している。二枚目（下）、草ぼうぼうの捕虜収容所跡地。

平成二十三年（二〇一一年）十月五日、織田邦彦さんは「アルチョム収容所（アリチョム収容所）」で追悼式に臨んだ。一枚目（上）、合同追悼式で追悼の辞を述べる織田邦彦さん。二枚目（下）、日本人死亡者慰霊碑にかけられた日の丸。慰霊碑の、向かって左は織田邦彦さん。雲ひとつ無い青空に日の丸が映える。シベリア抑留中に無念の死を遂げた人々の魂は、この日の丸と青空に慰められたことであろう。

昭和三十一年（一九五六年）十一月、後藤嘉彦命は靖国神社に合祀された。

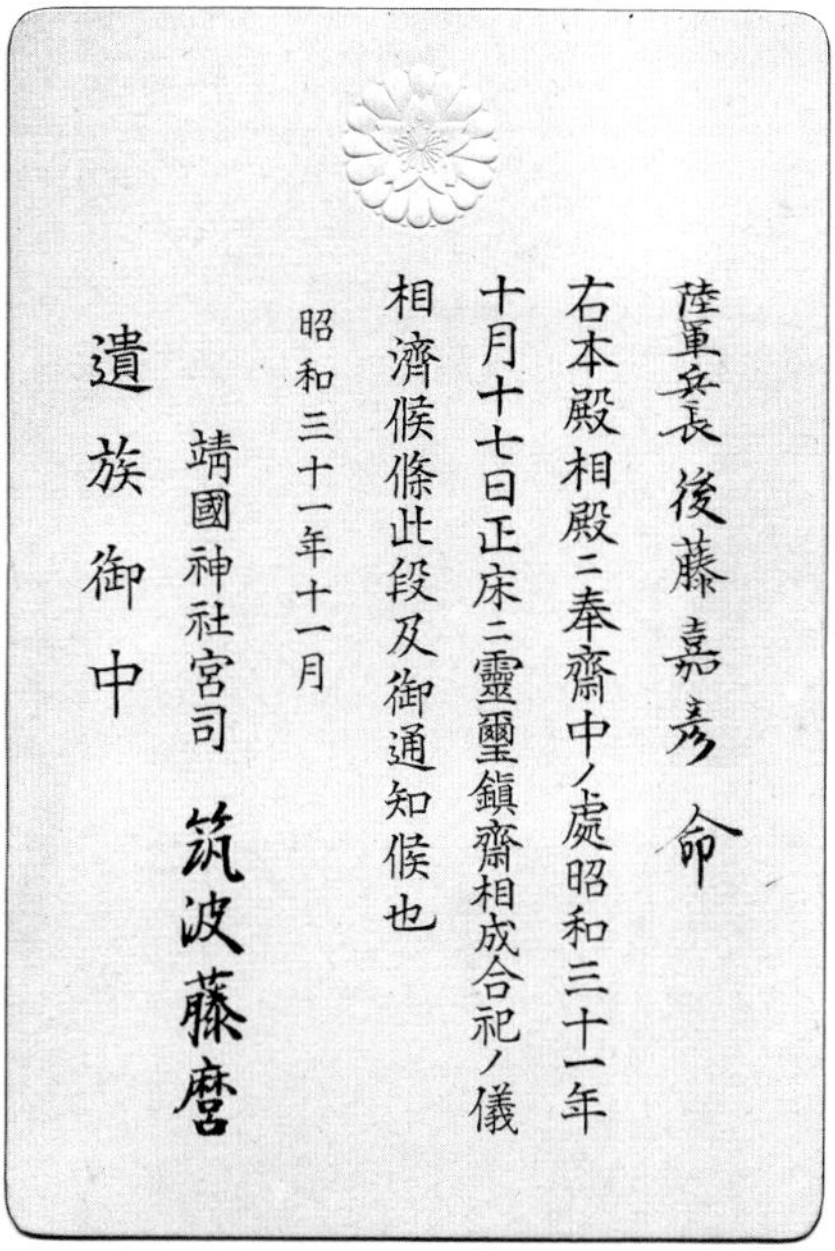
陸軍兵長 後藤嘉彦 命
右本殿相殿ニ奉齋中ノ處昭和三十一年
十月十七日正床ニ靈璽鎭齋相成合祀ノ儀
相濟候條此段及御通知候也
昭和三十一年十一月
靖國神社宮司 筑波藤麿
遺族御中

2 広瀬カヨの系譜

広瀬カヨの系譜で、戦後まで生き抜いた子については、昭和九年（一九三四年）八月の写真（前出）に見える人物が全てである。戦死者は無く、長寿者が多かった。広瀬カヨの子で成人に達したのは、年の上から順に直俊、トク、俊幸、好文、良子、八江子、頼彦、静子である。

広瀬直俊は、明治三十七年（一九〇四年）十二月一日生まれ（前述）、昭和七年（一九三二年）九月五日、大野郡百枝村大字川邊七百六拾七番地の川辺ユキエと結婚（入

▶広瀬直俊

籍）。緒方の広瀬家を継ぎ、農業に従事し、平成十七年（二〇〇五年）七月二日に他界した。享年百歳。子は照人、勝之、悦代、弘子、寛。

昭和十五年（一九四〇年）頃の広瀬家の写真、二枚。一枚目（上）、広瀬家の全景。二枚目（下）、庭と母屋。『鳴あの頃』に「年齢差十五歳。物心ついた頃は立派な青年で、大きい兄さんと呼んでいた。兄と遊んだ記憶は全くない。広瀬家の嫡男として温厚で、じみで、ワンマンな父親に代り、母を助け、黙々と働いていた。趣味は剣道、尺八、囲碁の様であった。夜、外庭で、兄弟で剣道をしていた。尺八を、首をふりふり吹いていた。碁は親子でうっていた。……兄の働く時、いつも牛と一緒の姿を思い出す。山から薪を牛の背に積み運ぶ姿、堆肥を田に運ぶ姿、田植えの準備。兄が苦情を言ったり、大声で怒るのを聞いたことがない。広瀬家の長男としての篤行を果し、元気で卒寿を迎え、なお悠然と生きる兄である」（原文のまま、以下同じ）とある。

一枚目（上）、昭和二十七年（一九五二年）四月、広瀬直俊一家。前列向かって左から右に順に広瀬寛、広瀬ユキ

エ、広瀬弘子、広瀬悦代。後列向かって左から右に順に広瀬直俊、広瀬照人、広瀬勝之。照人さんが学生帽を被っているので、日本大学に入学する直前と思われる。二枚目(下)、昭和三十年（一九五五年）十一月。向かって右が広瀬直俊、左が広瀬ユキエ。この時、直俊は五十歳、ユキエは四十四歳。『古希までの記録』に「十一月三日、明治節が終ると、緒方平野は一斉に稲刈りが始まる。米の品種は、ほとんど〝大分三井〟であった。稲刈りは鋸鎌で、一人が四畝か五畝を縦列に刈り、これを刈った跡に並べて一面に干す。三日位、秋の日に干し、乾いた稲は〝イナゼ〟でくくる。秋とは言っても、日中は暑く、汗だくになりながら、竹で作った〝オオコ〟に稲束を両方に刺し、担いで、ムシロを敷いた〝稲こぎ機械〟の廻りに、夜露に濡れないよう山の様に積上げておく。翌日の朝三時頃から、提灯の明かりで稲こぎを始める。七時頃朝飯を持って来て、藁を敷き、その上で食べる。空き腹に飯はうまかった。子供は〝藁運び〟が専門で、首から藁屑が入らぬよう、タオルで頬かむりした。こうして一日中、夕方暗くなるまで働くのである。稲こぎした籾の調整が終り、俵に詰め、三角の山に積み、濡れぬようにして、〝帰り荷〟は、リヤカーに籾俵を幾俵か乗せて持ち帰る。其のころには提灯の明かりは要らず、中天に月があがり、日中の暑さにくらべ、寒さが身にしみる様になる。収穫シーズンの労働は、みんな競争である」とある。

一枚目（上）、昭和三十四年（一九五九年）十月、広瀬直俊と牛。この時、直俊は五十四歳。向かって右に広瀬ユキエが見える。二枚目（下）、母屋の向かって左に、牛小屋と納屋があった。令和二年（二〇二〇年）十二月、後藤幾蔵の刀が、この納屋から見つかった（前述）。

一枚目（上）、昭和三十五年（一九六〇年）一月五日。後列向かって左から右に順に原田健次、園田新、広瀬弘子、園田美貴恵、園田弘美。前列左から右に広瀬寛、園田

マツヨ（園田定平妹）、安東美智子。正月、親戚の子供が大分市志手の園田家に集まったようである。二枚目（下）、昭和四十一年（一九六六年）一月、緒方町の広瀬家の団欒。正月か。前列向かって左から右に順に広瀬マリ子（照人妻）、広瀬照人、広瀬友久（広瀬照人一男）、広瀬悦代、広瀬敬二（広瀬照人二男）、広瀬恵子、広瀬直俊。後列向かって左から右に順に広瀬寛、広瀬弘子、広瀬勝之。

平成十六年（二〇〇四年）十二月一日、広瀬直俊。直俊、百歳の誕生日。直後は、この写真を撮った七ヶ月後——平成十七年（二〇〇五年）七月二日——に他界した。

▶広瀬トク

広瀬トクは、明治四十一年（一九〇八年）九月二十日生まれ（前述）。昭和七年（一九三二年）十一月一日、山口縣厚狭郡吉田村大字吉田地方第千六百九拾五番地の原田清に嫁す（入籍）。昭和五十六年（一九八一年）二月十日に他界。享年七十二歳。子は清子、栄子、昌治、房枝、健次。『鳴あの頃』に、「歳は一廻り違い、一所に遊んだ記憶なし。忙がしい母に代って、良く面倒を見てもらった。毎朝髪を結ってもらっていた。髪をかきつけながら又〝シラミ〟をもらって来たと櫛で〝コツン〟。洗髪して、すき櫛で良く手入れをしてくれたこと。勉強についてもなかなか喧しく、いやいやながら鉛筆をもっていたこと。当時は着物が主な服装であったが、姉に洋服を仕立てて、着せてもらっていた。浴衣は婦人雑誌の〝カタログ〟で注文して仕立て、着せてもらったり、こんな姉を尊敬し、〝チョッピリ〟自慢の姉だった」と八江子は記している。広瀬トクは、大正十五年（一九二六年）六月、祖父、後藤幾蔵と上京した。叶電機商会で二年半働き、昭和四年（一九二九年）一月、帰郷した（前述）。広瀬トクは、母、カヨに代わって広瀬静子や広瀬頼彦を育てた。

一枚目（上）、昭和十三年（一九三八年）三月、原田時計店の店舗で撮った写真。たくさんの時計が見える。向かって左から右に順に原田清、清子（五歳）、トク、栄子（二歳五ヶ月）。時計店の裏手は、急峻ながけになっていて、下のほうに豊肥線が走っていた。蒸気機関車が、もくもく黒い煙を吐きながら走るのが見えた。二枚目（下）、昭和二十三年（一九四八年）四月三日「竹田櫻観」。原田清一家が、竹田町に花見に来たときに撮った写真。前列向かって左から右に順に原田昌治、原田清、原田房枝、原田健次。後列向かって左から右に原田清子、原田栄子、原田トク。

一枚目（上）、昭和三十七年（一九六二年）四月。前列向かって左から右に原田トク（五十三歳）、原田清

（五十六歳）、石井清子（二十九歳）。後列向かって左から右に原田昌治、原田房江（二十歳）、原田健次（十五歳）。原田昌治は、若くして他界。原田清の前の男児は石井良徳（石井清子一男）。原田健次さんが高校に進学し、原田房江さんが二十歳になった記念の写真と思われる。丁度この時、網谷栄子さんは、一女、吉佑子さんを出産しており、ここに居ない。二枚目（下）、昭和四十年（一九六五年）正月、原田清の還暦祝いの記念写真。後列向かって左から右に原田昌治、原田房江、原田健次、石井良徳。前列左から右に石井誠一（石井清子二男）、石井清子、網谷吉佑子（ようこ。網谷栄子一女）、原田清、原田トク、網谷栄子。赤子は網谷安佑子（あさこ。網谷栄子二女）。原田清、トクはよく家族の写真を撮っている。原田家の写真には、日付、写真撮影の事情が書かれたものが多く、写真の年代特定や背景・事情の把握に資する写真が多くあった。

▶広瀬俊幸

広瀬俊幸は明治四十三年（一九一〇年）二月二十日生まれ（前述）。昭和十六年（一九四一年）二月十五日、宇佐郡豊川村大字大塚五百六拾六番地の中道アサ子と結婚（入籍）。平成十四年（二〇〇二年）七月十四日に他界。享年九十二歳。子は猛、幸子（夭折）、悦子、修、孝。『鳴あの頃』に「幼少より体が弱く、物心ついた頃は家には居なかった。大分市の三井時計店へ入り、修業していた。正月やお盆には帰省していた。一人前の時計職人となり、下自在で時計店を開業し、商も順調に行っていた。若げのいたり、女性問題を起し、……父が反対で結婚出来ず、気の毒な兄である」とある。広瀬俊幸は、大正十三年（一九二四年）緒方高等小学校を出て、大分の三井時計店に弟子入りし、時計修理の技術を身につけた。昭和三年（一九二八年）頃、緒方に戻って、実家の近くで広瀬時計店を開いた（前述）。立派な店舗を構え、繁盛していたという。結婚問題で父と衝突し、昭和十一年（一九三六年）、中国に渡った。

▶昭和十一年（一九三六年）三月頃　上海

これは、広瀬俊幸が中国に渡った時、上海で撮った写真で、昭和十一年（一九三六年）前半のもの。物資の大量輸送に関わる場所、即ち埠頭（碼頭）である。前列向かって右端が広瀬俊幸（二十六歳）、次いで左に、メガネを掛けた男性が岡田酉次（三十八歳）、前列左端の男性は松本重治（三十六歳）。後列向かって右の女性は不詳、左は岡田イク子（岡田酉次妻）。岡田酉次は、昭和十一年（一九三六年）三月、中国大使館付武官を拝命し、家族と共に上海に来ている（『日中戦争裏方記』）。

松本重治は昭和七年（一九三二年）十二月、「新聞聯合社」上海支局長として、上海に来た（『聞書・わが心の自叙伝』）。松本は、昭和七年（一九三二年）十二月「東京駅から長崎まで汽車の旅」の後、長崎で一泊し、上海行きの船に乗り、「丸一日半の船旅」で上海に着いている。上海では「〝電通〟との競争は非常に激甚だった。半年ぐらいは、ぶっつづけに負けた」、「〝電通〟本社が陸軍とタイアップしていたので、陸軍の武官室からのニュースをとりやすかった」が、昭和九年（一九三四年）八月、影佐禎昭が大使館武官補佐官として上海に着任してから電通と対等になったという（『聞書・わが心の自叙伝』）。松本は友人・知人を介して「イギリス社会に入りこみ、閉鎖的な上海クラブのメンバーにも加えられ、……フランス・クラブに入り、アメリカ人と知り合おうとロータリー・クラブにも入会した。中国の要人、ジャーナリスト、学者たちとのつき合いも深まり、ニュースがあると、その裏をとるための話を聞けるような、信頼すべき友人が多くなって行った」（『聞書・わが心の自叙伝』）。昭和十一年（一九三六年）十二月十二日夜、「一週間前に西安入りした蔣介石の動静が不明。南京の蔣院長秘書室への連絡が途絶えた」（『聞書・わが心の自叙伝』）。南京支社や上海支局から入った緊急電話が、中国の友人を通じて、西安事件の真相をいち早く把握した松本は、これを世界に配信（西安事件スクープ）した（『聞書・わが心の自叙伝』）。この事件を機に「蔣介石は〝国共合作抗日一辺倒〟という共産党宛手形を背負った」（『日中戦争裏方記』）。高宗武は「あの張学良軍の反乱で蔣さんが捕虜になった時に、抗日政策について何かの言質を与えた事はどうも事実でしょうね」と語る（『揚子江は今も流れている』）。

岡田酉次の「赴任に当たり与えられた任務の一つに、〝財政経済的に見る中国の戦争能力判断〟という調査業務があった」、「現地赴任早々、同行した二、三の補助者とともに調査の計画につき討議を始めたが……実施に着手してみると、先進諸国の場合とは異なり当時の中国にははなはだしく統計資料を欠き、そのうえそれらの入手もきわめて困難であった。まして現地調査にいたっては、政情が到底これを許さない」（『日中戦争裏方記』）。「全く頭の痛くなるものばかりであった。こうして六、七合目から頂上への途を求めてさまよっていた」時、蘆溝橋事件が勃発した（『日中戦争裏方記』）。広瀬俊幸は、岡田に「同行した二、三の補助者」として昭和十一年（一九三六年）三月に、上海に渡ったと考える。

一つ前の写真と同じ時、同じ場所で撮った、不思議な写真である。松本重治の一家（『聞書・わが心の自叙伝』）と岡田酉次の一家（『日中戦争裏方記』）、中道アサ子、広瀬俊幸が写っている。向かって左から広瀬俊幸、一人置いて右に岡田酉次、一人置いて右に松本健（松本重治二男。一歳一ヶ月）、中道アサ子（松本健を抱いている）、次いで右に岡田イク子、その前に立つ子は岡田輝夫（岡田酉次二男）、次いで右に松本花子（松本重治妻）、次いで右に松本操（松本重治一女。三歳六ヶ月）、一人置いて右に松本洋（松本重治一男。五歳七ヶ月）、メガネの男性の後ろに松本重治。松本操を抱いたメガネの男性は不詳。松本重治は後に、岡田酉次と「日中和平工作の中で知り合った」と述べているが（『聞書・わが心の自叙伝』）、岡田一家が上海に着いた時から、知り合いであったようである。

松本重治は、新たに発足した「同盟」本社から「打合せのため上京せよ」との連絡があり、昭和十一年（一九三六年）二月十五日、上海―長崎間の連絡船に乗り、長崎に着いた（『上海時代』）。長崎から列車で上京する途中、神戸で途中下車し、病気療養中の父、松本枩蔵を見舞っている（『上海時代』）。松本枩蔵は、九州電気軌道株式会社

の社長をしたことがあり、「田能村竹田と頼山陽の書画蒐集に全財産を投じ〝竹田の松本雙軒（雅号）〟といわれた……にもかかわらず、事業の失敗をつぐなうためすべてを手放してしまった」という（『聞書・わが心の自叙伝』）。松本荅蔵は、同年二月二十日に他界した。父の葬儀を終えた松本重治は、同年二月二十六日、「二・二六事件」の勃発を受けて直ちに大阪から上京し、「二・二六事件」を取材した（『上海時代』）。三月初めに上海に戻った時、松本重治は中道アサ子（十六歳）を伴っていたと考える。松本重治と中道アサ子には、松本荅蔵、九州電気軌道株式会社を介する、何らかのつながりが考えられるが、手がかりは無い。松本重治の「母は松方正義の娘であり、妻花子は直系の孫」（『聞書・わが心の自叙伝』）なので、松本は閨閥による広い縁戚・交友関係をもっていた。昭和九年（一九三四年）八月、影佐禎昭が「中国大使館附武官補佐官」として家族を連れて上海に赴任したとき、松本重治の妻、花子と、影佐の妻、幸子とは縁があり、知人であったため、松本と影佐は公私にわたって親しく付き合うようになったという（『人間影佐禎昭』）。昭和十二年（一九三七年）、上海派遣軍の特務部に所属することになる岡田酉次は、いわば影佐禎昭の同僚と言える。広瀬俊幸が、岡田酉次、松本重治らと、一緒に写真に写った経緯ははっきりしない。松本重治と広瀬俊幸には接点が見つからない。岡

田酉次については、広瀬俊幸は東京の叔父、三村清二、従弟、三村勲などを介して岡田と知り合った可能性があると考える。

昭和十一年（一九三六年）七月十日、「上海〝日本租界〟で、三菱商事の関係者が、子供の手を引いて散歩している時、背後からピストルで射撃され即死する「萱生事件」が起こり「上海居留民一般に対し少なからざる不安と衝撃を与えた」（『上海時代』）。同年九月二十三日、「上海で碇泊中の旗艦出雲の乗組水兵三名が、上陸して共同租界を散歩中、背後から狙撃され、一名死亡、二名重傷という事件が起った。また十一月一日には邦船笠置丸の船員高瀬安次氏が楊樹浦附近で射殺された」（『上海時代』）。「第三艦隊旗艦〝出雲〟乗組みの水兵三名が抗日テロ団に殺傷された事件」は「上海居留民たちを一瞬にして不安の状態に置くことになった」（『上海時代』）。上海の海軍武官補佐官は、「汪兆銘狙撃事件と鉄血除奸団、中山事件や萱生事件の背後も、みんないずれも関係があることが判ったが、物的証拠などというものはない。ああいう秘密結社の真相は容易につかめない。……抗日諸団体を国民党の一部が指導してきたことは明白な事実だが、藍衣社との関係は判らない」と語る（『上海時代』）。

昭和十二年（一九三七年）七月七日、蘆溝橋事件が起こる（前述）。同年八月十三日、第二次上海事変が勃発すると、岡田酉次は「貴官は現地において極秘裡に極力多量の軍需整備に任ずべし」と命じられた（『日中戦争裏方記』）。岡田は、「軍需物資の多くは外国租界に存在し、たとえ入手に民間商社を介在せしめるにしても、私自身も敵勢力下の租界にしばしば侵入するため臨機変装して行動した。しかしいつとはなしに敵便衣隊に探知され、我々に尾行する自動車から狙撃を受けることも一、二度にとどまらなかった。……連日にわたり敵勢力下便衣隊の目を潜って暗黒の街を疾走した」と回想する（『日中戦争裏方記』）。当時、華中の日本軍兵力は「上海陸戦隊と第三艦隊旗艦〝出雲〟の陸戦隊とをあわせても、僅々二千数百名に過ぎず」、対して中国側は「最精鋭六個師団を上海周辺に集中配備」していた（『日中戦争裏方記』）。上海救援のため、日本側は軽装備の二個師団を派遣する。戦況が進むに従い、軍需品以外の物資も調達する必要が高まり、これを実施するため、岡田は「三井物産上海支店をはじめ、各有力商社より次席前後の有能社員の派遣を求め、居留民団建物内に……〝岡田武官事務所〟を開設した」（『日中戦争裏方記』）。

一枚目（上）、「岡田武官事務所」（『日中戦争裏方記』）。前列向かって左は中道アサ子（十七歳九ヶ月）、次いで右に順に岡田酉次、岡田イク子と思われる。後列向かって右端の男性は松本重治に見える。これは昭和十二年

(一九三七年)八月、第二次上海事変が起こって、上海居留民団建物内に岡田武官事務所を設けた頃の写真である(『日中戦争裏方記』)。中道アサ子は、岡田夫妻とも親しくしていたことがうかがえる。

上海周辺で「合計六〇万の最精鋭中国軍が、あらかじめ準備した陣地を利用して抵抗に出た」ため(『日中戦争裏方記』)、二個師軽装備の上海派遣軍(第三師団、第十一師団)では中国軍を撃破することができなかった。石原莞爾作戦部長は、蘆溝橋事件の「不拡大方針を堅持」していたが、事変の拡大を封じることができず、昭和十二年(一九三七年)七月二十八日、「日露戦争以後初めての大動員」下令、三個師団派遣(第九師団、第十三師団、第百一師団)を打ち出した(『石原莞爾』)。『陸軍畑俊六日誌』、昭和十二年(一九三七年)八月十八日に「本日、大臣、総監に挨拶す。総監は参謀本部が頗消極的なるを憤慨しありたるも、又多田参謀次長に会つて話を聞て見れば無理からぬ処もあり。大臣も参謀本部の消極的なるを憤慨し石原第一部長の交迭さへ問題となしありたるも、参謀本部は対蘇を深く考慮しあることなれば無理からぬことなり」とある。結局、九月十一日「臨参令第九十九号をもってさらに三個師団を中心に重装備の特科隊、飛行団等の増派も余儀なしとの決定をみるや」、石原は九月二十三日「自ら作戦部長の重職を去った」(『日中戦争裏方記』)。「さらに三個師団」は第六師団、第十八師団、第百十四師団で、これらの師団で第十軍(柳川兵団)が編成された。「〝部長の消極〟として、四面楚歌の立ち場に陥っていった」石原莞爾は、九月二十七日「関東軍参謀副長に左遷」された(『石原莞爾』)。

「上海南京の間の守りは、蒋介石の依頼によってドイツ陸軍の築城専門家の手で沢山の要塞が作られて」おり、「ドイツからは前参謀総長フォン・ファルケンハウゼン大将以下二十名の将校が軍事顧問として乗り込」んでいた(『揚子江は今も流れている』)。昭和十二年(一九三七年)十月二日、「第九師団が上海郊外蘇州河の渡河作戦に成功すると、戦勢はここに一変、上海周辺の中国軍戦線は崩壊を始めた」（『日中戦争裏方記』）。同年十一月五日には第十軍（柳川兵団）――第六師団、第十八師団、第百十四師団――が杭州湾に上陸し、敵側を急追撃、同年十二月十三日、南京を制圧した（前述）。広瀬俊幸の弟、広瀬好文の属する第六師団第四十七連隊は、杭州湾上陸を果たし、南京攻略戦に加わった（前述）。「この間、両軍の作戦した地域あるいは駐屯地に生じた中国側住民の被害はきわめて深刻なものがあり、家屋は燃え家財や物資もときに略奪あるいは徴発に遭い、折柄の農産収穫物をも失うなど、農村の荒廃は筆舌にも尽くしがたい有様であった」、「退却する中国軍はその常套手段として掠奪と放火を擅にし、農家は家を焼かれた上に家畜や種子に至る迄喪失して終った」という（『日中戦争裏方記』）。岡田酉次は上海派遣軍特務部に配属され、「経済政治関係の掌理に当た」る。南京が陥落し、戦闘が収まると、「各地都邑では故老または先覚者達が漸次逃避先より復帰し、相図って日本軍支援のもと治安維持会の組織に着手し、難民復帰の漸増とともに相互扶助によるその日の生活と戦後の復旧を目指して自治委員会を組織し、中国の旧制にならい自衛保甲と連帯責任制をもって治安と生計の回復に努めだした」（『日中戦争裏方記』）。「生活物資の配給や救恤施療等の業務が急増するに伴い、これが財源問題ともからみ、ここに統一ある行政組織の必要が唱えられ」、昭和十三年（一九三八年）三月二十八日、中華民国維新政府が誕生した（『日中戦争裏方記』）。

昭和十三年（一九三八年）一月十一日、板垣征四郎が率いる第五師団が青島に入った。「青島市内及び沿線に駐留した師団の将兵は、膠済沿線の警備に当った。将兵は、各所に出没する匪賊の討伐に絶えず出動して、殆んど休養をとる暇もない位であった」（『秘録板垣征四郎』）。その結果「内地からの商船がようやくその数を増し、更に飛行機の往復も開始された。従って一時北九州付近に退避していた在留邦人も、逐次復帰し、府内の治安も全く恢復されるに至った」、「内地から慰問のための著名人士や芸能人やの来訪もだんだん増して来た」（『秘録板垣征四郎』）。青島については、昭和十三年（一九三八年）一月十一日『陸軍畑俊六日誌』で、畑俊六は「海軍陸戦隊は昨日青島に上陸々地を占領せり。海軍は青島を陸軍が占領せんことを虞れ、約束したるに係はらず青島に敵兵なしと見るや直に陸戦隊を派し国旗を立てたり。海軍は全く勲章の為戦争したるものなり。ほんとに戦争したるものにあらず。何時もながらの遣口ながら実に憤慨の至りなり」と海軍への不満を表明している。二枚目（下）、青島の新聞社のデスクに座る広瀬俊幸。広瀬俊幸は、昭和十一年（一九三六年）、中国に渡って中国語を独学で学び、中国語をしゃべるようになっていた。昭和十三年（一九三八年）、上海から山東省、張店に移り、ここに居を構えた。昭和十三年（一九三八年）九月、松本重治は腸チフスに罹り、生死の境をさ迷った（『上海時代』）。十二月初めにやっと退院した松本重治は、「なお数ヶ月の療養を必要とする」ため、昭和十三年（一九三八年）十二月末、帰国した。松本が上海を去る前後、中道アサ子は、広瀬俊幸の居る張店に移動したのではないか。この頃、中国で知り合った二人が結婚したと考える。昭和十四年（一九三九年）、広瀬俊幸は張店から青島に移り、ここで親日華字新聞に勤めるようになった。広瀬俊幸が青島の親日華字新聞に勤めるようになった経緯については、上海で知り合いとなったジャーナリストの松本重治の紹介があった可能性を考える。

北京、新京、上海で活躍する中国人女優や歌手が写った、不思議な写真である。向かって左端のネクタイをした男性が広瀬俊幸。最後列中央の、帽子を被った恰幅のいい男性は親日華字新聞社の社長、小谷節夫と思われる。場所は青島の飛行場か。夏の暑いときに、青島の親日華字新聞社の小谷節夫が、中国人女優や歌手に、青島でのバカンスと将兵慰問を呼びかけたという趣である。前列向かって右端（腰を下ろしている）は白虹（歌手）、一人置いて左に鄭蘋茹（重慶側女スパイ）、次いで左に順に白光（女優）、

▶昭和十四年（一九三九年）七月

祁正音（歌手）。二列目向かって左から二人目（腰を下ろしている）は姚莉（歌手）、次いで右に順に周璇（歌手）、李香蘭（女優）に見える。三列目左から五人目は侯飛雁（女優）、次いで右は李明（女優）と思われる。青島の親日華字新聞社と満映の女優（李香蘭こと山口淑子は日本人であるが、当時は中国人で通っていた）、上海の中国人歌手らの記念写真。コーカソイドの四人は、「日本の情報工作をしていた白系ロシア人」（『周仏海日記』）か、近衛文隆に接触を図る英国大使館員ではないかと考えるが、決め手は無い。三列目向かって右から二人目の男性は、近衛文隆（近衛文麿一男）、その向かって左は早水親重と思われる。昭和十四年（一九三九年）前半、鄭蘋茹は近衛文麿の一男、文隆に近づき、これを籠絡して、日本側の機密情報を得ようとした。鄭蘋茹は歌を歌うことがあり、上海の歌手の一人として、重慶側特務機関が、この中に潜りこませた可能性を考える。

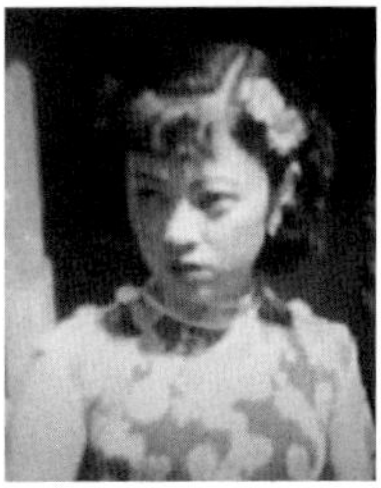

一枚目（上）、李香蘭。この写真では、李香蘭は、その華やかな美しさが見られない。この写真が撮られたのは、満映と東宝の合作映画『白蘭の歌』の撮影が始まった頃で、李香蘭のストレスと疲れが見てとれる。二枚目（下）、『白蘭の歌』に出演した李香蘭。「〝白蘭の歌〟は大陸進出の夢を甘いロマンスに託したメロドラマで、〝大陸親善映画〟なる路線のハシリだった」、「七月から八月にかけて北京や熱河省承徳で現地ロケを行なうと、十月には東京のスタジオで早々にセット撮影し十一月中旬に完成、十一月末……日劇で一挙に公開」した（『李香蘭私の半生』）。原作者の久米正雄は「〝白蘭の歌〟の主人公の日本人建築技師には長谷川一夫、恋人の中国人少女には李香蘭を起用する方針をすでに聞いていて、小説は二人のイメージで書きすすめ」たという（『李香蘭私の半生』）。

一枚目（上）、近衛文隆。二枚目（下）、丁默邨。近衛文隆（上）は、大正四年（一九一五年）四月三日生まれ。学

習院初等科、中等科を卒業して、父、文麿の勧めで、昭和七年（一九三二年）四月、アメリカに留学し、昭和十三年（一九三八年）七月に帰国した（『近衛文隆追悼集』）。同年八月から昭和十四年（一九三九年）一月まで、父、文麿の内閣総理大臣秘書官を務めている。昭和十四年（一九三九年）二月、上海の東亜同文書院の学生主事として赴任し、同年五月二十六日に帰国した（『近衛文隆追悼集』）。当時の上海は、日本による占領後既に一年も経っていたが、「日本軍人の首には賞金が五百元かかっているとかいうことで……共同租界や場末の方に単独で行くことは禁止されていた」（『近衛文隆追悼集』）。東亜同文書院の「学長はじめ教職員・学生みな大学構内に住んでいたが」、近衛文隆は「大学外の上海在住の日本人や外国人との交際もあった。「もっとも困ったのは、まったく面識もない人からの招待で、それが非常に数多く且つ頻繁なことであった」（『近衛文隆追悼集』）。近衛文隆の指導・世話を仰せつかった大学教員は「上海は日本軍の勢力範囲内に在ったとは言え、複雑な国際都市のこととて、裏面には敵味方入り乱れての暗躍があった。ある時、中国の高官の令嬢で、日本婦人を母とする女性が、これも然るべき筋からの紹介で文隆さんに交際を求め、大学に訪ねて来たことがあった。……その令嬢が私のとこに来て、〝わたしは母が日本人なので日本が大好きであり、もっと日本語を習い、日本のりっぱな人と交際して見たいので、近衛さんと交際するのを許して欲しい〟と手を合わすようにして頼んだ。……その令嬢は見たところ実に可憐な女性で、……性の悪い人とはとても思えぬというので、その後学校の運動会の折や、その他二三回文隆さんを訪ねてきたようであるが、特に注意もしなかった。この女性が後にスパイだということが発覚し、汪政権の機関によって処刑されたのには、まったく一驚した」と回想している（『近衛文隆追悼集』）。令嬢とは、藍衣社の地下工作員、鄭蘋茹である。

上海に居た頃、近衛文隆は早水親重という友人と知り合い、「父の責任は重い。父の対支認識は甘い。それが現地に来て見てつくづくわかるような気がする。併し父ではどうすることも出来ないんじゃなかろうか」という思いから「蔣介石氏と直接交渉を開く以外に方途無く、その方法等につき情報を持ちよって協議」するようになった（『近衛文隆追悼集』）。「又当時英国の註華大使たりし、パドリック・カー氏との会見で、自分が斡旋するから直接交渉に重慶に行かれては、との彼への示唆もあり、速かに上京し、日本朝野の認識を改めさせねば、事が間に合わなくなると痛感……五月下旬……入京し、朝野に呼びかけ、当時参謀本部部員たりし、故秩父宮殿下にまで意見具申」したという（『近衛文隆追悼集』）。東亜同文書院も、「文隆さんが狙われているという噂があり、……文隆さんと誤ってピストルを撃つたらしい事件がおこつたりしたので、万一を慮り学長と相談して急に上海から離れていただくようにした」（『近衛文隆追悼集』）。この写真に近衛文隆が写っており、五月末に日本に帰り、夏に鄭蘋茹に会いに青島に来たと思われる。後列中央部の小谷節夫の左側に、羅君強（周仏海に近い、汪派国民党の幹部）に見える人物が写っており、汪派国民党と関係がある一団であることがうかがえる。近衛文隆は、昭和十五年（一九四〇年）三月、徴兵で入隊した。昭和二十年（一九四五年）八月、満洲でソ連軍の捕虜となり、昭和三十一年（一九五六年）十月二十九日、モスクワ郊外、イワノヴォ収容所（保養ラーゲリ）で病没した（『近衛文隆追悼集』）。享年四十一歳。

昭和十四年（一九三九年）五月末に近衛文隆が帰国した後、鄭蘋茹は、諜報のターゲットを汪派国民党のジェスフィールド七六号——特工總部（七十六號）——と、その頭目、丁默邨（下）に定めている。そのスパイ工作（後述）に乗り出しているところで、もはや近衛文隆には関心がなかったのではないか。

広瀬俊幸が青島の親日華字新聞社に勤めていた時の、驚くような写真が残っている。中央に見える、メガネをかけた恰幅のいい男性が小谷節夫。汪兆銘の南京国民政府が成立する二ヶ月前、昭和十五年（一九四〇年）一月、汪兆銘

▶昭和十五年（一九四〇年）一月二十三日

と側近、影佐禎昭の梅機関、小谷節夫の親日華字新聞社の集合写真である。

青島会談が、昭和十五年（一九四〇年）「一月二十三日から二十六日にかけて、板垣総参謀長主宰のもとに、汪兆銘、王克敏（北支）、梁鴻志（中支）および李守信（内蒙徳王代理）がかつてドイツのワルデック官邸であった一堂に会して行われた」（『秘録板垣征四郎』）。「會議の場所には、交通の便のよい青島が選ばれた。しかし、治安の上からみれば青島は決して安全な所ではなかつた。そこは天津の英佛租界と共に、藍衣社が華北を擾亂する政治的策源地だつた。汪兆銘は青島の藍衣社を、會談前に一掃するよう李士群に命じた」、「李士群の率いる一黨は……不眠不休の活動をつゞけ……藍衣社との血なまぐさい戰いが展開され……藍衣社を壓倒した」（『謀略の上海』）。「梅機関の人員の主力も汪氏に同行して青島に赴いた」（『曾走路我記』）。汪兆銘は影佐禎昭大佐の「公正な人柄と明澄な識見に傾倒して、一番信頼できる同志として彼を尊敬していた」という（『謀略の上海』）。「本会議は二十四日から二日間続行したが、汪兆銘の司会で円滑に進捗し、臨時政府は華北政務委員会に改組し、南京和平中央政府の委任した範囲で華北問題を処理する権限を与えられ、又維新政府は之れを解消し、其の政府構成人員は、原則として和平中央政府に吸収されることに決定した」（『支那事変の回想』）。

汪兆銘は「鼠色の背広に薄茶色のワイシャツ、紫紺の派手なネクタイという瀟洒な服装」であった（『支那事変の回想』）。向かって右から左に順に何文傑（汪兆銘の女婿）、周隆庠（汪兆銘の日本語通訳）、広瀬俊幸、汪兆銘、伊藤芳男（満鉄囑託）、小谷節夫、今井武夫、周仏海、影佐禎昭、林柏生。左端の男性は不詳。何文傑は、汪兆銘の一女の婿で、その私設秘書である（『我は苦難の道を行く』）。この時、広瀬俊幸は二十九歳、汪兆銘は五十六歳。

この青島会談の直前、一月二十二日、国民党和平派から離反した高宗武と陶希聖が「香港大公報に日華両国条約の基礎として交渉した内約の試案を暴露し、汪兆銘一派の和平運動を以て、売国的行為と中傷した事件が突発した」（『支那事変の回想』）。これは「青島會談を妨害するように仕組まれた巧妙な敵側の宣傳」であった（『謀略の上海』）。『周仏海日記』一月二十二日に「高、陶のクズどもが香港で条件をすべてを発表したとのこと、憤激の極みなり」、一月二十三日「香港から発せられた高、陶のクズが〃大公報〃に宛てた書簡を受け取り、髪の毛が逆立つほどの怒りを禁じ得ず、……予は憤激の余り涙を禁じ得なかった」とある。今井武夫は、「最も傷心した者は周佛海で……内約暴露は全く裏切り行為であると憤激しながら、落涙滂沱として両頰に流れても、之を拭ぐおうともせず、ただ長嘆息するばかりであった」と述べている（『支那事変の回想』）。

高宗武と陶希聖の目的は、合意した「内約」には、汪兆銘側の「満洲国の承認」があり、日本側の「二年以内に日本軍撤兵」が無く、種々の付帯条項があることを暴露することであった。周仏海の憤怒の形相から、この写真は昭和十五年（一九四〇年）一月二十三日に青島で撮られたと思われる。汪兆銘の自信ありげな、落ち着いた表情が、周仏海の憤怒の形相と好対象をなしている。汪兆銘は、高宗武と陶希聖が「内約」を香港の新聞に暴露することを、前もって知らされていたのではないか。周仏海の「落涙滂沱」は、自分が蚊帳の外に置かれたことへの悔し涙であろう。

▶昭和十五年（一九四〇年）三月三十日

祝儀の花輪が飾られている。国民党和平派の南京国民政府が成立した時の記念写真と思われる。新たに南京国民政府が樹立されたのではなく、国民政府が南京に還都したという位置づけで、この日、建国式ではなく、和平政府還都式が行われた（『支那事変の回想』）。向かって左から広瀬俊幸、次いで右に順に丁黙邨、何文傑。右端の男性は不詳（丁黙邨の弟か？）。広瀬俊幸は、南京国民政府の面々と、知己であったようである。広瀬俊幸は丁黙邨より年が若いが、落ち着いて見える。丁黙邨と何文傑は、晴れがましく、嬉しそうである。

▶昭和十六年（一九四一年）一月

正月、広瀬俊幸一家の記念写真。広瀬俊幸とアサ子の結婚（入籍）記念の写真でもある。猛は昭和十五年（一九四〇年）六月一日、青島廣西路四拾七號にて出生。

▶昭和十六年（一九四一年）五月頃

南京国民政府・梅機関野球チーム。非常に珍しい写真である。国家建設の苦労、ストレスを忘れて、野球でリラックスしている。ユニフォームには、大新民報のマークが付いている。眼を右上方に向けて、気恥ずかしそうな汪兆銘が中央に見える。汪兆銘の左に野球帽を被った影佐禎昭。影佐もリラックスムードである。汪兆銘の右は丁黙邨。二列目、右から左に順に伊藤芳男、梅思平、李士群。三列目右から左に順に広瀬俊幸、周仏海、陳公博。三列目左端は周隆庠に見える。丁黙邨の前で腰を下ろし、水を飲んでいる男性は董道寧か。パナマ帽を被り、ネクタイをした周仏海は見学しており、少し痩せて見える。

一枚目（上）、同じ時、同じ場所で撮った写真。前列向かって右から左に順に伊藤芳男、梅思平、李士群。笑顔の李士群は珍しい。後列右から左に順に広瀬俊幸、周仏海（パナマ帽だけ）。次いで左に周隆庠か。昭和十五年（一九四〇年）三月、国民党和平派は南京国民政府を立てたが、中華民国「維新政府の法令、規則は日本から押しつけられたものであるとしてすぐ廢され、自主獨立を標榜する國民黨の舊制が、これに代つた。……獨立國の官吏だと自負して、威張つて氣位だけは高いが、實は利權漁りに浮身をやつしている國民黨系の新官僚と、日本に媚びる仕來りを依然守つて地位の保全と利益の横取りに汲々として

いる維新政府系の舊官僚との勢力争いが、さなぎだに腐敗した政治をさらに混亂停頓に導いた。汪兆銘たちの政府首脳部はおびただしい政務の撞着と、上下に瀰漫する汚職のあと始末に疲れ果て」ていた（『謀略の上海』）。『周仏海日記』昭和十六年（一九四一年）五月二十六日「夕食後、隆庠のところに行き、日本の芸者を傭って踊りを教えてもらった。毎日あまりに運動が少ないので、これを運動の代用とするのである。今晩の出来はよく、とても楽しかったが、このまま続くかどうか自信がない」、同年五月二十八日「客が帰ってから、隆庠の家に行き、踊りの稽古を続ける。今日で三日目、少しはできるようになった」、同年五月二十九日「宴会後、隆庠の家に行き、一時間踊る」、同年六月二日「宴会後、隆庠の家に行き、踊りの稽古を二時間した」とある。南京国民政府・梅機関野球チームの写真は、この頃のものと考える。周仏海は日本びいきで、日本の自然や文化に耽溺していたことが日記からうかがえる。また、親しい日本婦人もおり（『聞書・わが心の自叙伝』）、「芸者あがりの妾」との間に子供まであったという（『元陸軍次官柴山兼四郎中将自叙伝』）。二枚目（下）、同じ頃の写真。向かって左から右に順に李士群、広瀬俊幸、丁黙邨。広瀬俊幸は李士群、丁黙邨と仲が良かった様である。李士群、丁黙邨とも穏やかな表情を見せている。一見すると、二人とも「至るところでピストルが火を吐き、人が倒れた。藍衣社が射ち、〝七十六號〟が射たれ、〝七十六號〟が射ち、藍衣社が射たれた。テロ對テロの凄じい死闘」（『謀略の上海』）をくぐってきた闘士には見えない。「丁、李の両人は、それぞれ三十九歳及び三十七歳の青年で、何れも曽て共産党に入党したが、中途国民党に転向し、丁は国民党の調査統計局第三処長として、又李はC・C団処長徐恩曽の書記長として、何れも各種粛清工作に活躍した経験者」であった（『支那事変の回想』）。李士群は「重慶から派遣された上海工作員として、要人を狙って血の雨を上海に吹きすさばせていた一中尉であったが、汪派の上海進出を見て転向し、逆に重慶派遣の特工を向こうにまわして

汪派の防衛に当たり、汪にとってもなくてはならない存在となってきた」（『日中戦争裏方記』）。

晴気慶胤によれば、丁默邨は「陰険な性格」、李士群は「明朗で親分肌」の性格で、「丁默邨の部下にはCC系のインテリが多かつたが……李士群の部下には實行力に富む藍衣社上がりのものが多」かった（『謀略の上海』）。『周仏海日記』昭和十五年（一九四〇年）十二月二十六日に「默邨の余への忠実さを、余は知らないわけではないが、器が小さく疑い深いので彼を誤解する同志がきわめて多く……」、同年十二月二十九日、丁默邨は「度量が狭すぎる」とある。『陸軍畑俊六日誌』昭和十六年（一九四一年）八月十八日に「清郷工作に関する詳細の報告を受く。問題の人李士群挨拶に来る。利口そうなる人物なり」とある。「丁・李は汪一派の保衛のため犬馬の労を惜まず、いわば新撰組隊長格となった……同時に暴力導入に随伴して後日政府内部に各種弊害を発生する原因となった」という（『支那事変の回想』）。

昭和十六年（一九四一年）六月、青島。左から広瀬俊幸、猛（満一歳）、〝となりの小母さん〟（不詳）、広瀬アサ子。この写真の裏書に、アサ子の筆跡で「あまり別品さんに取れすぎていますね。実物は政ちゃん達が一番良く知っ

▶昭和十三年（一九三八年）七月「上海・外灘」『一億人の昭和史2　二・二六事件と日中戦争』

ているでせう。オカメ見たいな顔ですのにね。猛ちゃんも父ちゃんもこんな顔ではありませんのよ。少々ねむたいのでせうかね。おかしな顔をしていますね。此のおばさんには何時もお世話に成てる人です。とても猛ちゃんを可愛がって下さりとても私達を良くお世話して下さる方です。これはあまり可哀想な程おばあさんに写っています。まだうんと若いんですけどね。もう四、五日しましたら、おばさん丈の写真を一枚おくりますね」（原文のまま）とある。〝となりの小母さん〟が青島に現れて、間もない頃。

一枚目（上）、広瀬アサ子が、妹、中道政子に送った〝となりの小母さん〟の写真。この小母さんは、軽い〝うけくち〟に見える。日本髪の似合う上品な美人。日本では、お座敷に出ていた格式の高い芸者さんという趣。この〝となりの小母さん〟が、山東省の青島で、偶然、広瀬俊幸の隣に住むようになり、親しくなって「とても猛ちゃんを可愛がって下さり」、とても広瀬俊幸一家を「良くお世話して下さる」とすれば、親しくお付き合いするお隣さん、ご近所

さんというだけでは、漠とした違和感が残る。中国という異郷にあるとはいえ、〝となりの小母さん〟は、どうしてここまでするのか？　広瀬俊幸一家と何か特別の関係があるのではないか？　広瀬俊幸は、青島で偶然〝となりの小母さん〟と隣同士になったのではなく、以前から（日本に居たときから）知った間柄だったのではないか。この〝となりの小母さん〟は、広瀬俊幸の伯父、後藤一彦の最期を看取った池田カネと考える。広瀬猛は後藤一彦によく似ており（前述）、〝となりの小母さん〟は広瀬猛に後藤一彦の面影を見たのではないか？　広瀬アサ子は、家ではこの小母さんを「二号さん、二号さん」と呼んでいたという（広瀬猛さん談）。〝となりの小母さん〟は支那派遣軍総司令部の高級将官の「二号さん」であった（後述）。支那派遣軍総司令部と関係があり、〝となりの小母さん〟は、山東省青島で広瀬俊幸一家の面倒を見ることができたと考える。しかし、〝となりの小母さん〟と池田カネを結び付ける証拠は写真しかない。二枚目（中）、昭和五年（一九三〇年）、東京市電気局の宴会に居る池田カネと思われる芸者（写真前出）。三枚目（下）、昭和六年（一九三一年）、東京市電気局の宴会に居る池田カネと思われる芸者（写真前出）。いずれも軽いうけくちがあり、歯並びが悪い。

〝となりの小母さん〟が池田カネである可能性を考察すると、一、池田カネが、後藤一彦の没後も墓参りに来ており（前述）、一彦への思い入れが強いこと、二、池田カネが「粋な美人」の（元）芸者だったという後藤家の聞き書き、三、写真に見る〝となりの小母さん〟が「粋な美人」に見えること、四、昭和五年－六年の東京市電気局の宴会に、池田カネと思われる芸者が居ること（前述）、五、同じ宴会に後藤一彦と思われる男性が参加していること（前述）、六、後藤一彦に似た広瀬猛を偏愛していること、七、支那派遣軍総司令部の高級将官と広瀬俊幸の間に個人的に親しい関係があること（後述）などがある。〝となりの小母さん〟と広瀬俊幸は、中国に渡る以前から、知り合いであったと考える。

▶昭和十六年（一九四一年）十月頃の広瀬猛（一歳四ヶ月）と〝となりの小母さん〟

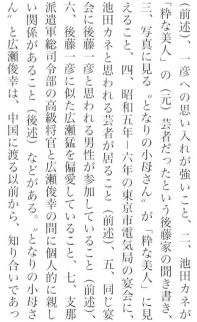

「この頃、となりの小母さんに可愛がられて、あちこち連れていってもらった。道で転ぶと、支那人が来て起こしてくれるので、自分では起きなくなった。この小母さんは美人で、兵隊さんの二号さんだった」と広瀬猛さんは述懐する。〝となりの小母さん〟も、広瀬猛のような子供が欲しかったであろう。

　一枚目（上）、大正元年（一九一二年）十一月、後藤トメが上京（前述）した頃、三村清二と写った後藤一彦（写真前出）。向かって右が後藤一彦（三十二歳）、左が三村清二（三十一歳）。二枚目（下）、昭和三十六年（一九六一年）夏、緒方の広瀬家で。向かって右から左に広瀬猛（二十一歳）、広瀬弘子（十六歳）、広瀬寛（十三歳）、石井清子（二十八歳）。令和元年（二〇一九年）八月、後藤幾蔵の写真集で一枚目の写真を見た時、「どうして広瀬猛さんが、ここに居るのか？　ありえないが」というのが第一印象であった。その後、これは後藤一彦であり、血縁があるので広瀬猛さんと見えることがわかった。二枚目向かって右端の広瀬猛は、一枚目の写真中の後藤一彦に似ている。

　二枚の写真の、後藤一彦と広瀬猛の拡大写真。広瀬猛（下）は幼い頃から、〝となりの小母さん〟に、後藤一彦（上）を彷彿させるほど似ていたのではないか。

　昭和十五年（一九四〇年）三月三十日に汪兆銘の南京国民政府が成立して「既に一年近くもなるのに依然として無

▶昭和十六年（一九四一年）十二月三日

力を極め、このまゝの状態がつゞくかぎり、啻《ただ》に局地に和平地區を建設することが絶望であつたばかりでなく、激化して止まない腐敗の進行によつて政府そのものが自壊し去るのではないかと思われる様相さえ呈してきた」（『謀略の上海』）。「汪兆銘政府は日本軍の直接の援護によつてわずかに上海、南京など數個の重要都市を支配するに過ぎず、その他はすべて敵の手中に委した。首都南京の城門外にまで敵が出没した」（『謀略の上海』）。「議論は常に紛糾して政府は上下をあげて會議々々で明けくれた。かくて庶政は大小輕重の別なく澁滞をきわめ、ために緊急を要する戰時の要求は何一つとして充足することができなかつた」（『謀略の上海』）。『周仏海日記』昭和十五年（一九四〇年）十二月七日に「黙邨、君強が前後してやって来て、内部の人事問題について話す。仲間同士で権力を争い、感情に任せた紛糾をしているのを耳にするだけでも憤りを覚える。……わが陣営内の厳しさの欠如、やる気のなさにはもっと気落ちしてしまう……どこを見回してもそうでないところはなく、これでは勇気が出てくるはずがない」、同年十二月十九日「汪先生及び揆一と軍事問題を協議するが、幹部の欠乏をつくづく感ずる。保定出身者はもはや老い先短いし、黄埔出身者は傲慢で扱いにくく、労苦を厭わず有能な人材を求めたら、百人に一人も得られないとは実に嘆かわしい」、同年十二月三十一日「各院・部の上、中、下の職員のほとんどは私腹を肥やしており、国家に忠誠を尽くし、奉公しようと心掛けているものは実に僅かでしかない。このような情況でどうして建国ができよう。大厦の傾こうとする時に、一本の木で支えることができようか」とある。昭和十六年（一九四一年）三月十五日「中、下層のものは論ずるまでもなく、上層幹部でさえ本当に時局の困難さを理解し、どんな場合でも公のことを考え、たえず国家の経済と民生を念頭に入れている者は何人いることやら。上層の者はいい加減に誤魔化しながらその日暮しをし、下層の者はその機に乗じて勢力を伸ばして権力と地位を強化しようとしている。中でも腹立たしいのは、賭博などの方法で利得を貪っている者である。上下がこのようでは、国がどうして国たりえようか」と嘆いている。

汪政府の強化を策す軍事顧問部は「日本軍占領地のうちの或る地區を限つて、まづ徹底的に敵性を除去し、之に併行して政治、經濟建設を行つて汪政府治下の模範區域にする。そうして漸次この方法を全占領地におよぼし、汪政府の支配力を點から面に擴げて、強化してゆこうとする」清郷工作案を作り上げた（『謀略の上海』）。

清郷工作は、「明、清時代から中國に古く傳つていた治安工作」であり、「汪氏自身の工夫案に成るもので畑総司令官は汪氏の計画に賛意を表し在上海軍司令官に対し清郷工作に協力すべきを命じた」（「曾走路我記」）。昭和五年（一九三〇年）、江西省の共産軍討伐に手を焼いた蒋介石は「その前線司令部だつた南昌公營に獨裁的權限をあたえて、浙江、江西、廣東、福建に亘る廣大な封鎖線に數十萬の軍隊を配置し、〝軍事三分、政治七分〟と稱する特異な討伐を行い、逐次に封鎖網をちぢめて遂に共產黨の首都瑞金を占領して、共產軍を遠く陝北の地に驅逐した」（『謀略の上海』）。この時、中国共産党と紅軍の一部が包囲網を脱している。「蔣介石の江西地區掃共工作が最後の段階に至つて失敗の憂き目を見たと評されたのも、封鎖に從事した工作員や戰鬪員が敵に買収せられたことに起因したといはれ」た（『新支那の建設工作』）。「中国共産党は二年にもわたる長征によって著しく損耗した紅軍とともに」昭和十一年（一九三六年）十一月「ようやく華北奥地に移動し、いわゆる延安政府を樹立したのであった。日毎に悪化する華北の情勢に乗じて対日抗戦を開始することは、ようやく生き延びた共産党と紅軍にとってまさしく起死回生の妙策であった」（『日中戦争裏方記』）。

清郷工作案が了承され、清郷委員会の秘書長に李士群を置き、上海の第十三軍の支援をうけて、昭和十六年（一九四一年）七月一日から江蘇省で、第一期清郷工作が始まった（後述）。清郷工作では「清鄉の敵は内に在り」として、内面的倫理的意義が強調された。「汪精衛は〝鄉を清めんと欲すれば先づ心を清めよ〟と訓示した。また上海地區清郷工作の主任者たる陳公博市長は、〃清郷の責任を負ふ幹部並に一切の人員は皆『潔己奉公』の精神を以て之に赴くべし。努めて民を攪亂せず民を保護せよ……〃と命令し」たという（『新支那の建設工作』）。「第十三軍はかくして日本側の政治經濟關係機關を自らの手で一掃して、清郷地區をまづ日本のあらゆる制約から解放した」（『謀略の上海』）。「清郷工作の軍事部門を受け持つた日本軍の眞摯熱烈な活動は中國人の驚異と尊敬の的となつた。とくに掠奪と破壊が行われないこの作戰は、感謝した民衆の共感と協力を得た。彼らは日本軍を解放軍と呼んで絶對の信頼を捧げた。しかも將兵は清郷作戰教令の示すところに從つて中國の政治には一切干與しなかつた」（『謀略の上海』）。清郷工作は思いのほか順調に推移し、「治安の回復ぶりは畫期的だつた。汪兆銘は李士群と二人でよく清郷地區を巡視したが、特別に警戒をしなくても身邊には少しの危險がないほどだつた。村の故老はこんなによく村が治つたのは何十年ぶりのことだと云つた。ある郷長は鶏や着物が盗られたことをさも大事件が起きたかのように汪兆銘に報告していた」（『謀略の上海』）。

昭和十六年（一九四一年）九月六日、汪兆銘は、早くも、蘇州、常熟で第二期清郷工作を視察している（『周仏海日記』）。周仏海も続く。『周仏海日記』同年十月一日

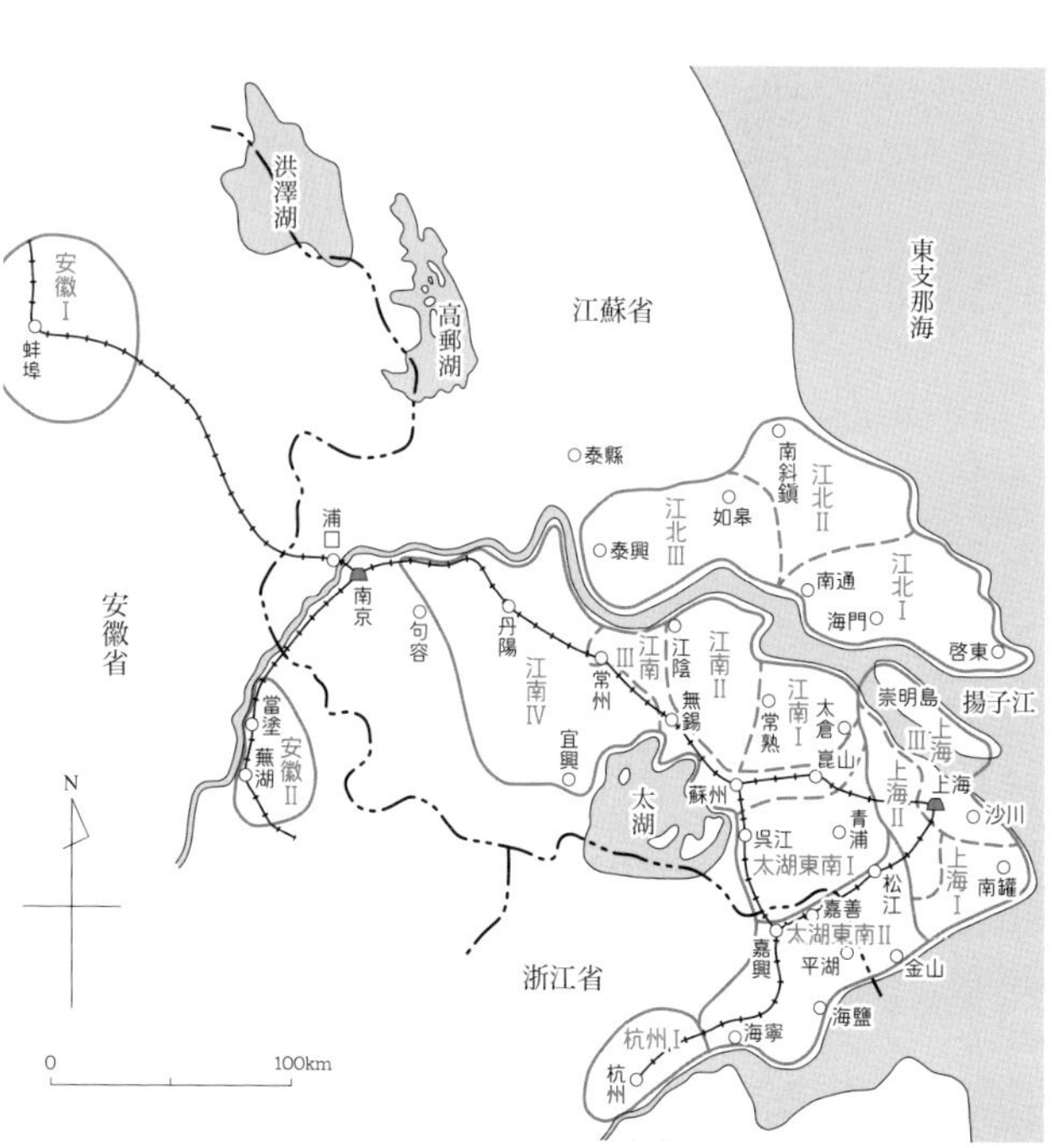

▶「清郷工作発展概況図」『清郷日報記事目録』

「八時起床。乗車して出発し、十一時半に西塘鎮に着く。三ヶ月前は新四軍の根拠地だったところである。沿道の民衆は列をなして歓迎する。……ついで車で太倉に向かうが、民衆はきわめて熱烈に歓迎し、日本軍部隊長も城外で

恭しく歓迎する。そのまま県公署に行き、日本軍部隊長の軍事報告を聴取し、さらに各機関を視察する」、翌十月二日「十一時に太倉に到着。県長が民衆を率いて郊外まで出迎える」とある。昭和十六年（一九四一年）終わり頃には「李士群などが懸命に努力したことが主因となつて豫想外に順調に進捗して……早くも美事な成果を収め、この工作は畫期的な政治施策であるという過分な賞詞」を受けるまでになった（『謀略の上海』）。

昭和十六年（一九四一年）「十二月三日、汪精衛は再度〝清郷〟地区である無錫、蘇州、常熟などの視察を行なった」（『周仏海日記』）。この時、李士群と周隆庠、林柏生らが随行している。二四七頁の写真の中央、トラックの前に李士群、向かってその左に広瀬俊幸、二人置いて左に周隆庠が見えるので、昭和十六年（一九四一年）十二月の写真と考える。写真の質が悪いが、トラック荷台の中央に見える男性は晴気慶胤、荷台の、向かって右手に見えるメガネをかけた男性は影佐禎昭、トラックの開いたドアの前に立つ男性は川本芳太郎と思われる。林柏生、汪兆銘は見えないが、後方の車に乗っているのであろう。李士群の表情が明るく、隊員の士気が上がっており、清郷工作が順調に進んでいることがうかがえる。『周仏海日記』昭和十六年（一九四一年）十二月六日に「李士群が来て、汪先生の清郷視察経過を報告するとともに、江蘇省政府の問題を話す。影佐は、清郷は推進すべきで、江蘇省主席が清郷の責任者を兼任するのが一番である、としきりに相談に来た」とある。

「多難な政治建設を完遂すべき重責を一身に擔つた李士群は……政治部門に日本人顧問を派遣して貰いたいと申し出て」、影佐ら軍事顧問部も折れ、「有能な五人の青年が新しく内地から呼び寄せられた」（『謀略の上海』）。「彼らは、中國人の同僚と渾然一體となり、……警察組織の整備、民衆自衛機構の編成、封鎖經濟の運營、税制の整理、財政の確立、啓蒙宣傳などを分擔し、辯事處の各局長を助けて重要施策の立案補正に力をつくしたが、そのかくれた偉大な功績は清郷工作史上永く記録さるべきものであつた。而もこの五人はこの工作の前後を通じその政治、經濟部門に直接携つた唯一の日本人だつた」という（『謀略の上海』）。この写真に、これら「有能な五人の青年」が写っているであろうが、特定できない。

清郷工作の成功は、昭和十四年（一九三九年）に汪兆銘がハノイで立てた「局地に理想的な和平地區をつくつて、民衆と協力してそれを逐次全中國に押し擴げて、事變を片づけようとする」戦略に沿うものであった。「こうした性格をもつ新しい中國政府を蔣介石に代つて自分の手で日本軍の占領地につくつて、まづそこに理想的な和平地區を建設」すること（『謀略の上海』）が、和平派国民政府の第一の目標であった。

しかし、昭和十六年（一九四一年）十二月八日に対英米戦争が始まると、太平洋における戦局の有利な展開が、和平派国民政府の目標達成の前提となってきた。昭和十八年（一九四三年）になると、「戦況が枢軸側に好転せざる限り新政府を信頼させかつ儲備券に対する信用を維持回復することはむつかしく、いたずらに換物人気を煽るのみだった。……世界情勢を占領地に反映させるための重慶側の悪宣伝工作は、至れり尽くせりで、儲備券打倒の手として偽儲備券発行という大規模謀略の手まで打ってきた」（『日中戦争裏方記』）。あくまで、孫文の「大亞洲主義」（後述）に従う汪兆銘は、昭和十九年（一九四四年）二月十日、病気療養中にもかかわらず「清郷会議」に「〝清郷〟地区を〝大東亜戦争の前線〟とすべきである、〝清郷工作の根本は軍事面での掃討だけでなく、思想面での闘争でもあり、治安面の確立だけでなく、心理面での建設でもある〟と鼓吹」する訓辞をよせたという（『周仏海日記』）。ここに、清郷工作をめぐる、汪兆銘の理想主義と周仏海の現実主義が見て取れる。『周仏海日記』昭和十九年（一九四四年）二月十一日「清郷会議を代理に主宰……国際戦局がこのように変化するとなると、清郷は治安を確立できないだけでなく、兵力上、物質上、精神上いずれの面においても日毎下降の一途をたどり、大乱の状況がおそらく年内に実現されて来るのではなかろうか。憂慮に耐えない」とある。

南京国民政府の要人の花見風景。珍しい写真である。向かって左から右に順に広瀬俊幸、周仏海、汪兆銘。その右は陳公博、右端は董道寧か。皆、楽しそうである。清郷工作が順調に推移しており、汪兆銘も穏やかな表情である。太平洋で日本軍が勝利を続けていることも、気分を明るくしていると思われる。『周仏海日記』昭和十七年（一九四二年）三月十二日に「八時起床。国民政府に行き、総理逝去記念会に出席する。午後、淑慧、玉薇、伊藤、君強らとともに、明の孝陵、霊谷寺、陵園、譚墓等を遊覧する。梅の花が満開で、久ぶりに郊外に出たので、広々とした気分になる」とある。この頃の花見の宴会であろう。広瀬俊幸と周仏海の間に、子供の帽子が見える。これは、広瀬俊幸が南京に連れて行った一男、猛（一歳十ヶ月）と思われる。広瀬アサ子は、一女、幸子を産む臨月のため、同行していない。

支那派遣軍総司令部が、清郷工作を視察に来た時の記念写真である。支那派遣軍総司令官に任ぜられた畑俊六は、昭和十六年（一九四一年）三月、南京に赴任した（『陸軍畑俊六日誌』）。写真中の人物の構成、服装などから、昭和十七年（一九四二年）四月、蘇州で撮ったと考える。場所

▶昭和十七年（一九四二年）三月

▶昭和十七年（一九四二年）四月七日

は「蘇州地區清鄉委員會辯事處」。『陸軍畑俊六日誌』昭和十七年（一九四二年）四月七日に「……余は午前九時三十九分発列車にて上海発、蘇州にて下車、旅団司令部にて唐川第十三軍参謀長、特務機関長及江蘇省主席李士群より清鄉に関する報告を聴取し、午后は自動車にて無錫街道を木瀆鎮を経て光福鎮に至り、堤旅団長より細部の報告を聴取す。天気晴朗、江南の春闌にして湖山の景物長閑なり。……蘇州に帰り、繁之屋旅館に宿泊す。清鄉工作も昨年視察したる時は聊か危まれたるも、報告によれば又実際に於ても先づ成功と称すべし」とある。汪兆銘は、同年四月十六日、蘇州、十七日、無錫で清鄉視察をしている（『周仏海日記』）。辻政信によれば、「江蘇地區で、清鄉工作を南京政府の責任に於て推進したとき、あの汪先生が、陸軍大將の軍服に身を固め、數萬の軍隊の前に起ち、颯爽として、陣頭指揮される態度を見て、柔和の外貌に似もやらぬ激しさを感じた」という（『亞細亞の共感』）。同年四月二十日には「日本軍からの浙東六県の返還措置について協議」があり、四月二十二日には、孫良誠配下の重慶軍、二万五千人が汪側に寝返って和平運動に加わっている（『周仏海日記』）。清鄉工作は「開始後一〇ヵ月を出ない十七年春には、その範囲一〇余県、人口六〇〇余万人の地域に及んだ」（『日中戦争裏方記』）。この頃、「清鄉工作自体は漸次定着し、ややもすれば農産富饒地にありがちな中共残党による解放化への目標から除かれ、これまで地区民衆の受けてきた中共系、重慶系および汪政府系の三方面より加わる搾取的傾向からも逃れて、治安は回復し、民生の安定を見たので、やがてこの工作未実施地区からもその実施方を請願するものさえ現われた」（『日中戦争裏方記』）。

前列向かって右端は何文傑、次いで左に順に広瀬俊幸、畑俊六（支那派遣軍総司令官）、一人置いて左に沢田茂（第十三軍司令官）。二列目右端は晴気慶胤、一人置いて左に李士群。最後列向かって左端、メガネをかけた軍人は唐川安夫（第十三軍参謀長）。向かって左端（社旗を持っている）は周隆庠と思われる。社旗には「青島大新民報」とあり、この新聞は、民間新聞の形をとった南京国民政府、日本軍の報道機関の一つと考える。九州帝国大学を卒業した周隆庠は、外交部アジア司司長として汪兆銘の通訳をしており、日本語が堪能であった。汪兆銘の私設秘書、何文傑は、畑俊六の清鄉工作視察の見たままを、汪兆銘に報告するよう指示されているのであろう。晴気慶胤は、この後まもなく北京に転任（後述）。

軍人ではない一民間人（軍属）の広瀬俊幸が支那派遣軍総司令官、畑俊六の隣に座っていることに驚かされる。これは、広瀬俊幸と支那派遣軍総司令部の高級将官の間に、個人的な親しい関係があることを示唆する。写真の質が悪く、断定はできないが、畑俊六の向かって左後ろの女性は、広瀬猛の〝となりの小母さん〟に見える。〝となりの小母さん〟には軽い「うけくち」の特徴があり（前述）、写真の女性の面貌はこれと矛盾しない〝となりの小母さん〟の右の女性は広瀬アサ子に見える。アサ子はこの年三月十日に一女、幸子を産んでおり、幸子と猛を妹、中道政子に預けて青島から蘇州に来たと思われる。

一枚目（上）、昭和十七年（一九四二年）六月。青島で撮った広瀬俊幸一家の写真。向かって左から右に順に広瀬俊幸、猛（満二歳）、中道政子（アサ子の妹）、広瀬アサ子、赤子は幸子（三ヶ月）。政子は、大分県宇佐から、幸子を出産した姉、アサ子の世話のため、山東省青島に来ていた。二枚目（下）、半年後の写真。向かって左から右に、猛（二歳半）、アサ子、幸子（九ヶ月）。

「南京国民政府」の要人と「梅機関」、「青島大新民報」の集合写真。前列向かって右から左に順に重光葵、汪兆銘、影佐禎昭、広瀬俊幸。二列目向かって右から二人目に周仏海、次いで左に順に丁默邨、梅思平。三列目右端は林柏生、次いで左に陳公博。三列目左端は岑徳広、右に順に李士群、褚民誼と思われる。最後列向かって右端に三笠宮崇仁親王、次いで左に順に羅君強、周作民、董道寧。最後列左端は辻政信と思われる。辻政信は、支那派遣軍総司令部に派遣された若杉参謀（三笠宮崇仁親王）に会うため、南京を訪れたのであろう。影佐禎昭は東満牡丹江から駆けつけたと思われる。広瀬俊幸は、何かの特務（軍属）で南京にいたのであろう。

『周仏海日記』によれば、昭和十八年（一九四三年）二月十二日、南京で「全国経済委員会」が開かれた。「今回の会議は一日しか開かれなかったが、南北一致、官民一致で、精神上の効果は非常に大きかった。政治はドラマの如し。今回の会議もしかるべき一幕なり」とある。この全国経済委員会は、日本側から見ると、「昭和十八年に入って戦局は急を告げ、南京政府が宣戦すると共に軍の方策は一

▶昭和十八年（一九四三年）二月十三日

変し、之に伴って系統合作社にも大転換が行なわれた。二月の合作総会代表者大会は中国側によって開かれ、会議はすべて中国語のみが用いられ、今迄のように通訳はつけられなかった」（『三代の系譜』）ので、「政治はドラマ」を見た周仏海には「精神上の効果は非常に大きかった」と思われる。翌十三日「重光大使の茶話会に出席」するが、この茶話会は「経済委員会委員を招待したもの」であった（『周仏海日記』）。これは、汪派の「経済委員会委員」即ち南京国民政府要人との記念写真と考える。

▶三笠宮崇仁親王

三笠宮崇仁親王は大正四年（一九一五年）十二月二日誕生。学習院初等科から、学習院中等科四年終了し、昭和七年（一九三二年）四月、陸軍士官学校予科に入学した（『母宮貞明皇后とその時代』）。貞明皇后は、三笠宮「殿下の作文やらなにやらをお気に召してみんなお読みになられた」という（『母宮貞明皇后とその時代』）。陸軍士官学校の成績は優秀で、昭和十一年（一九三六年）六月、卒業する時、「恩賜の銀時計」を頂いた（『母宮貞明皇后とその時代』）。三笠宮は、陸軍士官学校「本科の時の中隊長に辻政信大尉がおられました。この時に生徒たちが辻中隊長に心服いたしましてねえ。それまでずいぶん多くの区隊長や中隊長が入れ替わりましたが、辻中隊長の最後の挨拶のときは、生徒が泣きました」と述懐している（『母宮貞明皇后とその時代』）。三笠宮崇仁親王は、昭和十四年（一九三九年）十二月、陸軍大学校に入学し、昭和十六年（一九四一年）十二月に卒業。昭和十八年（一九四三年）一月から一年間、支那派遣軍総司令部参謀（若杉参謀）として南京に赴任した（『母宮貞明皇后とその時代』）。この写真は、「若杉参謀」が南京に赴任して間もない頃のもの。

昭和十八年（一九四三年）一月に汪派国民政府が対英米戦に参戦する方針を受け、昭和十七年（一九四二年）十二月二十一日、御前会議で「大東亜戦争完遂の為の対支処理根本方針」が決定された（『母宮貞明皇后とその時代』）。『陸軍畑俊六日誌』昭和十七年（一九四二年）十二月二十六日「去る二十一日御前会議に於て決定あらせられたる対支根本処理方針は、要するに重慶が飽迄米英に依存して徹底抗日に決したる今日、従来執り来りたる諸施策は凡て絶望なるを以て、最后の残りたる一策として現在の国民政府を強化せんとするもの」とある。昭和十七年（一九四二年）、「大本営は大東亜戦争一応の戦果により不敗の態勢を整へ得たるものと判断し、印度洋方面に進出して独伊と連絡せんと企図」したが、「米の反攻が以外に早く現実し」、これを放棄せざるを得なかった（『陸軍畑俊六日誌』）。今井武夫によれば「日本軍は今や漸くガダルカナル島の敗戦以来、西南太平洋の危機迫り、中国大陸から三箇師団の兵力転用の已むなきに至り、支那事変解決のため、単に作戦だけに期待し難くなったので、中国の民心を捉え、民衆の協力を絶対不可欠と考え、改めて之れを政策化するに至ったものである」（『支那事変の回想』）という。「天皇陛下は、新政策の内外にわたる重要なる意義を深く察せられて、その遂行を期せられた。東条総理を鞭撻せられ、三笠宮の駐支総軍司令部輔任を許可せられて、特に新政策の具現を監視せしめられた」（『昭和の動乱〈下〉』）。新政策の根幹の一つに、清郷工作の成功が期せられていることは疑いない。『陸軍畑俊六日誌』昭和十八年（一九四三年）三月八日に、「二月二十七日附にて支那派遣各軍司令部勤務令発布せらる。蓋し過般の対支新方針に対応するものなり。改正の要点、……支那派遣軍総司令官は天皇に直隷し、支那派遣軍を統率す……支那派遣軍総司令官は……其占拠地域に於ける行政を統監せざるものとす」とあり、支那派遣軍は天皇の直隷下に入った。中国での軍事作戦は順調に推移し、『陸軍畑俊六日誌』昭和十八年（一九四三年）五月九日「先般来北支軍に於て実施中なりし山西作戦に於て予め連絡中なりし孫殿英は我に投降し、又従来頑迷なりし龐炳勲も遂に我に帰順し来れり……漸く蔣系将領は我に来投するの気運現はれ初めたるは慶すべし」、同年五月十一日「孫殿英より龐を説き対日和平せしめ停戦したる結果、集合したるもの七万四千に達し、尚増加すべく、冀察戦区は今や其大部壊滅に瀕しつゝあり」の状況であった。一方、民生、経済部門で、汪派国民政府は危機に瀕していた。『陸軍畑俊六日誌』昭和十七年（一九四二年）十二月九日「坂西中将来寧来訪す。中将の言に依れば軍の作戦上の要求は一般もよく了解しあるも、国府の役人がだん〳〵私腹を肥すを以てこれも亦軍の責任なりとし、日本が負けてもかまはぬ、英米が勝つても仕方がないとの感念が近時漸く一般に擡頭し来れりとのことなり」、昭和十八年（一九四三年）五月二十五日に「我対支方針も其後兎に角進攻しつゝあるも、如何せん支那側の固有通弊は到底医すべくもなく、囤積の如き事故、統制総会下部機構の遅々進まざる、物価は騰る一方国府の政令行はれず、加ふるに大使館側の微力、海軍の無誠意等にて中々実行困難」、同年六月四日「沢田廉三（元駐仏大使）視察の為渡支来訪。其言に依れば、支那より帰来する者にして新政策の実行困難を悪口するもの多しとのことなり。或は然らん。……此等悪口をいふものは自分の為の心配よりする会社関係者多し」と日本側の意識の低さと非協力が足を引っ張ると嘆く。『陸軍畑俊六日誌』同年六月八日「松井石根大将南方視察の途南京に立寄来訪す。大将が上海に於て陳公博と面談せる時、陳は国民政府は二年と云ひ度も二年たゝぬ内に財政的に破綻を来すべしと語りたる由」、同年六月九日「其談に曰はく、渋沢氏はこゝ一二年何としても国府の財政を援助せざるべからざることを痛感す。国府のインフレを防止するには日本より裏付として金を輸出する外なし」、同年六月十日「山本改造来訪。上海方面にて各方面の中国人と懇談したる処によれば、汪政権は結局は崩壊の外なく、大学教授、青年層は重慶、南京共に見限りをつけ共産党に走らんとする空気濃厚なり」の危機的状況であった。この時「日本軍借上げ儲備券ならびに強制買上綿糸布代として」金塊五十トンが上海に運ばれたが、戦後「その相当部分が銀行の正式引継ぎ以前に姿を消した」（『日中戦争裏方記』）という。

影佐禎昭は「東條内閣の新対華政策（昭和十七年秋）は誠に結構とは思ふが惜むらくは大東亜戦争に於ける我旗色稍ゝ振はざるに至りたる時に決定されたので其時機既に遅きに過ぎ効果望み難い憾があ」ったと述べる（「曾走路我記」）。「東條内閣の新対華政策（昭和十七年秋）」とは、御前会議で決定された「大東亜戦争完遂の為の対支処理根本方針」を指し、「東亜連盟思想」（後述）と瓜二つであった。「新対華政策」を決める頃、東條英機は石原莞爾に接触している。「ガダルカナルの転進が報ぜられて、その年の暮れ（昭和十七年十二月）、甘粕正彦が突然にやってきた。東条首相が、わざわざ満州から招致し、使者として鶴岡へ遣わした」という（『石原莞爾』）。石原は、「〃東京でお目にかかりたい〃という東条の申し込みに対しては、〃いまさら何事か！〃とは思ったものの、……虚心その懇請をいれて上京を約した」（『石原莞爾』）。数日後、東京で会った東條は「大政翼賛会はどうしたものだろうか？」と切り出し、「ガダルカナルの戦局を救うための、これからの方法はどうか？」と聞くと、石原は、「戦争の指導は、君にはできない。辞いたらどうか。君は総理大臣をやめるべきだ」と突き放したという（『石原莞爾』）。にもかかわらず、東條は「東亜連盟思想」と瓜二つの「新対華政策」を御前会議で決めている。

昭和十八年（一九四三年）五月三十一日「現下の戦局に鑑み、大東亜民族を結集して不敗の態勢を整備する為」、御前会議で「重慶工作は諜報路線は従来の如く大本営陸軍部を経て総軍に於て行ひ、之が和平工作となる場合に之を政府の手に移し、之が実行は国府をしてなさしめんとする」ことが決定された（『陸軍畑俊六日誌』）。この御前会議決定を受け、同年八月、辻政信が支那派遣軍第三課長（政治、後方）として、南京に赴任している。辻政信によれば、昭和十八年（一九四三年）九月下旬、若杉参謀（三笠宮崇仁親王）が上海を視察した時、「軍、官の主脳者をお召しになつた晩餐の席上」で「私が今年の一月初め、東京を出發致しますとき、参内しましたところ、陛下には新方針の決定を非常に滿足に思し召されてゐましたが、その實行については、殊に御心配の御様子に拝察しました。……私がこれまで度々拜謁して感じました所を回顧しますと、尠くともこの方針は、從來の施策の中で、一番お氣に召したものであることは、私の斷言して憚らないところであります。私は陛下の御様子を拜し、一月九日新方針發足の第一日に、支那派遣軍參謀の大命を拜し、更にその責任の重大を痛感してゐます。……最近、陛下からご親書をたまはり〃日本の行くべき道は新方針を徹底し、殊に中國の民心を収攬する以外にない。〃との要旨の力強い激勵のお言葉を拜しまして、改めて新方針完遂の覺悟を固くした次第であります」（『亞細亞の共感』）と述べたという。

若杉参謀は「支那派遣軍参謀」として「中国全土で行われている戦闘の状況を報告書で見たり、総司令部が企画する作戦の会議に連なったり、その間に隷下部隊の視察に行ったり」した（『母宮貞明皇后とその時代』）。昭和十九年（一九四四年）一月、東京に転任が決まった時、三笠宮（若杉参謀）は、「総司令部の将校全員」に「支那事変に対する日本人としての内省（幕僚用）」と「綿鉄集（政略之部)」と題する講話をしている。その中で三笠宮は「民族心理や風俗習慣などが日本人とは大違いであること」、「民族性の違いから、日本人が中国人のためになると思ってやった善意の施策でも、中国人には迷惑至極だったり、我慢できないことだったりした」、「中国は病人で、日本は医者である。この医者は善意なのだが、患者の言い分を十分に聞かないで薬をやり、治療するにすでに十四年もかかった。病状は快方に向かうどころか、むしろ悪化の傾向さえある。名医になろうと思えば、ここは慎重に病原を診察し、病人の話も聞き、自信を持って薬を処方すべきである……」、「陛下は中日事変の早期終結については、殊のほか心を労せられ、余が南京在勤の僅かな期間中においてすら、三回にわたり親書を下さつた程である。……何よりもまず日本人は本来の真の日本人の姿にかえり〝過去、並びに現在行いつゝある自己の行動に対し、厳格なる反省をなし〟悪を捨て善に就き、更に〝中国人に対しては謙譲の徳を発揮する〟ことこそ最も肝要である」と述べた(『母宮貞明皇后とその時代』)。三笠宮崇仁親王は「ちょうど辻政信大佐が参謀として南京に赴任して来られ、いろいろ中国問題について相談にものってもらい、話もうかがいました。このときの講話も辻参謀に相談し、あらかじめ原稿もお見せしました」と回想している(『母宮貞明皇后とその時代』)。

▶汪兆銘

この写真に見る汪兆銘の、苦しそうな、やや左に前屈した立ち姿は、脊椎の障害を思わせる。三年前の写真――昭和十五年(一九四〇年)一月――より、脊椎症状が悪化している。この写真に、昭和十五年(一九四〇年)一月からの、汪兆銘の変化が見て取れる。「身を殺して仁を成す」タイプの汪兆銘は、南京国民政府成立後、激しいストレスに曝されて、精神的に不安定になることがあった。「南京政府の首脳部を集めて、重大な政務を議するとき、……主席の意圖に反し、民族を顧みないやうな態度の者に對しては、卓上の茶碗を投げつけ、卓をたゝいて激怒される場面が少くないことを、中國の同志から屢ゝ聞かされた」(『亞細亞の共感』)と辻は述べている。汪兆銘を近くに見ていた柴山兼四郎によれば、汪兆銘は「比較的背の高い大きな体躯であったが、童顔で偉丈夫という型ではなくどことなく優しさを持つ美男子、……年よりも非常に若く見え、……情熱家であり、一面徹底した意思の頑固さを持っていた、……毒がない。……透明な清廉潔白な君子人であった。……立派な理想家で……心から中国とその国民の幸福とを念願し他意はなかった……約束の履行に忠実で、時間を励行すること彼のごとく正確な人を私は他に見たことがない」という（『元陸軍次官柴山兼四郎中将自叙伝』）。

▶重光葵

重光葵は、昭和七年（一九三二年）四月二十九日、上海の新公園で行われた観兵式で、朝鮮人が投げた爆弾で右足を負傷、切断した（前述）。写真に見る重光の右足は義足である。重光は、「添けなくも皇后陛下より義肢恩賜」されている。昭和十七年（一九四二年）一月十日、特命全権大使として南京に着任した（『重光葵外交回想録』）。「重光葵は汪兆銘がかなり気を許していた相手」とされる（『我は苦難の道を行く』）。汪兆銘は死の十日前に一男、汪文嬰に「中国と日本とは絶対にたたかうべきではないということだ。和平に徹すべきである。そうしなければアジアの和平はないし、ひいては欧米に侵略されるだろう。孫文先生の教えにそって私がこれを肝に銘じていたことを承知していてほしい。……自分の判断では、日本側で中国のことを最も真剣に考えていてくれると思われたのは重光葵だ」と述べたという（『我は苦難の道を行く』）。

昭和十八年（一九四三年）四月、重光葵が「新政策実行の次の段取りの打合せのために、東京に帰ったとき」、東條首相は、重光葵の後任に谷正之外務大臣をあて、「外務大臣と大使との入れ替りを求め」たという。重光は「日本の戦争目的は、東亜の解放、アジアの復興であって、東亜民族が植民地的地位を脱して、各国平等の地位に立つことが、世界平和の基礎であり、その実現が、即ち日本の戦争目的であり、この目標を達することをもって、日本は完全に満足する」との日本の戦争目的を高調するため、東條の外務大臣就任要請を受け入れた（『昭和の動乱〈下〉』）。

▶影佐禎昭

影佐禎昭は、「長い中国勤務の間に健康を害し」結核を患っていた。この写真に見る影佐はふっくらした顔、体躯なので、結核を直そうと栄養をつけようとしていたことがうかがえる。影佐は犬養健に「参謀本部の課長を拝命して、日本の国力とか、中国の民族感情とかいうものを全体として扱う機会を得た事は、自分には不相応な幸運だった。そのうえ、拝命当時の作戦部長であった石原少将の雄大な国策と徹底した日華非戦論の影響を受けた事は忘れられない収穫だった」と述べ、「蔣委員長の排日政策を一途に憎んだ」という（『揚子江は今も流れている』）。

▶丁默邨

中国の特務工作は国民党の「中央黨部調査統計局」（CC団）と国民政府の「軍事委員会調査統計局」（藍衣社）が担っていた（『謀略の上海』）。両者の調査統計局を合わせた「軍統局の主な仕事は、反蔣和平運動を彈壓して抗日戰を推進し、且つ日本の政治工作を破壞して占領地の建設を妨害すること」であり、「資金は阿片の祕密収入から豐富に支出され」ていた（『謀略の上海』）。「全國にはりめぐらされた強力な情報網は、中國官民のすべての動向を監視し、いやしくも和平を口にするものは、ことごとく地下工作によつて抹殺され」ていた（『謀略の上海』）。昭和十三年（一九三八年）の「數ヶ月の間だけでも上海で血なまぐさいテロの犧牲となつた日華の要人は、おびただしい數にのぼつてい」た（『謀略の上海』）。軍統局は、「抗戰中國の地下を完全に支配したが、日本の政治工作にたいしても活發執拗に妨害を試み、その勇敢な直接行動をもつて日本軍を悩ましつづけた」（『謀略の上海』）。

　昭和十四年（一九三九年）二月上旬、特務工作に関わる丁默邨と李士群が、上海の重光堂に、土肥原賢二を訪問した（『謀略の上海』）。丁默邨と李士群は、国民政府系の調査統計局（藍衣社）ではなく、国民党系の調査統計局（CC団）に属する工作者であった。丁默邨が、「戰争をつゞけるのは、今の中國をほろぼすものだと氣がつきました。中國共產黨が戰争を長引かそうと專念していることを知つたからです。彼らは戰争をできるだけながびかせて、中國の混亂と窮乏に乘じて力をのばし、ゆくゆくは國民黨をほろぼして中國を共産化しようとしています。……中國を救うものはもはや抗戰ではなく平和です。だが、國民黨の頑固派は、共產黨の口車にのつて勝つ見込もない戰争を、無智な國民に強要して中國を亡國に導いています。もう我慢ができません。私たちは微力だが、國民黨の中國をまもるために、頑固派と戰はうと決心しました」、「藍衣社の特工は、中國の土地で中國流の組織を持つて、その道に熟錬した中國人が命がけになつて實行している地下工作です。それを特工には何らの經驗も持たぬ日本の軍警がとりしまろうとするのは喜劇です。藍衣社に打勝つものは、敵にまさる組織と人材をもつた中國人の特工でしかありません」、「私たちは……上海で救國運動を起したいと思つていますが、それにはまず敵の特工と戰わねばなりません。……幸い敵の力も、弱點も、承知していますから、必ず打ち勝てると思います」と言う（『謀略の上海』）。土肥原が、いずれ好意的に対応することを、穏やかに述べると、二人はハラハラと涙を流したという（『謀略の上海』）。翌朝、土肥原機関の晴気慶胤は「ゼスフィルド公園」で李士群と合流し、「防彈自動車」で李士群の家に向かった。そこで丁默邨、李士群から詳細な計画を聞いた晴気は、土肥原の同意を得て、これを参謀本部に伝える。参謀本部は、「一、大本營ハ上海テロ對策ノ一環トシテ、丁默邨一派ノ特務工作ヲ援助セントス」、「汪兆銘ノ和平運動ニ合流スルコト」、「三月以降、月額三十萬圓ヲ、マタ拳銃五百挺、彈藥五萬發及ビ爆藥五百瓩ヲ貸與ス」と決定し、直ちに実行に移した（『謀略の上海』）。

日本側の援助を受け、親日特工本部は共同租界の外の、ジェスフィールド路七十六号の「堅固なコンクリートの高塀をめぐらした宏莊な邸宅」に設けられた。晴気慶胤が完成した特工本部を視察した時、「自動車が表門にさしかかると同時に……鐵門が開いた。鐵門の内側には、……ベトン造りの二つのトーチカが本防禦線の骨格を形づくり、銃眼から機關銃の銃口がにぶく光りながらのぞいている。……トーチカに寄りそつて、五十人ばかりの行動隊が、武装も嚴しく整列していた。……廣々とした見事な芝生には、同じ武装を整えた百名ばかりの兵士が市街戰の訓練をしていた」、「邸内の西北側にある煉瓦作りの堂々たる本館は、一階が〝七十六號〟の本部となり會議室、食堂、事務室などがあつた。……窓という窓には全部鐵格子や鐵扉をとりつけ、入口や階段には鐵柵が設けてあつた。その上秘密の地下道さえあり」、「庭の東側には無電室、暗號解讀室、情報室などのブラック・チェンバーが、ずらりと並んでいた。構内には高さ二十米に餘る大鐵塔が三基も聳え」、「兵器工場では……ひどく破損した輕機關銃を修理していた」（『謀略の上海』）。このアジトをベースに、丁默邨と李士群は、次々と重慶側の特務機関を破壊し、抗戦派を和平派に転向させる。「〝七十六號〟が、……猛然活發な攻勢を開始し、藍衣社によつて代表される重慶のテロ團と血しぶきをあげる地下のテロ戰を展開し」、昭和十四年（一九三九年）「六月の末になると、市黨部の大部は正式に汪派に歸順し、上海の藍衣社組織は壞滅同然となり、そのほとんどの幹部は捕えられてしまつた」（『謀略の上海』）。

捕らえた藍衣社の幹部などは「家族も呼んで、できるだけ優遇して……一しよに起居して、理と情をつくして説得して味方にひき入れる……どうしても駄目ならあつさりと逃がす」ことがあった（『謀略の上海』）。これは「こちらにつかまつたのちにながく優遇をうけた大者は、敵に再び歸つても敵から疑われて、責任ある地位にはもうつけ」ないからであった（『謀略の上海』）。

昭和十四年（一九三九年）八月二十八日から三日間、「國民黨第六次全國代表大會」が「〃七十六號〃の庭園」で開かれ、「總裁制が廢され、代つて中央委員會制が設けられ、汪兆銘はその主席に推薦された」（『謀略の上海』）。参加者は「嘗つて上海で活躍した有能な抗日分子が壓倒的に多數だつた」という（『謀略の上海』）。

丁默邨は重慶側の特務工作機関との死闘で名を揚げたが、昭和十四年（一九三九年）クリスマス、藍衣社の地下工作員、鄭蘋茹の罠にかかって、危うく殺されかけた。昭和十四年（一九三九年）中頃、鄭蘋茹は偶然を装って、旧知の丁默邨に近づいている（『謀略の上海』）。鄭蘋茹と親しくなった「丁默邨は彼女の切なる願いを容れて、彼女を〃七十六號〃に引き入れるようになつた。そうして自分の秘書にした」結果、「これまで嚴しい警戒によつて、鐵門の外からは何人もうかがい知ることのできなかつた〃七十六號〃の秘密が、乙姫さまの手を通じて敵に筒抜けになつてしまつた」（『謀略の上海』）。父親が「上海高等法院首席検察官」で母親が日本人の鄭蘋茹は、「〃七十六號〃のメンバーとして、汪派、ひいては日本側の間諜になりすましていた。日本語もうまい彼女にとつて、多くの日本人たちを手玉にとることは何の造作もなかつた。彼女はよく日本の軍人達と虹口の日本料亭にも出入し、女中たちの間で、〃乙姫さま〃のように美しいお嬢さまだ」と言われていた（『謀略の上海』）。

▶鄭蘋茹

昭和十四年（一九三九年）クリスマス、丁默邨は「晴れ着のオーヴァを買つてほしいと、駄々ツ児のように」まつわりつく鄭蘋茹に、静安寺路の一流毛皮店で〃オーヴァ〃を買うことにした。「嬉しそうに早速店先でそれを着けて、小躍りしていた」鄭蘋茹は、「丁默邨がカウンターで支拂つている隙に、新しいオーヴァを着たままサッと身をひるがえして戸外の人波の中へかけこんだ。支拂いを終えた丁默邨があわてて彼女のあとを追つて外へ飛び出した途端、……いきなり拳銃のつるべ射ち」に見舞われた（『謀略の上海』）。これをかわして、丁默邨は一命をとりとめた。「丁默邨のスキャンダルは、街の物笑いの種になつた」（『謀略の上海』）。「特工總部（七十六號）」の情報を重慶側に流し、丁默邨を殺そうとした鄭蘋茹は、「日本軍のお膝元で、〃七十六號〃の手のおよばない死角」の虹口に隠れていた。鄭蘋茹は「その後またもや巧みに日本軍に取り入つた。……彼女が賣りこんでくる重慶情報や、藍衣社情報、ないし上海内外に展開された敵遊撃隊の動向等といつたような現地日本軍にとつて垂涎の情報に、單純な二人の參謀はわけなく飛びついていつた」という（『謀略の上海』）。「彼女の危險性を知りつくしている上海憲兵隊は、ついに彼女を逮捕し丁默邨狙撃犯人として、〃七十六號〃にその身柄をひき渡した」（『謀略の上海』）。昭和十五年（一九四〇年）二月初め、鄭蘋茹は、汪兆銘の刑執行命令の下、「特工總部（七十六號）」の手で処刑された。この事件を機に「丁默邨一派」は「七十六號」から追い出されてしまう。

　この間の事情が『周仏海日記』でうかがえる。昭和十五年（一九四〇年）一月十四日「默邨が来て特務上の各種問題及び江北各路司令の人選について話し合う」、同年一月十五日「塚本及び晴気を接見し、特務工作問題を協議」、同年一月十七日「默邨と特務問題を協議」、同年二月八日「思平、默邨と人事配置問題を協議する……七十六号に行き観劇する」、同年二月十一日「晴気、塚本が来て、一時間ほど特務関係の人事及び方法の各問題を研究する。……默邨と特務関係の人事について話し合い、忍耐するよう勧める」、二月十四日「士群を呼び、……彼と默邨との感情のいさかいを解くとともに、慰める。……默邨が来て、どのようにして二人の感情の融合を図るかを具体的に相談する」、二月十八日「晴気少佐が来て、特務問題を協議する。……默邨が来て特務を独立させ、彼は介入せず余が直接指揮することに同意を表明した」とある。「七十六號」のリーダー丁默邨の暗殺未遂と美人スパイ鄭蘋茹の処刑をめぐる上海の特務工作事件は、中国小説『色・戒』、中国映画『ラスト、コーション』のモデルとなっている。

▶李士群

李士群は、丁默邨とともに、「シークレット・サービスとして名高いCC団（陳立夫、陳果夫兄弟による秘密機関）のもとで勤務したいわばこの道のベテランで、上海市内のジェスフィールド七六号に親日特務機関を設置した人物」である（『我は苦難の道を行く』）。汪派国民政府が成立する前に「南京にあつた維新政府の要部には、敵の工作員が多数潜入して、何食わぬ顔で役人に化けていて、ひそかに反日運動に狂奔していた。これらの工作員は、樞要の地位を利用し、我方の機密を探つて敵方に内報し、日本軍の作戰と軍政を妨害し、維新政府内の混亂と腐敗化を計つていた」（『謀略の上海』）。李士群は「重だつた者は上海に誘ひ出して逮捕し」、昭和十五年（一九四〇年）二月末、「憎むべきダブル・スパイ」として処刑した（『謀略の上海』）。「特工總部（七十六號）」は、汪兆銘と和平派国民党の防衛に不可欠の組織となった。『周仏海日記』昭和十五年（一九四〇年）一月十二日に「晴気及び塚本が来て、特工拡大計画を陳述し、特工の必需経費の拡大を求める。このために財源を準備する必要があり、一番良いのは阿片税で充当することである。ただ特工人員が特税を行なうのは好ましくはなく……」とある。「特工總部（七十六號）」から外れた丁黙邨とこれを掌握した李士群の間にズレが生じてくる。『周仏海日記』昭和十五年（一九四〇年）二月十九日に「晴気、塚本が来て、余の案である李士群を特務専門とし、丁黙邨を警察を専門とさせることについて、士群が同意しないという」、翌二月二十日「前に高、陶の逃走、今また丁、李のいさかいと……腹立たしいこと限りなし。……黙邨が警政部長の辞任を表明した……塚本、晴気が来たので、黙邨が警政部の辞任を申し出たことを告げる」とある。

昭和十五年（一九四〇年）三月三十日、南京国民政府が成立すると、「特工總部（七十六號）」と警政部次長として警察業務を掌握した李士群は「南京では汪公館に出入して、そこに潜入していた藍衣社員一味を摘發し、汪兆銘の信任をいよいよ深くした。この藍衣社員たちは秘書やコックなどに化けて汪の側近に侍し、會食などの機會を利用して汪政府の首脳部を一擧に毒害しようと、その時機を窺つていた」（『謀略の上海』）。李士群は「敵の破壊、謀略工作から汪政府を政治的に護る」ために「特工總部（七十六號）」を上海だけでなく、南京、蘇州、杭州、漢口などに広げた。「特工の經費は、四月以後は新政府が負擔することになり、その金額も月に百萬圓を超えるようにな」り、「特工の機構は汪政府が成立する前にくらべて、十倍以上に大きく擴充せられていた。にもかかわらず政府からその經費として支給された金額は、以前の三、四倍に過ぎなかつた」（『謀略の上海』）。財政難に直面した「特工總部（七十六號）」は、上海で賭博場を経営する。「〝七十六號〟が經營する賭博場はその中で最も大規模なもので、そこから上る莫大な場錢が特工の有力な財源となつた。だがこれら公認賭博場の繁榮は必然的に上海の暗黒面をいよいよかき亂すばかりであつた。群をなす遊民の寄食、あくどいネオンの下では、酒池肉林の大饗宴が夜もすがらつづき、紫煙が渦巻いて娼婦の嬌聲が絶えなかつた」という（『謀略の上海』）。周仏海がこれに危機感を抱いたことが、日記からうかがえる。昭和十五年（一九四〇年）四月七日「士群が来て、上海特務工作の配置及び阿片禁止問題等を報告する」、四月十六日「士群が会いに来たので、特務工作が近頃弛んでいるので、鞭撻しその努力を促した」、同年五月四日「士群を呼び、上海の賭博場取締り問題を協議」、同年五月二十日「聞くところによると上海の特工は腐敗堕落しているとのこと、憤りを覚える」とある。同年五月二十四日、蘇成徳と丁默邨の弟が南京のダンスホールで遊んでいた時、丁默邨の弟が、投げられた酒瓶に当って死亡する事件があり、丁默邨と李士群が激しく反目した。『周仏海日記』同年五月二十五日「この事件では默邨は感情で物事の処理をしており、道理に適っているとは思えない……情勢がこのように危急を告げている折りに、同志が大局を顧みず、いたずらに感情のままに権勢を争っているようでは、中国は滅びるしかなかろう」、同年六月十五日に「政府職員の中に腐敗し、悪質な者が多く見え、特に党部と特工人員でその傾向がひどく、玉石混交なので、政府の威信を損ねており、今後整頓に努力しなければならない」とある（『周仏海日記』）。

汪兆銘の依頼を受けた日本軍は「〝七十六號〟の賭博場は武力で接収するほか途がなくなつた」（『謀略の上海』）。たまりかねた晴気慶胤は李士群に、〝七十六號〟の賭博場の閉鎖を勧告すると、李士群は「仕方がありません。すぐやめます」とあっさり承諾して、賭博場の問題は収まった（『謀略の上海』）。税警学校、税警師団から手を引くことで周仏海、羅君強とのトラブルを乗り切った李士群は、昭和十五年（一九四〇年）十二月、警政部長に就任する（『周仏海日記』）。

「特工總部（七十六號）」を率い、警政部長として辣腕を振るい、権力を固める李士群であったが、丁默邨の反発、財政部長周仏界の風当たりは強かった。『周仏海日記』昭和十六年（一九四一年）一月二十八日に「士群が特工と警察関係の人事と経費問題について指示を求めにきた……彼の要求は大きすぎて、仕事と釣合いが取れていない気がする」、同年二月十一日「士群と默邨は現在欠かせない人材だが、ともに大局と大義が判らず、あらゆることで個人の私利私欲によりすがっている」、同年五月二十五日「默邨が清郷委員会と民運の人事問題で来談。默邨、士群の間の摩擦は減少するどころか、ますます激化する勢いであり、今度の民衆運動をめぐる争いは深刻な結果を引き起こす恐れがあり、余はこの件では非常に対応が難しい。川本は丁を助け、晴気は李を助けているので、両者の争いもいっそう激しくなっており、いずれも職務の去就を以て影佐の支持を取りつけようとしており、影佐も対応に苦慮している」とある。

汪政府の強化を策す日本の軍事顧問部は清郷工作案を作り上げた（前述）。昭和十六年（一九四一年）五月二十二日、第一回清郷委員会が開かれ、汪兆銘が清郷委員長に、周仏界と陳公博が副委員長に、李士群が秘書長に選ばれた（『周仏海日記』）。清郷工作は汪兆銘肝いりの施策で、実質責任者は秘書長、李士群であった。昭和十六年（一九四一年）七月一日から江蘇省で清郷工作が本格化した。清郷工作が実施されると同時に、汪兆銘は満洲国訪問の意思を表明する。満洲国の状況と清郷工作（局地和平）の関係を直に確認したかったのであろう。これに周仏海が猛反対する。『周仏海日記』昭和十六年（一九四一年）七月十四日に「汪先生が満州に行くとの話を聞いてとても驚き、公博に問いただすが、彼も実情を知らないと言うので、直ちに一緒に汪先生に謁見し、断固反対を表明する」、翌七月十五日「日高公使、影佐少将を家に呼び、汪先生の満州行きに断固反対する。二人も今回の満州行きの弊害を理解しているが、汪先生がすでに言い出したことなので、信義を失うのはよろしくなく、今回の事は日本側が発議したことではないので、了解して欲しいと言う。しかも満州ではすでに歓迎の準備に着手しているとも言った。余はやはり反対し」たとある。ここに、和平工作についての、汪兆銘と周仏海の見解の相違が見られる。結局、汪兆銘は、この時の満洲国訪問を取りやめている。影佐は、たけり狂う周仏海を慰撫する必要を感じたのか、昭和十六年（一九四一年）七月三十一日、周仏海に「一人の人に過大な権限を与えてはいけない。……現在二つの癌がある。一つは李士群で、いま一つは任援道である。任の害は小、李の禍は大である。早急に防止しなければ、将来必ずや大きな災いになる。故に警政部の取り消しを主張する」（『周仏海日記』）と言ったという。翌八月一日「影佐も同席し、士群辞職への対策を協議する。汪先生は軟弱な傾向を示す。おそらく特工を恐れているのであろう」とある（『周仏海日記』）。汪兆銘は、李士群の特工を恐れるというより、李士群の勢いを削ぐことを「良し」としなかったのであろう。特工を率い、警政部長、清郷委員会秘書長を兼務して八面六臂の活躍をする李士群に対し、「国民政府の行政機構の改革」が提起される。『周仏海日記』同年八月四日、「士群より来電あり、蘇州での任務に着いたという。おそらく軟化したのであろう」とある。李士群は、清郷工作に精力を注ぐようになり、警政部から距離を置かざるをえなくなってきた。『陸軍畑俊六日誌』昭和十六年（一九四一年）八月十五日に「最難点なりしは特工と警政とを併有し勢力ある李士群より警政事務を取上ぐることにして、其勢力を恐れ汪主席も断行を躊躇したる模様にして、一時李に二心ありなど云はれたるが、影佐の忠言により断行したる処李も服従したる趣なり。唯将来とも監視を要する問題なるべし」とある。同年九月六日、汪兆銘は早くも、蘇州、常熟で清郷視察を行っている（『周仏海日記』）。矢も楯もたまらず清郷工作の成り行きを見たかったのであろう。清郷工作、第一期工作は、ほぼ完全にその目的を達し（前述）、「第一期から第二期へと順調な成績を示した」（『日中戦争裏方記』）。

汪派国民政府が「綏靖軍、税警部隊」を、日本側は第十三軍（登部隊）の「六ケ大隊」を投入し、李士群の死力をつくした働きで成功を収めつつある清郷工作は、いわばミクロ満洲国を作っていくことに等しかった。清郷工作が成功するにつれ、ミクロ満洲国が拡大して、中国本部に満洲国が生じるという地政学的恐怖感が、周仏海ら南京国民政府要人に生じたことが、李士群と清郷工作への反発の背景にあると考える。『周仏海日記』昭和十六年（一九四一年）九月二十三日に「ひそかに思うに、日本は華北での、甚だしきにいたっては満州における作風を南京にも持ち込もうとする傾向があるように見受けられる。これは大いに警戒しなければならないことだ。日本人は少しでも隙をみせるとどんどん付け込んで来るので、実に対応が難しい」とあり、周の「満州における作風」に対する警戒感、恐怖心が「周はこの日から、実に長い時日をかけて、しかも用心深く、李の一挙一動を調査しはじめた。……腹心の羅君強と熊剣東に命じて李を倒す緻密な計画に着手した」（『揚子江は今も流れている』）根本の動因であろう。周はこれを記した五日後に李士群と清郷工作の視察にでかけ、清郷工作における「満州における作風」を直接確認している（前述）。

「清郷工作の成功によつて治安方策と政治建設に自信を持つに至つた」李士群は「試驗的に行つて成功したこの工作を江蘇省の一角から全中國に推し擴め」ることを企画した。が、清郷工作が成功裏に進むほど、清郷工作とそれを進める李士群への反発が強まってくる（『謀略の上海』）。清郷工作地域と南京国民政府の行政区画を重複させる苦肉の策として、「辯事處と省政府を實質的に一體化」させる方針がとられ、李士群は「江蘇省主席（省長）を兼任」するようになった。『周仏海日記』昭和十六年（一九四一年）十二月十九日に「李士群が江蘇省政府主席に新任し、各庁長を率いて面会に来た」とある。晴気慶胤によれば、日米「開戰直後、この戰争の將來は容易でないと憂えて、勝ち抜くためには中國に於ける戰争を速かに有利に解決せねばならないと極言し、命を投げ出してその實現に努めると誓約した中國人は、私が判つている限り、實に李士群彼一人だけであつた」という（『謀略の上海』）。清郷工作地域は

「中国第一の宝庫であり、そこから収集した米糧は、……その他の農産物とともに、中国依存度を増していた大東亜戦突入後の日本に大きく寄与した」と岡田は述べる（『日中戦争裏方記』）。

「上海の藍衣社は〝七十六號〟と實力で争うことをもう断念していた」が、汪派国民政府の「〝七十六號〟は三百人以上の行動隊を依然として擁していた。だが資金難で給料が少ない上に、數ヶ月も支拂いが遲れがちだったので、行動隊員たちは忽ち地金を現して良民からもっぱら搾取しつづけていた。そして婦女子の誘拐、押し込み強盜、詐欺恐喝など憎むべき犯罪が半ば公然と行われ」る始末であった（『謀略の上海』）。「これらの暴行を指揮教唆していた元兇は行動隊長の呉志寶であった。……呉志寶一派の傍若無人な暴虐は止まるところがなく、〝七十六號〟は惡魔の巣と化するに至った」（『謀略の上海』）。昭和十七年（一九四二年）二月、李士群は、「李士群が南京に常任しているのを幸いとし、他の幹部を壓迫して行動隊を自分の私兵と化した」行動隊長「呉志寶」を、晴気慶胤の大粛清の要請により、毒殺した（『謀略の上海』）。

第一期、第二期清郷工作の成功を受け、昭和十七年（一九四二年）二月から第三期清郷工作が開始される。これは、昭和十七年（一九四二年）一月、清郷工作を開始す

る時の支那派遣軍登部隊――第十三軍――山崎部隊、木谷隊（一個小隊）の記念写真。以下の写真で、氏名が判明している兵士が、全員揃っている。第十三軍兵士の活躍について、これをつぶさに見た晴気慶胤は「清郷工作の軍事部門を受け持つた日本軍の眞摯熱烈な活動は中國人の驚異と尊敬の的となつた。とくに掠奪と破壞が行われないこの作戰は、感謝した民衆の共感と協力を得た。彼らは日本軍を解放軍と呼んで絶對の信頼を捧げた」（『謀略の上海』）と述べる（前述）。

第三期清郷工作の工作指導要綱（昭和十七年二月一日登集団司令部）は「日支合作軍政一如堅壁清野の方式に依り……本工作期間は二月十五日より概ね四ヶ月と予定す……日本側最高指揮官は依然登集団司令官とし支那側最高責任者は清郷委員会委員長とす……先づ常州地区に、次で概ね三月より蘇州、無錫南側地区に対し清郷地域を拡張す……依然堅壁清野の方式に依る……敵匪の根絶……現地清郷政治及省政治機構を一体化……敵性経済勢力の芟除及日支合作に依る物資の交流、金融の統制を図る」とされている（「第三期清郷工作指導要綱」）。

一枚目（上）、昭和十七年三月頃、第三期清郷工作（清郷作戦）に投入された第十三軍兵士。向かって右端（立っている）が原田啓次、その左は河野毅。「若草橋」とある。

背景は「常州地区」か「蘇州、無錫南側地区」の農村であろう。後ろにクリークが見える。原田啓次は昭和十四年（一九三九年）徴兵で入隊。二年間の兵役を終えた。その後、部隊は第十三軍（登部隊、登集団）に編入される。二枚目（下）、座っている兵士が河野毅。この写真の裏書に「河野毅　支那派遣登部隊山崎部隊木谷隊」とある。白衣を着ているので、負傷したか、病気で戦線を離れるのであろう。後ろの二名の兵は衛生兵か。左腕に腕章をつけている。全員左胸に三角形のマークを付けている。

一枚目（上）、清郷工作（清郷作戦）の第十三軍兵士。写真の裏書に「昭和十七年四月上旬」、「乾燥場ニテ」とあるので、清郷工作地区で、支那派遣軍総司令部の清郷工作視察（前述）と同じ頃に撮った写真と思われる。前列向かって左から右に順に岡崎正美、宅内作市、河野悟、福田守人、松本充夫、先本精治。二列目向かって左から右に谷

村一郎、斉藤正一、高橋次男、重枝信好、原田啓次、松本慶之介。三列目向かって左から右に吉本鶴吉、藤重保、松重忠雄、大竹勇、田中亘三、京谷蔵治。四月上旬で、寒そうである。二枚目（下）昭和十七年（一九四二年）四月「河湾ニテ」。同じく清郷工作に投入された第十三軍兵士。後ろに「つかもとたい」と見える。向かって左は岡崎正美、右は濱崎藤一郎。

昭和十七年（一九四二年）五月頃。同じく、清郷工作の第十三軍兵士。後ろにクリークと渡し舟が見える。清郷工作が順調にいっているようで、兵士の顔に悲壮感はない。穏やかなリラックスムードである。後ろの列の、向かって右端が原田啓次。その前の兵士は高橋次男。向かって左端のサングラスをかけた兵士は田中亘三。原田啓次の、向かって左前、中央の兵士は畑部軍曹。

一枚目（上）、昭和十七年（一九四二年）八月「廣水警備地ニテ　畑部軍曹　小生」。向かって左が畑部軍曹、右が原田啓次。清郷工作地域と思われる。原田啓次の立派な軍刀が光っている。啓次の左手に包帯が見える。負傷しているのか。畑部軍曹は軍手をつけている。二枚目（下）、

同年同月「廣水ニテ」。前列向かって左から右に濱崎兵長、畑部軍曹、大竹勇、岡崎正美。後列左から右に松本充夫、田原一夫、藤重保。原田啓次の部隊は、昭和十八年（一九四三年）フィリピンに移動した。

「法的にも財的にも南京から完全に獨立している上に新に江蘇省を指揮下に収めた清郷委員會は志氣昂り、その務めは隆々として周佛海を壓し清郷工作に關する限り行政院には一初の容喙を許さなかつた。李士群は局地和平を完成して汪兆銘の和平運動を完成させるものは清郷工作だと信じ、之に反對するものは被免しても、清郷工作は擴大せねばならないと汪兆銘に强調した」（『謀略の上海』）。昭和十七年（一九四二年）五月、汪兆銘は、遅ればせながら満洲国を訪問し、清郷工作による和平派国民政府建設のラインと、満洲国建設のラインが重なる可能性を自分の目で確かめている。

「だが、清郷工作の强引な政治に反對していたものは、行政院の上層部ばかりでなく、反對派は汪兆銘政府の内外に充満してきた」、「清郷工作に反對する急先鋒は、日本の興亞院華中連絡部および上海市政府を動かす日華の官僚群だつた」、「各省政府官僚の清郷工作に反對する潜行的の策動は、執拗陰険を極めた」という（『謀略の上海』）。昭和十七年（一九四二年）四月、丁黙邨を支援する川本芳太郎と李士群を支援する晴気慶胤が転任となった。同年六月、南京国民政府を支えていた影佐禎昭も第七砲兵司令官（満洲、東寧）となり、南京を離れた（『人間影佐禎昭』）。清郷工作と李士群の後ろ盾が相次いで転任し、李士群の孤立が深まってきた。晴気の北京への「轉任を一番さびしがつたのは李士群だつた。〝清郷工作はこのごろ摩擦が多すぎて、私一人では推進してゆく自信が持てなくなつた。……こゝらで東京あたりに引き込んでしばらく英氣を養つてみたい。〟と泣き言をもらしていた」という（『謀略の上海』）。晴気は「北京に發つ私を飛行場にまで送つてきた李士群は、終始まつわりついて出發の時刻が迫つても私のそばから一寸も離れようとしなかつた。……いよ〳〵出發にあたり飛行機の窓から見た彼の姿ほどあわれなものはなかつた。彼は滑走路の外側にしよんぼりと立つて一人さびしくいつまでも手巾を振つていた。思えばそれが彼と私の永久の別れであつた」と述懐する。李士群は「政治の上層部には汪兆銘と軍事顧問部の支持しか持つていなかつたので、多勢に無勢、その頽勢は掩うべくもなかった」（『謀略の上海』）。『周仏海日記』昭和十七年（一九四二年）九月二十三日に「李士群がまた借金に来る。この人物は来ないとなるとそのままで、来れば必ず金をせびり、これまでのところはおよそ求めるところがあればすべて応じてきた……」とある。李士群は「特工總部（七十六號）」を維持するのに莫大な金を必要としていた。財政部長、周仏海も、税収不足の中で、軍事顧問部の後ろ楯をなくした李士群への出費を切り込みはじめたのであろう。

昭和十八年（一九四三年）四月、周仏海は満洲を訪れ「満州における作風」を自分の目で確かめている。その後、周仏海は李士群打倒工作を加速する。李士群が追い詰められていく状況を『周仏海日記』で見ると、昭和十八年（一九四三年）五月一日「汪先生を拝謁し、……次のように具申する。気焔の上がっているものは抑え、失意のものは慰撫して、一方が気焔を益々上げ、もう一方が鬱積を募らせるようにしてはならない、と。……汪先生は清郷委員会を廃止してよいという。帰宅後、永井大佐、岡田大佐を呼び、その事を伝えるとともに、強く主張する。二人とも賛成する」とある。ここで「気焔の上がっているもの」は李士群であり、「失意のもの」は梅思平である。江蘇省主席、清郷委員会秘書長の李士群と梅思平の間に対立が生じたことが『周仏海日記』からうかがえる。周仏海はこれをチャンスとして李士群排除計画を実行に移す。支那派遣軍総司令官、畑俊六は、昭和十八年（一九四三年）五月二日、清郷工作を視察し、「鎮江地区清郷工作主任たる江蘇省教育庁長袁某の清郷に関する報告を聴取す。袁は清郷に関する国府中央の冷淡を訴へ居りたり。本地区の清郷は外周に直に新四軍、忠救軍等を抑へ実行に相当の困難あるべく、従来未だ例を見ざる封鎖、竹矢来の焼却等頻発する趣なり。加之経費にも相当困難しあるもの〻如し」と記す（『陸軍畑俊六日誌』）。『周仏海日記』同年五月十日「公博、心叔が来て、某人を処分する件につき密談する。けだし某は悪行多端を極めており、これを処分すれば人心は必ず快哉を叫ぶであろう。ただ汪先生にそれをする気迫がなく、決心を下せないことが心配である」とある。「某人を処分する件につき密談」とは李士群を謀殺する密談である。畑俊六は、同年五月十三日「スーパー機にて……南通に至り、小林第六十師団長及李士群の出迎を受け、大隊本部に至り師団長及李士群より蘇北第一期清郷に関する報告を受く。……近頃囤積問題よりして李士群打倒の声高く……憲兵など頻りに之に同意強調しあるが、彼等一流の派閥争ひの嫌多分にあり、介入せざるを可とす」と記す。畑俊六は、周仏海が、李士群を打倒しようとしていることを知ったのであろう。『周仏海日記』、同年五月二十日「最高国防会議に出席し、清郷委員会の廃止を決議する。人心大いに快哉であろうが、しかし随分と苦労したものである」、同年六月六日「李士群を接見する。李と二時間に渡って話し合い、その事業を正規の軌道に沿わせるよう勧めるが、この人間は誠意に欠けており、恐らく結局効果はなかろう」とある。畑俊六は、同年七月六日「周は李士群と対立し、其特工総部を解散せしめんと企図しながら、自分は税警隊を強化し軍人側の大物なども手懐け其野心は大に警戒の要ありと思はる」と記す（『陸軍畑俊六日誌』）。

昭和十八年（一九四三年）七月頃、李士群は、晴気に「すべては全く行き詰つてしまいました。周佛海はこのごろ私を江蘇省から驅逐しようと、暗躍しています。江蘇省を失つたら、もう部下は養えません。……しばらく日本に亡命したい」という手紙を送ってきた（『謀略の上海』）。昭和十八年（一九四三年）八月十三日、周仏海は「万里浪を接見するが、李士群に対する不満と李の彼への猜疑の委細を詳述するが、思わずそれに同情する」と述べている（『周仏海日記』）。「李の彼への猜疑の委細」は、万里浪から謀殺されかねない李士群の猜疑であろう。同年八月、南京から、最高軍事顧問の柴山兼四郎が北京に来て、晴気に「李士群の横暴と頑迷には、ほとほと手を焼いている。……事ごとに周佛海に楯をついて、南京政府を掻き亂し、政情を不安におとし入れている」、「汪政府の財政難を救うためにも、江蘇省の主席は李士群に委せては置けない。いろいろ説得して見たが、彼はどうしても辭職することを承知しない。何んとかよい工夫はあるまいか」、「特工總部だけは李士群にどうしても引きつづいてやつて貰いたいと思つている」と言った（『謀略の上海』）。『周仏海日記』同年八月二十六日「列車で上海に向かう。剣東が駅で出迎え、一緒に家まで行くと、君強が来ていたので、少々話し合ってから別れる」とあり、この時、李士群謀殺のゴーサインを出したのであろう。李士群は、「汪兆銘側の特務機関長としても清郷工作の幹部としても期待されていた」人材であったが、南京国民政府の軋轢の中で、昭和十八年（一九四三年）九月六日「上海憲兵隊特高課長岡村通弘憲兵中佐に晩餐に招かれて」会食した際、毒を盛られ、九月九日に死亡した（『我は苦難の道を行く』）。享年三十八歳。

▶羅君強

李士群が亡くなって程なくして、晴気慶胤は、その妻、葉吉卿から手紙をもらった。そこには「このごろは周さん（周佛海）との關係もよくなつて、よろこんでいましたのに、悔まれてなりません周さんとはその前日にお宅で御馳走になつたのが最後でした」とあった（『謀略の上海』）。周仏海は、毒殺する前日、李士群を自宅での会食に招待し、警戒心を弱める動きをしたようである。李士群が亡くなった時、李士群のライバル、羅君強の部下、熊剣東税警団副団長が「毒饅頭を李の皿に盛った」とうわさされていたが、戦後の裁判で羅君強は、李士群毒殺を認めたという（『日中戦争裏方記』）。「きわめて精悍な上に日本通でもある熊剣東は「重慶側の江蘇地方遊撃隊の司令であったが、上海憲兵隊岡村中佐の尽力で汪側に帰順し……羅君強の秘蔵ッ子」となっていた（『日中戦争裏方記』）。昭和十八年（一九四三年）九月四日の『周仏海日記』に「帰宅後、式軍、剣東、君強が来訪。一時にようやく就寝」、同年九月五日「公博、川本大佐及び剣東が前後して来訪し、それぞれ協議することあり」、同年九月九日「突然、李士群逝去の報に接した」とあり、周仏海、羅君強、熊剣東らが川本芳太郎らの了承を取り付け、李士群の毒殺を実行したと思われる（川本芳太郎は、昭和十八年六月、支那派遣軍参謀として再び南京に来ている）。汪兆銘と畑俊六は、李士群の排除に同意していなかったのではないか。『周仏海日記』昭和十八年（一九四三年）十月三日「万里浪及び中島が特工に対する指導と援助を求めてきた」、同年十月七日「特工同志万里浪が来て、今後命令に従うことを表明する。ついで呉公澍も李光源、余介、王道生を引き連れて来て、命令に従うことを表明するが、万に対しては不満を述べる。……特工内部は実に複雑だ。呉は自らハノイまで行って汪先生暗殺を指揮した人物であり、上海で逮捕されてから和平運動に参加したものである」とあり、李士群亡き後、周仏海が特工を、事実上、掌握したことがうかがえる。『周仏海日記』によれば、昭和十四年（一九三九年）三月、ハノイで汪兆銘暗殺を謀った人物が、汪派国民政府の特工の幹部になったという。

「李士群の死後、〝七十六號〟は、見る見るうちに崩れ落ちていつた。特工總部は縮少されて政治部と改稱され林柏生が指揮するようになつた。林柏生は李士群の殘黨を整理して重慶にたいする情報、謀略を受け持たせたが、李士群なき特工はもはや特工ではなく、ほとんど見るべき成果を擧げ得なかつた。〝七十六號〟は事実上李士群の死とともに滅んだのであつた」と晴気は述べる（『謀略の上海』）。

この写真に見る李士群は、毒殺される七ヶ月前であり、李士群が四面楚歌の苦しい立場に陥りつつあることが、表情からうかがえる。李士群が追い込まれていく背景に、

▶李士群

一、清郷工作に反発する周仏海の「李を倒す緻密な計画」、二、太平洋における日本側の戦局不利、三、「汪政府に最後の危機が来た際には、李士群はその特務警察網を挙げて重慶に降伏し、周に先手を打って恭順第一号となる計画を抱いているという情報」（『揚子江は今も流れている』）等を流す敵側の巧妙な謀略活動が考えられる。

「中国大陸に於ける日本軍はなお常勝を誇り、……湖南作戦や重慶作戦をも計画し大陸全地域にわたる戦勢の挽回を企図」（『支那事変の回想』）しても、対英米戦争での戦局不利では、汪派和平運動の挫折は不可避となる。昭和十八年（一九四三年）九月の李士群の最期と、それに続く局地和平（清郷工作）の挫折は、汪派国民政府の挫折と終焉を先取りする出来事であったと言える。

「ガダルカナル撤退作戦」に関わった辻は、昭和十八年（一九四三年）二月、陸軍大学校教官に異動となった。

▶辻政信

「〝ガダルカナル〟の作戦終結に、骨身を削り、頭部に重傷し、黒水熱（熱帯マラリア）に冒されて、九死の境を越えた」辻は頭部に包帯らしきものを巻いている。頭部の重傷が、まだ完全には癒えていないのであろう。辻は、若杉参謀——三笠宮崇仁親王——の支那派遣軍総司令部赴任に合わせ、南京に駆けつけたと思われる。

これより三年前、辻政信は「補支那派遣軍總司令部附」の命を受け、昭和十五年（一九四〇年）「二月十一日の紀元節に、憧れの南京總司令部に着任した」。同年四月二十九日の天長節を期して、『派遣軍将兵に告ぐ』というパンフレットを板垣総参謀長名で出した（『亞細亞の共感』）。それは「例えば中国人を大事にしろ、勝手に日本軍の小部隊が政策の指導をやってはいけない、というような諌めで、良いことであった。……少なくも十万部は刷って全軍に配布した」、「辻は石原さんの構想を受けて中国現地で、汪兆銘の側近や広東省の中国政府要人に東亜連盟思想を啓蒙すると同時に、板垣参謀総長にも大いに説明した」という（『秘録板垣征四郎』）。辻によると、『派遣軍将兵に告ぐ』を「汪兆銘先生は心から喜び、その名を以て、直ちに華文に飜譯配付し、重慶側は、又その複寫を、将校だけに祕密に分配した」ようである（『亞細亞の共感』）。内容は「事變解決は東亞聯盟の結成以外になく、現下の事象は、その陣痛として克服し、眞に兩大民族の、心からの提携を目標として進むべく、南京、上海、北京等の夜の醜き姿を反省し、無辜の良民をいたはり、英靈に愧ぢない行動を強調した」ものであった（『亞細亞の共感』）。辻の『派遣軍将兵に告ぐ』は、「東亞聯盟の結成を、事變處理の究極の目標とした所に、重大な波紋を生じ」、「東京では焼餅だ。ひどい嫉妬が起つた」、「子供の評判がよくなつて親が嫉くやうな場面」となってしまう（『亞細亞の共感』）。

東亜連盟協会が昭和十四年（一九三九年）十月、石原莞爾の指導のもとに結成される。しかし、「東亞聯盟の思想的母體は、協和會である。建國の當初、日滿の同志を以て組織せられた滿洲青年聯盟や、自治指導部の目標は、東亞聯盟の結成になつた。その根本思想は　一、政治の獨立　二、經濟の互惠　三、軍事の同盟　といふ三原則の下に、日本、滿洲、中國が手を握り、互に他を犯さず、信を腹中に置いて、東亞解放の共同目標に、同甘共苦しやうとする」ことであった（『亞細亞の共感』）。「東条陸軍大臣は東亞聯盟に絶対反対であり、このため東条と板垣との溝を深くする結果になった。辻が東京に行った際、東条陸相に呼ばれて、東亜連盟思想はいかん、と云われたらしいが、〃日本人はいけなくても、中国人はいいだろう〃と云うわけで、日本軍に対する宣伝をやめ、中国人に対し宣伝した」（『秘録板垣征四郎』）。

東亜連盟運動――「此の大乘的、亞細亞的思想」――は「石原さんが運動の始祖であり、板垣さんが推進力」であったが、中国においても繆斌らにより「東亞聯盟運動が、中國人自身の手によつて、積極的に、自主的に、展開される」ようになってきた（『亞細亞の共感』）。「中國や滿洲に於て、燎原の火のやうに燃え上つた勢ひに、漸く驚いた東京」では、昭和十六年（一九四一年）一月十四日、東條陸相の下、興亜院の「我帝國の、主權の存在を晦冥ならしめる虞あるが如き、國家聯合の思想は、國體の本姿に反するものとして、排撃すべきである」（『亞細亞の共感』）が閣議決定された。「東京は東亞聯盟運動に乘氣にならない。殊に舊中國關係者や、大臣側近に反對が強いといふ事は、現地の中國に、滿洲に、豫期しない現象を喚び起した。〃日本の權益主義者が反對する思想なら、本物に違ひない。これは中國のためにも、滿洲のためにも、味方である〃」、「日本で彈壓されるが故に、東亞聯盟は眞に、日華の前途を打開すべき思想である」という皮肉な思いを、中国人の間に喚起した（『亞細亞の共感』）。繆斌の知人「張君衡」は、「重慶國民黨華北地區の總元締め」であったが、「自ら進んで〝東亞聯盟〟の雜誌を編輯し、東亞の將來について、追随を許さない筆陣を張つた。その結果、この小雜誌が、中國の青年達に飛ぶやうに賣れ、大部は重慶地區に流れた」という（『亞細亞の共感』）。「陳築城なる青年が、同じ思想の同志として、東亞聯盟に進んで入つた」が、陳築城は「軍統局の華北總隊長」であった（『亞細亞の共感』）。

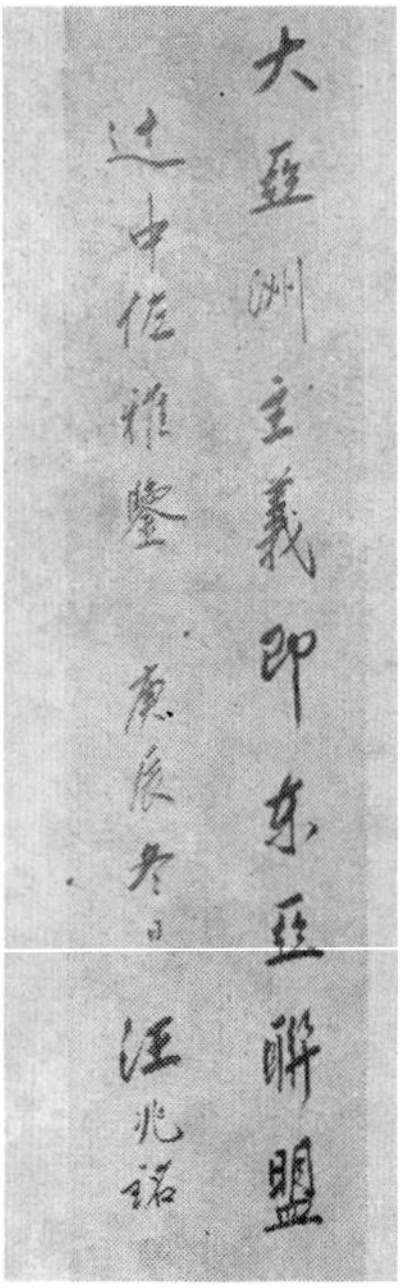

▶「大亞洲主義即東亞聯盟」筆汪兆銘『亞細亞の共感』

東亜連盟思想について、「汪主席は、殊に此の信念を堅持し、自信を以て重慶に呼びかけられた。東條さんが反對である事を、萬々承知の上で、……堂々と東亞連盟を高調し、特に三原則（政治獨立、經濟合作、軍事同盟）の外に文化交流の一原則を加へ、完全に自主的運動を展開し、宣傳部長林柏生氏も亦、熱情を以て呼應した」（『亞細亞の共感』）。「汪先生が、熱涙を以て、孫文の靈前に報告された言葉は、〝大亞洲主義、即東亞聯盟〟の一句であつた」（『亞細亞の共感』）。『周仏海日記』昭和十六年（一九四一年）二月一日に「午後、東亜連盟総会の創立会に出席。東亜連盟が成立されれば、今日は実に歴史的に記念すべき一日となろう」とある。南京の東亜連盟の会長は汪兆銘、常務理事は陳公博、周仏海、陳璧君ら、理事会秘書長は周仏海、副秘書長は周学昌、周隆庠であった。「東亞聯盟工作が、重慶地下陣と南京政府の心あるものと、限られた日本側同志によつて、細々ながら命脈を保ちつゝあ」り（『亞細亞の共感』）、東亜連盟は、日本、満洲、汪派国民政府、重慶国民政府を繋ぐ一本の糸であった。

昭和十八年（一九四三年）八月十四日、辻政信が支那派遣軍総司令部「第三課長」（政治、後方）を命ぜられ、再び南京に赴任した（前述）。翌八月十五日、汪兆銘の秘書長、周隆庠が密令を帯びて辻を訪れ、「成るべく早い時機に、二人だけで、お話したい」という汪兆銘の言葉を伝えた。『周仏海日記』、昭和十八年（一九四三年）八月二十六日に「日本総司令部の新任第三課課長辻大佐を接見する。この人は元は参謀本部の作戦参謀であり、大東亜戦争の作戦計画はいずれも彼によって策定されたのだが、ソロモンに視察に行った時負傷した。これまで東亜同盟の健将として、中国の独立自由を頗る尊重しており、今回わが国に来たことは我々にとって大変有益なこと」、同年九月六日「八時に辻大佐が来て、一時間話す。この人は石原莞爾の直系で、新任の日本軍総司令部第三課長であり、今回の対英、米作戦計画はすべて彼の手で編み出されたもので、青年将校中の有力な中堅である」、同年九月十五日「突然汪先生から電話があり、近々日本に行くので、余に近日中に南京に戻って欲しいとのこと。この件については余は南京で話し合ったことがあり、余は慎重にすべきであると主張したが、こんなに急とは思いもしなかった」、同年九月十七日「汪先生、公博と訪日の件を相談する。余は公博が随行し、余が留守を預かることを主張したので、そのように決める」、同年九月十八日「辻大佐が来て、またも石原莞爾を中国大使に、板垣を総司令官にすべしと主張し、日本のいわゆる新政策は羊頭狗肉であり、二人でなければ徹底実行できないという。また華北政務委員会及び新民会を解消して統一を実現させる必要があり、汪先生の今回の訪日で東條に、二人を中国に呼ぶよう要求して欲しいと言う。余は、東條と石原はかねてから仲がよくなく、しかも人事問題であるので、汪先生としては口に出しにくい……と言った。彼は三笠宮が帰京する時には必ず天皇に報告するので、上のほうはすでに手筈を整えてあるから、実現できる、と言う」、同年九月十九日「晩、公博、思平が来談。公博が明日汪先生に随行して東京に行くので、日本側に表示すべき意見及び主張について特に協議する」とある。この頃（九月十八日と思われる）、辻と二人だけで会った汪兆銘は一枚の紙に「總司令官　板垣大将　總参謀長　石原中将　大使　磯谷中將又は阿部大將　軍事顧問　影佐中將」と書き、「この陣容を急速に實現し、重慶に對し、最後の和平工作を斷行し、實現を見た上で、身を退きたい」と言ったという（『亞細亞の共感』）。これを実現するには、「閣下が直接、東條さんにお會ひになつて、唯二人だけで、政治的に解決して下さる事です」と辻が言うと、汪兆銘は「よろしい！　明後日、飛行機で東京に發ちませう」と言った（『亞細亞の共感』）。「柴山顧問から、松井中將、畑大將に汪先生の上京が傳へられたのは、その翌日であった。誰一人、何の用で上京されるか、眞意を知るものはなかつた」（『亞細亞の共感』）。『陸軍畑俊六日誌』昭和十八年（一九四三年）九月二十一日に「汪主席の上京は東京より二十二日首相より会談すべしとの返答に、本日……総軍飛行機にて出発せる」とある。『東條内閣総理大臣機密記録』に「汪主席一行は……天候の都合に依り、二十一日南京発大阪に一泊、二十二日朝大阪発立川着、参内拝謁の上、東條総理と会談せる次第なり」、九月二十二日「一八、一〇　一八、四〇　汪主席と単独要談（於日本家。中西通訳官のみ同席す。接待は総理夫人、令嬢之に任ず）」とある。汪兆銘とサシで会った東條から、「日本陸軍の人事には、絶對に喙を容れないで下さい」と言われ、汪兆銘の新陣容構想は成らなかった（『亞細亞の共感』）。これにもかかわらず、九月二十四日、畑支那派遣軍総司令官に、東京訪問の経過を報告した汪兆銘は、「主席今回の訪日は望外の好結果を得たるものといふべく、喜色満面の様子」であったという（『陸軍畑俊六日誌』）。

昭和十八年（一九四三年）十一月、辻政信は「料理屋征伐」に乗り出した。「〝アッツ〟が玉砕し〝ガ〟島に餓死し、〝マキン〟〝タラワ〟に猛攻を受けてゐる時、中國戰線が、酒色に、而も官費の酒色に耽る事は斷じて許されない。總司令官の名を以て、全派遣軍に對し、〝高級料理店を一齋閉鎖し、機密費による宴會は、極度に制限する。〟趣旨の電報を起案した。怒つたのは、高級將校であり、喜んだのは下級將校及び下士官兵であつた。唯一人畑軍司令官は、絶對の賛意を示され、參謀長はいや〳〵判を捺し、副長は最後まで反對した」という（『亞細亞の共感』）。

『周仏海日記』昭和十八年（一九四三年）十月十四日「岡田大佐が来て、辻大佐が、もし重慶に和平の意向があるなら、彼は生命を犠牲にしても重慶に飛ぶことを表明したという。もしもそのような日が来るなら、余も必ず随行する」とある。昭和十八年（一九四三年）暮れから辻政信は、汪派南京政府の繆斌と、これと繋がる重慶の戴笠（調査統計局、藍衣社の長）を通じて、重慶、蔣介石との直接対話の道を模索した。昭和十九年（一九四四年）二月十一日、上京した辻が東條総理と密談した際、東條は「よく判つた……。して君が乗り込む目的は？」、「よし、やつて見よう……飯を喰つて行け。ご苦勞だつたなあ」、「紀元節だ、神意に違ひない」と言ったという。辻の重慶行きは、昭和天皇にも上奏された（『亞細亞の共感』）。『陸軍畑俊六日誌』昭和十九年（一九四四年）二月十三日によれば、汪兆銘は最高軍事顧問の柴山兼四郎に、「当方にて得たる重慶情報によれば、重慶は目下の国際情勢に眩惑せられ寧ろ日本の敗北を希望し、英米はソ聯の対抗策の為到底極東には関係出来ざるべく、支那の自立更正の為には日本が却て邪魔となり、従て其敗北を希ふ空気濃厚」なので、辻が行くとも成功は期しがたい、という見立てを述べたという。御前会議決定を背景とする、「三笠宮殿下に言上したるに、殿下は非常に之に共鳴せられた」（『陸軍畑俊六日誌』）辻の「重慶工作は、かくして、永遠にその幕を閉ぢた」（『亞細亞の共感』）。辻政信は昭和十九年（一九四四年）七月南京を離れ、第三十三軍参謀としてビルマに赴任する。

太平洋の戦局が不利では、重慶との和平工作を模索しても、不成功に終わることは明らかであった。『周仏海日記』昭和十七年（一九四二年）九月十七日に「伊藤芳男と和平運動の成敗について話す。それは彼が和平運動に参加した最初の同志であるからである。余は今回の運動がもし失敗するとすれば、それは次の二つの間違った認識に基づくであろうと言う。一、当時、日本軍は必ず重慶市及び西安、昆明等をも続けて占領すると思っていた。二、日、米あるいは日、ソ戦争は発生しないと思っていた。今ではこの二つの認識が共に間違っていることを知ったため、和平運動を失策と見なさないわけにはいかない」とある。周仏海の見立ては「日本軍が重慶に進撃せず、漢口で矛を収め、英米と戦端を開いたので、和平運動が挫折することになった」である。

▶秩父宮雍仁親王（秩父宮御殿場御別邸）

当時、大本営で「日本軍は必ず重慶市及び西安、昆明等をも続けて占領する」との周仏海の見立てと関連する重大な動きがあった。「職務にきわめてご精励であり、第一部戦争指導班にお勤めであり、ご自分でいろいろと新作戦をご立案になり、立派な作業書」を参謀本部に提出されていた秩父宮は、昭和十四年（一九三九年）秋、「重慶軍主力に痛撃を加えるために衡陽作戦を、また将来の重慶作戦を準備するため蘭州作戦を実施すべし」と参謀次長、沢田茂に申し出た（『参謀次長沢田茂回想録』）。沢田はこれに反対で、秩父宮案は採用されなかった。「ご納得にならなかった」秩父宮は、昭和十五年（一九四〇年）一月初め、「思いきって陸軍で軍事内閣を作り、時局の処理に邁進せよ」と参謀次長に申し出た。「たびたびお申し出になるので、……反対意見を申し上げ、〝私の力では殿下の御意に添うことはできません〟と、はっきりお断り申し上げたところ、殿下はいたくご不興で、ぷいと立ってお帰りになった」という（『参謀次長沢田茂回想録』）。秩父宮「殿下の大本営ご在職は、陛下と軍との間における裏の通路としてその価値が大である。当時殿下は、毎週木曜日だったと思うが、とにかく週に一回は陛下とゆっくりご対談遊ばされた」（『参謀次長沢田茂回想録』）ので、「将来の重慶作戦を準備するため蘭州作戦を実施すべし」や「思いきって陸軍で軍事内閣を作り、時局の処理に邁進せよ」は、秩父宮だけの腹案ではなく、宮中でも共有された案であったと考える。

昭和十四年（一九三九年）秋の秩父宮案――「重慶軍主力に痛撃を加えるために衡陽作戦」、「将来の重慶作戦を準備するため蘭州作戦」――は実行されなかったが、その僅か半年後、昭和十五年（一九四〇年）五月、「重慶軍主力に痛撃を加え」、「重慶作戦を準備する」ことに繫がる「宜昌作戦」が実施された。この作戦は「元来、漢口の第十一軍が自発的に当面の敵に鉄槌を加えて宜昌まで進撃し、次いで元の守備線に引き返すという目的で五月一日に開始された」（『参謀次長沢田茂回想録』）。これに対し、「陛下から、宜昌を取ってはどうかとのお言葉があり」、「六月に入って、イギリス・フランスの大敗、仏印ルートの遮断等の事態がおこり、桐工作の先方代表は、重慶が開戦以来初めての最も困難なる事態に陥ったと言明した」ことから、参謀次長沢田は急遽方針を変更し、「六月十二日、宜昌に突入した第十一軍は十七日から宜昌を撤退開始するとの報告があったので、……大陸命を戴いて六月十六日、支那派遣軍に対し宜昌確保の件を伝え、第十一軍は翌十七日、宜昌に再突入をし、爾後これを確保」した（『参謀次長沢田茂回想録』）。しかし日本軍は、昭和二十年（一九四五年）まで、重慶制圧を企図することは無かった。周仏海の「日本軍は必ず重慶市及び西安、昆明等をも続けて占領する」ので和平運動が成るとの見立て――大東亜戦争の勝利と汪派国民政府の勝利――の成否は、日本側の直感的決断で決する可能性があったといえる。支那派遣軍総司令官として三年九ヶ月、中国での戦争を指揮した畑俊六の見立ては「支那事変だけ続けて居て、油だけは何とかして工面し（米と戦争をしないのならば在支航空兵力だけであるから、油も何とかなつたことであろうと思ふ）、小ジンマリとやつて行つたならば、其内には国際情勢も変化して又何とか局面打開の法があつたように思ふ。かへすぐ〵も遺憾千万で、所謂敵を知り己を知る百戦危からずの金言を守らなかつた」ということであった（「獄中手記」）。

これと関連して、岡田酉次の「蔣の態度が全面和平を否定しなかったとしたら、なぜ近衛三原則を最後に拒否したのだろうか」の疑問に対する答えとして、周仏海は「日本に対して抗戦を続け勝つ事が出来れば、蔣は当然歴史上における民族の英雄とされるし、かりに負けても外敵に対して不撓不屈の精神を発揮したことによって民族の英雄として唄われる」の意見に「蔣は強く動かされ」たと指摘する（『日中戦争裏方記』）。昭和十四年（一九三九年）四月後半にハノイを脱出した汪兆銘は、ハイフォンから上海に至る船中で「抗日論は戦争状態にある現状勢上一般の耳に入り易い。之に反し和平論は売国論と紙一重の差であり仲々一般の人を傾聴せしむるはむづかしい。唯日本の施策が妥当公正である事実に依て裏付けられて始めて光彩を放つのである。従つて和平運動展開の途上に於ては随分と酷評を以て迎へられるであらう。売国奴、漢奸を以て批判されることであらう」と述べている（「曾走路我記」）。非戦和平は売国、主戦抗日は愛国と二分割し、両論の橋渡しができない思考風土が蒋介石に染み付いていることを、周仏海は指摘した。

▶昭和十八年（一九四三年）三月

「南京国民政府」の要人と「梅機関」、「青島大新民報」の関係者の集合写真から少し後に撮った、広瀬俊幸（向かって左）と辻政信（右）のツーショット。辻は頭部に巻いていた包帯をとって、さっぱりした格好で、表情も穏やかである。昭和十五年（一九四〇年）から、汪派国民政府と関わりのある広瀬俊幸は、満洲、中国で異彩を放つ活躍を見せた辻政信を、以前から知っていたようである。広瀬俊幸は、辻のほうに少し頭を傾げており、辻に対する親しみが感じられる。

昭和十八年（一九四三年）三月三十日――中華民國三十二年三月三十日――の「青島大新民報」である。「慶祝國民政府還都政委會成立三週年紀念」、「國府在友邦協力下確立國家自主權擧國邁進大東亞戰争」と見える。この日は和平派国民政府が南京に還都（建国）して、三年目の節目であった。昭和十八年（一九四三年）一月九日、南京国民政府は英米に宣戦布告しており（後述）、「国民政府は友邦の協力下に、国家の自主権を確立し、挙国、大東亜戦争に邁進しよう」と呼びかけている。「青島大新民報」は、汪兆銘の南京国民政府を支援する華字新聞であったことがうかがえる。

一枚目（上）、昭和十八年（一九四三年）七月、向かって左から広瀬猛（三歳）、広瀬アサ子、広瀬幸子（一歳四ヶ月）。幸子は昭和十八年（一九四三年）十一月一日、中華民國山東省青島市江蘇路拾六號同仁會青島診療班にて死亡。二枚目（下）、昭和十九年（一九四四年）四月、広瀬俊幸一家の中国での最後の写真。後ろ向かって左は広瀬俊幸、右はアサ子。前列左に猛（三歳十ヶ月）、右の赤子は悦子（三ヶ月）。広瀬俊幸は、新聞社に居た関係で、海外ニュースが入っており、戦況が悪化していることを知っていた。昭和十八年（一九四三年）九月、清郷工作の事実上の責任者、李士群が毒殺されたことは、その活躍を傍らで見ていた広瀬俊幸には衝撃であったに違いない。昭和十九年（一九四四年）九月十五日に従弟の三村勲が他界し、同年十一月十日には汪兆銘が名古屋帝国大学附属病院で逝去した。同年十二月初めには、支那派遣軍総司令官、畑俊六が転任となり、中国を離れた。これらの事が重なり、「もうだめだ、帰ろう」の思いが固まったのではないか。

『陸軍畑俊六日誌』昭和十九年（一九四四年）十一月二十一日「主席は十日名古屋帝大医院にて逝去、十二日遺骸南京着、十三日喪を発したるものなり。本朝余は今度教育総監に転補の内命あり」、十二月四日「雁巣飛行場着、四年振りに見る山河の旧態依然たり。白沙青松、日本は土地清浄なる神国の感を一層深くしたり」とある。畑俊六

▶畑俊六支那派遣軍総司令官『支那事變記念寫眞帖』

は、「教育総監に転補の内命」を受け、二週間そこそこで南京を離れ、帰国した。この頃、広瀬俊幸は、中国に居ては危ないと思い、一家であわただしく帰国している。広瀬俊幸一家は青島で裕福な暮らしをしていたが、貯金も何もかも残し、青島を振り切るように帰国したという。広瀬俊幸の妻、アサ子が弱視で、自分に万一のことがあれば、妻子が生き残れないという思いもあったのではないか。「青島から船で帰国する時、遠く離れたところに船が見えた。敵船だったと思う。乗船している人たちが、体の前後に浮き袋をつけて、甲板に整列している光景が目に浮かぶ。幸い攻撃されなかった。これだけが、帰国のときの思い出として残っている」という（広瀬猛さん談）。広瀬俊幸一家が帰国した船は、病院船であった可能性を考える。広瀬俊幸一家が青島から帰国する時、〝となりの小母さん〟はすでにいなかった。

昭和二十五年（一九五〇年）十一月一日「田川地区勞働學校第二十七期生卒業記念」。昭和二十年（一九四五年）五月十七日、広瀬俊幸は分家届を出している。帰国後、広瀬俊幸は大分県宇佐の中道家に四年近くお世話になった。昭和二十三年（一九四八年）、すでに炭鉱で働いていた弟、広瀬好文の紹介で、福岡県田川の三井田川炭鉱で働き始めた。これは、「田川地区勞働學校第二十七期生卒業記念」の写真。三列目中央に広瀬俊幸が見える。広瀬俊幸とアサ子は、九年にも及ぶ中国での生活を、兄弟、子供に何も話していなかったようである。兄弟、子供は、一、戦時中に俊幸とアサ子が青島にいたこと、二、俊幸が青島で新聞社に勤めていたこと、三、戦争が終わる前、中国から帰国したこと、だけを聞いているという。

一枚目（上）、昭和三十五年（一九六〇年）頃。向かって左が広瀬孝、右が広瀬修。二枚目（下）、昭和三十九年（一九六四年）頃。向かって左から右に広瀬孝、広瀬修、園田悦子。

▶汪兆銘

汪兆銘は明治十六年（一八八三年）五月四日生まれ、昭和十九年（一九四四年）十一月十日に他界。享年六十一歳。明治四十二年（一九〇九年）、陳璧君と結婚。子は汪文嬰（一男）、汪文惺（一女）、汪文彬（二女）、汪文恂（三女）、汪文靖（二男。夭折）、汪文悌（三男）（『我は苦難の道を行く』）。汪兆銘は、孫文と同じく広東省に生まれた。父親が王陽明を好み、子供の頃、視力の低下した父に王陽明の本を読んで聞かせたという（「汪精衛清談録」）。長じて官費生として明治三十七年（一九〇四年）九月に来日し、法政大学で学んでいる。「西郷、松陰、福沢諭吉などの伝記を読み、早くから日本へは行ってみたいと思っていた」と語る（「汪精衛清談録」）。明治三十八年（一九〇五年）、孫文が来日した時、その知遇を得て、政治結社、中国同盟会を組織し、機関紙「民報」を発行した。明治三十九年（一九〇六年）六月、法政大学速成科を卒業した。この頃、孫文の離日と前後して日本を離れた（『人われを漢奸と呼ぶ —— 汪兆銘伝』）。東南アジアで活動していたが、明治四十三年（一九一〇年）四月清朝高官の暗殺を企て、捕らえられる。川島芳子の実父、粛親王善耆が汪兆銘の死一等を減じて終身禁固刑にしたという（『人われを漢奸と呼ぶ —— 汪兆銘伝』）。明治四十四年（一九一一年）十月辛亥革命が起こり、翌月釈放された。汪兆銘はその後、五年ちかくフランスに遊学する（『我は苦難の道を行く』）。

大正十三年（一九二四年）十二月孫文は体調を崩し、北京の病院に入院した。大正十四年（一九二五年）三月十二日、孫文が他界。汪兆銘は、孫文の遺書を代筆し、死の直前、孫文が署名した（『我は苦難の道を行く』）。大正十五年（一九二六年）七月、蔣介石による北伐が開始された。一時、北伐が頓挫したが、昭和三年（一九二八年）北伐が再開され、同年十月、南京国民政府が成立した。昭和六年（一九三一年）九月、満洲事変勃発（前述）。昭和八年（一九三三年）五月三十一日、日本軍と中国軍の間に塘沽停戦協定が結ばれ、満洲事変に伴う一連の戦乱が一旦収束した（前述）。昭和十年（一九三五年）十一月一日、汪兆銘は中国国民党大会で、元第十九路軍のテロリストから銃撃され、負傷している（『我は苦難の道を行く』）。

昭和十二年（一九三七年）七月七日、蘆溝橋事件が勃発した。対日抗戦に乗り出した蔣介石に、胡適や周仏海、陶希聖、梅思平らは蘆溝橋事件の不拡大方針を建議する（『支那事変の回想』）。これに対して、蔣介石は「われわれは決して日本と和平し度くないのではない。しかし之れまでの所、日本の要求には限度がない。我我は、最初日本が、満洲を欲しいというから、これを彼等の想う通りにしたら、次に華北が欲しいという。今度之れを自由にさせたら、又上海、廣東の方まで欲しいと云うに違いない。日本の要求が、ただ満洲だけということなら、責任を以て日本と提携することも出来る。しかし日本の要求に一定の限度があると、誰が保証し得るだろうか。我々は如何なる困難、如何なる抵抗を排除しても、一致国難に赴かねばならない」と述べる（『支那事変の回想』）。この頃、「共産党の方からは、周恩来、朱徳、葉剣英等が南京に来て、対日抗戦継続を強調していた」という（『支那事変の回想』）。

▶近衛文麿

昭和十二年（一九三七年）十二月、日本軍は南京を制圧したが、国民政府は漢口と重慶に移動した。同年十二月十四日、北京に親日の中華民国臨時政府（王克敏行政委員長）が成立した（『我は苦難の道を行く』）。昭和十三年（一九三八年）一月十六日、近衛文麿は「爾後国民政府を対手とせず」の第一次近衛声明を出す（前述）。この翌日、国民政府外交部亜洲司日本課長、董道寧が、上海にいた満鉄南京事務所長、西義顕を訪れ、中日関係について話し合いたいと言ったという（『我は苦難の道を行く』）。西と、同盟通信社上海支局長の松本重治は、董道寧に日本行きを勧め、参謀本部第八課長、影佐禎昭に話を取り次いだ。同年二月二十七日、董道寧は西義顕の部下、伊藤芳男とともに来日し、参謀本部を中心とする日本側と協議している。

昭和十三年（一九三八年）三月二十八日、南京に親日の中華民国維新政府（梁鴻志行政院院長）が成立した（前述）。昭和十三年（一九三八年）三月、国民党臨時全国代表大会で蔣介石が総裁に、汪兆銘は副総裁に就任する。

昭和十三年（一九三八年）六月、国民政府外交部亜洲司長だった高宗武が、中央宣伝部長、周仏海の勧めで密かに来日した（『支那事変の回想』、『揚子江は今も流れている』）。この時、高宗武は「蘆溝橋事件は中国共産党の陰謀に違いない」と、今井武夫に語っている（『支那事変の回想』）。高は参謀本部の影佐禎昭に、「蔣政権を否認した日本の現状としては日支間の和平を招来する為には蔣氏以外の人を求めなければなるまい。それにはどうしても汪精衛氏を措いては他には之を求め難い。汪氏は予てから速に日支問題を解決するの必要を痛感し和平論を称道しては居るが国民政府部内に於ては到底彼の主張は容れられないので寧ろ政府の外部から国民運動を起し和平運動を展開し以て蔣氏をして和平論を傾聴せしむるの契機を造成するといふのが適当である」と述べる（「曾走路我記」）。董道寧は京都帝国大学に、高宗武は九州帝国大学に留学して、日本語が達者だったという（『支那事変の回想』）。

「昭和十三年（一九三八年）の七月二日か三日」、犬養健は、「同盟通信社の上海支局長」松本重治のすすめで、東京で高宗武（康紹武）に会った。「その頃、東京の総理大臣官邸では、〝日本間〟と呼ばれている離れ屋で、朝めしを食べながら時局の話をしあう会が毎週一回行われてい

▶松本重治

た」という（『揚子江は今も流れている』）。「その頃」とは、高宗武に会った年より二年後、昭和十五年（一九四〇年）─昭和十六年（一九四一年）頃であろう。犬養は、「内閣書記官長の風見章を中心として、……松本重治、……西園寺公一、それに首相秘書官の牛場友彦、……内閣嘱託の尾崎秀実、そこへ私も加わっていたが、この会をいつの間にか、朝めし会と呼ぶようになった。それで、私は松本に一週に一度は顔を合わす機会があった」と述べる（『揚子江は今も流れている』）。この「朝めし会」のメンバーやその周辺の何人かは、汪派国民政府工作に関わっている。また、尾崎秀実は、リヒアルト・ゾルゲのスパイ組織の一員として決定的な役割を果たす。ゾルゲは「尾崎は私の仕事になくてはならない人物であり、また情報の直接な供給源と考えらるべき人物であった。私は彼に負うところが非常に大きかった」と述べる。ゾルゲによれば、「尾崎がもっていた最も重要な情報の源は近衛公爵を取り巻く一群の人々であった。それは一種のブレーン・トラストで、その中には風見、西園寺、犬養、後藤および尾崎自身がいた」、「尾崎と一番親しかったのは風見ではないかと私は思っていた。或いは犬養だったかもしれない……ともかくも、尾崎はこの二人と最も親しかったようである」、「尾崎は時々直接近衛公に会っていた。……会見の結果もたらされた情報は、……一般的な政治上の意見や考え、時としてはただ近衛公の気持を伝えただけのものであった。……情報は具体的ではなかったが、日本政府の政策の奥深く覗きこむことができた点では、どんなに詳細な資料の山にもまさること数倍で、極めて貴重なものであった」。「第三次近衛内閣の対ソ政策および対英米政策を知らせてくれる点で、どんな大量の政治的文書の羅列も及ぶところではなかった」という（『ゾルゲの獄中手記』）。これに関連して『陸軍畑俊六日誌』昭和十六年（一九四一年）七月五日に「南部仏印に進駐するは六月二十五日の閣議にて決定」、「此南進は泰が近来英の策動に圧迫せられあるを以て之に対抗する準備なりと見るべく、蘭印進駐の企図なきものゝ如し。……対ソには準備を整へて形勢を観望し熟柿盗みをするか或は既に落ちたるとき発動す……首相は北進策にはあまり同意しあらず。……対米交渉は事実なり。これが成立すれば対支解決は容易なるも、独に相談したる処此場合凡ては大西洋に集中することゝなるを以て独は困るとの回答なり」とある。この近衛「首相は北進策にはあまり同意しあらず」が、ゾルゲにとっては、「情報は具体的ではなかったが、日本政府の政策の奥深く覗きこむことができた」、「詳細な資料の山にもまさること数倍で、極めて貴重なもの」であったようである。

昭和十三年（一九三八年）暮れ、病後静養のため帰国した松本重治は、昭和十四年（一九三九年）十月、同盟通信社の編集局長となり活動を再開した。昭和十六年（一九四一年）「朝飯会」に参加したが、「メンバーは（西園寺）公ちゃん、……近衛さんの書記官長の風見章、犬養健、松方三郎、尾崎秀実、私などで、世間で噂されたように謀議をこらすとか、具体的プランを作り、実行するような事はなく、まあ情報交換の場だった。だが、これが、公ちゃん↓尾崎秀実↓リヒャルト・ゾルゲなどと情報（といっても秘密情報でもなんでもなかったと思うが）が流れる事になり、例のゾルゲ事件に結びついた」と松本は述懐する（『聞書・わが心の自叙伝』）。

昭和十三年（一九三八年）八月、参謀本部は高宗武の和平運動論を受けて、「大乗的態度」に基づく「日支両国は道義を本とし各々その本質を発展充実する事を基礎とし両国の政治、経済、軍事、文化等万般に亘り互恵平等原則に依る提携協力を求めようとする」事務当局案「日支関係方針」を作成した（「曾走路我記」）。これは昭和十二年（一九三七年）第七十二臨時議会開院式における「帝国と中華民国との提携協力に依りて東亜の安全を確保し以て共榮の実を挙ぐるは是朕が夙夜軫念措かざる所なり」という勅語に沿った方針であった（「曾走路我記」）。昭和十三年（一九三八年）十月二十一日、日本軍は広東を、十月二十七日には武漢三鎮を制圧し、国民政府は重慶に拠った（『上海時代』）。

昭和十三年（一九三八年）十月下旬、「日支関係方針」と「梅思平案」を受けて、影佐禎昭、今井武夫、犬養健、西義顕らの一行が上海に出かけた（「曾走路我記」）。同年十一月三日、「帝国の冀求する所は、東亜永遠の安定を確保すべき新秩序の建設に在り。今次征戦究極の目的亦此に存す。この新秩序の建設は日満支三国相携え、政治、経済、文化等各般に亘り互助連環の関係を樹立すを以て根幹とし、東亜に於ける国際正義の確立、共同防共の達成、新文化の創造、経済結合の実現を期するにあり……帝国が支那に望む所はこの東亜新秩序建設の任務を分担せんことに在り」とする第二次近衛声明が出された（『支那事変の回想』）。

影佐禎昭、今井武夫は、高宗武、梅思平と協議し、昭和十三年（一九三八年）十一月二十日「日華協議記録」に署名した。「日華協議記録」の内容は「日華防共協定の締

▶梅思平

結、中国の満洲国承認、在華治外法権の撤廃、在華租界の返還を考慮、日華経済合作、華北資源に関しては日本を優先、在華日本居留民の損害補償、二年以内に日本軍は撤兵完了」であった（『支那事変の回想』）。十一月三十日、これに基づいて、「日支関係調整方針及同要領」が御前会議で決定された（「曾走路我記」）。これを受けて昭和十三年（一九三八年）十二月十八日、汪兆銘は重慶を脱出する。雲南省、昆明を経由してハノイに着いた（『支那事変の回想』）。これに合わせて、同年十二月二十二日、近衛文麿は、「終始一貫抗日国民政府の徹底的武力掃蕩を期すると共に、支那に於ける同憂具眼の士と相携え、東亜新秩序の建設に向かって邁進せんとする」との第三次近衛声明を出した（『支那事変の回想』）。

　昭和十四年（一九三九年）三月、重慶側の特務工作員が、ハノイで汪兆銘暗殺を企てた（前述）。汪兆銘の腹心、曾仲鳴が射殺されたが、汪兆銘は難を逃れた（「曾走路我記」）。同年四月、汪兆銘は船でハノイを脱出し、五月八日、上海に上陸した。この時、上海では「丁黙邨、李士群氏等を中心とする団体は周佛海氏とも連絡し上海に於て既に和平運動を展開して逐次重慶系抗日重要分子を和平陣営に転向せしむることに成立しつゝあり又重慶側のテロ行為に対しても対抗の手段を講じつゝある」状況にあった（「曾走路我記」）。

　上海で周仏海、高宗武、梅思平らと協議した汪兆銘は、日本との和平工作を進めるため、昭和十四年（一九三九年）五月三十一日、海軍機で上海を飛び立ち、日本を訪れた（『支那事変の回想』）。この時、汪兆銘は「満洲に就ては孫文先生の大正十二年神戸に於ける演説に徴しても之が独立を承認することは孫文主義に反するものではない。……日本と和平を志す以上、満洲国は承認の外はないと深く覚悟して居る」と述べたという（「曾走路我記」）。同年六月八日、重慶政府は「汪兆銘およびその一黨にたいし遂に逮捕令」を公布した（『謀略の上海』）。同年七月十日、汪兆銘は、焦土作戦をも用いる蔣介石の抗日戦争を批判し、「中國の革命は、日本の諒解がなければ成功しないとは、國父（孫文）の言である。〝善隣友好〟〝共同防共〟〝經濟提携〟は日華共存の基礎である。蔣介石の抗戰容共政策は國家、民族を共産黨の犠牲にするだろう。蔣介石に從つて抗戰亡國の途を選ぶか、蔣介石と斷つて和平中國を復興する方途をとるか。自分は友邦日本と協力して新しい時代の建設に具體的に活動する」と中国の民衆に呼びかけた（『謀略の上海』）。「國父（孫文）の言」に関連して、「孫文のイギリス嫌い」は有名で、「孫さんもいいが、イギリスの話になると人が変る」と言われることがあった（『揚子江は今も流れている』）。「事イギリスに関するとなると、孫文は内に秘めている激情を面にあらわした」、「三民主義のうちの民族主義の主張にしても、革命前には満洲人の王朝打倒を意味していたが、革命成功後は先ず何よりも百年にわたるイギリス帝国主義打倒を意味した」という（『揚子江は今も流れている』）。

昭和十四年（一九三九年）夏、上海に、影佐禎昭を中心とする「梅機関」が発足した。梅機関は「陸軍特務機関」ではなく、「五相会議」の指示のもとに工作を進める、陸軍、海軍、外務省から派遣された者と民間人の「協力合義体であり同志の集合体」であったという（「曾走路我記」）。「汪政府をして日本の傀儡たらしめざること」を心構えに、梅機関は汪兆銘政府工作を進める。同年十月初め、日本より、「興亜院会議決定案」に沿って交渉を進めるよう指示が来た。「興亜院会議決定案」は、前年、合意・署名した「日華協議記録」、御前会議で決定された「日支関係調整方針」を超える内容が含まれていた。これでは汪兆銘政府工作は難しく、汪兆銘は「日本側の提議された原案は実は近衛声明と距ること頗る遠くその為に同志の中には失望を感じて既に落伍するものもあつたし、又今後も落伍者を見んとするような状況に立ち到つた」、「本交渉は寧ろ打切つてはどうかと思ふ。……政府樹立の形式に依る方法を中止してはどうか」と提案してきた（「曾走路我記」）。「興亜院会議決定案」の「難関は駐兵問題、鉄道問題、及上海問題等」であった（「曾走路我記」）。同年十一月、影佐は上京し、陸軍省、参謀本部と折衝したが、埒が明かなかった。畑俊六陸軍大臣は、影佐に交渉妥結の努力継続を命じたという。やむを得ず影佐は、「駐兵、鉄道問題に就て折衝を重ね自分に許されたる範囲をも越えて独断譲歩し」（「曾走路我記」）、「暗い気持」で汪派国民党との交渉を「内約」としてまとめた。内約は「日華協議記録」を基本的に踏襲する内容も含まれていたが、「二年以内に日本軍撤兵」は明言されておらず、日本の「北守、非南進」策の変更を示唆する「海南島に於ける日本国海軍基地の件」が入っていた（『揚子江は今も流れている』）。昭和十四年（一九三九年）十二月三十日、汪兆銘側は「内約」に同意、署名した。影佐は、昭和十五年（一九四〇年）一月四日、板垣総参謀長とともに上京した（「曾走路我記」）。畑俊六陸軍大臣、阿部信行総理大臣の同意を得て、「内約」――日華新関係調整要綱――は政府の承認を得たものとなった（「曾走路我記」）。

昭和十五年（一九四〇年）一月の青島会談で、中華民国臨時政府、中華民国維新政府を解消し、汪兆銘の和平工作へ合流することが決まった（前述）。昭和十五年（一九四〇年）三月三十日、「和平反共建国」の汪兆銘「南京国民政府」が誕生した。影佐禎昭は、南京国民政府の最高軍事顧問に就任した。同年十一月三十日、「日華新関係調整要綱」に基づく「日華基本条約」が結ばれて、日本は南京政府を正式に承認した（『支那事変の回想』）。

昭和十六年（一九四一年）六月、汪兆銘は日本を訪問し、熱烈な歓迎を受けた。昭和天皇に拝謁し、天皇から「日中の間の真の提携を願っている」との言葉をいただいて感激している。汪兆銘は、影佐に「日本の中で真に東亜を顧念し世界平和に貢献せむと念願せられて居る第一人者は天皇陛下である」、「天皇陛下が日支間の真の提携を夙夜祈念して居られることはその誠意の籠つた真摯なる御態度に依て確認するを得た殊に再三真の提携なる御言葉を承はつたのは、陛下の御真意を察するに余りある」、「自分の渡日の目的は、陛下との会見に依つてその大半を達した」と述べている（「曾走路我記」）。昭和十六年（一九四一年）十二月八日「対英米戦争の詔書」が発せられ、畑俊六支那派遣軍総司令官が汪兆銘と会見した。この時、汪兆銘は「微力乍ら誓つて国民を率ひ日本と苦楽を共にせんことを期することを誓言した」（「曾走路我記」）。その翌日、影佐に会った梅思平実業部長は「昨日汪氏の訓示に於て汪氏は日本この度の宣戦は実に日本の運命を堵して東亜人の東亜を建設せんとする戦である。従って汪政府も安閑としてこれを傍観することは出来ない。日本と生を共にし苦を共にする覚悟が必要である。これが為各部長は全力を傾倒し如何にかして日本に協力するの決意が必要である云々の訓示があつた」と述べた（「曾走路我記」）。

昭和十七年（一九四二年）一月十日、重光葵が、特命全権大使として南京に赴任した（『重光葵手記』）。昭和十七年（一九四二年）五月、汪兆銘は満洲国を訪問した（前述）。影佐によれば、「汪精衛氏は和平運動に乗出して以来大局を洞察し満洲国を承認することを深く決意して豪も難色を見せな」かったという（「曾走路我記」）。周仏海は、汪兆銘の満洲訪問を快く思っていなかった。『周仏海日記』同年五月二日「汪先生の満州訪問に対し、余は終始賛成せず、それは無益であるのみならず損失もあるとして、その理由を詳述した」とある。汪兆銘は、大連から汽車で新京に移動した際「沿線の民衆一見中支のものに比して裕福なるの感を得たこと、沿線に於ける高度工業化の状態を見て驚きたること、及満洲国軍の整備せられつゝある状況に痛く感心したこと」を影佐に述べた（「曾走路我記」）。「汪氏は……南京に帰任したが行政院会議に於て満洲国に対する先入観を一掃し真にこれと提携し日本を長兄として一致新東亜の建設に邁進すべく又満洲国より取つて以て支那の短を補ふもの寔に多いことを訓話した」という（「曾走路我記」）。同年六月、最高軍事顧問の影佐禎昭が東満牡丹江の部隊に転任になり、南京を離れた（前述）。昭和十七年（一九四二年）九月、汪兆銘は「正義のためにいつの日にか日本に協力して参戦したい」と表明する（『我は苦難の道を行く』）。同年十二月二十日、汪兆銘は、周仏海、褚民誼、周隆痒らと上京し、東條とこの問題を協議している。十二月二十一日「東条は中国の宣戦に対し同情を示し、時期は来年の一月中旬以後に、われわれが適当な時期を選んで実行するよう希望する。日本は決して中国の参戦に乗じて、国民政府を束縛するようなことはせず、むしろできるだけ速やかに租界及び領事裁判権を取り消し、英、米の敵国資産については、好意をもってわが方と交渉する」と、汪兆銘、周仏海らに述べた（『周仏海日記』）。日本側は、この日、御前会議で「大東亜戦争完遂の為の対支処理根本方針」を決める（前述）。

昭和十八年（一九四三年）一月九日、汪兆銘と重光葵は「大日本帝国及び中華民国は米国及び英国に対する共同戦争を完遂するため不動の決意と信念とをもつて軍事上、政治上及び経済上完全なる協力をなす」との共同宣言に署名し、南京国民政府は英米に宣戦布告し（『陸軍畑俊六日誌』）、大東亜共栄圏への旗幟を鮮明にした。同日の『周仏海日記』には、「余は去年七月に東京に赴いた当時、中国も参戦すべきことを主張したにもかかわらず、日本は決断しかねていた。今度、急転直下となったのにはきっと原因があるものと思われる。思うに、天皇は軍部の対華措置の不当さを責め、即刻改めるよう命じたことがあるが、軍部としてはあるチャンスもしくは口実を利用しなければ、外部に対して動員することができない。……中国が前から参戦の希望をもっている以上、これをチャンスとして、対華政策を改めることにした。このために中国の参戦が突然実現したというわけである」とある。ここに言う「原因」とは、太平洋における日本側の戦局不利であろう。租界が還付され、治外法権が撤廃された。昭和十八年（一九四三年）六月、影佐禎昭は、ラバウルの第三十八師団長に転任となった（『人間影佐禎昭』）。昭和十八年（一九四三年）十月三十日、「日華同盟条約」が締結され、南京国民政府と日本の同盟が固まった（『周仏海日記』）。「日華同盟条約」は、「緊密に相協力し、道義に基づく大東亜を建設し」、「大東亜の建設及び安定確保のため、相互に緊密に協力し、あらゆる援助をなすべし」、「両国間の緊密なる経済提携を行なう」、「日本国は両国間の全般和平克服し、戦争状態終了したる時には、中華民国に派遣せられたる日本国軍隊を撤退すべきこと」が明記されていた（『周仏海日記』）。汪兆銘は、十一月五日「大東亜会議」に出席し「米英の東亜侵略は、百年以前に既に開始せられたのでありまして、今や斯かる極めて重大なる時機に於きまして、日本の軍事力及政治、経済、文化、各方面の力に頼りてこそ、始めて能く米英の侵略野心を抑制し、東亜を保全し、米英をして割拠せしめざることが出来るのであります」、「中華民国の国父孫先生一生の抱負は、即ち中国及東亜をして米英侵略勢力の桎梏を破砕し、其の独立自主を完成せしむるに在ったのであります」と演説した（『東條内閣総理大臣機密記録』）。汪兆銘は、孫文の「アジア」主義——「東方の王道的文化に基き、西方の覇道的文化に打勝ち」——の旗を掲げて行動すると述べた（『東條内閣総理大臣機密記録』）。

汪兆銘は、その後まもなく、昭和十年（一九三五年）の暗殺未遂事件で負傷した傷がもとで体調を崩した。昭和十八年（一九四三年）十二月十九日、「汪主席が先年南京にて受けたる兇弾近頃疼痛甚しき模様にして、陳璧君夫人の切なる希望に従ひ……本日午前第一病院長後藤少将の執刀の下に約二十分の手術に於て鉛弾を無事摘出」した（『陸軍畑俊六日誌』）。昭和十九年（一九四四年）三月三日南京を離れ、名古屋帝国大学病院に入院した。ここで闘病していたが、同年十一月十日に他界した。

周仏海は、昭和十九年（一九四四年）八月九日、汪兆銘を見舞うために来日し、八月三十日に帰国した。これは、周仏海にとって最後の来日となった。日本側は周仏海を手厚く遇し、政府、軍部の要人が会いに来ている。彼らは、周仏海に極秘の状況を赤裸々に語る。『周仏海日記』昭和十九年（一九四四年）八月十三日「新任の中国駐在日本軍総部第一課長」が「今回の東条の辞職は重臣の攻撃を受けたため……当時、軍部は非常に注目しており、重臣内に和平の意見があるやも知れず、もしそうなればあるいはまた〝二・二六事件〟が発生するかもしれないと恐れていた。……重臣内には公然に和平を主張する者はないと知ったので、行動はとらなかった」と述べた。同年八月十四日「日本の形勢は険悪なのだが、和平の議論を敢えて発するものはなく、軍部もそれを許さず、ただ内心では多くのものが講和したく思っており……」、同年八月十九日「佐藤軍務局長が……日本は重慶との和平を望むが、米とは決して妥協しない。日本は米と講和すれば必ず滅亡することを知っているので、たとえ米軍が日本本土に上陸しても、日本は必ずとことん戦争をし、即ち日本三島を要塞化し、その民族は大陸に移す。日本の政界、財界に米国と妥協しようとする思想があれば、陸軍は必ず弾圧する、等々を話す」と記す。このような険悪な情勢を背景に、昭和十九年（一九四四年）「九月に入るや再び陸軍大臣に阿南大将をとの声が、陸軍省内の中堅層を主にして起っていた。……阿南を陸相にとは、皇族間においても嘱望されるに至った」

（『阿南惟幾伝』）（後述）。

▶周仏海

▶蒋介石『支那事変の回想』

周仏海は、昭和十五年（一九四〇年）五月二十五日の日記に「大局の前途を推測するに、五つの結末に他なかろう。一、汪、蒋合作のもとで全面和平が実現する。二、汪が去り蒋が来て全面和平が実現する。三、蒋が去り、和平が実現する。四、日本軍が重慶まで迫り、あるいは重慶が自ら崩壊する。五、日本が支えきれず、自ら撤兵し、表面的には重慶の反抗勝利だが、実際には共産党が勢力を得、ロシアが日本に代わる」と記している（『周仏海日記』）。

「昭和二十年初夏……日本が大東亜戦争に突入してから既に四年を経過していた。中国大陸に於ける日本軍はなお常勝を誇り、前年の昭和十九年秋以来始まった桂林作戦に大戦果を収め、之れに続いて湖南作戦や重慶作戦をも計画し大陸全地域にわたる戦勢の挽回を企図」する情勢にあった（『支那事変の回想』）。後知恵から言えば、中国戦線で「日本軍が重慶まで迫」ったが、太平洋の戦いで戦局が不利となって「日本が支えきれず」、「汪が去り蒋が来て全面和平」となり、「表面的には重慶の反抗勝利だが、実際には共産党が勢力を得」て、最後に「蒋が去」ったということになる。結局、二から五までは起こったが、「一、汪、蒋合作のもとで全面和平が実現する」は起こらなかった。その理由として、「太平洋の戦いで戦局が不利」の情勢と、「砂の様な民族」（『川島芳子獄中記』）という中国の宿痾が、その可能性を排除したことが考えられる。

▶広瀬好文

広瀬好文は、明治四十五年（一九一二年）一月十五日生まれ。昭和十三年（一九三八年）七月三十日、熊本縣宇土郡大嶽村大字手場第貳百拾番地の古場ハツノと結婚（入籍）。昭和四十四年（一九六九年）一月六日に他界。享年五十六歳。子はなし。好文の妻、ハツノは料理が上手で、甥や姪に、おいしいものを沢山作ってくれたという（広瀬猛さん談）。『鳴あの頃』に「兄弟一の体格の良い兄で、精米所の仕事をしていた。積雪で一面銀世界、太陽がまぶしく目にしみる。餌を求めてスズメがよって来る。兄は、〝はじき〟わなを仕掛けて餌でおびき寄せ一網打尽。裏の山には南天の実を餌にして、ヒヨ鳥やツグミを捕っていた。大きな唸り凧を作って揚たり、なかなか行動的な兄であった」とある。『古希までの記録』に「上新道と下新道をつなぐ縦道を挟んで、杉皮葺屋根の広瀬家の精米所があった。精米、精麦、製粉、押し麦、引臼、唐箕等が三馬力のモーターで全て動いていた。裏の出入口に大きな棗の木と葡萄の木があって、たくさん実がなっていた」とある。広瀬好文は、この精米所で働いていた。

▶広瀬好文　昭和十七年（一九四二年）十一月十九日

奉天の満洲医科大学病院で撮った写真。広瀬好文は、三度目の召集で満洲にいた時、腎結核を患い、満洲医科大学病院で腎臓摘出術を受けた（前述）。満鉄の奉天鉄道技術員養成所にいた広瀬頼彦が、兄を見舞った。このとき、古参兵の好文は、満洲事変、日華事変の生き残りとして一目置かれていた。少尉クラスの士官でも、「広瀬さん、広瀬さん」と、古参兵の好文に頭が上がらないようだった、という（山本頼彦談）。広瀬好文は、三度召集され、中国に出撃した。除隊後、エネルギー増産のため福岡県田川の三井田川炭鉱で働いた（前述）。花札と酒の好きな豪快な人であった。

▶広瀬良子

広瀬良子は、大正六年（一九一七年）十二月十日生まれ。昭和十九年（一九四四年）四月二十日、大分市大字三芳弐千百拾六番地の園田定平に嫁す（入籍）。平成八年（一九九六年）十月二十八日に他界。享年七十八歳。子は美貴恵、弘美。園田新《あらた》は定平の前妻の子。園田新は、広瀬俊幸二女、悦子と結婚。『鳴あの頃』に「三歳違いの姉で、実の姉妹と言う感覚で育ち、良き遊び相手であった。

優しくて静かでおっとりしていて、芯の強い姉。幼い頃二人が、前の米蔵に入れられ、おし置きされた事がある。姉はやさしい泣き声で〝エーン、エーン〟。私は力いっぱいの声をはり上げ、泣きわめく。親も負けて〝泣きやめ、出してやるから〟の一声に、即泣きやめる私。姉は相変らず泣きながら出してもらう。静と動との性質の違いであると、後に兄達に聞いた。朝登校時、お友達がさそって待っていても、急ぐでもなく、マイペースで支度をする姉。お菓子を平等に貰って、大事にたしなむ姉。早々に食べてしまい、姉にねだる私。文句も言わず分けてくれる優しい姉であった」とある。

一枚目（上）、昭和二十二年（一九四七年）春。後ろ、向かって左は園田定平、右は園田良子。前、向かって左は園田美貴恵（二歳六ヶ月）、右は園田弘美（一歳二ヶ月）。二枚目（下）、昭和四十年（一九六五年）。後列向かって左から右に順に園田定平、園田睦美（園田新、悦子の一女）、園田悦子、広瀬好文、原田トク。前列向かって左は山本頼彦、右は園田新。大分市志手の園田家で。

▶広瀬八江子

広瀬八江子（戸籍で八江子、通称八重子）は、大正九年（一九二〇年）二月二十日生まれ（前述）。昭和十六年（一九四一年）十月一日、山口縣厚狭郡吉田村大字吉田地方の原田宗一に嫁す（入籍）。平成三十年（二〇一八年）一月二十五日に他界。享年九十七歳。子は恵子、百代、成則。八江子は広瀬家の家族の思い出『嗚あの頃』を残している。『嗚あの頃』に「何處でどう間違って産れたのか、幼い頃よりの男勝りで、学校帰りの女生徒を追っかけ、〝キャーキャー〟逃げるのが面白く、下校時刻が来ると蔭に隠れ、待ち伏していた。文兄さんに〃お前は拾い子、川から流れて来た子〃とか、顔を見ると〃しし鼻〃と言はれていた。想像するに、実にこっけいな顔が目に浮かぶ……こんな男勝りの女も母となり、婆さんとなり、現在七十路を登り、向こうにしっかりと歩いている。七十路や　無病息災　去年今年」とある。

▶昭和十六年（一九四一年）十月

これは、原田宗一と八江子の結婚の日に撮った写真。『古希までの記録』に「姉八江子は原田宗一と結婚、朝鮮の尉山に新居を構えていた。私は姉が結婚し、いなくなるのが寂しく、綸子の嫁入り着物を縫う姉の邪魔をして、おこらせ、庭の坪と下の道に分かれて、憎たれ口を言いながら、よく喧嘩をした。嫁ぎゆく姉に〃慶び〃を言う前に、寂涼感を覚えていたのだろう。中学二年の一学期末、肺門リンパ腺炎を患ったとき、トマトが、栄養があり、体の為になるからと、毎食無理に食べさせられ、好きでなかったトマトも好きになるぐらい、親身になって看病してくれた事があった。これらが脳裏の何処かに滲み込んでいたのだろう。義兄宗一には、安永さんに、満鉄入社の保証人を頼んでもらった。安永さんは当時、撫順炭鉱シェールオイルの工場長であった」とある。原田清と原田宗一は兄弟。広瀬トクと広瀬八江子は姉妹である。

原田宗一は大正四年（一九一五年）八月二日生まれ、平成二十三年（二〇一一年）十二月八日没。享年九十六歳（前述）。原田宗一は、昭和十年（一九三五年）に徴兵で入隊し、昭和十二年（一九三七年）に除隊。一枚目（上）、昭和十二年（一九三七年）十月六日、機関銃をかまえる原田宗一。二枚目（下）、昭和十二年（一九三七年）十一月二十九日の原田宗一。右手に軍刀を立てている。除隊が近いのであろう。除隊した原田宗一は、蔚山の安成火薬・銃砲店を継いでいた。日華事変の戦火が収まらず、昭和十三年（一九三八年）七月、召集令状が来た（前述）。

一枚目（上）、昭和十三年（一九三八年）、出征する時の原田宗一。軍刀を持ち、やや緊張した面持ちである。二枚目（下）、機関銃をかまえる原田宗一。召集された原田宗一は、第十七師団歩兵第八十一連隊の機関銃隊（歩兵第八十一連隊第二機関銃中隊）に配属された。歩兵第八十一連隊は、姫路を本拠に編成された連隊。

昭和十三年（一九三八年）、愛馬「元衣號」に跨る原田宗一。右手に軍刀を捧げ持ち、やる気満々である。

原田宗一の機関銃隊での射撃訓練。一枚目（上）、「目標！　点射！」。二枚目（下）、「重機の威力」。重機関銃は銃身部（約三十キロ）と脚部（約三十キロ）に分解して、肩に担いで二人で搬送する（分解搬送）。重機関銃は命中

度が高く、故障が少なく、八百メートル先の敵を倒すことができたという。

昭和十二年（一九三七年）九月二十二日、上海周辺「呉淞桟橋」に上陸した第百一師団は、九月二十七日、第三師団とともに中国軍への攻撃を開始した（前述）。九月二十九日、中国軍は「新屋及崇明塘方面に退却」（『第百一師団長日誌』）。十月四日「此の日崇明島を……攻撃に出る為、午前攻城重砲兵第三大隊一中隊にて射撃し、次で第三師団の十五珊榴一大隊にて協力せしめたり。其効果大に上り、遂に午後五時頃崇明島を占領す。右翼隊の報告に依れば、崇明島には死者二百、傷者三百三十を遺棄しありて、右翼隊の一部隊之を掃蕩し河岸を占領」した（『第百一師団長日誌』）。その後、戦線が移動し、部隊が崇明島を離れたため、崇明島は敵の抗日活動根拠地となってしまう。『第百一師団長日誌』、昭和十三年（一九三八年）三月十一日に「TS作戦のため、前夜より本朝にかけ、夫々関係官に於て偵察に赴く（便服）」とあり、三月十六日、通州、崇明島作戦（TS作戦）が発動された。三月十八日「飛行機にて崇明島に至る。……谷川部隊の上陸地に至る。既に上陸しつゝあり。崇明島村鎮廟堂方面に接近するも、敵らしきものなきも、崇明島の住民多数避難し、混雑しあり……午後三時頃には崇明島を占領」した。その後、原田宗一の部隊が、崇明島の警備にあたった。

一枚目（上）、昭和十三年（一九三八年）「崇明島　春暉門」。長江下流の崇明島で春暉門の警備に当たる原田宗一。伝染病が流行っているのか、顔を布で覆っている。「当時華中への旅行は、長崎から日本郵船の連絡船によるのが通常であった。……東シナ海を過ぎ、遥かに大陸を望む頃ともなれば、揚子江からの濁流が海を染め、さらに崇明島が目に入る頃となると、いかにも大陸の雄大さがうかがわれ、自然と嘆声が漏れ」たという（『日中戦争裏方記』）。二枚目（下）、「崇明島ニテ　漢口陥落祝賀行列　銃ヲ肩ニ小孩ト語リツ」。昭和十三年（一九三八年）十月二十七日、武漢三鎮が陥落した。この時、崇明島で陥落祝賀行列があり、たくさんの子供達が行進した。銃を持つ兵士は、子供好きの原田宗一。子供と話をしながら楽しい行進。

これらの中国服の兵士は、原田宗一の戦友、上官。敵の便衣隊に対抗するため、中国服を着て中国人居住区に潜入し、敵工作隊を摘発したと思われる。一枚目（上）、「崇明島ニテ　西野上等兵」。二枚目（下）、「崇明島ニテ　木村伍長殿」。木村伍長が抱いているのは中国人の子供。国に残してきた自分の子供を思い浮かべているのであろう。

一枚目（上）、昭和十四年（一九三九年）一月「報国宴会」。崇明島での任務が一段落ついたのか、兵士が宴会をしている。中国服を着た兵士が見えるが、これは日本軍兵士。正月か。二枚目（下）、昭和十四年（一九三九年）一月二日「示威の軍」。ミニ軍事パレードか。日の丸と中華民国維新政府の旗が見える。戦車や兵士の行進は無い。トラックに乗った兵士による示威行進であり、中華民国維新政府の示威行進か。

崇明島での任務を終えた原田宗一の部隊は、昭和十四年（一九三九年）、江蘇省無錫付近に移動した。一枚目（上）、「無錫市街」。二枚目（中）、「無錫公園」。三枚目（下）、無錫「小孩（ショウハイ　子供ノ事）ノ太公望」。

常熟は無錫と同じく江蘇省。便衣（中国服）の日本兵がたくさん見える。民間人を装う重慶側便衣隊を摘発するため、中国人に変装している。汪派国民政府成立の前であり、清郷工作（前述）はまだ始まっていない。この写真では、原田宗一は特定できない。「占領地区の治安の維持、建設」は、民衆にまぎれた敵のゲリラ活動のため、困難を極めたであろう。（便衣の）日本兵などでは治安を確保できず、後の清郷工作では、日本軍が「敵匪を掃蕩」し、竹矢来等で囲った地域を中国人自身（清郷警察、保安隊）が守り、「保甲制度（隣組）」（『謀略の上海』）を固めて、敵の地下工作員が潜入しにくい状況を作り出すことで、治安が確保され、「安居楽業」（『謀略の上海』）が可能となった。

▶昭和十四年（一九三九年）二月頃「在常熟憲兵隊便衣にて討伐の帰還」

▶昭和十四年（一九三九年）三月頃「どの顔も懐かしい」

歩兵第八十一連隊第二機関銃中隊所属の一分隊と思われる。前方に重機関銃が見える。後列向かって左から四人目が原田宗一。

一枚目（上）、昭和十五年（一九四〇年）三月「無錫野戰病院入院中ニ寫ル、迫撃砲彈破片盲貫創ニテ　原田上等兵　木村軍曹」。二枚目（下）、「退院迫ル頃　原田宗一　木村軍曹　藤井准尉撮映」。原田宗一は、昭和十五年（一九四〇年）二月頃、中国、無錫で「戦闘中に負傷した。敵軍との交戦中、機関銃座の位置を変えようとして起き上がろうとした瞬間、迫撃砲弾が胸部を貫通した。体が焼けるよう熱く、自決しようとして夢中で拳銃や手榴弾を探したが、部下が撤去して手に触れなかった。担架に乗せられて後方に運ばれる途中、意識が無くなった。意識が戻った時、弾は貫通しているから一命は取りとめると言われた」と述懐している。無錫の野戦病院で治療を受け、上海の陸軍病院を経て、南紀白浜の陸軍病院に入院。

一枚目（上）、昭和十五年（一九四〇年）四月「上海の陸軍病院ニテ」。上海陸軍病院でくつろぐ傷病兵。向かって右から二人目が原田宗一。奇跡的に生き延びて、ホッとしているようである。二枚目（下）、同じ頃、上海陸軍病院の屋上で。ここに見える傷病兵は、赤痢やチフスなどの病気で入院しているようである。治ったら、再び戦場に戻るのであろう。三枚目（下）、向かって右が原田宗一。向かって左の傷病兵は足を負傷しているのか、松葉杖である。陸軍病院の病衣には、左肩に十字が付いているが、野戦病院の病衣には十字が見えない。

　これは、兄、原田音輔が、大阪日赤病院に入院している原田宗一を見舞った時の写真。向かって左から右に原田音輔、彰三（音輔二男）、アサヱ、原田宗一。

▶昭和十五年（一九四〇年）四月「大阪日赤にて」

一枚目（上）、昭和十五年（一九四〇年）六月一日「志良乃浜にて」。原田宗一は、「負傷して和歌山の陸軍病院に入院している時、秩父宮がお見舞いに来た。秩父宮が〝弾はどこから入ったの？〟と言われたので〝右の鎖骨上窩から左腋窩に抜けました〟と申し上げた。〝痛むかね？〟と言われるので〝今は痛みません〟と答えると、〝お大事にね〟と言われた。天皇陛下の弟宮からお見舞いの言葉をいただいて、感激に身が震える思いだった。この時、恩賜のタバコもいただいた」と述懐している。宗一は、戦争で名誉の負傷をしたこと、秩父宮がお見舞いに来られたことを、幼い息子、成則に何度も何度も語って聞かせたという

（原田成則さん談）。迫撃砲弾破片が胸部貫通して生還した原田宗一は、一個の奇跡を体験したと感じたのであろう。

二枚目（下）、昭和十五年（一九四〇年）九月二十八日「凱旋記念」。原田宗一は、傷も癒えて陸軍病院を退院し、晴れて凱旋となった。後ろに見えるのは姫路城か。二列目、向かって左から三人目が原田宗一（少し太って見える）。嬉しさからか、宗一の腰が少し浮いている。九死に一生を得て、元気な体で凱旋・除隊する嬉しさは、人には計り知れないであろう。原田宗一は、除隊した後、朝鮮蔚山の安成千代五郎の火薬・銃砲店を継ぎ、昭和十六年（一九四一年）十月一日、広瀬八江子と結婚し（入籍）、終戦まで、ここに居た（前述）。

一枚目（上）、秩父宮御殿場御別邸。二枚目（下）、富士山を望む秩父宮雍仁親王（銅像）。昭和十三年（一九三八年）頃、「参謀本部にはこの頃少数ではあったが、戦争指導班を中心とし作戦課、支那課の一部に、日本陸軍の戦略方針から日華事変を速かに解決せねばならぬとする意見があった」が、秩父宮は「この戦争指導班に勤務し、この意

見の有力な推進者となり、盧溝橋事件の当初から、熱心に事件の不拡大方針に挺身された。事件が北支事変から支那事変に拡大後も、引続き速かに日華両国間に和平を招来するように、心胆を砕かれた」という（『支那事変の回想』）。

昭和十四年（一九三九年）秋には、支那事変の早期終結を期して、「重慶軍主力に痛撃を加えるために衡陽作戦を、また将来の重慶作戦を準備するため蘭州作戦を実施すべし」と参謀次長、沢田茂に申し出た（前述）。

秩父宮雍仁親王は、明治三十五年（一九〇二年）六月二十五日誕生。昭和十五年（一九四〇年）六月に肺結核を発病した（『明治・大正・昭和天皇の生涯』）。和歌山の陸軍病院訪問は、結核発病の直前だったと思われる。結核発病後、昭和十六年（一九四一年）九月から御殿場の別邸で療養していたが、昭和二十八年（一九五三年）一月四日に薨去（『明治・大正・昭和天皇の生涯』）。享年五十歳。

秩父宮は、昭和三年（一九二八年）九月に松平節子（勢津子）と結婚。松平節子（勢津子）は梨本宮伊都子の妹、信子と松平恒雄の娘。「皇太后さんは節子と書いてさだこと読むのでしたが、文字が同じなので現在のように〝勢津子〟と改名」（『三代の天皇と私』）したという。秩父宮と勢津子の結婚は「皇太后さん（貞明皇后）が一番熱心」で、「松平夫妻が固辞しても皇太后さんはそれでも諦め」なかった（『三代の天皇と私』）。松平恒雄は、幕末に京都守護職を務めた松平容保の息子で、末弟（保男）に家督を譲って平民になっていた。勢津子は「松平保男子爵の養女として入籍し、華族の身分」になって、秩父宮に嫁した（『三代の天皇と私』）。「朝敵の会津二十八万石藩主松平容保」の息子、松平保男は、会津松平家第十二代当主であり、明治四十五年（一九一二年）から会津会初代総裁を務めていた。勢津子が秩父宮に嫁したとき、〝賊軍の汚名をそそいだ〟と、会津ゆかりの人々は大喜びをしたという（『福島民報』平成二十四年三月二日）。

一枚目（上）、「近衛騎兵供奉儀仗之像」（靖国神社遊就館）。二枚目（下）、明治二十八年（一八九五年）頃の近衛騎兵儀仗兵、早瀬川潔。秩父宮と勢津子の結婚の日、松平保男子爵邸から「金色あざやかな儀装馬車の前後には、槍旗をはためかした近衛騎兵儀仗隊が、ひづめの音も軽やかに行進」した（『三代の天皇と私』）。

秩父宮の弟宮、高松宮宣仁親王の結婚についても貞明皇后の意思が働いたことがうかがえる。高松宮喜久子妃は「私たちの結婚は貞明皇后様（大正天皇皇后）がお決めになったような気がする。秩父宮妃殿下も会津の松平家からいらっしゃった方ですし、三笠宮妃殿下のご実家の高木正得子爵は幕臣でしょう。こっちは徳川慶喜の孫。だから嫁が三人寄ると、なんだかみんな、賊軍の娘ばかり揃ってるかたちじゃない。それだけに、会津でもご結婚が決まると、ご家来衆はたいそう慶んだそうです」と語っている（『菊と葵のものがたり』）。

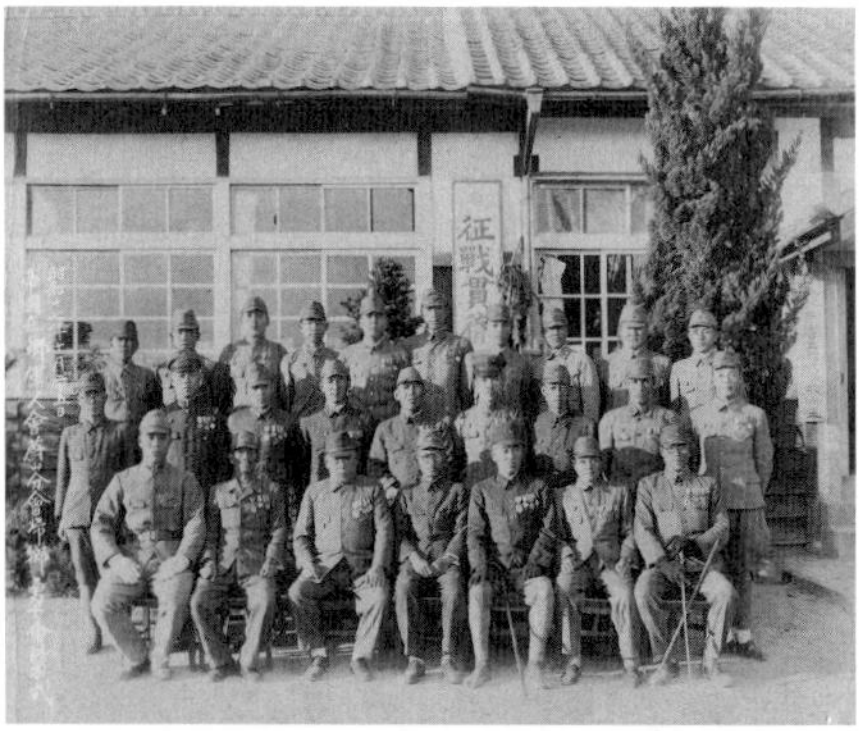

一枚目（上）、昭和十七年（一九四二年）十月二十五日「帝國在郷軍人會蔚山分會帰郷勇士會結成式」。ここに写っている在郷軍人は、たくさん勲章を付けている。勲章の無い人はバッジを付けている。戦場で負傷したり、戦功を立てたりした元軍人（帰郷勇士）であろう。後ろに「征戰貫徹」とあり、「蔚山公立國民學校聯盟」の看板が掛かっている。二列目向かって右端が原田宗一。宗一は左胸に勲章を三つ付けている。二枚目（下）、昭和十七年（一九四二年）暮れ「南鮮火薬商組合總會」。南朝鮮の火薬商の面々。忘年会を兼ねた組合総会と思われる。二列目、向かって右から四人目が原田宗一。名誉の負傷をして奇跡的に生還した原田宗一は、その後、召集されることは無かったという。目をレンズから逸らしている人が多い。フラッシュを焚いているので、レンズから目を逸らすよう言われたのであろう。

一枚目（上）、昭和十八年（一九四三年）十月、原田啓次が南方に出征する時の写真と思われる。向かって左から右に順に原田音輔、原田啓次、原田宗一、原田八江子。女児は原田恵子（一歳二ヶ月）。昭和二十年（一九四五年）八月、終戦となり、原田宗一と八江子は一女、恵子さん（満三歳）を連れて、着の身着のまま、すべてを残して帰国した（前述）。この時、八江子は臨月だったようである。

同年九月に二女、百代さんが生まれている。二枚目（下）、南方、フィリピンで撮った写真と思われる。戦いが近づいているのであろう、兵士も子供も厳しい表情をしている。兵士三人の中央が原田啓次に見えなくもないが、決め手が無く、不明である。向かって左端は畑部軍曹。右端は高橋次男と思われる。向かって右の男児は、左腕に副木をあてて包帯を巻いており、骨折していると思われる。日本軍の軍医が治療したのであろう。左の男児は日本軍の鉄兜を被っている。抗日ゲリラから鉄道を護る日本軍兵士と親日住民の子弟という趣。

一枚目（上）、昭和三十六年（一九六一年）頃、母と息子のツーショット。向かって右が原田八江子、左が原田成則。二枚目（下）、昭和四十一年（一九六六年）十月六日。この写真は、原田恵子さんの結婚式の日に、広瀬俊幸が撮った。後列向かって左から右に順に原田宗一、安東正美、山本頼彦、原田八江子。前列左から右に順に原田清、広瀬直俊、園田定平、原田恵子、原田百代。恵子さんは、これから化粧をして結婚式に臨むところという。頼彦の兄、広瀬好文（ここに写っていない）は、花嫁化粧をする恵子さんをしげしげと眺め、「恵子ちゃんは、だんだん亡

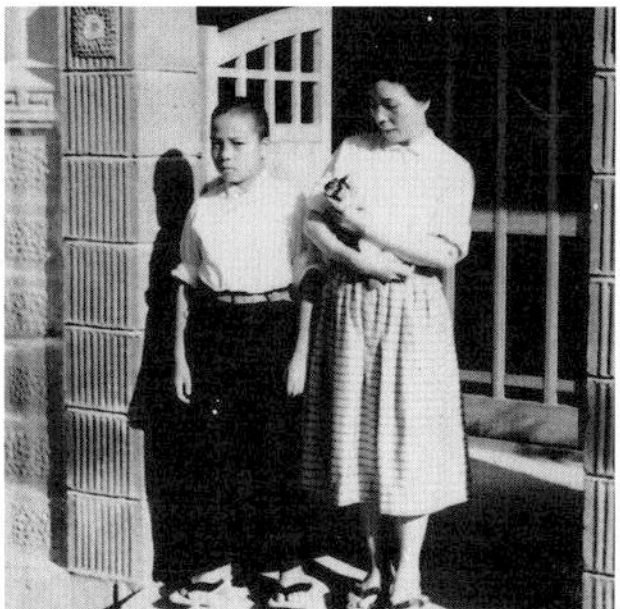

くなった母のカヨに似てくるね～」としんみりと言ったという（恵子さん談）。

▶広瀬頼彦

広瀬頼彦は、大正十四年（一九二五年）三月二十八日生まれ（前述）。昭和二十五年（一九五〇年）三月一日、大分縣直入郡宮砥村大字次倉参千五百九拾壱番地の山本ヨシ子と結婚、同年七月十七日入籍し、山本姓を名乗る。平成三十一年（二〇一九年）四月二十八日に他界。享年九十四歳。子は和彦、博、由紀子、久仁子。『鳴あの頃』に「幼い頃はおじい様っ子で、頼朝公、頼朝公と言って可愛がられていた。……当時ではめずらしい三輪車を買ってもらい、元気よく上手に乗り、夢中で遊んでいた。可愛らしい賢い弟であった。中学生になると、腕力は強くなるし、喧かしても手も足も出ず、悔しい思いをしたものである」とある。広瀬頼彦は昭和十七年（一九四二年）二月、竹田中学卒業式を待たずに満洲に渡り、満鉄に入社。門司から大連に渡る。撫順の満鉄製油工場にいた安成貞雄が、頼彦の保証人になった（前述）。

一枚目（上）、昭和十七年（一九四二年）一月、満洲出発の直前、緒方の広瀬家の庭で撮った写真。向かって右が広瀬良子（二十四歳）、左が広瀬頼彦（十六歳）、抱かれている子は広瀬勝之（二歳四ヶ月）。広瀬良子は、この頃、東京から帰郷していたのであろう。二枚目（下）、同じ頃に撮った写真。向かって左から右に順に広瀬照人（七歳）、原田栄子（六歳）、広瀬静子（十三歳）、原田昌治、原田清子（九歳）、広瀬勝之、広瀬頼彦。『古希までの記録』に「大分から小倉を経て、夕方門司に着いた。迎えの人が門司税関前の宿に連れて行く。〝日本の最後の夜だ。映画を見よう〟ということになり、賑やかな通りの映画館で観たが、『暖流』という高峰三枝子主演のものだった。船は熱河丸。門司港沖に停泊しており、艀で渡って上船する。玄海灘は荒海とは聞いていたが、冬二月は特に荒い。船は

上下にローリングして船酔いが続出し、苦しんでいた。なぜか、竹田の山の中から出てきた三人は元気百倍、山のような大波の過ぎさる甲板で〝ああー、あの顔で、あの声でー〟と合唱しながら船中に二泊し、三日目の朝に大連埠頭に降り立った。大連港には薄い氷が張っていた。海が凍るとは、寒いところに来たものだと思った。ここから目的地別に分けられ、和田君と上君は大連鉄路学院へ、私一人が奉天鉄道技術員養成所に入ることになった。大連駅の広場で税関検査を受ける。えらく面倒だなあと思ったが、考えてみれば、関東州は日本の租借地。これを越すと満洲国で、外国となる。奉天行きの列車は夜行の直通で、夜中の検査を今やっておくことに納得する」とある。

▶昭和十七年（一九四二年）三月

広瀬頼彦は、昭和十七年（一九四二年）四月、満鉄の奉天鉄道技術員養成所に入所。これは、奉天鉄道技術員養成所入所直前に撮った写真。ここで頼彦が被っている防寒帽は、昭和十九年（一九四四年）十一月、繰上げ徴兵で入隊する前、緒方村の実家に送っており、今も存在する。『古希までの記録』に「技術員養成所では、実習として〝鍛工〟では、自分でタガネを造り、焼き入れまで。溶接では電気溶接、ガス溶接と切断。旋盤はネジ切り、タガネとハンマーによる〝はつり〟等をひととおり学んだ。工場見学は、鉄西区の重工業地帯の奉天鉄道工場、満洲車両、三菱重工などを見た。私はこんな工場は初めてで、物珍しく、土産にバビットメタル（ホワイトメタル）溶液を型に流して文鎮を作り、持ち帰った。暖かくなると各科対抗の柔道、剣道、バレー、野球の試合をする。もちろん、私は剣道に出場した。鹿児島県出身者は示現流で、四人がいた。日曜日の外出は、小西辺門から奉天駅まで、満人で鮨詰めになった電車で、満蒙百貨店、三中井百貨店などのデパートを回り、時には遠い南座まで行き、映画を観て、大広場から国際通りを通って帰る」とある。

一枚目（上）、昭和十七年（一九四二年）、ウサギ狩の風景。これについて『古希までの記録』に「秋になると、全校生徒が教練に使う擬装網を張り、大きく取り囲んで〝兎追い〟をする。一回に四、五羽、多いときは十数羽獲れる。取り巻いた者が、棒で地面の草を叩きながら大声を

掛け、だんだんと網をかけて、ある方へ輪を縮めると、兎がピョンピョン飛び出して網にかかる。これを捕まえるのである。場所は北陵付近であった。野外教練に出ると、よく満人墓地で演習する。畑の中に土饅頭がある。これが墓で、地下に埋めるのではなく、棺に盛り土してあるので、古くなると、土は流れ、棺が壊れて中がみえる。また、子供が死ぬと棺等に入れず、そのまま地面におき、母親が紙の白鉢巻きをして、オイオイと大きな声で何日か泣き明かすが、そのまま放り出して帰る。野犬が食い散らし、頭、足、手、血だらけの胴体が散乱している。こんなところで演習するのである。冬になると道路脇に、アヘン患者がまる裸のスッポンポンで凍死しており、何日も放りっぱなしにしてあるが、いつの間にか片付けている。こんな光景を見て、最初の頃は驚いたが、すぐに馴れっこになってしまった」とある。二枚目（下）、奉天鉄道技術員養成所での、広瀬頼彦の恩師、古川澄三先生（向かって右）と高橋先生（左）。『古希までの記録』に「客貨車科主任の先生は、古川先生で、佐賀県出身の温厚篤実な人。会社を何より一番大事に思い、熱心かつ詳細に教えてくれた。私はこの先生に巡り合えて、本当によかったと思う。先生は家族を大連におき、単身赴任で奉天市南区の独身寮に住み、会社の通勤バスで教室に通っていた。土曜日になると大連に帰るため、新しいオーバーを取替えにいかされた。〝廣瀬君、お願いあるんだが〟と。〝いや〟とも言えず、よく通ったものである。満鉄参事の古川先生は、ここに来るまでは四平検車区長だったそうで、先生が初代区長で、創立者という話をしてくれた。実習は高橋主任で、この人も良い人であった。先生は卒業を前に、しみじみと〝これからは社会人となるが、同時に満鉄人たれ。そしてT字型の人間になるよう努力してもらいたい〟といわれた。〝人間には『I』の字型と、『一』の字型の人がいる。『I』の字型とは、学問でも専門的なことにはものすごく詳しいが、間口が狭く奥の深い人を言う。『一』の字型とは、百科辞典のように何でも巾広く知っているが、奥がない人を言う。

『T』の字型は、巾広く奥行きのある人の事を言うのである。満鉄人はこれを要求される、努力せよ〃と。五十数年たっても忘れられない」と語る。頼彦は、古川先生のオーバーの話と、高橋先生の「T」の字型の話を、何度も子供たちに語って聞かせた。

一枚目（上）、「奉天鉄道技術員養成所客貨車生徒一同一学期試験終了後」とある。昭和十七年（一九四二年）六月頃。最後列向かって左から三人目が広瀬頼彦。『古希までの記録』に「年が明ければ昭和十八年（一九四三年）、学業も終わりに近づき、卒業試験となる。私はそれまで点呼が終わると一人教室に行き、毎晩一時頃まで勉強した。電灯には電球がついていないので、ショートル市場で買って、電球を持参した。ときには暖房が切れ、寒さに目覚めることもあり、静かに部屋に帰り、床に就くこともあった。ひどく痩せていた。また、アミーバー赤痢に苦しんだこともある。それも、満鉄総裁賞の銀時計をもらいたいの一心と、他校出身者に負けたくなかったからである。遂にこの賞は取れなかったが、勉強は無駄にはならなかった」と述べている。二枚目（下）、昭和十七年（一九四二年）、「奉天鉄道技術員養成所閲兵式」。

一枚目（上）、昭和十七年（一九四二年）。広瀬頼彦は奉天鉄道技術員養成所で、剣道をしていた。前列向かって右

が広瀬頼彦。広瀬頼彦は、昭和十八年（一九四三年）三月、奉天鉄道技術員養成所（客貨車科）を卒業。恩師、古川澄三先生から「君は僕の造った四平検車区へ行け」と言われ、四平検車区で働くようになった。二枚目（下）、昭和十八年（一九四三年）。「奉局管内各種対抗に於て優勝せる力道、剣道の選手　四平支隊代表」とある。旗には満鉄のエンブレムが見える。二列目向かって左から三人目、旗の後ろが広瀬頼彦。広瀬頼彦は竹田中学時代から剣道をしていた。四平での、一年半におよぶ満鉄勤務は充実して楽しかったようである。満洲では、戦争の影は殆ど見えない。

徴兵年齢が一年引き下げられ、広瀬頼彦は、昭和十九年（一九四四年）十一月一日、承徳に駐屯する弘前第百八師団に入営した。二百四十連隊、第一大隊、第一機関銃中隊に編入される。この頃、第一大隊（第一大隊長陸軍少佐下道重幸）は興隆に駐屯しており、ここで初年兵教育を受ける。『古希までの記録』に「昭和十九年（一九四四年）十一月一日承徳入営、の通知を受領する。兵隊にいけば、現在の戦況から見て、戦死は覚悟しなければならない。一度故郷へ帰って祖先と家族にお別れをしようと考え、休暇願いを出した。昭和十九年（一九四四年）七月、満洲国安東までは満鉄のパスを使い、朝鮮鉄道は半額、国鉄は三割引きで、四平から緒方まで片道七十円くらいだった。当時、日本のお金は、朝鮮や満洲で使える。朝鮮銀行のお金は朝鮮、満洲で通用する。帰国の時は反対で、全部日本銀行券に替えなければ使用できない不便があった。国には両替所があるが、途中で換えるのも面倒なので、四平駅で交換してもらった。為替レートは同じで、満洲の十円は日本の十円であった。

奉天駅で技術員養成所時代の佐伯出身の大神君と出会い、一緒に帰る。列車は、釜山まで直通の特急〝はと号〟にした。四平を午後発、奉天夕方発、安東駅で明るくなり、鴻緑江を早朝に渡る。朝鮮半島を二十四時間かかり、翌日の朝、釜山に着いた。食事は汽車弁当を買い、食事に不自由はなかった。低い草屋根の貧しい家の脇の畦道に、柳の並木が風にゆれ、その下を、チマチョゴリを着た娘さんが、胸に結んだ紐をなびかせながら、颯爽と歩いている姿が強く印象に残った。関釜連絡船は、夜、アメリカの潜水艦にやられる恐れがあるとのことで、昼間の運行となっていた。早速、乗船。海峡を無事渡り、下関に宿泊。宿では兵隊さんと相部屋となる。朝、連絡船で門司港に渡る。このころは関門トンネルが開通しており、門司駅は大里駅に移り、電車で坂道を登る。そのとき見た光景は、御用船が南方に行くのか、五、六隻停泊し、兵隊が街の中にも民泊しており、船も街もカーキ色に染まってみえた。戦後聞いた話しでは、この兵隊は銃を持って戦うことなく、輸送船が潜水艦の攻撃により沈没、水死したそうである。五十年後の今でも眼前にうかぶ。土産を買おうと大里駅の前を探したが、電車通りに家は並んでいるが、商店はなく、タバコ屋と宿らしきものがあって、寂しいなと感じた。中津に着いて汽車弁当を買い、喜んで開けてみたら、トコロテンの弁当で、内地も物資不足だなと感じた。とうとう昼食抜きで、家まで帰った。こんなに買う品物のないのには驚き、あまり暑いので扇子を一本買っただけだった。生活物資は全部配給制度で、店舗の中はからっぽで、何もなかった。満洲も配給制であったが、価格は高いものの、闇市場には何でも揃っていた。二年半ぶりに緒方駅に降りて感じたことは、家、建物の景色は変わらぬが、人通りもなく、空洞化している感じがした。停車してある貨車は小さく、満鉄の半分しかない（当時、満鉄標準車は三十トン車、国鉄標準車は十五トン車）。よく考えて見れば、日本はアメリカと、南方で死にもの狂いの戦争をしているのだ。自分みたいに休暇をもらって遊んでいる者はいない。中学の友達を訪ねて竹田へ行ってみたが、一人も会えなかった。

姉、トクの娘房江は、満洲出発のときは生まれたばかりで名前も付いていなかったが、数えの三歳。また本家の広瀬には悦代が生まれていて、やはり二歳、房江より少し後から生まれたのであろう、二人とも可愛い盛りであった。広瀬の庭で〝ヨォーイドン〞と走らせると、喜んで私のところへとんできた。両家の他の子供たちは学校へ、静子は学徒動員で、小倉の造兵廠に同級生と増産に参加していた。良子姉は大分志手の園田定平さんに嫁ぎ、兄、直俊は徴用で大分海軍航空廠の食糧調達係で、車を運転して毎日走りまわっていた。私は姉、良子に会うために、大分に行った。大分四十七連隊は陸軍少年飛行学校に変わっていた。十五、六歳の少年が団体訓練をうけていた。緒方駅への帰りに、竹田中学で二級下の少年飛行兵に出合った。話しを聞いてみると、志願して入隊したそうだ。時局は愈々逼迫しているなと痛切に感じた。

二十日の期限を十日延ばして、四平に戻ることにした。祖先も家族もそして知己・友人にも、これが最後になるかもしれない。山河にもお別れは済んだ。勇んで職場に復帰しようと考えた。決死の覚悟はできた。旅費の残金七十円を、そっと仏壇においてきた。義姉は弁当が腐らぬように、シソ飯のお握りを作ってくれた。旅立ちは一人だった。門司駅から連絡船桟橋を渡るとき、空襲警報が鳴り、防空壕に退避したが、それらしき爆発音は聞こえなかった。〝帰心矢の如し〞で、長途もなんのその。無事四平に着いた。挨拶まわりを終わると、庶務助役が〝広瀬君、兵事部から呼出しが来ているので、明日行ってくれ〞という。帰りの期限が遅れたので、お叱りを受けるなと思った。市役所に行くと、案の定、兵事部員が大変な剣幕で小言を言って叱る。私は平然と、心静かであった。心中〝何をほざくか、私は全てを捨てて死を覚悟している。恐ろしいものは何一つない〟と、悠然と聞き流していた。根負けした兵事部員が、帰ることを許可した。あまり長いので、庶務助役が心配していた。私はお詫びを申しあげた。

十月末、私は全ての荷物を整理して寝具や衣類は故郷に送り、愛用の机は後輩に譲り、清々しい気持ちで駅頭に立った。検車区の皆さんが寄せ書きをしてくれた日の丸の旗をいただき、見送りを受けながら、勇躍壮途についた。四平から承徳までは、一直線。翌日着く。承徳小学校で装備の銃、帯剣、衣服等を受領し、各部隊に分けられた。私の原隊は弘前の第八師団、満洲では第百八師団、二百四十連隊、第一大隊、第一機関銃中隊、第二内務班（軍隊の生活単位。戦闘の軍組織ではない）に編入された。承徳で教育を受けるのかと思ったら、第一大隊は『興隆』というところに駐屯していて、八路軍の討伐を任務としているとのこと。明日は一泊二日の行軍で、徒歩で本隊に合流するという。入隊した晩飯はお祝いの赤飯かと思ったら、高粱飯（こうりゃんめし）で、赤飯そっくりであった。入隊者は在満の現役兵ばかりで、元気者が多かった。軍装も完全軍装で、三八式歩兵銃に実弾の支給を受けた。話しによると〝八路軍が出没する〟由。初っぱなから戦争の現実に直面させられた。行軍や軍事教練は一通りやっており、中学で実弾射撃も実験済みで、その点初年兵といっても、満洲の現役兵全員が中学校の出で、ずぶの素人ではないものの、緊張した。行軍に疲れても、兵器の手入れに飯盒炊爨、夜間は歩哨に立つ。十一月の夜は冷え込むのに、外套にくるまってのゴロ寝は、今までの生活と違い、なかなか眠れなかった。月が西天に落ちる頃、ロバの〝アオ、アオ〟という鳴き声に目覚め、朝飯の準備にかかる。〝今日は磐蛇嶺（ばんだれい）という峠を越すが、一番敵襲を受けるところだ〟という。熱河の山は一木一叢もない石山で、遠視が利く。射撃されると、隠れるところがない場所である。〝峨峨たる山岳〟とはこのようなところかと思った。途中敵襲もなく、無事興隆に着く。ここは周囲が山に囲まれた盆地で、西方にすこし水のある河がある。山頂には点々と石作りの望楼（トーチカ）が、威圧するように建っているのが見える。兵舎に入る。これがまた、支那家屋で、門を入ると中に庭程度の広場があり、入口が障子の引き戸、真ん中に土作りの小さい石炭ストーブの土間があり、寝台はオンドル式の土でできた台で、アンペラが敷いてある。天井から裸電球が一個ぶら下がった薄暗い部屋で、銃架に機関銃と小銃がおいてある。毛布六枚。襦袢、腰下各一枚。襟布三枚。軍服にいたっては、大正十四年（一九二五年）製で、何代か前の氏名が書いてある古い服であった。寝床は六枚の毛布で状袋型を作り、その中に潜りこんで寝る。

枕元の上に釘を打ち、それに帯剣と雑納を吊るし、その上の棚に手箱が置いてあり、手箱の中に針、糸、典範令等を始末している。これが内務班の様子である」とある。ここで、「竹田中学で二級下の少年飛行兵」とは、広瀬頼彦の幼馴染みの「羽立の光ちゃん」と思われる（後述）。

一期の検閲が終わり、昭和二十年（一九四五年）四月、承徳に戻る。ここで、甲種幹部候補生に選抜され、昭和二十年（一九四五年）六月、「牡丹江省寧安県の石頭予備士官学校」に入学。ここで軍事訓練を受けているとき、ソ連軍が侵入。『古希までの記録』に「昭和二十年八月八日は、沈みゆく大きな太陽に向かって号令調整を最後に、静かに暮れていった。その夜、突如非常呼集のラッパに起こされた。週番は連隊本部へ走る。私は訓練のための非常呼集かと思っていた。命令受領から帰ってきた週番は、〝ソ連が十二時を期して満蒙国境線を突破して進攻を開始、進撃続行中〟という。私は〝到頭やってきたか〟と腹の臍を固めた。前線は不意を突かれて、混乱している模様である。候補生も準備完了し、命令を待つ。幹部候補生は関東軍直轄で、学校本部は関東軍司令部の指示命令を仰いだ。だが混乱のせいか不通で、仕方なく司令部まで車を飛ばしたが、到着したときは、既に司令部は通化へ移転して〝もぬけの殻〟だったそうだ。しかたなく、学校は牡丹江の第五軍の指揮下に入った。九日は軍装を整え、一日中待機していた。北方寧安市街は爆撃を受けているのか、火災の煙の立ち上るのが見えた。十日、五軍の命令により、二つの部隊に分けられた、奇数の中隊は荒木連隊、偶数の中隊は小松連隊に。特火部隊の第五、第六中隊は、奇数区隊が荒木連隊に、偶数区隊が小松連隊に配属されることになった。我々第三区隊は奇数であるが、板倉区隊長がガス教育のためハルピンに出張して不在であったため、上條中尉のもとに小松連隊に編入された」とある。

このとき、荒木連隊猪俣大隊に配属された区隊は、磨刀石でソ連軍戦車群と激闘を展開し、壊滅したという（『われは銃火にまだ死なず』）。たまたま、区隊長が出張して不在であったため、広瀬頼彦の第五中隊第三区隊が小松連隊に配属され、九死に一生を得た。小松連隊所属の第三区隊は、山中を通って南下中に終戦となり、敦化の航空隊基地で武装解除された。『古希までの記録』に「夜になると満天の星空に向い、兵舎の周辺でスパイの上げる赤灯、青灯の信号弾がポーッ、ポーッとあちらこちらに上がりだした。早くもスパイが、こんなところまで進入していたのかと思った。小銃分隊が探索に出たが、発見できなかった。私は激しい訓練で、以前から右靴の半張皮が取れかかっていた。出陣に当り、これでは靴が破れて戦いにならぬと被服庫に取替えにいった。山のように積んである靴の中に、十文七分の新品がなく、仕方なく十文半の新品に取り替えた。このことが後々の行軍で、私の命取りになろうとは夢にも思わなかった。終戦後の十一月に、シベリアに入ってまでも苦しめられた。

　牡丹江発の最終避難列車が、図佳線を南の図們に向って通過したと情報が入る。情勢がかなり緊迫していることがわかる。いよいよそれから母校を捨てて火をかけ、暗闇の中を出発。鏡泊湖の山中に造った第二線陣地で、敵の進撃を阻止するという。重機関銃の編成は三個小隊、一個小隊は二個分隊、一個分隊は分隊長一、機関銃一、銃手四、弾薬手四、小銃四挺であった。第三小隊長は中山敏（大分県中津市出身）で、私は第二分隊長で出発した。同時に早駈けの命令がでる。機関銃は分解搬送した。雨雲は重く垂れこめ、降り出しそうな天気がとうとう雨になり、暗闇とぬかるみに、如何に血気盛んな候補生もいっぺんに顎を出して遅れかけた。分解搬送も、銃身や脚の交代要員がいなくなり、前の者に付いて行くのがやっとの有様だった。私は分隊長の所持する属品箱、十字鍬、分隊に余分な三八式歩兵銃をもち、あとになり、先になりして、励ましながら走る。この夜行軍で、いっぺんに参った。馬車に乗った婦女子と子供は、先へ追い越していく。我々に涙声で、〝兵隊さんお願いします。頑張って下さい〟と声の限り叫ぶ。後退する我々は、本当に情けなく感じた。こんな慌てぶり、こんな計画性のない上層部の命令。何故、昼間のうちから行動を起こさなかったのか。候補生の訓練のためか。実際、このときから、勝利に対する小さな疑問が胸の底に湧いた。兵器の機関銃も、銃身には洗滌痕がついた中古品ぐらいなもの。弾薬は五〇〇発、戦闘になれば四、五分で撃ちつくす。小銃一銃に弾一〇発で、携行食料は乾麺包二袋、手榴弾二発。これが各自持った兵器と弾薬で、これで戦争をしようというのである。冷静に考えれば、いかに幹部候補生隊で意気盛んとはいえ、重戦車群を先頭に、機械化部隊で押し寄せる敵と闘うのは無手勝流ではないか、いかがなものかと心配である。しかしこの危惧は、〝おくび〟にもだしてはならない。一晩中不眠で歩き、やっと東京城に到着したが、作戦の変更か、そのまま、また今来た道を引返し、隘路口に戦車群団を迎え撃ち、これを阻止するための肉薄攻撃陣地を造ることになった。

　夜明け前に到着してみれば、両側が山で、谷底よりやや上に道路が通り、絶好の迎撃場所である。小銃隊は、道の両側に散開してタコ壷掘り、機関銃は援護射撃で、稜線よりやや下に陣地構築することになる。陣地構築といっても、器具の〝円ぴ〟はなく、砂礫混じりの岩山を鉄帽と銃剣で掘った。正規の穴が掘れるわけはなく、腹這って、ようやく胸と腹が隠れる程度しか掘れなかった。前に背嚢を置き、頭を隠し、両足は穴の外に出るくらいの塹壕であった。玉砕覚悟の陣地構築中も、牡丹江方面からは、馬車や自動車、あるいは徒歩で続々と避難してくる。中には軍隊の車も多く、我々から見て、奴等は何故戦闘せずに逃げるのだろうかと不思議に思った。そして反対に嘲り、笑いたい気分であった。事実、慌てて逃げてくる車が運転を誤り、谷底へ落ちるのが何台かあった。ざまあみやがれと思った。後から食料拾いに行き、御馳走になった者も多くいた。ここで決死の覚悟を決めるまで、故郷のこと、親兄弟、今まであったことが走馬灯のように浮かんでは消えた。覚悟が決まれば達観し、悠々としたものであった。十時頃、〝ボーンボーン〟と大きな音がして、大砲の弾がスルスルと落下しはじめた。すは、敵が接近したか、と一瞬緊張したが、目に見えて落ちてくる弾は信管が着けてないのか、一向に破裂しない。地面に突き刺さり、土を飛ばした。ソ連の弾丸はこんな物であろうか。まさかこんな物ではないだろうと思っていたが、案の定、後年、ソビエトの収容所で〝近くの弾薬廠を慌てて爆破して逃げたときの物だ〟と兵隊に聞いた。バカげた話である。これが、当時の状況であった。昨夜から昼まで、飯抜きの行軍と壍壕掘りで一睡もしていないので、壕の中でうとうと眠気がさしてきた。ところがそのとき他の分隊で、非常食の乾麺包を喰った者がおり、それを上條区隊長に見つけられ、軍刀のこじりで、のど首を突かれて倒れ、一時、気絶したことが起こった。これを聞いた候補生は、学校の教育中ならいざしらず、今、死を覚悟しての状況で、気絶させる程の制裁が何の意味があろうか、これが戦時下の教育かと、憤慨に耐えなかった。板倉区隊長ならこんな仕打ちはしなかったであろうと、三区隊の者は上條区隊に編入されたのを恨めしく思った。

牡丹江方面から避難するものは、あいかわらず後を断たないで続く。東京城の飛行場から黒煙が登ってきた。敵機と日の丸の日本の飛行機が、入れ替わり立ち替わりして、低空爆撃しているのがよく見える。やがて火炎は大きく立ち上り、黒煙と共に空を覆い、夏の太陽が薄暗くなるまで空高く広がった。かつてシンガポール陥落のニュース映画を見たことがあるが、この状況は凄惨で、同じ光景である。日本軍は敵の落下傘部隊降下利用を恐れての爆破、ソ連は破壊目的の爆撃、戦争の悲惨さを山上陣地から望見していた。十三時頃、一機、高度千メートル、速度の遅い飛行機が頭上に飛来した、と思ったら、ぱっと白いものを撒いた。何であるか分からない。何回か繰り返して、元来た方角に引き返していった。撒かれたものはビラのようで、ヒラヒラと落ちてきた。拾ってみると、それは投降勧告のビラで、次のような内容のものであった。〝勇敢なる兵士諸君に告ぐ。天皇や資本家の手先になる戦争は止め、武器を捨て懐かしい父母や妻子、兄弟の待つ祖国日本国へ一日も速く帰りましょう。みんなが待っています。投降するときは、このビラを持参下さい。極東軍司令官、ワシレフスキー大将〟、ざっとこんなものであった。これに対しては、皆、何を馬鹿なことをと、全然問題にしなかった。食料がないので、一名は、全員の水筒持参で川へ水汲み、二名は雑嚢持参で芋または唐きびを採りに出す。しかし、悲しいかな、時期が速く、実のない産毛の生えた芯しかなく、それをかじって食った。徹夜して、敵さんの来襲を待っているが、なかなか来ない。後で聞いたが、ちょうどこの時間に、我が同僚の荒木聯隊は、磨刀石から液河、愛河にかけて敵の戦車群と血みどろの肉迫攻撃の奮戦中だったのである。

今夜も空き腹を抱えての露営かと思っていたが、十五時頃、陣地を捨てて東京城方面へ撤退という連絡がきた。早速陣地を撤収して山をおりていくと、我々への連絡が遅れたのか、他の部隊はもう飯盒炊爨を終わり、既に出発準備にかかっていた。我らは河原まで下り、やっと米の配給を受け、飯盒炊爨をしながら、河の水で体を拭いていた。いわゆる、久しぶりの大休止だ。暖かい飯、乾燥野菜に粉味噌汁。上半身裸になりのんびりしていた。ところが、監視哨兵が〝敵機来襲〟を告げる間もなく、山蔭から双発の戦闘爆撃機が襲いかかってきた。我が分隊は直ちに高射態勢に入ると、上條中尉は〝撃つな、撃つな〟と叫んで、射撃させなかった。狙われたのは先頭部隊で、道路に沿って移動開始していた。機関砲が両翼から赤い火を吹きながら、先頭部隊目掛けて銃撃している。兵士は蜘蛛の子を散らすように散開して、射撃している。道路に沿って撃ちこまれる弾丸が、夕立が立てる水しぶきのように砂煙を立てながら、タッ、タッ、ターと走っていく。四機編隊が入れ替わり、立ち替わり攻撃してきた。最後に爆弾を投下して去っていった。

大休止を終わり、建制順に出発し、橋を渡ると直ぐ、左横に直径十メートル、深さ五メートルの大きな穴が空いていた。橋を目標に落した爆弾の痕である。この銃爆撃の被害は、戦死、青木中尉外五名、負傷者十名で、直ちに車で送られた。暗くなる少し前、東京城に到着。駅舎も街も焼け落ち、まだブスブスと焼け焦げていた。またも、食料を探し求めて貨物駅にいく。山のように積んだ大豆と、福神漬けのタルが燃えていた。焼け残りの家を回って見たが、先行隊が持っていったものか、食料になるものは何も残してはいなかった。

昼間は空襲を受けるので夜間行軍に切り替え、晩飯なしに出発した。幹部候補生隊が退却の〝しんがり〟を受けもったのであろう。一物も残してはいない。居眠りしながら不眠不休の行軍で、ただ歩くだけ。思考力のない行軍に、小休止の声がかかると、皆その場に、何があろうと構わずに倒れて寝込んだ。出発準備の声が掛かるのが、一番嫌になってきた。こうなると、日にちの観念も薄れ、何処をどうしているのか、何処に向かっているのか知らされず、ただ、〝鏡泊湖の既設陣地に入り、ソ連軍と戦うのだ〟と聞かされた。夜になると雨が降り、泥濘の中を滑りながら、前者の背嚢を目印にして、雨外被を通す雨水と寒さにふるえながら、唯歩くのみであった。夜が明けてみると、かなり大きな河と湿地帯にでた。今までの地形と違い、山の中という感じがして、鏡泊湖の陣地に近づいたなと思った。水の中を腰まで浸かって渡り、途中、工兵隊の大八車が水中に動かず、荷物を乗せたまま放置してあった。彼らも、困難な夜道を探し求め、彷徨して歩いたのであろう。散乱した満軍のトラックが焼けただれ、黒焦げの死体が三人ころがっていた。静かな湖畔に、どんなドラマが展開されたのであろうか。何となく纏まりのない負け戦の感なきにしもあらず。その頃、アメリカ製ジープに自動小銃を持った兵士が、一台に五、六人乗ったものが五台、小さな赤旗を立てて通過しようとした。丁度私の横で、先頭車に将校が乗っており、〝軍使だ〟と言う。ハルピン学院出の佐瀬候補生が、通訳として聯隊本部へ連行した。初めて見たソ連兵は、銃に小さなリックサックを背負った軽装で、少年の顔をした若者であった。

兵舎を出発するときに靴を取替えたため、ここにきて靴が両足に喰いこみ、豆ができて、行軍には一番の苦痛となった。出発以来雨が降っても、日が照っても、泥んこになった軍服と靴は着たきりスズメで、洗濯も靴に保革油を塗ることもなく、靴は濡れればグツグツと鳴り、乾くとカチカチに固くなる。ピッタリだった靴は縮まり、足は行軍で血液がさがって太く張れてくる。これが私の計算違いであった。足に豆くらいと思ったが、両足の親指から小指まで、両かかとの皮がスッポリと剥がれ採れ、歩くことができなくなった。これまで我慢してやってきた分隊長の役目もできかねるので、交代してもらった。そして一分隊員となり行動をともにした。

ソ連の軍使に出会ってから一日歩き、暗くなってようやく高野開拓団に到着。飯盒炊爨もおわり、食事をしていると、どこで聞いたか〝日本は戦争に負けた〟という噂が流れてきた。信用するものは誰もいなかった。開拓団のラジオが昼に放送したという。何を馬鹿なことを。これから陣地にはいって戦うという張り切った気持と、昨日の軍使の状況を考えると、一抹の不安もあった。飯も喰ったし、そろそろ寝ようかと横になったとき、歩哨が敵の来襲を告げる。振り返ると、暗くなった稜線に、戦車と兵士を乗せたアメリカ製のトラック（スチューアートベーカー）がライトを煌々と照らし、轟音を立てながら全速力で近づいて来るではないか。直ちに退避命令がでた。私は装具を纏め、銃を採り、皆と一緒に軍用道路まで走ったが、豆の痛さについて行けず、道路の側溝に飛びこみ、軽天幕をかぶり、敵の通過を避けた。疲れが出たのか、いつの間にか眠ってしまっていた。夜が白みかけたころ、軍服を通してきた朝露の冷たさに目が醒めた。こんな目覚めの気持ちの悪かったことは、今でも忘れられない。むっくりと起きて周りを見ると、朝靄の中に、ボンヤリと同僚が何人か眼についた。皆、無言で、急いで軍装を整え、後を追って行ってしまった。私は足の痛さを我慢しながら、部隊を追う一人旅となった。チョッピリ淋しかったが、不安は少しもなかった。それは、戦闘用の銃と弾丸を前盒に五十発、手榴弾を二発軍足に入れて腰に所持していた、身を守れるし、何時でも死ねるからだった。

歩いているとソ連の兵士が、ベーカーのトラックに乗り、ギターやマンドリンを弾き、唄を歌いながらどんどん追い越していく。中には、女性兵士が混っているのには驚いた。私一人には構わず、ニコニコと手を振って、馴れ馴れしく通り過ぎていく。車を停めて一緒に乗せてもらおうかとも思った。また足の痛さに苦しむより、暢気に走っていく敵のトラックに手榴弾を投擲して、一車三十名ぐらいを道連れに、死んでやろうかと何度か考え、手榴弾を握り締めた。長い、長い道程である。左の方が鏡泊湖であろうか、川のせせらぎの音や、それらしき水面が霧の中に見え隠れする。周囲は広葉樹林である。満人が、山の中から荷物を担いで運んでいる。私は不思議に思って近づいていった。満人は私の姿を見て逃げて、姿を隠した。足を引きずりながら一本道を進んで行くと、何とそれは貨物廠で、兵隊は逃げた後で、テントの小屋の中は毛布、軍衣袴、缶詰、酒瓶が散乱していた。日本軍にしてはだらしない、慌てた逃げ方であった。朝から何も喰っていないので食料を探したが、米はなく、鯖の缶詰が沢山積んだのがあり、これを帯剣で切開き喰った。これは腹を満たすほど喰える物ではない。雑嚢に詰め込み、此処を出た。途中満人に出会ったので、全部持っていけと合図を送った。また、一人行軍を続ける。途中、満軍一個小隊とすれ違う。一人のせいか、何事も起こらなかった。後で聞いた話によると、反乱にあって銃火を交えて戦ったとか。歩いて行くうちに、道端に三八式歩兵銃が三十丁ばかり叉銃して放置してあり、防毒面が焼却されていた。一体、日本軍はどうなっているのだろうか。私は、銃が使われないように銃の撃針を全部叩き折り、処分しておいた。まるまる一日歩いて、とある小さな部落に辿りついた。幹部候補生の動向について聞いてみたが、わからない。義勇軍の少年と開拓団の男女が避難しているらしく、話し声が聞こえてくる。とにかく食べ物が欲しいので、少年に話してみた。少年は、〝米は炊いて上げるから、兵隊さん、銃の弾をくれ〟と言う。持って歩くのも重いので、半分分けてやると、大変喜んでいた。晩飯にありついて、ぐっすりと寝た。家の中で寝たのは何日ぶりだろうか。明けてまた、重たい足を引き摺りながら歩きはじめた。今日もソ連軍のトラックが兵員を乗せて、続々と追い越して侵入してくる。そんな中に混合して、日本軍の航空隊のトラックが、何台か通過したのを見た。これから先、どのくらい歩かねばならないのか分からない。足も限界がきた。よし、今度来たら車を停めて乗せてもらおうと決心した。振り返ると、運良く、先程と同じ部隊のトラックがやってきた。オーイと手を振って見ると、雨の中を滑りながら急停車してくれ、乗車させてもらうことができた。聞くところによると、〝停戦になり、敦化の砂河燕航空隊に集結を命じられて行くところだ〟という。私は、行けるところまで乗せてもらうことにした。乗車して三時間、滑走路に入った。格納庫内に司令部があり、申告して、幹部候補生隊の駐屯場所を聞き尋ねていった。ここには各部隊が沢山集結しているようである。上條区隊長に、遅れて到着したことを申告したが、あまり、以前のように喧しく叱りはしなかった。分隊に帰って見たが、皆武装解除を受け、銃や帯剣、軍刀が山と積まれて捨ててあった」とある。

　広瀬頼彦は、その後、シベリア、バイカル湖西北、タイシェトからブラーツク近郊の収容所に送られた。『古希までの記録』に「液河を発車した帰国列車は、ゆっくりとゴトゴトと暗い雪原を走る。隙間風に震えながら、体を寄せあい眠る。銃声がパーンとした。目を覚まし、騒がしくなる。逃亡者が出たらしい様子だった。薄明るくなる頃、国境を越え、ソ連領に入った。国境を越えると、積雪が急に多くなってきた。一晩のうちにこのように変化した。列車は途中に駅があっても、止まることなく進む。その内に腹が減り、寒さがひとしおお身に滲みる。何処かわからないが、駅に停車して、朝飯か昼飯かわからない高梁の粥が上がってきた。とてもこんな給与では腹の虫が治まらない。……寒く長い夜が明けたが、雪はまだ降り続き、隙間から吹きこんでくる。右手の方に、ボーッと太陽の光が、雪雲を通して見えてきた。〝これはオカシイなあー〟と思った。ウラジオストックに行くのなら南へ向かうのであるから、左手に太陽が見えるはずなのに、右手に見えるとは。〝これは奥地へ連行されているぞ〟と車内が騒がしくなった。とある名もわからない淋しい駅に、長い時間停車して、列車は動こうとしない。ロシア人の子供が、黒パンを持って、物々交換にやってきた。こんな光景が見られることは、以前にも我々のような捕虜列車が通過しているのであろう。私は北を指差して〝モスコー?〟、南を指して〝ウラジオストック?〟と聞いてみた。子供は正直である。コックリとうなずいた。私は頭の中で〝もしや〟と考えていたが、瞬間目先が真っ暗になった。このときなぜか〝ああ、これで十年帰れない〃と思った」とある。

広瀬頼彦は、タイシェトからブラーツク近郊の収容所で四年弱、強制労働（第二シベリア鉄道――バム鉄道――建設）に従事した。食料事情が極端に悪いうえに、酷寒の中での強制重労働が続き、病気と栄養失調で多くの抑留者が亡くなった（前述）。医療は「ロシアの女性軍医がお尻の皮膚を摘んでひっぱり、弛み具合で体力の有無を決定し、一級、二級、三級、オカに振り分ける。一、二級は通常の作業、三級は軽作業、オカは特別食で飼うて、体力をつけ、又もとへ帰して作業をさせる。入浴は、お湯につかって身体をリフレッシュするのではなく、ヘアーを剃り落し、毛虱と発疹チブスの予防と、体力検査の振り別けでしかないのだ。女性の軍医たるや、日本の看護婦さん程の知識もなく、威張りくさった奴だった。腹立たしい限りであるが、敗者はあくまでも敗者、従わざるを得ないのである。ロシアの病気は、熱が出ない限り休ませない。〃テンペラトール、イエス（熱がありますか）〃といって熱を計り、熱が出ていなければハイそれまでよ、である。薬も日本の軍医が持ち込んだもので、一般ラーゲリにはなく、ロシア人が、日本の軍医に診察して貰うぐらいであった。病気で休ませるのも、総人員の何％と決まっている、熱の出ない神経痛の人など、泣きながら作業をしていた」という。

昭和二十四年（一九四九年）六月、「作業員を連れて現場に行って居たところ、ラーゲリに至急に帰って来いという連絡が来た。私は、又外のラーゲリへの転属かとラーゲリに帰ると、何と四年間夢に見つづけた日本へのダモイだという。余りの急な話にチョット信じられなかったが、本当だと分かった時は、涙の出るほど嬉しかった。……身の廻りの整理と言っても、着のみ着のまま、雑納、水筒、飯盒、毛布一枚の荷物、軽々としたものだった。そして、戦友、同志に挨拶する暇も無く、せきたてられて、駅ではなく鉄道沿線に待機させられた。……カントーラー（事務所）から、給料の未払いが三十ルーブルあるからサインして呉れといわれ、三十ルーブルを受け取った。ルーブルは国外持出し禁止だから、全部使ってしまえといわれた。丁度、ビヤダルに詰めた生ビールを売っていたので、コップ一杯飲んでみた。冷してない生温いビールは、飲まれたものではなく、七ルーブルもとられ、六年ぶりで、シベリアで飲んだのは、いい記念になった。……午後貨物列車が入ってきた、ロシア娘とねんごろになった兵士が、別れを惜しんでいる。娘は見送りに来て、涙を流して泣いていた。こんな光景を二組見た。残りたいものは一般市民として自由に暮らせるので、希望者は残ってよいといわれていたが、残る者はあまりいなかった」という。広瀬頼彦は、昭和二十四年（一九四九年）七月二十五日に帰国。福井県舞鶴市に上陸した（後述）。

▶昭和二十五年（一九五〇年）三月一日「大変寒い朝」

広瀬頼彦が、結婚式に向かう朝の記念写真。後列向かって左から右に順に広瀬俊幸、広瀬直俊、広瀬照人、原田清、広瀬好文、原田清子、園田定平。中列左から右に順に原田八江子、原田成則（母に抱かれている）、原田トク、広瀬頼彦、広瀬ユキエ、園田良子、広瀬静子。前列左から右に原田栄子、原田健次、広瀬弘子、広瀬悦代、園田美貴恵、園田弘美、原田房江、広瀬勝之、原田昌治。

▶昭和二十五年（一九五〇年）三月一日

これは、山本ヨシ子と広瀬頼彦の結婚式当日に撮ったもの。

一枚目（上）、山本百貨店。昭和三十二年（一九五七年）

十一月。山本和作商店が、大正二年（一九一三年）以来、ここから二百メートル先の県道沿いにあったが、新築移転した。これは移転間もない頃。二枚目（下）、「橋本梢先生頌徳碑」。山本百貨店の、道路を挟んで真向かいに、橋本医院があった。昭和四十五年（一九七〇年）、橋本医院の敷地に、「橋本梢先生頌徳碑」が立てられた。碑文に「翁は大正七年無医村の当地に懇望されて開業す。以来五十有余年、誠実一途、慈愛溢るゝ診療施術に専念し、往診に当たっては風雪をおかし、泥濘を厭わず、真夏緑陰に疲れを癒す翁の姿を見ること度々なり。また、患者や床中に伏す老人達に対し常に温情と厳しさをもって接し、その慈母のごとき人柄と卓越せる手腕は多くの人の敬慕し、信頼するところとなる。かくのごとく、名利を超越したる処世は正に仁術というべきなり。また長き政治生活においては、産業の振興と経済の充実を図り、保健衛生機構の拡充に努力され、就中昭和三十年市制施行第一回の市議会議員に当選するや国民健康保険直営宮祇診療所の開設を実現するなど、己を空しうして地域社会の福祉に奉仕する。かかる崇高なる精神は広く世人の師表とすべく、人徳高き翁に満腔の謝意と敬愛の念とを捧ぐ。茲に敬慕者相図り、翁の高徳を長く後生に伝うるため、これを建立す。昭和四十五年十二月建設　頌徳碑建設委員会」とある。

一枚目（上）、昭和三十六年（一九六一年）一月。広瀬好文と広瀬俊幸が、大分県竹田市大字次倉の山本家（山本

百貨店）を訪れたとき。前列向かって左から右に順に山本由紀子、山本久仁子、山本博。後列左から右に順に広瀬好文、山本和彦、広瀬俊幸。子の無い広瀬好文は、山本博を養子に迎えたかったようであるが、博が〝いやだ〟ということで実現しなかった。二枚目（下）、昭和四十一年（一九六六年）四月、橋本医院前で。後列向かって左から右に順に広瀬恵子（広瀬勝之妻）、広瀬勝之、山本ヨシ子、原田八江子、山本頼彦、広瀬直俊。前列左から右に順に山本由紀子、山本久仁子、山本博、山本和彦。

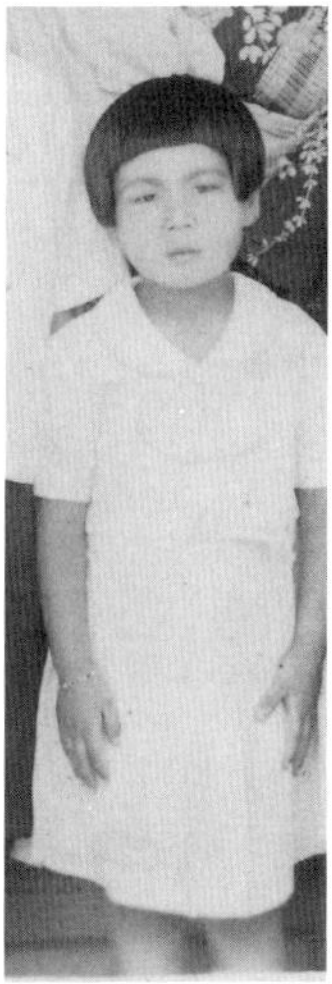
▶広瀬静子

広瀬静子は、昭和四年（一九二九年）二月十日生まれ。昭和二十六年（一九五一年）八月三十一日、大分県別府市大字亀川六百五拾七番地の安東正美に嫁す（入籍）。平成二十七年（二〇一五年）六月六日に他界。享年八十六歳。親子は美智子、正信。『嗚あの頃』に「四歳で母と死別、親の顔も知らない不敏な妹である。疫病にかかり、度々の排便に苦しんでいたことがあった。むづかるとソレッと唐人お吉のレコードをかけて、機嫌をとっていたことを思い出す。薄幸な妹だが、唯一の救いは、とても素直で、明朗で、境遇をちっとも感じさせない賢い妹である」とある。

昭和十七年（一九四二年）二月、頼彦が満洲に出発するとき、静子が見送った。『古希までの記録』に、「いよいよ出発の日、近所の、お世話になった家人に、お別れの挨拶をすませた。姉トクは、三女房枝が生れて産褥についていて、見送りに行けないことを涙していた。妹静子は県立三重高等女学校に通っていたので、学校の門前で送るとのことであった。九時の汽車がホームに滑り込み、静かに停まる。竹田からの和田と上が、座席を確保してくれていた。駅までの見送りの人との別れは、汽笛と共に瞬時に消えさり、これから先は、同じスタートラインに付いた。〝満洲では、他の人に絶対負けないぞ〟という闘志が湧いて、心に深く自覚した。三重町駅を発車して、私はデッキに出た。静子は、果たして学校の前に出ているだろうか。いる、いる、白いハンカチを盛んに振っているのが、遠くにはっきりとみえた。私は見えなくなるまでデッキに立ちつくした」とある。

昭和二十年（一九四五年）、広瀬頼彦が入隊して軍事教練を受けていた頃「こんな事があった。私のところへ、女性から手紙が何通もくる。内務係の長崎曹長から、事務室へ呼出しがかかった。〝お前の小銃には撃鉄がかかっていた。許可があるまで捧げ銃をしておれ〃と言われ、其の姿勢を採る。私は、絶対にそのようなことはないという自信があった。私はこんな制裁のあることを知っていたので、外に出るときは必ず確認をしていた。十五分ぐらいたったとき、立て銃の号令がかかった。顔にはださないが、ヤレヤレと思った。これで終わりかなと思っていたら、やおら封書の束を取りだし、〃貴様には女が何人いる〃と問われた。〃私には一人も居りません〃と答えた。〃この手紙は皆、違う女性からのものだ。中身を大きな声で読んでみ〃といわれて手渡された。差出人の分かっているのは妹静子からのもので、後は知らない人ばかりであった。静子は動員で小倉にいる。開封してみると、手紙の冒頭の書きだしが、〃静子さんのお兄い様〃とか、〃広瀬さんのお兄様〃で、何のことはない、女学校の、静子の同級生からの慰問文であった。長崎曹長のやっかみか、これでチョンになった。この長崎曹長もいずれかへ転属していった」(『古希までの記録』)。

昭和二十四年(一九四九年)二月、広瀬直俊一家の写真。広瀬静子の二十歳の誕生日前後に撮ったと思われる。後列向かって左が広瀬静子(二十歳)、右が広瀬直俊(四十四歳)。前列向かって左から右に広瀬悦代(六歳十一ヶ月)、広瀬ユキエ(三十八歳)、広瀬寛(六ヶ月)、広瀬勝之(九歳)、広瀬弘子(三歳八ヶ月)。この写真は、昭和二十四年(一九四九年)七月、広瀬頼彦がシベリアから帰国し、舞鶴港に上陸したときに受け取った家族からの手紙に同封されていた。『古希までの記録』に「家からの便りが舞鶴にきていた。写真が入っており、知らぬ子供が二人増えており、それが弘子と寛であった。五年間の空白の期間が重く感じられた。写真は役場が撮ってくれたそうだ。写真には兄夫妻に勝之、悦代、弘子と寛、静子で、照人は登校中とあった」とある。この年二月には、広瀬頼彦の帰国が、日本側に伝えられていたようである。

▶昭和二十六年（一九五一年）

これは安東正美と静子の結婚の日に撮った写真。

一枚目（上）、昭和三十五年（一九六〇年）春、別府港桟橋で。向かって左から右に順に安東美智子、山本和彦、山本博、園田弘美。二枚目（下）、昭和四十年（一九六五年）夏、別府亀川の安東家を訪れた時。前列向かって左から右に順に安東正信、山本久仁子、山本由紀子、山本博。後列左は安東静子、右は安東美智子。

▶平成五年（一九九三年）頃

安東家と広瀬直俊が、大分県竹田市大字次倉の山本家を訪れた時。前列向かって左から右に順に山本ヨシ子、広瀬直俊、安東静子、安東正信。後列左から右に美智子・トンプソン、一人置いて右に山本頼彦、安東正美。安東美智子は、アメリカ人男性と結婚し、シアトルに在住。この時、美智子・トンプソンは、一時帰国していた。

3 三村モトとモトの系譜

一枚目（上）、昭和十四年（一九三九年）三月、三村清二没後一周忌の墓参り（多摩霊園）。後ろを向いている写真の、向かって右から二人目が三村テル子、次いで左に順に三村武、三村勲、三村モト。モトの向かって左は広瀬良子と思われるが、はっきりしない。三村勲は、当時としては背が高く、百七十センチメートル以上の上背があったと思われる。二枚目（下）、墓参りの時の三村武（二歳四ヶ月）。

▶昭和十四年（一九三九年）三月

三村清二の一周忌に、縁者が東京に集まった。法事の後、三村勲が親戚の人を東京近郊の景勝地（箱根か？）に案内したという趣の写真である。向かって左端が三村勲、一人置いて右に三村サイ（三村光三妻）。

一枚目（上）、前の写真と同じ時の写真。向かって左から二人目が三村サイ、次いで右に三村光三、サイの娘（名前不詳）。二枚目（下）、同じ時の写真。後方の立っている男性、向かって右は三村亮一（四十九歳）、左は原田百太に見えるがはっきりしない。座っている男性は三村光三（五十三歳）に見える。前列向かって左端は三村亮一の妻（名前不詳）、次いで右に三村サイ、次いで右に三村光三、サイの娘。二列目向かって左から二人目は原田ウラに見える。

この写真は、三村清二没後一周忌の墓参りと同じ頃に

▶昭和十四年（一九三九年）三月

撮ったと思われる。すでに一男、勇が叶電機商会を継ぎ、結婚もし、息子（武）も生まれていた。三村孝は、もう直ぐ芝中学に進学する。前列向かって左から右に三村勲（二十四歳）、モト（四十七歳）、武（二歳四ヶ月）、テル子（十一歳）。後列向かって左から右に三村孝（生年で十三歳）、広瀬良子（二十一歳）、三村美津（二十二歳）。三村武はおもちゃを持っている。家作をあちこちに持っていた三村モトは、生活にも余裕があったようである。三村勲はビジネスマン風に見えるが、ポリドールの歌手をしていた頃である。この写真を撮った後、三ヵ月足らずで三村武の妹、和子さんが生まれる。美津が産気づいたとき、広瀬良子が、美津を助けて産婆さんの所に連れて行った。広瀬良子は、三村清二の一周忌の法要の手伝いや武の子守などのため、上京していたと思われる。広瀬良子は後に、三村勲が結核を発病した時、看護している（後述）。

昭和十四年（一九三九年）三月、三村武。叶電機商会の店舗前で。一周忌の墓参りと同じ頃に撮ったと思われる。

昭和十四年（一九三九年）五月頃、近所の空き地で草野球。一枚目（上）、三村勲と孝。三村勲は左打者である。二枚目（下）、向かって左が三村勲、右が孝。孝のうれしそうな、誇らしげな顔が印象的。三村孝は、芝中学一年

生。勲が、ポリドールの歌手「北廉太郎」として、どんどん新曲を出していた頃。

一枚目（上）、昭和十五年（一九四〇年）三月、三村英子（向かって左）が千代田高等女学校（千代田女学園）を卒業し、モト（右）と、卒業の挨拶に行く途中。行き先は津軽伯爵家。英子が年頃なので、よき縁談をよろしくとのお願いもあると思われる。二枚目（下）、同じ日に、津軽伯爵家で撮った写真。前列向かって右が北白川宮祥子、左が津軽久子（津軽義孝妻）。後列向かって右端が三村英子、次いで左に順に毛利政子（津軽久子母）、津軽泰子（津軽義孝一女）、毛利桃子（津軽久子妹）、三村モト。津軽久子は、常陸宮華子妃の生母である。後の華子妃はまだ生まれておらず、妊娠中と思われる。北白川宮祥子が実兄、津軽義孝邸を訪れ、毛利政子が娘、桃子と一緒に、津軽義孝に嫁いだ娘、久子に会いに来ている時。この写真から、三村モトは北白川宮祥子、津軽久子らと懇意にしていたことがうかがえる。この五ヵ月後（九月四日）、北白川宮祥子の夫、永久王は、蒙疆で戦傷死する（後述）。毛利政子の夫、毛利元雄は長府藩（毛利氏）の藩主の系譜であり、山口県厚狭郡吉田地方で生まれた三村清二と長州の縁がある。徳川家、津軽家、毛利家、北白川宮家、三村家の、奇しき縁によるつながりが感じられる写真。

一枚目（上）、昭和十五年（一九四〇年）、三村勲が友人と記念写真を撮っている（写真館は四谷Apolo）。向かっ

て左の男性は矢野幸三郎の可能性も考えるが、はっきりしない。二枚目（下）、上の写真の外枠にある印刷。アポロ写真館（東京市四谷区新堀江町）は、叶電機商会と目と鼻の先にあった。この写真館を三村清二が経営していたことを示す手がかりは無い。しかし、アポロ写真館は三村清二の重要なイベントの写真撮影を担当している。また、陸軍の特務機関や陸軍中野学校の極秘写真の現像等に関わった可能性がある（後述）。三村勲は、アポロ写真館を通じて陸軍の特務機関、陸軍中野学校等との関係が生じたのではないか。

一枚目（上）、昭和十五年（一九四〇年）三月、三村英子のお見合い写真。新宿伊勢丹で撮っている。この時、英子は十八歳。三村モト、ご自慢の娘。英子と勲はよく似ている。二枚目（下）、「北廉太郎」と称する歌手の写真。これは、三村英子の見合い写真の目と鼻の部分（反転している）、友人との記念写真の勲の額・頭髪部分（そのまま）、口元の部分（そのまま）を用いたモンタージュ写真と考える。モンタージュ写真の北廉太郎は、どこか人工的な感じがして、生身の人間には見えない。この後、三村勲は後方勤務要員養成所――陸軍中野学校――と関わりを持つようになる（後述）。

昭和十五年（一九四〇年）六月二十六日、満洲国皇帝溥儀が、紀元二千六百年慶賀のため訪日した。一枚目（上）、東京駅で「来日の溥儀皇帝を迎える天皇陛下」（『別冊一億人の昭和史日本植民地史2満州』）。この訪日の時、溥儀は「満洲にも天照大神と三種の神器の模型を作って祀る〝建国神廟〟を造営したいとの意向を天皇に伝え」たという

（『母宮貞明皇后とその時代』）。二枚目（下）、貞明皇后。貞明皇后が皇帝をお茶会でもてなした際、「大宮様お点前の御茶を喜んで召上った皇帝さんは、つづいて御庭の散歩を、大宮様とご一緒に遊ばし、私共も後からお供した。御庭の坂とか段々のようなところへさしかかると、皇帝さんが、いち早く大宮様の御手をとっておあげになる。大宮様も、御満足げで、されるままにしていらした」と高松宮喜久子妃が述懐している（『菊と葵のものがたり』）。女官は、「真の御親子の如く御なつかしげに見上け奉られける。……又桜楓の並木の坂路を登らせ給ふ坂路にかゝらせ給ふや皇帝は必ず太后宮の御手を戴かせ給ふは先年の御来訪の折も御同様の御事にて、之ぞ東洋殊に支那に於ける敬老の一美風と推しはかり奉る」と記す（『母宮貞明皇后とその時代』）。高松宮喜久子妃は「貞明皇后と皇帝さんが、最後にお別れになる場面」で「大宮様が〝陽の西に沈む時には、必ず私は皇帝さんの事をおなつかしく思い上げるでしょう〟と仰せになった」、「それに呼応するように皇帝さんが、〝毎日陽が出るたびに、私は皇太后陛下の御上を思いますでしょう〟とおっしゃった。素敵な御やりとりにびっくり仰天した」という（『菊と葵のものがたり』）。貞明皇后と満洲国皇帝溥儀の「真の御親子の如く」あることについて、高松宮喜久子妃は「大宮様は、秩父宮と高松宮の間に御一方流産遊ばしたお子様がおありになり（豊島岡に小さな御墓がある）、その皇子が生き返って来たような気持をお抱きになっていたのではないかと思う」と語っている（『菊と葵のものがたり』）。

昭和十五年（一九四〇年）九月四日、北白川宮永久は「中国の張家口で戦死を遂げ」（『語られなかった皇族たちの真実』）た（前述）。参謀次長沢田茂は「昭和十四年末、北白川宮永久王殿下が陸大をご卒業になられた。この殿下も、性格能力申し分のないご立派な方であり、ほれぼれするようなご立派な青年将校であった。この殿下が、出征軍にご勤務なされるようになったとき、私もまた総務部長もともに、この宮家のご当主が二代つづいて外地で薨去遊ばされたことを考え、最も安全な場所として、駐蒙軍司令部を選んだ。そこは治安が最もよろしく、司令官の岡部（直三郎）中将は思慮最も周密な人であったからである。その岡部は……いろいろ気をつかっていたが、思いもよらぬ飛行機事故、しかも珍しく低空飛行の飛行機が殿下を引っかけ、不慮のご最期を遂げられたのであった」と語る（『参謀次長沢田茂回想録』）。

一枚目（上）、昭和十五年（一九四〇年）秋に撮った写真。向かって左端が三村勲、次いで右に高田浩吉、上原敏、三丁目文夫と思われる。高田浩吉、上原敏、三丁目文夫は、ポリドールの歌手。三村勲がポリドールの歌手「北

廉太郎」を辞める頃、勲の送別会の時か？　三村勲がポリドールのレーベルから突然消えた背景に、同年九月四日、北白川宮永久が、蒙疆で戦傷死した（前述）ことがあると考える。三村勲はこれを契機に「諜報、謀略、宣伝、防諜」の方に舵を取ったと考える。ポリドールの歌手をやめた後、三村勲が何をしていたかを語るものは写真以外に無い。上原敏は、昭和十八年（一九四三年）四月に召集され、昭和十九年（一九四四年）七月、ニューギニアで戦病死した（前述）。二枚目（下）、同じ日に撮った写真。三村勲、会心の笑顔。四谷区新堀江町の三村家（叶電機商会）の玄関と思われる。

同じ日に撮った写真、二枚。一枚目（上）、三村勲（向かって右）と三丁目文夫（左）。二枚目（下）、三村勲（向かって右）と上原敏（左）。

▶二荒芳徳

「永久王は軍神とされ、その死を讃える歌が作られた」（『語られなかった皇族たちの真実』）。『嗚呼北白川宮殿下』が発表されると、永久王の遺児への関心が高まった。『嗚呼北白川宮殿下』の作詞は二荒芳徳、作曲は古関祐而、歌唱は伊藤武雄と二葉あき子。二荒芳徳の妻、二荒拡子は北白川宮家の出（前述）であり、二荒芳徳は非業の最期を遂げた甥宮のために作詞したことになる。昭和十六年（一九四一年）一月にレコードが発売された『嗚呼北白川宮殿下』は、「明くる亞細亞の、大空を、護る銀翼、励まして、大御光を、天地に、輝かさんと、征でまし」た「若き参謀の、宮殿下」の非業の死を悼み、偲ぶ名曲。

▶昭和十六年（一九四一年）春

北白川宮祥子（向かって右）と肇子王女（左）と思われる。北白川宮肇子は昭和十四年（一九三九年）十一月生まれで、この時、一歳数ヶ月。北白川宮祥子から三村家に贈られた写真である。北白川宮永久が戦傷死して心配する三村勲らに、元気な姿を見せたかったのか。表情には憂愁が見える。

第一師団は、満洲永久駐箚師団として、昭和十五年（一九四〇年）から満洲に駐屯していた。昭和十六年（一九四一年）六月二十二日、独ソ戦が始まると、関東軍特種演習が実施される。いざという時の対ソ戦の準備として、ソ満国境に大軍が集結した。『陸軍畑俊六日誌』、昭和十六年（一九四一年）六月二十二日「独ソ間の関係は先般来緊張を伝へられありたるが、本日午前〇時独軍は突如攻勢を採り、ソ境内に進入し、独ソ交戦状態に入りたりとのことなり」、同年七月十四日「中央は満洲を警備態勢に置くことゝなり、現在十二師団の外更に朝鮮の二師、内地の二師団を増派し、昨日動員第一日とし、砲兵、後方機関の大部を増加する筈。先づ十月末迄を目標とし、先づ補給輸送を七月中に先行せしめ（大連二、釜山一の比。羅津は使用せず）、次で軍隊を輸送す」、同年七月二十九日「独ソ開戦に伴ひソが彼より攻勢をとる場合を顧慮し内地にて大規模の動員を行ひ、五十万の大兵を満洲に増派することは一応の理屈あり」とある。この時、三村勇が砲兵として召集され、満洲に渡ったと考える。三村勇の部隊が、横須賀港から出発する時、妻、美津と和子さんが見送りに行った。

この時、和子さんは満二歳。お弁当のキンピラがおいしくて「お母ちゃんおいしいね～」と言ったという（太田和子さん談）。横須賀を出航した三村勇が九州に着いた時（博多港か）、広瀬良子が三村勇に会いに来ている。

一枚目（上）、令和元年（二〇一九年）八月、挟田河内谷。家（御茶屋跡）の前に稲葉川が流れてせせらぎが聞こえ、見上げると岡城と岩に彫られた三日月が見える。幕藩時代、岡城に河内口と称する、隠されたような出口があった（前述）。ここを出て、比較的急峻な斜面を下りると稲葉川に出る。ここに木の橋があり、挟田河内谷に通じていた（前述）。二枚目（下）、周囲に家らしい家のない、静かな南向き斜面のすばらしい土地である。三村モトは、三歳の時から嫁入りするまで、大分縣直入郡岡本村貳番地（挟田河内谷）の御茶屋跡で暮らした。しだいに年齢が進むにつれ、故郷の自然に憧れが生じたとしてもおかしくはない。経済的に余裕があり、夫も亡くなり、子供たちも大きくなった。四谷を離れ、田舎暮らしがしたいという思いが募ってきたと推察する。

昭和十六年（一九四一年）、狛江の新築の家で撮った三村モトの写真二枚。三村家は、昭和十六年（一九四一年）、東京の西北、北多摩郡狛江村に、縁あって土地を見つけ、家を建てた。日中戦争が四年目に突入した中で、家を新築することは大変な仕事であったと思われる。一枚目（上）、三村モトは、完成した家の前で、うれしそうである。狛江の家には、蓄音機と、田端義夫や東海林太郎などのレコードがたくさんあったという（太田和子さん談）。三村モトは

「北廉太郎」の『夢のゆりかご』や『望郷の唄』、『青春のふるさと』などを聞いて、故郷の自然への想いを募らせたのではないか。二枚目（下）、新しい家でくつろぐ三村モト。

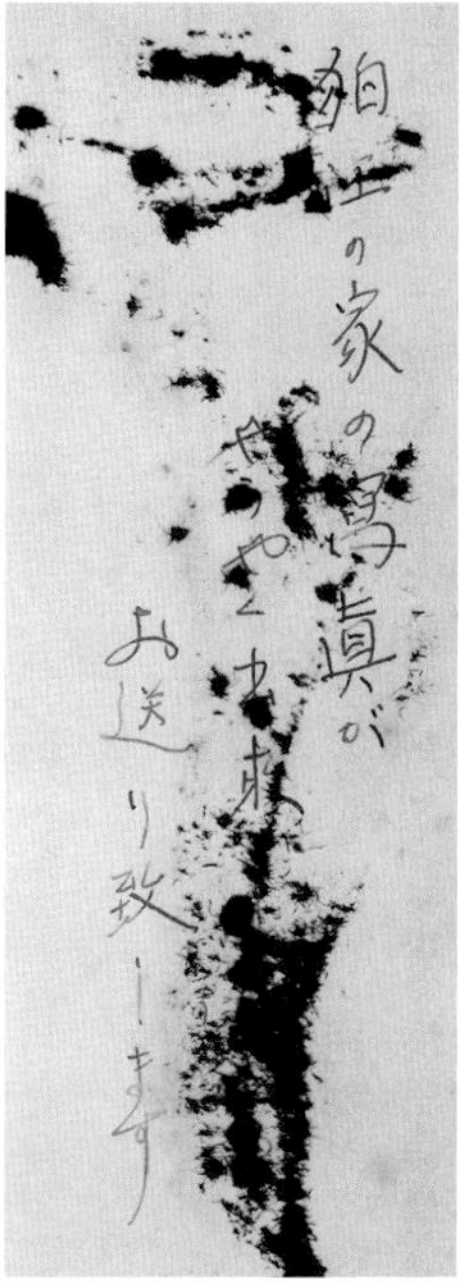

新しい家の玄関で撮ったモトの写真（前出）裏書。「狛江の家の寫眞がやうやく出来ましたのでお送り致します」とある。三村モトの筆跡である。四谷区新堀江町の叶電機商会は一男、勇に任せ、自分は狛江で、野菜を作ったり、鶏を飼ったりする生活を送るようになった。狛江には三村モトと勲、英子、孝が住み、四谷には三村美津、テル子、武、和子さんが住んでいた。家を建てた頃（昭和十六年）、狛江から勲が四谷に来て、〝狛江に鶏小屋を作るから〟と言って、美津が嫁入りに持ってきた下駄箱を持って帰ったので、困ったこともあった（太田和子さん談）。狛江では、ヒナ鳥十羽程度からはじめて、鶏をどんどん増やしていった。鶏小屋を二棟作り、鶏を二百羽も飼って、卵を慶応病院で売ったりするまでになったという（太田和子さん談）。三村モトは、乳母車を使って鶏の餌を運ぶなど、アイデアのある人だった。

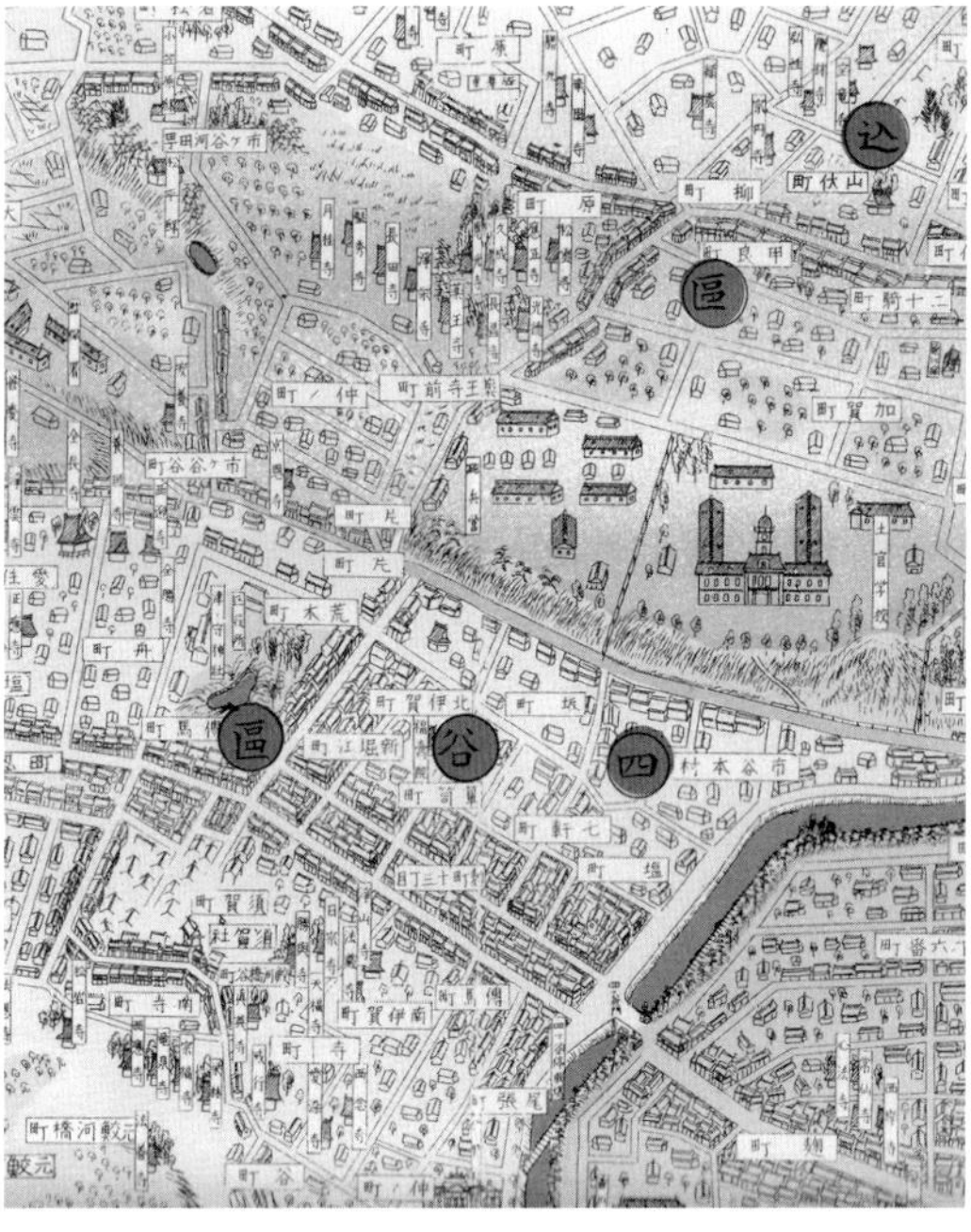

▶明治三十年（一八九七年）の東京地図（四谷区）『東京一目新圖』

昭和十六年（一九四一年）暮れ、参謀本部と陸軍省が、市ヶ谷にあった陸軍士官学校の跡に移転した。四谷区新堀江町は参謀本部、陸軍省に近い。対英米戦争が激しくなると、東京空襲の恐れが大きくなってくる。昭和十六年（一九四一年）に、四谷を離れて狛江に引っ越した三村モトは、先見の明があったかもしれない。しかも、狛江で野菜や卵を作れば、食料難に遭わずにすむ。四谷は、市ヶ谷の参謀本部、陸軍省に近く、空襲の恐れが大である。

　三村モトは小学校の成績が抜群で、飛び級をしたと三村家に伝わる。竹田小学校の卒業生名簿では、後藤モトは明治三十七年（一九〇四年）に竹田尋常小学校を卒業している（『竹田小学校開校一二〇周年記念誌楠』）。卒業時、十二歳であり、飛び級の可能性は無い。姉、カヨは小学校四年で卒業したと伝わる。竹田尋常小学校の卒業者名簿に、後藤カヨの名は無い。カヨは、明治三十一年（一八九八年）一月十三日に大分県直入郡久住村の広瀬光次郎の養女となり、明治三十三年（一九〇〇年）六月十四日に養子協議離縁しているので、明治三十一年（一八九八年）三月、久住尋常小学校を四年で卒業したと考える。後藤カヨが養女に出された背景について手がかりは無い。あえて考察すると、一、後藤一彦が直入郡高等小学校を一年遅れて卒業しているので、病気（結核？）を避けるために後藤家から離した可能性、二、久住村の広瀬光次郎に子が無いので、養女として入らせた可能性などが挙げられる。後藤幾蔵と久住村の広瀬光次郎の関係は不明であるが、後藤幾蔵の親しい友人、野原桂吾が大正九年（一九二〇年）に一時久住町の親戚の下に身を寄せたことがあり（前述）、久住村の広瀬光次郎は、野原桂吾の縁者であった可能性も考えられる。

▶近衛文麿

「一九四一年になって対ソ開戦論の声が高くなってきた」時、ゾルゲ組織の尾崎秀実は「仲間に働きかけ、積極的に対ソ平和政策をとらせるようにする自信がある」、「近衛グループの中で強硬に日ソ開戦反対論を唱えて、日本の膨張政策の矛先を南方へ転じさせてみせる自信がある」とゾルゲに豪語した（『ゾルゲの獄中手記』）。ゾルゲは尾崎の謀略活動を制限しなかった（『ゾルゲの獄中手記』）。尾崎の謀略が日本の南進政策採用に影響したかは不明であるが、日本が南進政策をとったのは歴史の事実であった。近衛文麿は、「自分がある政策方針を樹てて、表面陸海軍側の賛成をも得て、これを実行に移す場合に、何処からともなく故障が起って、如何しても、思うようにならなかった」と語ったという（『昭和の動乱〈下〉』）。ゾルゲ一味は、昭和十六年（一九四一年）十月、一網打尽となり、ゾルゲと、尾崎秀実――「コミンテルン、ソビエト共産党中央委員会、赤軍の一部局のいずれかによって登録され承認された広義のコミンテルンの所属員」（『ゾルゲの獄中手記』）――は、昭和十九年（一九四四年）十一月七日絞首刑に処せられた。尾崎秀実は獄中で「自分等の日本赤化運動は、すでにその目的を達し、日本は遂に大戦争に突入し、擾乱は起り、革命は必至である。自分の仕事が九分通り成功しながら、今その結果を見ずして死ぬのは、残念である」と嘆いたという（『昭和の動乱〈下〉』）。

　昭和十六年（一九四一年）九月六日、対英米戦争の方向に舵を取った御前会議で、昭和天皇は、明治三十七年（一九〇四年）明治天皇御製歌「よもの海　みなはらからと思ふ世に　など波風の　たちさわぐらむ」を二度詠み上げた（『語られなかった皇族たちの真実』）。昭和天皇の〝思召し〟は、「平和を願う」であったと考える。昭和十六年（一九四一年）十二月八日陸海軍は、いよいよ英米と戦争状態に入った。この時の昭和天皇の思召しは、明治三十九年（一九〇六年）明治天皇御製歌「波風は　しづまりはてて　よもの海に　てりこそわたれ　天つ日のかげ」、即ち「四方の海に、天津日影が照り渡り、波風が静まる」ことを願うものであったと思われる。

▶広瀬頼彦　竹田中学五年

『古希までの記録』に「汽車通学をしていた私、羽立の光ちゃん、前田の光ちゃんの三人は、いつものように誘い合って、緒方駅発、六時五九分の列車に乗った。月曜日でまだ暗く寒い朝であった。前田と私は五年の最上級生である。普段と変わらぬ車内で静かなものだった。学校に着くと、興奮した同級生が騒いでいる。〝どうしたのか〟と尋ねると、〝お前達知らんのか、アメリカと戦争を始めたぞ〟と言う。本当かとビックリした。七時の臨時ニュースで放送したそうだ。〝そうか、これは大変な事になった〟と思い〝日本は勝てるのだろうか〟と心配になり、身震いしながら小便に走った。先生も授業をなかなか始めない。当時学校には宿直室だけしかラジオがなく、大本営発表を交代で盗聴に行き、〝ハワイの爆撃でパールハーバーのアリゾナ型戦艦撃沈、ヒッカム飛行場全滅、フィリピンではリンガエン湾敵前上陸、マレーシアではコタバルに敵前上陸に成功した〟との戦勝ニュースが続々と入り、思わず万歳をした。そのうちに講堂に集合の連絡があり、校長がガリ版刷りの宣戦の大詔を読みあげ、解訳し、説明を全校生徒に聞かせた。ラジオは、大本営発表以外は、一日中軍艦マーチを流していた。おそらく日本人全部が興奮の坩堝と化したであろう。昭和十六年十二月八日は、アメリカに宣戦布告した忘れ得ぬ日となった。昭和六年、小学校入学のとき満洲事変、昭和十二年、中学校入学のとき支那事変、そして昭和十六年、中学五年、最終年度に世界相手の戦争と、不思議に節目のときに戦争が重なり、学生の間中戦争に翻弄された感じがする」とある。「前田の光ちゃん」は、広瀬頼彦の竹田中学の同級生、前田光之。「羽立の光ちゃん」は竹田中学の卒業生名簿に名前がない。陸軍少年飛行兵を志願し、特攻隊員として戦死した(後述)。

三村勲は中野の電信隊にいたと三村家に伝わる。昭和十七年(一九四二年)頃、幼い姪(三歳)は、三村勲を「電信隊の叔父ちゃん、電信隊の叔父ちゃん」と呼んでいた(太田和子さん談)。これは即ち、三村勲が陸軍中野学校に関係していたことを示唆する。電信隊の矢野幸三郎も陸軍中野学校と関係があったと思われる(矢野幸三郎については不詳)。中野の電信隊、即ち陸軍中野学校の校門には「陸軍通信研究所」の木札が掲げられていた(『陸軍中野学校実録』)。

▶「電信隊ニテ　矢野幸三郎氏」

陸軍の「情報組織」は昭和十一年(一九三六年)八月一日、初代兵務局長に任じられた阿南惟幾が、同年九月に田中新一(兵務課長)、福本亀治(東京憲兵隊特高課長)、秋草俊(ハルビン特務機関、参謀本部ロシア課員)の三人を集めて「科学的防諜機関」の設立を命じたことに始まるという(『証言陸軍中野学校』)。これらの人が中心となって「兵務局分室」が防諜機関として立ち上がる。昭和十二年(一九三七年)七月、岩畔豪雄が加わって、秘密戦実行要員機関として「情報勤務要員養成所」(後の後方勤務要員養成所)が発足することになった(『証言陸軍中野学校』)。昭和十三年(一九三八年)七月、秘密戦実行要員を養成する「後方勤務要員養成所」が九段の愛国婦人会本部に設けられ、第一期生十九名が入学した（『証言陸軍中野学校』）。昭和十四年（一九三九年）四月、「後方勤務要員養成所」は中野区囲町の陸軍中野電信隊跡に移転し、昭和十五年（一九四〇年）八月、「陸軍中野学校」となった。

陸軍中野学校の隣に、陸軍憲兵学校があった。『証言陸軍中野学校』によれば、陸軍憲兵学校の学生は「隣の部隊はいつも営門が閉められ、哨所には立番の兵もいないな。裏門には〝東部第三十三部隊〟の看板が掲げられているが、一体、何の部隊なんだ」、「たまに営門から出てくる奴を見るんだが、長髪に背広姿ばかりだ。軍人の雰囲気なんて、まったくない」と話していた。陸軍中野学校生は、「授業は兵隊服」で受けていたが、「外出時の格好は背広」で「髪は長髪」だったので、「よく憲兵や警察の職務質問」に遭った。「身分の照会先は予め陸軍省兵務局を申告するように言われて」いたという（『証言陸軍中野学校』）。

昭和十二年（一九三七年）、日華事変が起こると、諜報活動緻密化、高度化の必要性が高まってきた。昭和十三年（一九三八年）十月、陸軍参謀本部に勤める小野寺信は、「突如上海へ行けと命ぜられた。詳しい仕事向きのことは一切家族には告げず……軍服は一着だけで背広を主とした支度をして出発してしまった」（『バルト海のほとりにて』）。小野寺は「参謀本部ロシヤ課」の指示を受け、支那派遣軍司令部参謀の肩書きで、上海に「小野寺機関」を設ける（『バルト海のほとりにて』）。小野寺機関は、重慶側中枢との接触ルートを確保し、日中首脳の直接交渉を通じて日華事変を終結させることを模索する。小野寺は、藍衣社の工作員、鄭蘋茹等を介して「とある藍衣社の工作員」（国民党上海市党部委員、姜豪）を紹介され、その者の手引きで、藍衣社首領の戴笠と称する男と会見した（『謀略の上海』）。この頃上海に居た近衛文隆は、小野寺機関の事務所に出入りしている（『バルト海のほとりにて』）。藍衣社首領の戴笠と称する男（呉開先か）との「會見が行われてからは藍衣社員は小野寺機關に公然と足繁く出入していたが、巷には敵の宣傳によつて日華の直接交渉が戴笠と小野寺中佐の間で順調に進行中だという風説が、さも事實らしく傳えられていた」（『謀略の上海』）。「これは容易ならぬ敵の謀略だつた。……李士群は流言の火元を苦心して調べ、それからまた小野寺中佐が逢つた藍衣社の首領戴笠は僞せ者であつたことまで、突きとめて本物の戴笠の寫眞をそえて」晴気慶胤に報告してきた（『謀略の上海』）。昭和十四年（一九三九年）五月上旬、重慶工作の準備が整ったと判断した小野寺は「総軍司令部の委託を受けて、両国首脳の会見を実現し、一挙に事変を解決に持ち込もうと堅い決心で」上京した。この時、「突然当の姜豪が逮捕され、日本側憲兵に引き渡された」との報が小野寺に入った。これに驚いた小野寺は「大本営からすぐに釈放命令を出してもらった。大本営では汪政権樹立に疑問を抱いていた作戦課の中枢、すなわち秩父宮殿下と堀場さんが姜豪釈放命令を簡単に出した」（『バルト海のほとりにて』）。喜んだ小野寺信は上海に向け飛行機で東京を出発。福岡雁ノ巣飛行場で、上海から東京に向かう影佐禎昭とばったり会ったという（『バルト海のほとりにて』）。

「戴笠は僞せ者」を小野寺に報せるべく、晴気は上海憲兵隊の林に善処を依頼した。小野寺信の元を訪れた林は、戴笠を含む数枚の中国人の写真を示し、「小野寺さん。この寫眞の中でご存知の人はありませんか」と聞いた。「知っている人は一人もいませんね」と答える小野寺に、偶然その場に居合わせた支那通の日本人（吉田東祐こと鹿島宗二郎）が一人の中国人の写真を引出して、「小野寺さん……之れが戴笠ですよ」と言った瞬間、「小野寺中佐は愕然と色を失つた」（『謀略の上海』）。小野寺信の「自分の一生のうちあれほど心血を注いで張り切って働いたことはなかった」重慶直接工作は、「藍衣社の首領戴笠」が僞者であることが分かり、昭和十四年（一九三九年）六月に中止された（『バルト海のほとりにて』）。女スパイ鄭蘋茹、戴笠の偽者らを使った重慶側の謀略は、重慶を脱出し、ハノイ、上海で和平運動を進める汪兆銘らを牽制するものであった。

昭和十四年（一九三九年）十二月、蔣介石夫人宋美齢の弟、宋子良を名乗る人物が、重慶国民政府と日本の意向を裏面から取り次ぐ連絡役になるべく、支那派遣軍総司令部員として香港に着任した鈴木卓爾に接触してきた。「日華和平は第三国の介入を排して、両国で直接交渉を行うべく」、「至急に重慶政府の中枢政策を代弁し得る私的代表を速かに香港に派遣して、日本側私的代表と互いに胸襟を開いて会談すれば、自ら相互の誤解をとき、何等か打開策を発見し得るだろう」との鈴木の回答を受けて、〝宋子良〟は重慶に行った（『支那事変の回想』）。重慶側が宋子良工作に乗り出そうとする頃、「昭和十四年十二月の初めから重慶軍が、その全戦線にわたって日本軍撃退を豪語しながら攻撃に出てきた。これは支那事変始まって以来、初めての重慶側総反攻であった。十一月二十四日、日本軍が南寧を占領したが、これに対し重慶軍が十二月二十日から反攻に出てきたのを手始めとして、重慶軍は漢口方面でも、全正面にわたって猛烈に攻撃してきた」（『参謀次長沢田茂回想録』）。日本軍は「南寧地区を除いて、全部十二月下旬までに撃退し」、「その後、南支軍では中井師団の到着とともに、その前から広東にあった近衛混成旅団を南寧に送り、南寧地区重慶軍をことごとく撃退し」（『参謀次長沢田茂回想録』）、重慶側の総反攻は失敗に終わった。この状況下、昭和十五年（一九四〇年）二月九日、重慶から香港に戻った〝宋子良〟は「蔣介石の最も信頼する者を派遣し、香港で日本側代表と私的会談を行う用意がある」と日本側に伝えた（『支那事変の回想』）。〝宋子良〟を介する日華直接和平工作（桐工作）が始まる。「桐工作」は、閑院宮載仁参謀総長と畑俊六陸軍大臣の承認を得ており、「参謀次長から天皇の上聞にも達し」ていた（『支那事変の回想』）。重慶側との直接交渉は、昭和十三年（一九三八年）十一月三十日に御前会議で決定された「日華新関係調整要綱（日支関係調整方針及同要領）」（前出）を基準とすることが指示された（『支那事変の回想』）。昭和十五年（一九四〇年）三月から七月、香港と澳門で、重慶政府との和平予備交渉が行われた。「日本の絶対的要求」としての「中国の満洲国を承認」を重慶側が拒否したため、桐工作は成らなかった（『支那事変の回想』）。

一枚目（上）、今井武夫。二枚目（下）、「自称宋子良」（『支那事変の回想』）。この時、支那派遣軍総司令部で桐工作に当たっていた今井武夫らは、宋子良を名乗る人物が、蒋介石夫人宋美齢の実弟の宋子良であるかに疑問を持ち、「密かに、彼の身元調査を進め」たという（『支那事変の回想』）。その結果「宋子良は当時四十三歳、独身で丈低く五尺二、三寸、比較的風采あがらず、左手はリウマチスで不自由の病歴あり、顔は四角張って色やや黒く、唇厚くして黒子あり、言語は早口で、特に葉巻を嗜む」ことがわかった。宋子良を知っているという者の言によれば、「子良の顔には黒子なし」。これらを「実在の相手と比較して見れば、可なり似て居る点もあり、又似ていない点もあるが、さりとて全く別人と断定もしかねる」状況であった（『支那事変の回想』）。そこで「彼等に気付かれぬよう密かに鍵穴から、会談中の宋子良を写真に撮っ」て、その写真（下）を「汪政権の陳公博や、周佛海等多数の中国要人に見せたところ、周は似ているが実弟子安に一層良く似て居るといい、陳は似ていないと言った。……其のほか多勢の意見もまちまちで、依然決め手とならず、遂に解決の方法とはならなかった」（『支那事変の回想』）。『周仏海日記』昭和十五年（一九四〇年）七月二十六日「密かに撮ったという宋子良の写真も本人とは違うし、子良が宋士傑と署名するのも変に思える。余はもしも重慶の者が板垣を迎えに武漢まで来るのであれば事実だろうが、今は真偽を論ずる必要はあるまいと言った」、同年八月二十日「余は宋子良の真偽を問い質すと、……おそらく宋子安が交渉に出ているのだろうと言う。数ヶ月にもなる相手の真偽がまだ定か

でないとは、まったくお笑い草なり」とある。昭和十五年（一九四〇年）五月、今井、鈴木らが「九龍のペニンスラ・ホテルの二四三号室で章友三及び宋子良の両人と会見」（『支那事変の回想』）した際、「密かに鍵穴から」撮った写真の現像に、四谷Apolo写真館が関わった可能性を考える。

昭和二十年（一九四五年）初夏、この「自称宋子良」は「藍衣社社員曽廣と自称する男」であることが判明した（『支那事変の回想』）。昭和三十年（一九五五年）春、曽廣は「真情の溢れるような、分厚い手紙」を今井武夫に送ってきた。その中で曽廣は「往年の宋子良替玉の非を詫びながら、日華和平其のものに何等虚偽のなかったことを釈明してあった」という（『支那事変の回想』）。結局、重慶側の「自称宋子良」を使った直接和平工作は、汪兆銘の南京国民政府樹立を妨害する謀略工作に堕してしまった。小野寺機関に対する謀略工作、支那派遣軍総司令部に対する謀略工作など、「替玉」を使った重慶側の謀略に嵌められた参謀本部は、諜報、謀略、防諜の重要性を認識し、陸軍中野学校の特殊教育に拍車をかけたようである。敵の謀略工作を目の当たりにして、人物（愛新覚羅憲東と三村勲）の類似性と相違性を写真で比較検討する試みが行われたと考える。

▶大正十三年（一九二四年）頃『男装の麗人・川島芳子伝』

川島芳子、愛新覚羅系の男子、芳子の養父、川島浪速の集合写真。向かって左から右に順に、愛新覚羅憲東（川島芳子同母弟）、愛新覚羅連組（川島芳子甥）、川島芳子、愛新覚羅憲開（川島芳子同母兄）（『男装の麗人・川島芳子伝』）。座っているのが、川島浪速。これは「大正十三年十月六日の夜九時四十五分」、川島芳子が「永遠に女を清算する（『男装の麗人・川島芳子伝』）前の写真と思われる。兄弟と写った川島芳子の表情は穏やかで、女性っぽい。愛新覚羅憲東が「川島家に来てから二年ほど経ったある日」、川島芳子がピストルで左胸を撃ち自殺をはかる（「スズランを愛した〝男装の麗人〟」）。銃声を聞いた愛新覚羅憲東が駆けつけたが、命に別状は無かったという（「スズランを愛した〝男装の麗人〟」）。

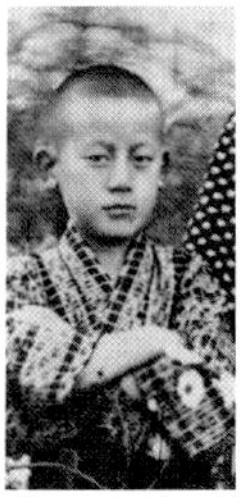

　一枚目（上）は大正十三年（一九二四年）の愛新覚羅憲東（日本名川島良治）。二枚目（中）は昭和十六年（一九四一年）六月、伊豆下田の愛新覚羅憲東。三枚目（下）は昭和三十六年（一九六一年）の愛新覚羅憲東（『愛新覚羅家の人びと』）。三村勲は大正三年（一九一四年）十一月十日生まれ（前述）で、愛新覚羅憲東も同じ年の生まれ（「スズランを愛した〝男装の麗人〟」）。愛新覚羅憲東は、大正十一年（一九二二年）二月十七日に父、粛親王が亡くなった時、葬儀に来た川島浪速の勧めで「日本に留学」した。四年間、松本の川島家にいて（「スズランを愛した〝男装の麗人〟」）、満洲に戻った。昭和二年（一九二七年）、川島芳子が、「蒙古の有名な将軍の次男」カンジュルジャップと結婚したときは、旅順のヤマトホテルでの結婚式に出席している（「スズランを愛した〝男装の麗人〟」）。その数年後、ふたたび来日した。愛新覚羅憲東は日本の陸軍士官学校に進み、昭和九年（一九三四年）六月に卒業した（陸士第四十六期）（『男装の麗人・川島芳子伝』）。愛新覚羅憲東は、満洲と日本を行き来していたようである。戦後は中国に居た。昭和五十八年（一九八三年）、陸軍士官学校の同級生に招かれて四十年ぶりに来日している（『男装の麗人・川島芳子伝』）。平成二十年（二〇〇八年）には、既に鬼籍にある（『評伝川島芳子男装のエトランゼ』）。

　愛新覚羅憲東の姉、川島芳子は、昭和十四年（一九三九年）九月、旧知の多田駿が北支方面軍司令官となって北京に赴任するや、北京に移り住み、「多田の庇護のもとに生活しながら……日本の将校を誘惑して軍の物資を横流ししたり（『男装の麗人・川島芳子伝』）、「軍司令官閣下の名を濫用して中国商人から多額の金品を詐取したり、満州国皇帝を侮辱するかと思えば、汪新政府をみだりに批判したり」した（『陸軍中野学校実録』）。川島芳子の「傍若無人の振舞」がつのり、昭和十五年（一九四〇年）六月頃、北支方面軍から「芳子を〝始末しろ〟」の命令が下された。下命された陸軍少尉は「……軍で使うだけ使っておいて、……始末するのでは、道義にはずれる行為ですから、……とても彼女は殺れん」としり込みしたという（『男装の麗人・川島芳子伝』）。昭和十六年（一九四一年）初め頃、この仕事が、陸軍中野学校を卒業し、北京で特務工作を行う日下部一郎に廻ってきた。日下部は、川島芳子邸に侵入し、七回にわたってピストルを発射して、川島芳子を威嚇した（『陸軍中野学校実録』）。脅しても、川島芳子が北京から逃げ出さないのを見た日下部は、川島芳子のもとに直接出向き、北京を離れなければ生命が危ういことを告げた。日下部の忠告を受け入れた川島芳子は、北京から姿を消したという（『陸軍中野学校実録』）。これを知った愛新覚羅憲東が、事情を把握するため来日したと考える。

昭和十六年（一九四一年）六月、三村勲の友人、愛新覚羅憲東が満洲から来日した時、伊豆河津で撮った写真。一枚目（上）が愛新覚羅憲東と思われる。二枚目（下）は三村勲。愛新覚羅憲東は、昭和九年（一九三四年）から三村勲と付き合いがあり（前述）、二人はよく似ている。

三村勲の影（上）と三村勲（下）。下田、蓮台寺の「吉田松陰寓寄処」前で撮った写真。愛新覚羅憲東（三村勲の影と仮定）と三村勲の類似性と相違性を、写真で比較検討している。

この二枚の写真は、昭和十六年（一九四一年）六月に撮っている。戦時下ながら、芦ノ湖に遊覧船が営業していたことがうかがえる。一枚目（上）は三村勲。二枚目（下）は愛新覚羅憲東。三村勲、愛新覚羅憲東の向かって右後方に、陸軍中野学校で学ぶ「諸官」（すなわち陸軍中野学校生）が見える。

一枚目（上）、遊覧船の写真の、三村勲の向かって左に陸軍中野学校の教官、吉原政巳が見える。吉原は変装しているのか、色付きメガネをかけている。二枚目（下）、三村勲の向かって右後方に、やや離れて田中隆吉（白っぽい背広を着ている）と思われる人物が写っている。田中隆吉は、昭和十六年（一九四一年）六月から陸軍中野学校長であった。写真中の人物の服装等から、六月に撮ったと考える。田中隆吉は、昭和七年（一九三二年）の川島芳子の「スパイ工作者田中隆吉少佐との同棲、上海事件の謀略」で知られる人物（前述）。これらの写真から、三村勲、愛新覚羅憲東、川島芳子、吉原政巳、田中隆吉、陸軍中野学校のつながりが感じられる。

一枚目（上）は愛新覚羅憲東。二枚目（中）は三村勲。修善寺温泉、虎渓橋のたもと。三枚目（下）は愛新覚羅憲東か三村勲。修善寺、桂川に涌く「独鈷の湯」が見える。

昭和十一年（一九三六年）九月、国民政府外交部亜洲司司長、高宗武は松本重治に「君には話をするのだが、九月五日の外務省の訓令は、こちらで全部傍受して承知しているのだ」と言ったという（『上海時代』）。外務省からの訓令や情報は重慶側に筒抜けだったことがうかがえる。敵の諜報活動に対し、陸軍中野学校でも、防諜、諜報の教育・訓練が強化されたようである。陸軍中野学校の「実験隊」

は「対ソ諜報工作のための特殊スパイの養成と敵地内で使う各種器材の研究開発、潜入法などについての研究」を任務とする部署である（『証言陸軍中野学校』）。陸軍中野学校の卒業生、土屋四郎によれば、実験隊は五班に分けられ、第一班が「潜入、潜行、偵察」、第二班が「偽偏、変装、開錠、開織」、第三班が「宣伝」、第四班が「破壊」、第五班が「通信、暗号」であった（『証言陸軍中野学校』）。三村勲、矢野幸三郎は、実験隊の関係者であったと考える。陸軍中野学校では「変装を含む忍術も重視された。眼鏡を使う、ほくろ、髭、つけまつ毛などで人相を変える。声色を変えるための含み綿。ルンペン、車夫、職人、官吏、芸術家、銀行家などへの変装などは、ただ衣類を変えるだけではなく、内容とする専門的なそれぞれの知識も必要となる。教育はこうした分野の基礎知識にまで及んでいた」、「〝欺く技術〟を学ぶために、学生たちは映画会社の撮影所も見学していた」（『証言陸軍中野学校』）。

この四枚の写真は、愛新覚羅憲東を偽偏させ、三村勲との類似性と相違性を検証しているように見える。昭和十六年（一九四一年）六月に撮ったと考える。

一枚目（上）、偽偏した影（愛新覚羅憲東）、または偽偏した三村勲。この男性は、偽偏した影（愛新覚羅憲東）と

▶三村勲の影

▶三村勲

▶三村勲の影

▶三村勲

も、偽偏した三村勲とも見える一方、影（愛新覚羅憲東）とも、三村勲とも断定し難い、「偽偏、変装」そのものとしてある。二枚目（下）の男性は、三村勲の影（愛新覚羅憲東）に見えるが、偽偏した三村勲と見えなくもない。この写真から、陸軍中野学校の特殊教育に女性が参加していたことが分かる。この女性は不詳。

三村勲の写真二枚。一枚目（上）、昭和十六年（一九四一年）、狛江の新しい家で撮った写真。新しい家に移って、嬉しそうである。二枚目（下）、昭和十七年（一九四二年）一月、初詣に行った時の写真。勲はまだ元気である。

戦時中、新宿で街頭写真屋が「いまどき、背広姿のお客さんはほとんどいません。国民服ばかりでしょう。珍しいので写させてもらいました……夕方には仕上がっています」と言いながら写真を撮っていた（『証言陸軍中野学校』）。陸軍中野学校の学生だった土屋四郎が、「昭和十九年（一九四四年）の卒業間際に二人で新宿に遊びに行った時、街の街頭写真屋に写され」た写真があるという（『証言陸軍中野学校』）。

昭和十七年（一九四二年）、三村勲がまだ元気な頃、新宿の街頭写真屋に撮られた写真二枚。一枚目（上）、新宿を歩いている三村勲。二枚目（下）、愛新覚羅憲東か陸軍中野学校の仲間（矢野幸三郎？）と歩いている三村勲（向かって左）。

▶昭和十七年（一九四二年）広瀬良子

大東亜戦争が始まり、高等小学校の卒業者が看護学校に行けるようになった。妹、広瀬八江子が看護師になっているので、遅ればせながら良子も看護師の道に進んだ。

昭和十七年（一九四二年）初春、東京のビル屋上で撮った写真。親しい友人・知人と、都心に出かけたという趣。まだ、空襲はない。一枚目（上）、前列向かって右（座っている）が広瀬良子（二十四歳）。パーマをかけている。二列目向かって左が石原サヨコ（二十七歳）。ここに見える女性たちは、後の写真で、看護師姿で現れる（後述）。広瀬良子が東京の看護学校に行くため、上京したときの記念写真と考える。二枚目（下）、同じ時、同じ場所で撮った写真。前列向かって左が広瀬良子、右が佐藤重雄（広瀬ユキエの姉、佐藤エツの子）、後列向かって左が石原サヨコ（広瀬ユキエ妹）、右が川辺美智雄（十四歳。ユキエの兄、川辺豊一男）。広瀬良子は年の近い叔母、石原サヨコと仲良し（前述）。上京した広瀬良子が、いとこ、叔母と会った時の写真。

一枚目（上）、昭和十七年（一九四二年）春。向かって右から左に順に三村英子、三村和子、三村モト。左端の女

性は三村進の嫁と思われる。進（海軍）も出征しているのであろう。英子の服装から戦時中、和子さんの年齢（二歳九ヶ月）から昭和十七年（一九四二年）春とした。写真に戦時色が感じられる。三村勇は、技術関係（砲兵隊か）で召集され満洲にいる。その後、勇の部隊はフィリピン、

▶三村孝「芝中学校四年在学中　陸士受験寫眞　昭和十七年六月」

ルソン島に移動した（後述）。二枚目（下）、昭和十七年（一九四二年）夏頃の三村勲。何となく元気が無く、頬がこけて、体調が良くないように見える。この頃、結核が顕在化したと推察する。昭和十七年（一九四二年）後半、三村勲は療養生活に入った（前述）。

昭和十七年（一九四二年）六月、芝中学四年生の軍事教練。

写真が劣化して見えにくいが、四列目向かって左から二人目が三村孝、最後列右から三人目は長澤義忠、三列目右から五人目は大角浩一と思われる。長澤義忠は昭和十八年（一九四三年）、芝中学四年終了で、一高に合格（後述）、大角浩一は同じ年、海軍兵学校に合格（後述）している。前列中央に三人の配属将校が見える。富士の裾野で実弾射撃訓練をしたのか？　中学四年生は皆、小銃を持って興奮し、嬉しそうである。竹田中学の広瀬頼彦は、昭和十六年（一九四一年）秋、実弾射撃訓練を受けた。『古希までの記録』に「私は宮砥と云う処は中学三年の時、紀元二千六百年記念事業で竹田・宮砥・津留・高千穂と通過していった時と、五年生の時に実弾射撃訓練で小学校講堂に宿泊したことがある」とある。宮砥小学校（平成十五年――二〇〇三年――三月廃校）の校庭で、百メートル先に的を置き、実弾を撃ったという。

▶昭和十七年（一九四二年）秋　三村和子　七五三

戦時下とはいえ、まだ空襲もほとんど無く、七五三の祝いをする余裕があった。この着物は、昭和八年（一九三三年）十一月、叔母の三村テル子が七五三で着たもの。

昭和十八年（一九四三年）三月頃、三村勲。勲が結核療

▶「昭和十八年四月某日　経理室一同　○（一字不詳）チ川野球場にて」

養のため田舎に滞在しているように見える。撮影場所は伊豆下田（上）。二枚（中と下）は撮影場所は不詳。何となく孤独感が漂う。

陸軍中野学校の「潜入、潜行、偵察」、「偽偏、変装、開錠、開繊」特殊教育関係者の集合写真に見える。後列に軍人と背広姿の男性が、前列に若い男子学生や女性が、二列目向かって右方には女学生が写っている。写真の質が悪く、三村勲は特定できない（この中に居ないのであろう）。写真の裏書は三村孝の筆跡である。裏書にある「経理室」の一同ではない可能性がある。なぜ、三村家の写真集にこのような写真があるのか？　昭和十八年（一九四三年）四月時点で、陸軍中野学校と関わりがあったからではないか。陸軍中野学校の卒業者名簿に三村勲の名は無い。矢野幸三郎も然りである。残された写真以外、手がかりは無い。『証言陸軍中野学校』によれば、陸軍中野学校の出身者の「生死の確認が取れない者」、「中野学校所属、日本国民の戸籍剥奪」された者、「名が戸籍上の本当の氏名なのか、疑わしい」者、卒業名簿に名が無い者もいるという。「電信隊ニテ　矢野幸三郎氏」の「矢野幸三郎」が本名でない可能性がある。

陸軍中野学校二俣分校で、「秘密戦」の教育を受けた小野田寛郎によれば、昭和十九年（一九四四年）九月一日、陸軍中野学校二俣分校の開所式で、「当分校の目的は秘密戦の教育にある。したがってまず、本当の校名は絶対秘密にすること、また、諸官らは軍人としての名誉欲をすてなければならない」と訓辞があった(『わがルバン島の30年戦争』)。この学校の校門には「陸軍二俣幹部教育隊」と掲げられていた。教育は「諜報、謀略、宣伝、防諜、偵察、偵諜、偽装、変装、潜行、殺傷、破壊」活動に関するものであり、秘密戦士のよりどころは「秘密戦とは誠なり」、「誠は必ず人々の共感を呼び、敵の中にさえ協力者を得られる」であったという(『わがルバン島の30年戦争』)。小野田寛郎は「二俣では、どんな生き恥をさらしてもいいから、できるかぎり生きのびて、ゲリラ戦をつづけろという。そのためには融通無礙、自由に何をしてもかまわぬ」と教えられた(『わがルバン島の30年戦争』)。

陸軍中野学校の基本理念は〝日本の国体に基づく天業恢弘(てんぎょうかいこう)〟であり、「誠」と「忠」がその礎とされた(『中野学校教育――一教官の回想』)。「日本の国体」とは「天つ日のかげ」、すなわち「天皇(スメラ)の稜威(イツ)」である。「みなはらからと思ふ」誠に依り、「てりこそわたるよもの海」が成る。「みなはらからと思ふ」誠に依り、「よもの海」に「天つ日のかげ」を「てりこそわた」らす(これが忠)。「誠」と「忠」で「スメラノイツ」が「よもの海」に「てりこそわたる」、これが〝日本の国体に基づく天業恢弘〟である。それは「神の意志に基づいて、世界人類の平和を確立するという大きいもの」であり、秘密戦では「外なる天業恢弘の範を明石大佐にとる」という(『陸軍中野学校実録』)。

阿南惟幾は、昭和十七年(一九四二年)七月、第二方面軍司令官(司令部は満洲、斉斉哈爾)に任ぜられた(『阿南惟幾伝』)。同年二月にシンガポールを攻略した山下奉文が、同年七月、「牡丹江に司令部を置く第一方面軍司令官」に就任し、二人で満洲を防衛する形になる。阿南惟幾と山下奉文は「広島地方幼年学校」の同級生で、「陸軍士官学校」も同期(十八期)。二人は気が合い、「竹馬の親友」であった(『阿南惟幾伝』)。昭和十八年(一九四三年)、第二方面軍司令部は、満洲から南太平洋に移駐することになり、十月に斉斉哈爾(チチハル)を出発。ミンダナオ島ダバオを経て、セレベス島メナド、シンカンに進駐した(『阿南惟幾伝』)。

一枚目(上)、「芝中学校五年在学中　海軍兵学校受験寫眞　昭和十八年六月」。三村孝は昭和十七年(一九四二年)陸軍士官学校を、昭和十八年(一九四三年)海軍兵学校を受験したが、合格しなかった。二枚目(下)、「芝中のグループ諸君　大角浩一君の海軍兵学校入学を祝して　昭和十八年十月」。三村孝の学友、大角浩一は海軍兵学校に合

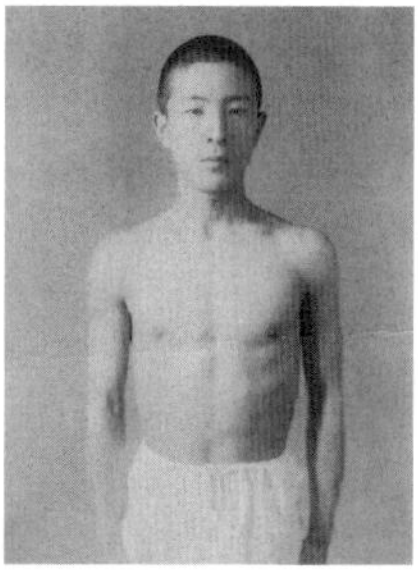

格。前列中央が大角浩一と思われる。後列中央に三村孝、孝の左に河名宏（孝の親友）。大角浩一のその後についてはは不詳。

太平洋での戦況の悪化に伴い、昭和十八年（一九四三年）後半から、関東軍や支那派遣軍の戦力を抽出し、南方戦線に転用するようになった。フィリピンは、南方から日本へ軍需物資を運ぶシーレーン防衛の要として戦力が強化されつつあった。『陸軍畑俊六日誌』昭和十八年（一九四三年）七月二十八日に「関東軍の対ソ作戦構成を立直す必要あり（攻勢一点張りより稍攻勢防御に移行す）。これ此度の関東軍参謀大量交迭の原因にして、陸軍省は全力を挙げて南亜、ソロモン、ニューギニア方面に集中する意向なる」、同年八月十二日「中央は今西南太平洋作戦に全力を向けあり、従て支那などは忘れあり。進攻作戦の意思などあらず。……関東軍の后方部隊は大部南方に転用しあり」、同年九月六日「第十七師団は今度南方に転用」、同年十一月十三日「第三十六師団今般ニューギニヤ方面に転用」とある。

昭和十八年（一九四三年）十月四日付、三村勲宛の手紙が残っている。「姫路市岡町二三　藤田○○（二字不詳）」という女性からのものである。その中に「今日北満の泰山から手紙が来まして九月二十六日の日曜日に勇サンの隊へ面会に行き、久し振りで勇サンと種々お話しをして、一日愉快に暮したそうです。勇様も至って健康で、近々の内に帰還することとなって居るそうです。三人供兵隊になられて、三人供無事で御帰還、こんな目出度い嬉しいことはありません。私も家族一同大いに喜び〝東京の三村は実によかった〟と語らひて居ります。おバ様も御満足此上ないことでせう。泰山の部隊から勇様の部隊まで約二時間位かゝるそうです。泰山も大いに喜んで来て居り、もう一日遅れたら、勇様に会ないところだったとのこと故、も早出発して居られるところでせう。先は近況御伺ひかた〴〵御報せまで」（原文のまま）とあり、一、三村勲、勇、進が出征し、勲が病気で除隊し、進が病気か負傷で帰還し、今回、勇が一時帰郷する、二、三村勇の一時帰郷は、まもなくであること、がうかがえる。昭和十八年（一九四三年）九月末、三村勇は部隊が北満からフィリピンへ移動する際、一時帰郷した。「父が一時帰郷したとき、見知らぬ人が来たような感じがして、自分はなつかなかったようだ」、「この時、父がおぶって横浜の中華料理を食べに連れていってくれた。おいしかったかは覚えていない。母は武の学校があって行かなかった」という（太田和子さん談）。

▶昭和十八年（一九四三年）九月末

これは、一時帰郷した勇が狛江で撮った写真と思われる。向かって左から右に順に三村孝、モト、テル子、英子。昭和十七年（一九四二年）後半、モトが期待をかけていた勲が結核を発症し（前述）、療養しているにもかかわらず、よくならない。戦争が重大局面を迎えようとしている時期で、モトの顔に不安が見てとれる。英子は悲壮な決意をしているようで、テル子はまだ明るい。海軍兵学校を受験した孝は発表を待っている頃で、何となく不安が漂っている。

比島第十四軍（昭和十九年七月、第十四方面軍に格上げ）に編入された三村勇の部隊は、昭和十八年（一九四三年）十月、台湾の高雄に集結した。高雄を出航した輸送船団は、米潜水艦の攻撃をかわしながらマニラに到着。

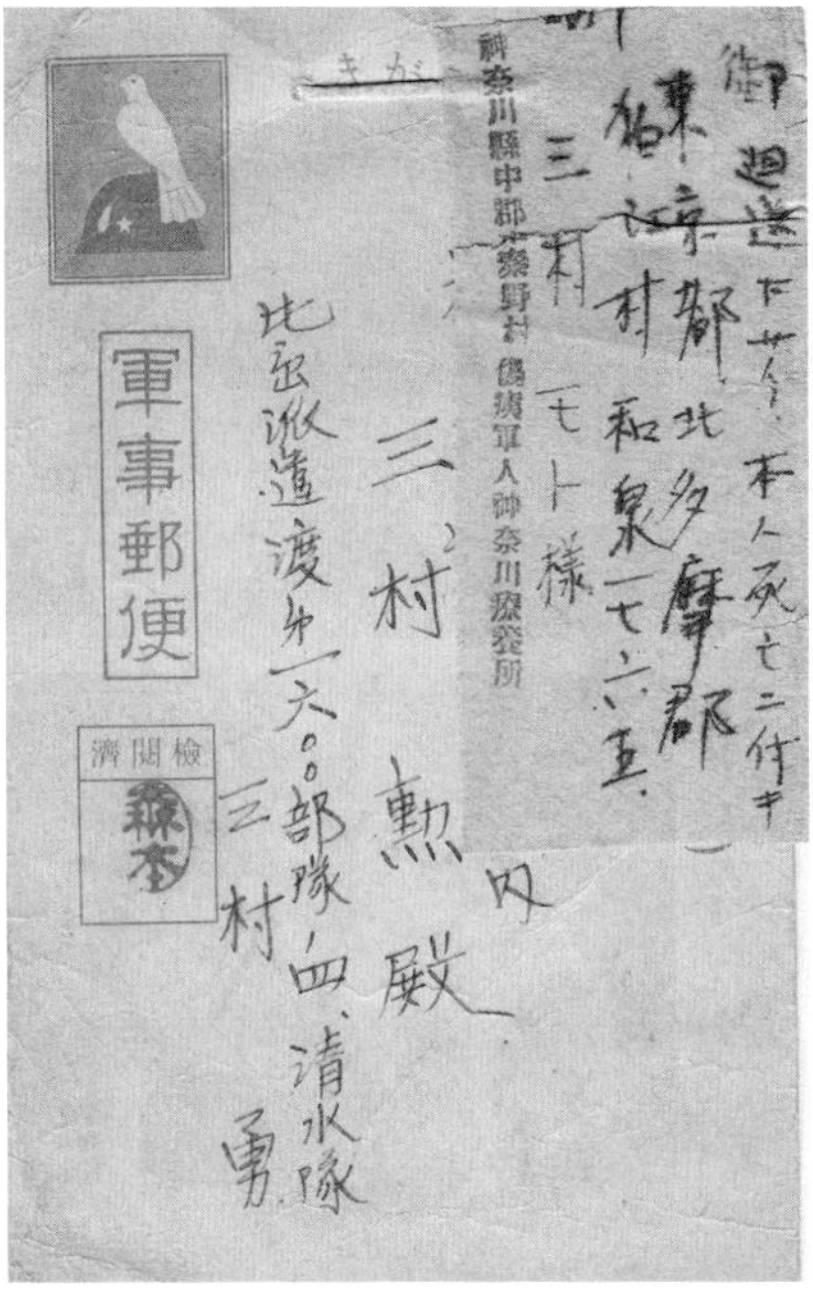

昭和十八年（一九四三年）十月、ルソン島に上陸した三村勇は、着いてすぐ勲に軍事郵便を出している（十月七日付）。「当時、残された家族はたまに来る手紙で近況を知ることができましたが、軍事機密にあたるようなことは書く

ことが禁じられていましたので、差し障りのない身の回りのことと……安否を気遣う内容ばかり」だった（『徳川おてんば姫』）。三村勲は結核療養中である。「前略、其の後は元気に再起奉公のため、専念療養され居る事と推察致してます。小生上陸早々デングに犯され、参つた。此奴は、中々苦しいんでね。従つて未だ一日も仕事の方は出勤してない有様で、自分乍ら、いやんなつたよ。矢張り暑い所は身体に合はないらしい。期待して来た砂糖さへも、全然手に入らなくなる程、比島も変つて了つた。泥棒の多くなつたのは驚く許り。軍の倉庫等から盗むのも、馬鹿に出来ぬらしい。泥棒とバクチの国是が比島を代表してる様なもんだ。日本もこんな国とやつて行かなければならないのだから、大変だよ。不味いバナ、一本五〇せん、マニラに出て五〇円位使はなければ満腹感はせんと云ふ話。充分自愛自重して、再会の時には、元気な姿を見せて来れ。乱筆多謝」（原文のまま）。フィリピンに上陸した勇は、情勢の厳しさを実感している。この軍事郵便は「神奈川縣中郡東秦野村傷痍軍人神奈川療養所」に居る三村勲に宛てたものであるが、昭和十九年（一九四四年）九月十五日に勲が他界した後、三村モトのもとに転送された。

少し遅れて、三村勇は母、モト（狛江）に軍事郵便を出している。この軍事郵便は封書で送られており、写真が三枚同封されていた。「前略、盛夏の候となつて参りました。其の後は元気に御暮らしの事と推察致してます。唯今畑の方の具合は如何ですか。南瓜、モロコシ、馬鈴薯等の成長は如何ですか。扨て、小生御蔭様で元気に勤ム致し居ります故御安心下さい。今度、現場詰になりまして、毎日、大勢の比人を対手に頑張つてやつてます。寸暇を見ては海水浴をやりますので、黒ん坊になりました。唯今小生は暇を見て広大な一区を利用して、持参した南瓜を植えて、現地自活の一助にもと、やつてます。狛江の技術を大いに発揮します。もつと色々な種を持つて来ればよかつたと苦やんでます。何しろ、南瓜一ヶ二十円ですから馬鹿になりません。孝の陸士、海兵は如何になりましたか。熱帯地とは云へ、十一月頃迄雨期なので野菜の出廻は少い様です。今月初給料を貰ひましたので軍事扱にて三百五十円也送金致しました。四谷宛です。夫から、四谷にカメラ。フヰルム在中にて、有ります。照子にでも、武や和子を撮らせて下さい。猶、一本現像を頼んだ分出来て居たら送つて下さい」（原文のまま）。

一枚目（上）、昭和十八年（一九四三年）秋、フィリピンのルソン島に上陸して撮った写真と思われる。戦友に髪をバリカンで刈ってもらう三村勇。後ろに高床式のバラックが見える。表情は明るく、のんびりとした雰囲気である。二枚目（下）、マニラの第十四軍司令部前か。写真が

劣化しており、三村勇は特定できない。

昭和十八年（一九四三年）十月、三村勇の軍事郵便で「寸暇を見ては海水浴をやりますので、黒ん坊になりました」とある、その海水浴の写真。自筆「こゝに居ります」の矢印の先に三村勇。二列目向かって左手にフィリピン人か、真っ黒に日焼けした少年が見える。泳ぐ兵士は、皆ふんどしである。最後列向かって右から三人目に軍帽を被った者が見えるが、日本軍の軍帽ではない。すなわち、フィリピン政府関係の者であろう。三列目真ん中に、首にタオルをかけた日本軍兵士が見える。タオルに字が書いてあ

り、反転すると「弱を扶く」と読める。「抑強扶弱」の意と思われる。白い海水帽を被っているのが日本軍兵士、黒い帽子を被っている者の中にフィリピン人が居るようである。皆仲良く、明るく、楽しそうである。

　軍事郵便にある「初給料を貰ひましたので軍事扱にて三百五十円也送金」は、「当時の歩兵上等兵の月額八円三〇銭」（『証言陸軍中野学校』）から見ると、破格の額である。「憲兵のそれは格段に多く、月額一〇〇円」であったという。三村勇の靖国神社「祭神之記」に、戦死時「陸軍伍長」、「第十四方面軍司令部」とある。軍事郵便に見る勇の部隊名「比島派遣威第一六〇〇部隊ノ四清水隊」は、第十四軍司令部に属する部隊であると考える。三百五十円の初給料を貰った勇は、第十四軍司令部附きで「抑強扶弱」、「治安維持、軍政、宣伝をやりつつ……帰順」させる特殊任務に就いていたと思われる（後述）。

▶東條英機『東條内閣総理大臣機密記録』

　昭和十八年（一九四三年）秋、東條総理は「比島独立」を模索していた。「元来米国の下に於てすら比島には憲法があつた」ので、「戦争遂行上差支ある点は内面的に修正させ」る（『東條内閣総理大臣機密記録』）。「治安状況……比島の軍隊はないものと思ふから、比島の維持は日本軍が担当すると思ふ……比島憲法は日本憲法にとつて差支なし。……大東亜地域では比島が治安状況悪し。理由は島が多く、残存匪賊が多い。米国の統治下にあつた影響による。対策——治安維持、軍政、宣伝をやりつつあり。而して帰順も多くなりつつあり。漸次良くなりつつあり。……比島は当分軍隊をもちえぬと思ふ。四万の警察隊があり、之には力を入れて教育して居る」状況で、「比島独立」の方針が採られた。昭和十八年（一九四三年）十一月五日、東京で開かれた大東亜会議でフィリピン国代表ホセ・ペ・ラウレル大統領は、フィリピンが植民地に甘んじた理由として「第一に……大東亜諸民族、恐らく日本帝国を除く各国は、曾て西洋の魔手に毒され、殊に米英への奉仕に依り衰弱せられ、其の積極性、独主性を完全に奪ひ去られた……第二に……米英の政策と致しまして東亜諸民族を分割致し、それに依つて彼が政策を永久化せしめむとしたのであります。此の結果に依りまして、東洋の諸民族は宗教的に、政治的に分離された……第三に……少なくとも〝フィリピン〟に限りまして、米英は、日本を憎ませるべき教育政策を実施したのであり……」と述べている（『東條内閣総理大臣機密記録』）。大東亜会議でなされた発言なので米英中心であり、スペインへの言及は無い。しかし「西洋の魔手」はスペインを含む意であろう。

一枚目（上）の裏に「十九年一月二十七日」の消印がある。広瀬良子は看護学校を終え、看護師になった。向かって左端の看護師が広瀬良子と思われる。看護師の帽子に十字があり、乙種救護看護婦となったことがうかがえる。「良子は、妹、八江子が看護師になったのを見て、看護師を目指すようになった」という（広瀬照人さん談）。「母が、看護師仲間とビルの屋上で写った、看護師姿の写真が確かにあったが、紛失してしまった。母は、体の具合が悪くなって東京を離れたと言っていた。大分に帰って結婚してからは、看護師をしたことはない」（荒川美貴恵さん談）。「三村勲が結核で入院しているとき、看護婦さんと結婚の話がでるまでになった」（太田和子さん談）。その看護婦さんとは、ここに写っている広瀬良子であると思われる。二枚目（下）は日本髪を結った女性の写真。「結婚の話」がでた看護婦さん、すなわち広瀬良子の可能性も考えるが、決め手が無く、はっきりしない。広瀬良子は、三村勲の体調が悪くなった昭和十七年（一九四二年）後半から、東京で看護師の勉強をしながら、勲の看護もしていたようである。昭和十九年（一九四四年）初め頃、自分も体調が悪くなり、大分に帰郷した。

▶昭和十九年（一九四四年）初め　広瀬良子

これは広瀬良子が東京を離れる直前、四谷で撮った写真か。不安げな様子が見て取れる。大分に帰郷した広瀬良子は、見合いをして、同年四月二十日、大分市大字三芳弐千百拾六番地の園田定平と結婚した（入籍。前述）。

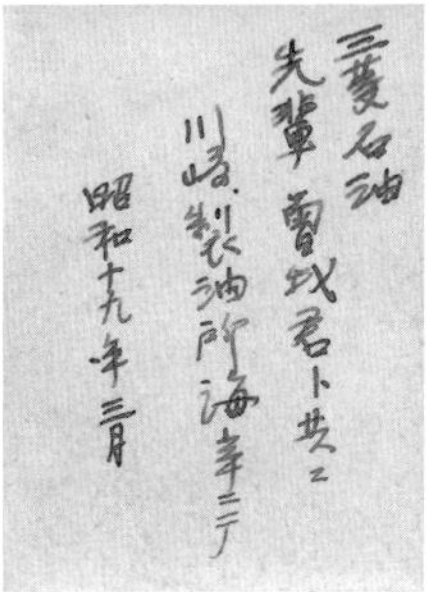

一枚目（上）、昭和十九年（一九四四年）三月「川崎製油所海岸ニテ」。まだ空襲はない。のんびり昼寝をしている三村孝（向かって左）と三菱石油、曽我先輩。二枚目（下）、写真の裏書。

昭和十九年（一九四四年）七月十八日、東條内閣が倒れ、同年七月二十二日、小磯・米内内閣が成立する。この時、陸軍大臣に、阿南惟幾か山下奉文を押す声が陸軍省内で大きくなった。「山下の場合は東条が絶対反対」で「阿南となると、とくに支持はしなかったが反対ではなかった」（『阿南惟幾伝』）。小磯が、軍を退いている石原莞爾に意見を求めると、石原は「阿南の他に人なし」と答えたという（『阿南惟幾伝』）。結局、小磯・米内内閣の陸軍大臣には、杉山元が就任する。

▶阿南惟幾『阿南惟幾伝』

昭和十九年（一九四四年）八月八日、三村勇はフィリピンから、弟、三村勲宛に軍事郵便を出している。これは封書になっており、中に勇の写真が入っていた。「前略、元気に毎日過して居る事と思つてますが、入所以来早二ヶ月余となりました様ですが、経過は如何ですか。小生事、其の後は変りなく元気旺盛にやつてます故安心して下さい。今度現場詰になり、現地にて毎日大勢の比人を指揮して、建設に多忙な日を送つてます。当地は小生に取つて夢にも忘れる事の出来ぬ所で山川草木、見るもの総て懐しく思出させます。マラリヤも当地で熱発した所です。魚は相当大量に獲れて、不自由を感じません。マニラは物価が高いので、返つて仙人生活も、よいかも知れません。孝の海兵、陸士の試験は何んなもんでせう。時々想出しては気に掛けてます。貴地も唯今盛夏の候とは云へ、雄大なる大山を背景に、大変涼しいと思ひますが、南方は、日中は一寸身にこたへますが、朝夕の気分のよい事、これ丈けは、内地と全様です。時局も益々重大となりつゝあり、戦局も我々の身近に感ずるので、内地以上に我々は注視しつゝ勤務しています。未だ内地よりの頼りなけれ共四谷、狛江共無事暮して居る事を祈つてます。兎に角怠惰に猶れた土地を動かすんだから或時は軍隊式にやつたりする時も有り、言葉の不自由を感じるので、目下一生懸命に習つてます。まあ何事も気を呑気に持つて、くよ〳〵せずに、毎日を過すことが第一と思ひます。折柄、自重、自愛を祈ります。八月八日勲君　勇　栗原さんにも宜敷御伝へ下さい」（原文のまま）とある。この手紙によると、三村勲は、結核が悪化し、昭和十九年（一九四四年）六月頃、再び「神奈川縣中郡東秦野村傷痍軍人神奈川療養所」に入所している。手紙の宛先は、前年の勇の軍事郵便の宛先と同じく〝神奈川県大秦野町傷痍軍人神奈川療養所〟となっている。「神奈川縣中郡東秦野村傷痍軍人神奈川療養所」から大山が見えるのであろう。この手紙が勲に届いてまもなく、三村勲は他界する（同年九月十五日）。三村勇は、マラリアに罹って苦しんだようであるが、一命はとりとめている。三村孝が海軍兵学校、陸軍士官学校の受験に失敗したことを、内地から三村勇に知らせていなかった。

これは、前記の手紙に同封されていた三村勇のポートレイト。昭和十九年（一九四四年）に撮ったと思われる。マラリアに罹り、療養していたのか、痩せている。表情に厳しさが出ており、戦いが比島に迫っていることがうかがえる。これが、三村勇の最後の写真。

昭和十九年（一九四四年）九月十五日、三村勲が他界する（前述）。一枚目（上）、同年十一月、三村勲の墓参りを

する三村英子（向かって右）と北白川宮祥子（左）。多摩霊園の三村家の墓の前。英子は眼を泣き腫らしている。北白川宮祥子は三村勲を弔いにきたのであろう。勲の四十九日、遺骨納骨の日と思われる。二枚目（下）、昭和十六年（一九四一年）六月、芦ノ湖遊覧船にて、ありし日の三村勲。

徳川祥子、すなわち北白川宮祥子は、三島由紀夫の代表作『豊饒の海』の第一巻『春の雪』のヒロイン「綾倉聰子」のモデルとする説がある（『三島由紀夫の生涯』）。『三島由紀夫の生涯』には「徳川義恭の家に遊びに行くうち、十七歳の文学少年は美しい姉・祥子にほのかな恋心を持ち始めていた」とある。三島が十七歳の時、祥子は二十六歳であり、北白川宮永久に嫁して、子も二人あり、しかも、夫、北白川宮永久は、すでに蒙疆で戦傷死している（前述）。この頃、十七歳の文学少年、三島が徳川義恭宅にしばしば出入りしたとしても、北白川宮邸に住む祥子妃に対して「清楚な姿に心魅かれた静かな慈愛に満ちた遠い片思いの初恋」があったと想像するのは飛躍がある（もっとも、祥子妃を垣間見て、憧れは抱いたであろうが）。『三島由紀夫の生涯』では、「片思いの初恋」の「わずかの夢」を『玉刻春』という短編にして、「平岡公威」として学習院の校友会雑誌『輔仁會雑誌』一六八號（昭和十七年）に発表した可能性に言及している。徳川祥子（北白川宮祥子）を「人物イメージ」として『春の雪』の「綾倉聰子」に模すことは理解できるが、『玉刻春』に、「ほのかな恋心」による作家自身のモデル化が含まれているとすれば、これは首肯しがたい。『玉刻春』の原イメージとして、三村勲と徳川祥子の、ハッピーエンドとはならなかった交流を考える。『玉刻春』は、三村勲と徳川祥子をイメージした、平岡公威の「三島由紀夫」流聞き書きではないか。

昭和十九年（一九四四年）「九月に入るや再び陸軍大臣に阿南大将をとの声が、陸軍省内の中堅層を主にして起っていた」、「阿南を陸相にとは、皇族間においても嘱望さ

▶梨本宮守正

れるに至った」（『阿南惟幾伝』）。東久邇宮稔彦は「九月二十一日（木）……竹田宮来たり、次のような話をする。現状からみて、杉山（陸相）はこの国難を突破するための陸軍大臣としては不適当……この際杉山陸相をやめさせなくてはいけない。その後任には阿南大将を可とす。どうしても阿南大将が南方から帰還できないならば、山下大将でもいい。……梨本宮から陛下に、杉山をやめさせて阿南を陸軍大臣にするよう、やむを得なければ山下奉文にするよう上奏してほしい。私から梨本宮に話してくれというので、私は承諾した」、「三笠宮も竹田宮とおなじように阿南を推薦して、次のように話した。この国難を突破するには、杉山ではどうしても駄目だ。阿南は人格高潔、部下は心服し、海軍との関係もよい。阿南が南方第一線を指揮することは、もっとも必要であるが、陸軍大臣として活動してもらうことは、それ以上必要である。……陛下も阿南のことについては内々ご了解になっているから、梨本宮から陛下にお願いしていただきたい。三笠宮が、私から梨本宮に阿南の件を話してもらいたいというので、防衛総司令部に梨本宮付武官相原大佐を招致し、三笠宮、竹田宮の意向を伝え、私からも梨本宮に、阿南を陛下に推薦するよう、相原大佐に伝言を依頼した」と述べる（『阿南惟幾伝』）。

昭和十九年（一九四四年）十一月二十四日には東京が空襲をうける。フィリピンの勇は家族を案じ、軍事郵便を出している。昭和十九年（一九四四年）十二月頃、勇からモトに宛てた軍事郵便。「前略。母上様十一月廿四日ノ空襲、如何で御在いますか、御伺ひ申上げます。僕は、神かけて、何の被害、怪我が無かつた事を御祈り致シテ居ります。四谷の方も如何でせう、心配で、折返し、大至急御返事を待つてます。尚、当方へは、比島派遣威第一六〇〇部隊清水隊へ願ひます。若し美津子達疎開する様でしたら、何程でも貸すなり、家の品物を売つて差支つかえありません。一時四谷完全に釘付し、疎開するのが第一の方法と思ひます。万事宜敷願ひます。こうなると、母上が御力になる許りです」（原文のまま）。昭和十九年（一九四四年）十一月二十四日の空襲は、昼間に行われた初めての東京空襲で、衝撃が大きかった。『陸軍畑俊六日誌』の同日部分に「本日B29七十機マリアナ基地として正午頃より帝都附近を空襲す。愈々初めたるものと見ゆ。却て帝都も緊張して可ならん」とある。この四日後の十一月二十八日夜、

「世界最大の空母・信濃」が密かに横須賀を出港し瀬戸内海に向かったが、一日たたないうちに米潜水艦の攻撃を受けて沈没した。信濃の出撃は、「出来るかぎりの武器・弾薬その他の軍需品を信濃で瀬戸内海方面に送り、南方戦線への輸送に資」する目的もあり、「特攻兵器――回天、震洋など――もしたたか積んで」いた（『21世紀の担い手たちへ』）。

昭和十九年（一九四四年）十二月、三村勇が弟、孝に宛てた軍事郵便。「孝君元気かね。もう直き卒業だ。うんと頑張り好成績で卒業を祈る。東京も、田舎の方へ疎開する人も増へたと思つてるが、武、和子も狛江の方に行つてるかね。当地では、詳細不明で困る故、内地の様子、知らせて来れ。重大な秋に当り、進、勲両兄病院に在り、三村家に取り、男としては君一人丈誠に責任重大、母上、其他に決して心配掛けぬ様、片腕以上となり、何事も進んで積極的にやつて下さい。畑、鶏等も仲々母一人では負ひかねる。手伝つて大いに生産し自給自足を計る事が大いに強み。必ず暇あれば実行してください。次に庭の隅に防空壕を掘つて下さい。中は必ず狭く、長さ一間位、階段付のが良いと思ひます。又卒業すれば川崎の会社へ毎日通勤するだらうが、千代田か日本生命に今のうちに入れ。二〇〇〇円位に入れば、年に五〇円余の掛金。毎月五円許り、一寸小使を節約すれば、大した事なし。これは母上にも御願ひしときます。又、無駄費を止メ、極力、狛江郵便局にでも貯蓄して、不時に備へよ。国家に御奉公にもなる。非常時下とは云へ、家の中は常に愉快、朗かに生活する様心掛る事、之丈は特に御願する。四谷の家財は暇が有つたら、どん〴〵運ぶのに助けてやつて下さい。大物は運送やに頼め。道具箱の工具等は運んで居けば、便利と思ふ。お互ひに勝抜く為、頑張ろう。……扨て突然ですが小生元気ですが、十二月一日附を以て、現地召集を受けました。〇〇〇〇（文字不明）時局下我々も覚悟を決めて居りました。最も召集とは云へ任務は現在の儘で、建設〇〇〇〇（文字不明）事する次第です。只今の所給料等は如何なるか不明です。……」（原文のまま）。この頃、三村進も入院していたようである（結核か？）。昭和十九年（一九四四年）十二月一日付けで、三村勇は、新任務に就いている（後述）。三村孝は昭和十九年（一九四四年）三月、芝中学を卒業しているので、「もう直き卒業だ」は、勇の思い違いである（内地の状況がはっきり伝わっていなかったのであろう）。三村勲は既に他界しているが、勇はこれをまだ知らないと思われる。

山下奉文は、昭和十九年（一九四四年）九月、比島の第十四方面軍司令官を命ぜられる。重大局面を迎えた南太平洋の戦場で、大本営は、阿南惟幾と山下奉文を南の押さ

▶山下奉文『阿南惟幾伝』

えにしようとしていた。昭和十九年（一九四四年）十月六日、山下奉文が比島に着任した（『阿南惟幾伝』）。同年十月十八日、「一、国軍決戦実施要域は比島方面とす」る「大陸命」が発令された（『陸軍畑俊六日誌』）。米軍はレイテ島に上陸する動きを見せた。山下奉文はルソン島を決戦場にする意向であったが、「台湾沖航空会戦」の大勝利を受け、「レイテ決戦」が決定された。しかし、この大勝利なるものは、敵の損害を見誤ったフィクションであった。比島方面の制空権を失った結果、レイテ決戦は不首尾に終わる。『陸軍畑俊六日誌』昭和十九年（一九四四年）十月十六日「台湾東方及マニラ東方海面に於て十二日より十五日に亘り我陸海航空部隊の敢闘により多大の戦果を挙げたるは慶賀すべく……」、同年十月二十二日「敵米は先日の台湾沖航空会戦にて手痛き損害を被りながら尚執拗に反撃を繰返し……十七日より比律賓レイテ湾に約三師団の兵力を以て上陸を企図し、其一部は上陸に成功せり」、同年十一月八日「比島作戦は十一月中旬となれば見透しつくべく、彼我勢力は五分五分或は四分（我）六分と見なしあり」、同年十一月十六日「比島作戦は未だ確実なる見透しつかず。米の機動部隊は目下整理増勢中なるものゝ如く、而して我聯合艦隊は十二月末にあらざれば戦力恢復せざる」、同年十二月三十日「レーテの戦況思はしからず、山下方面軍司令官は鈴木軍司令官に対し悲壮なる訓示を下し因果を含めたるが、捷号作戦は初め呂宋島を決戦場としたるも米軍がレーテに上陸するに及び、彼に航空基地を獲得せしめざるため範囲を広く解釈することゝしレーテを決戦場としたるも、航空機に於て遂に劣勢となり維持困難となり、第十四方面軍にても大に迷ひ居り、武藤参謀長もレーテを棄てる決心をなしたる処へ米軍の突如のミンドロ上陸となり、直に決心を変更し幕僚の意見も大体放棄に一致し、山下も遂に大勢に引づられレーテ放棄に決したる次第」とある（『陸軍畑俊六日誌』）。昭和二十年（一九四五年）一月七日「比島方面の戦況不振、レーテの第三十五軍は残兵約一万余、レーテの西北隅を死守することゝなり、ミンドロ島の守備兵は僅に二中隊、約一師強の敵は特空母十一に護られリンガエン湾西方に機動中なりしが、昨午前十時五分遂にサンフェルナンドに上陸を開始し、第十四方面軍は遂にレーテを放棄して呂宋本島に於て決戦するに決し、比島政府及方面軍司令部はバギオに移り、我空中兵力は約百機余に過ぎず、敵空中兵力は約五百機なり」（『陸軍畑俊六日誌』）という状況で、ルソン島の戦いが始まる。レイテ島で戦死した原田啓次は、この頃「残兵約一万余」の「レーテの第三十五軍」に居たと思われる。

▶軍事郵便

昭和二十年（一九四五年）一月頃、三村勇が母、モトに宛てた軍事郵便。「前略母上様皆無事元気ですか、御伺致します。東京もすつかり様想が変つた事と察します。都会生活に早く見切り付けた母上に敬服の外ありません。狛江は大丈夫と思ひますが、庭先に必ず防空壕を孝にでも掘らして下さい。長さは一間位でも巾はせまい程有利です。敵機の時は必ず硝子戸は全部全開するか外せば、破損せず、小生の考ですが四谷は一時引上げ、一緒になつたらと思ひます。勿論、衣服とか必需品、ソケット、スヰッチ、コード類及びメンテープ、気の付いた小物は必ず持参すれば（電球等）便利で助ると思ひます。運送ヤに頼むか又はついでの折電車で一寸〳〵運んでもい、と思ひます。店の大硝子、ウインド等はモール等で、スキマなく打付けるか、安部氏に頼み、堀江町にあれば結構ですが、板を外から全部打つて下さい。母上も大変だと存じますが、斯う云ふ時期には皆全部心を合せてやつて下さい。鶏も大変でせうが、収入と云ふ点で、極力頑張つてください。價もいいと信じます。何卒寒さの折、御健康に充分気を付けやつてください、祈つてます。美津にはどん〳〵用をやらせ、片手以上にやらせてください。軍の方の送金は届いてるのでせうか、返事待つ。亦、今度は狛江の方で受取る様変更したらい、でせう。美津子に話してあり、又は郵便局等で相談して下さい頼む。扨て小生も、当方は物価高く、時局下無駄費も如何と思ひ、極力節約し、狛江の方へ軍事為替で送ります故美津子へ渡し、貯蓄へ廻して下さい。一家心を合せて、節約し不時に備へませう。畑もどん〳〵増産しませう。返事はどし〳〵詳細ください、鶴首してます。尚住所は今迄の方へ願ひます。食料の方も斯うなると、つまる事と思ひます。暇にまかせて、美津子等へ教へ、増産され、極力自給、自足計るのが有利です。このハガキは一、二枚の配給で少なく色々な方面から手に入れるのに苦労の種。有効に使ひませう。尚、軍送金の内二十円程、一、二ヶ月少くなり、これは当方で入手、何れ送ります。未だ〳〵あるが、追々と送ります。サヨナラ」（原文のまま）。四谷の家では、座敷の畳を上げて、床下に防空壕が掘ってあった。しかし水がたまり、中に入ることができなかった（太田和子さん談）。「此の葉書は往復とも航空機によつて送達されます」と赤字で印刷している。この頃、戦況が極度に悪化し、フィリピンから日本への船舶輸送が不可能に近い状態になっていた。硫黄島と同じように、航空機で運べるだけの軍事郵便を、やっと輸送していた状況がうかがえる。昭和二十年（一九四五年）一月九日、米軍がリンガエン湾に上陸し、二月三日、マニラに突入した（後述）。勇の軍事郵便に見る「サヨナラ」は、自己の最期をも予感したサヨナラであったと考える。

三村勇がルソン島から東京の家族に送った軍事郵便が、六通残っている（前述）。昭和十八年（一九四三年）十月、十一月、昭和十九年（一九四四年）八月に三村勇が送った軍事郵便の部隊名は、「比島派遣渡第一六〇〇部隊ノ四清水隊」か「比島派遣威第一六〇〇部隊ノ四」である。昭和十九年（一九四四年）十二月の二通の軍事郵便では「比島派遣威第一六〇〇部隊清水隊」、「比島派遣威第一〇六一二部隊（本新一）」となっており、昭和二十年（一九四五年）一月の軍事郵便では「比島派遣威第一〇六一二部隊（本新一）」が記されている。これらの軍事郵便から、三村勇は昭和十九年（一九四四年）十二月に新任務（本新一）に就いたと考えられる。これは勇の軍事郵便にある「扨て突然ですが小生元気ですが、十二月一日附を以て、現地召集を受けました」と符合する。

家族に宛てた軍事郵便から、三村勇は、フィリピン上陸後「威第一六〇〇部隊ノ四清水隊」の一員として「原住民に対する授産、食糧の配給、衣料品・化粧品等の配給……資金の融資……住民感情の調査」（『マカピリ哀歌』）などを行っていたと考える。昭和十九年（一九四四年）七月頃、「民間人が主体で、マカピリ（愛国同志会）がつくられ」た（『マカピリ哀歌』）。同年十月、第十四方面軍司令官としてマニラに赴任した山下奉文は、満洲の第四師団長時代の部下、佐藤隆秀をフィリピンに呼び寄せ、「現地人工作のための特別工作隊」（『マカピリ哀歌』）の編成指揮を命じた。山下は佐藤に「比島は日本本土防衛の第一線であるのに、今迄陣地構築も不十分で、然も日本軍がおる現在、親日派は僅かに二割位に過ぎず、三割は親米派、残り五割はどちらでも生きていければよいという住民である」、「これでは到底比島決戦は、食料も乏しい現在においては処置がない……」、「お前には第三課の仕事をやる傍ら、現地人工作（特別工作隊を組織して）をやり、少しでも多くの親日工作に励んでくれ」と言ったという（『マカピリ哀歌』）。特別工作隊本部、即ちマカピリ本部は「将校十二名、下士官十九名、兵十七名、軍属二十名、通訳十三名」の計八十一名から成っていた（『マカピリ哀歌』）。「比島派遣威第一六〇〇部隊ノ四」に属する三村勇は、昭和十九年（一九四四年）十二月一日、「ケソン市に本拠を置く特別工作隊、即ちマカピリ本部」（『マカピリ哀歌』）――本新一――に配属された。マカピリ本部の出先、マニラ市内の「情報部には現地人のマカピリ即ち〝密偵〟が、二十名余り所属」し、「マニラ市内にもぐり込んで日本軍の動きを情報収集、時には抗日テロをやっている、いわゆる親米ゲリラの巣窟を探し出し、摘発の上、処分」したりしたので「親日のマカピリの密偵にとっては、相手親米ゲリラとは食うか食われるかの血みどろの闘争だった」（『マカピリ哀歌』）。

昭和二十年（一九四五年）一月九日、米軍は、リンガエン湾に上陸、二月三日、マニラに突入した（前述）。『陸軍畑俊六日誌』昭和二十年（一九四五年）一月十日「敵の約五師団は四悌団に別れ、其先頭悌団は昨九日朝七時愈々リンガエン湾に上陸し来れり」、同年一月十一日「リンガエンの敵は約二師団着々上陸中にして……我軍は既設陣地に於て邀撃する腹らしく、作戦計画としては有力なる一部をマニラ附近に、主力をリンガエン湾周辺に集結して攻勢を採り、止むを得ざるも北半部を確保して敵を拘束牽制せんとするものなるが、レーテの予定計画外の作戦よりルソン本島の作戦の切りかへの為約一ケ月準備遅れたるものゝ如く頗心痛に堪へず」、同年一月三十一日「比島方面の作戦は依然として萎微振はず。敵の兵力は八師団（内二師は機械化師団）となり、其機甲兵団を以て一路マニラに向ひ直進を企図しあるものゝ如し」、二月七日「呂宋島に上陸せる敵はリンガエンに約九師団、スビック西北に約二師団、マニラ南岸に約一師団（空挺を含む）、計約十一師団内外となり、其機甲兵団（騎兵第一師団と云はる）は遂に三日十七時マニラ北部に突入せり」とある。

特別工作隊は「振武兵団の依頼により、海軍部隊及び親日比島人を統括して、兵器弾薬等の山岳地帯の搬入に協力」したり、「ラウレル大統領や政府要人のマニラ撤退」を支援したり、「食糧、特に食塩が無くなったので、東海岸に出て製塩を始めるべく」工作したり、「終始振武集団の食糧調発に従事」したりした。昭和二十年（一九四五年）五月末の第十四方面軍司令部の戦況判断は「マニラ東方拠点の第四十一軍（振武集団は三月正式に大本営より第四十一軍と発令せられた）は巧妙なる作戦によって、相当な戦果を収めたるも、逐次圧迫せられ、食糧の欠乏が極度に達している」であった（『比島から巣鴨へ』）。「水の少ない河岸の山道を東方目指して道一杯に溢れ行く日本兵には、重傷者、歩行困難な者も数多く見受けられたが、誰もが自分自身生きるのが精一杯。隣の者が倒れようが、苦しもうが、顧みるでもなく、何処の誰とも知らぬ敗残の群れ」となっていった（『マカピリ哀歌』）。マカピリは家族も同伴し、「家族は多くの水牛を連れての後退」であったので、水牛が餓えた兵に狙われ、悲惨な運命を辿った（『マカピリ哀歌』）。

昭和二十年（一九四五年）三月、広瀬照人さんが緒方から汽車で、大分の伯母、園田良子の家の春祭りに招かれて行った時の出来事を語っている。「年の違わない叔母（父の一番下の妹、静子）十六才と私十二才の二人で汽車に乗り滝尾駅にさしかかった時、空襲警報が発令され、汽車はバックで中判田駅との中間の山間まで戻り、両側の山の木陰に避難させられ、やっとの思いで叔母の家に着いた。その夜空襲により大分市の町のあちらこちらに火の手が上がったのを、防空壕から身を乗り出して眺めながら一夜を過ごし、翌日早々に駅に向かい、駅舎に着く直前にまたも空襲警報となった。その途端、上野方面から電車通り（現在の駅前からトキハ、新川方面にぬけている大通り）に向け、艦載機による機銃掃射が始まった。そのため体を隠そうとして、人家の軒先に駆け込むと、そこの主人が大声で〝お前たちが来ると、ここが狙われるから出て行け〟とどなりつけられ、その家の反対側にある側溝に身をかがめ、バリバリという飛行機から発射される機関銃の音と、目の前を次から次へと襲いかかってくる敵機に恐怖を感じながら、子供心にこの時ほど悲しく、またその主人の冷たさや非情さを感じ、恨みに思った事はなかった」（「お宮〈馬求宮〉と祭りの思い出」）。

東京は、昭和二十年（一九四五年）三月九日夜から十日朝の大空襲で、下町が焼け野原になった。『陸軍畑俊六日誌』、昭和二十年（一九四五年）三月九日「本日強風に乗じB29約百五十機十日〇時より三時に亘り帝都を空襲、各方面に火災起り罹災家屋実に二十万、往年の大震災を彷彿せしむ」、三月十二日「東京空襲の被害は日々調査により増加し、罹災家屋四十万、死者約七万、罹災民百二十万と称せられ……一般市民の小磯内閣に対する批難愈々増大す。誠に以て情なき状況」、三月二十六日「東京疎開の為汽車の混雑云はん方なく往年の震災を彷彿す」とある。

昭和二十年（一九四五年）四月七日、「政治について全く素人」であり、「自己の政治的手腕などを考えてみたこともな」い、「野心は全く持たなかった」鈴木貫太郎に「組閣の大命」が下った。この日、鈴木貫太郎内閣が発足し、阿南惟幾が陸軍大臣として入閣した。参謀本部の一軍人は、「阿南将軍を新大臣に迎えた陸軍中央部は上下を挙げてよろこび、ややもすれば沈滞勝ちの士気は一段と昂揚する風がありました。……総理の継戦意向と、阿南大臣の毅然たる態度によって軍内部にはいささかも動揺の気配は起らなかった」という（『阿南惟幾伝』）。阿南惟幾は昭和四年（一九二九年）八月一日から、まる四年間、侍従武官として「陛下のおそばに仕え……陛下の真のお心を知ることができた」（『阿南惟幾伝』）。畑俊六によれば「阿南さんは美丈夫の上に気象剛健正義の人であったから聖上の御信任も篤く、余が侍従武官長として奉仕した間、外の人のお話は出なかったが、阿南さんだけは御話が出たほどで」あった（『阿南惟幾伝』）。鈴木貫太郎は、昭和四年（一九二九年）一月から七年十ヶ月間、侍従長として昭和天皇に仕え、阿南と鈴木は気心が知れた間柄であった。鈴木は「一旦大命を拝受した上からは、誠心誠意、裸一貫となって、この難局を処理して行こうと決意したのである。しかも余の決意の中心となったものは、長年の侍従長奉仕、枢密院議長奉仕の間に、陛下の思召しが奈辺にあるかを身を以て感得したところを政治上の原理として発露させて行こうと決意した点である。それは一言にしていえば速かに大局の決した戦争を終結して、国民大衆に無用の苦しみを与えることなく、また彼我ともにこれ以上の犠牲を出すことなきよう、和の機会を摑むべしとの思召しと拝された。もちろんこの思召しを直接陛下が口にされたのでないことは、いうまでもないことであるが、それは陛下に対する余の以心伝心として、自ら確信したところである」と述べている（『阿南惟幾伝』）。

四月十三日夜半からの大空襲では目黒地区を中心に無差別攻撃がおこなわれ、明治神宮が焼け落ちた。五月二十四日夜半からの大空襲では霞ヶ関や永田町、参謀本部エリアが狙われた。この時、「B29五百二十機が参加し、宮城以西に対して三千六百四十六トンの焼夷弾が投じられた。火の旋風が奔放して、落ちのびようとする市民を焼いていった惨状は目を覆うものがあった。このとき、わが防空隊は四十三機を撃墜し、百六十七機に損害を与えたが、この日の爆撃によって全都の二分の一が焼失地域となった」（『阿南惟幾伝』）。五月二十五日、二十六日の大空襲で、四谷の叶電機商会は焼け落ちたと考えられる。四谷に住んでいた三村家の人々は、「四谷が空襲を受ける直前、大八車に荷を積んで家を出て、狛江に向かったので助かった。間一髪だった。後に行ってみたら、何もなくなっており、入口のタイルだけが残っていた」という（太田和子さん談）。このときの空襲で、明治御殿も焼けてしまった。「五月二十五日の晩……宮城も大宮御所も秩父宮邸も三笠宮邸も全部焼け」た（『菊と葵のものがたり』）。高松宮邸は、「屋根裏に焼夷弾が落ちました。防備のために陸軍と海軍の兵隊さんが詰めていまして、たまたま陸軍の兵隊さんが、その焼夷弾を掴み出してくれた。それで助かった」（『菊と葵のものがたり』）。「何をさておいても皇太后様（貞明皇后）のところへ参上しなければと思って」、高松宮喜久子妃が自動車で大宮御所に駆けつけた。大宮御所が全焼して「防空壕におられる」貞明皇后は「これで私も国民と一緒になった」（『菊と葵のものがたり』）と言われた。

昭和二十年（一九四五年）春、東京の空襲が激しくなり、三村孝とテル子が二ヶ月くらい、大分県大野郡緒方村の広瀬家に疎開していた（広瀬照人さん談）。

▶李香蘭『李香蘭私の半生』

李香蘭（山口淑子）は、昭和十三年（一九三八年）、満映の女優としてデビューし、日満の映画に出演していた。「一九四〇年（昭和十五年）ごろからは日本との提携映画に出演する機会が多くなり、日本と中国の半々の生活になった」が、「一九四四年（昭和十九年）末に、満映を退社してからは、ほぼ上海に住みついた形となり、終戦もこの地で迎え、一九四六年四月に日本に引き揚げてくるまで滞在していた」という（『李香蘭私の半生』）。昭和十六年（一九四一年）十二月、対英米戦争が始まって、「日本軍が租界をふくめて上海の全区域を占領下においてしまった」（『李香蘭私の半生』）。しかし「重慶側でも、日本軍占領地区内から物資を引き入れる目的で、一大商業機関を設置していた。これを通済隆と称し、孔祥熙、顧祝同、戴笠等が役員に名をつらね、それに杜月笙までが取締役として挙げられていた。上海の日本側機関の中には……子分徐采丞があり、その親分杜月笙が重慶側の機関にも参加していたことを知ったとき、戦時中とはいえ何だか猿芝居でも演じていたような気がした。たしかに当時、松機関隷下の公司と重慶側通済隆の分派である民華公司が、我が方占領下の中心地上海四馬路にある大ビルディング内に、でんと店舗を構え、上海財界切っての名士達――これまでも日本側に協力してきた人士――が名を連ねていた」（『日中戦争裏方記』）状況で、重慶側を排除して、日本が上海を完全に勢力下に置くことは不可能であった。『陸軍畑俊六日誌』昭和十八年（一九四三年）八月十日に「上海財界人の英米色は到底払拭すべくもあらず」、同年八月十八日に「国府不相変弱体、遂に上海を把握するに至らず。軍米の収貨も上海統総会の唐寿民引受けず。誠に困つたものなり。枢軸側の不振は愈々上海民心を遅疑せしむべし」とある。

　戦況が悪化して日中合弁の映画会社「華影」の映画製作が全面ストップした昭和二十年（一九四五年）四月、「大音楽会を開催しようという企画が持ちあがった」（『李香蘭私の半生』）。「関係者は、〝日本人よりも、中国人や外国人が熱狂するような夢のあるすばらしいミュージカル・ショー、つまり世界に通用する最高水準のミュージック・ファンタジーを実現しよう〟を合言葉にアイデアを持ちよった」（『李香蘭私の半生』）。この時、服部良一が「ここには上海交響楽団という世界的水準の外国人オーケストラがあるから、それを使ってシンフォニック・ジャズを基調とした李香蘭のミュージカル・ショーにしたい」と提案し、これに決まったという（『李香蘭私の半生』）。「リサイタルは一九四五年〈昭和二十年〉五月、静安寺路の国際飯店のならび、大光明大戯院で三日間、昼夜二回の公演で行われた」（『李香蘭私の半生』）。スタッフは「李香蘭が日本人であると知ったら中国人は聞きにこないだろうとハラハラしていた。蓋をあけてみると、連日満員、新聞の批評も好評だった。切符は売りきれて三倍のプレミアムがついた。……聴衆の九十パーセントまでが中国人と租界に住む外国人（白人）だった」という（『李香蘭私の半生』）。

　一枚目（上）、周璇。二枚目（下）白虹。「最終日の最終公演。カーテンがおりても観客は帰ろうとしない。そこでアンコール曲に周璇の持ち歌の〝四季歌〟をうたった。それでも拍手は鳴りやまない。つぎにやはり彼女の〝不変的心〟をうたった。それでも観客は席を立とうとしない。そこで当時はやっていたこれも彼女の〝瘋狂世界〟をうたった。観客は、興奮して舞台に駆けあがってきた。歌手の周璇も白虹とともに大きな花束を持ってあがってきた」と李香蘭は述懐する（『李香蘭私の半生』）。戦後の世界のミュージカル・シーンに大きな影響を与える、歴史的大成功を収めたようである。『周仏海日記』昭和二十年（一九四五年）五月二十三日に「李香蘭が北京より来て、病気と知って見舞いに来、歌を数曲歌う」、同年六月五日、「岡田少将が李香蘭を伴って昼食に来、歌を披露して、二時半にようやく帰って行く」とある。李香蘭は、南京や上海で、中国人にも人気があった。

　「戦争が押し詰まった頃、三村英子はお見合いで、軍人との結婚が決まった。三村モトが英子のため、戦時中にもかかわらず、着物や反物などをたんす一杯買い求めて、英子に持たせた。たんす一杯の着物を、夫の母の実家（新潟県

長岡）に疎開させていたが、昭和二十年（一九四五年）八月一日の長岡空襲で灰になった」（太田和子さん談）。戦争末期に「たんす一杯の着物・反物を揃える」については、北白川宮祥子の助けを借りたのではないか。三村英子の戸籍に、昭和二十一年（一九四六年）一月二十八日、東京都神田区司町一丁目二十四番地の島寄三郎の氏を称する届出をし（前述）、昭和二十八年（一九五三年）八月二十七日、島寄三郎の戸籍に入籍とある。昭和三十年（一九五五年）九月六日、離婚成立。

昭和二十年（一九四五年）六月八日、第十四方面軍司令部特別工作隊、陸軍伍長三村勇（写真）が、比島ルソン島タルラック州コンポリス峠で戦死（前述）。

特別工作隊は「ガナップと共に斬り込みに出て、ゲリラの為に戦死」したり、「二十年六月頃、マニラ近郊で村民ゲリラ隊に包囲され、戦死」したりしたという（『マカピリ哀歌』）。タルラック州は、リンガエンとマニラの中間にある州。三村勇の最終地はマニラの北方地域であり、村民ゲリラ隊などとの戦闘で戦死した可能性を考える。マラリア等による戦病死も否定はできない。

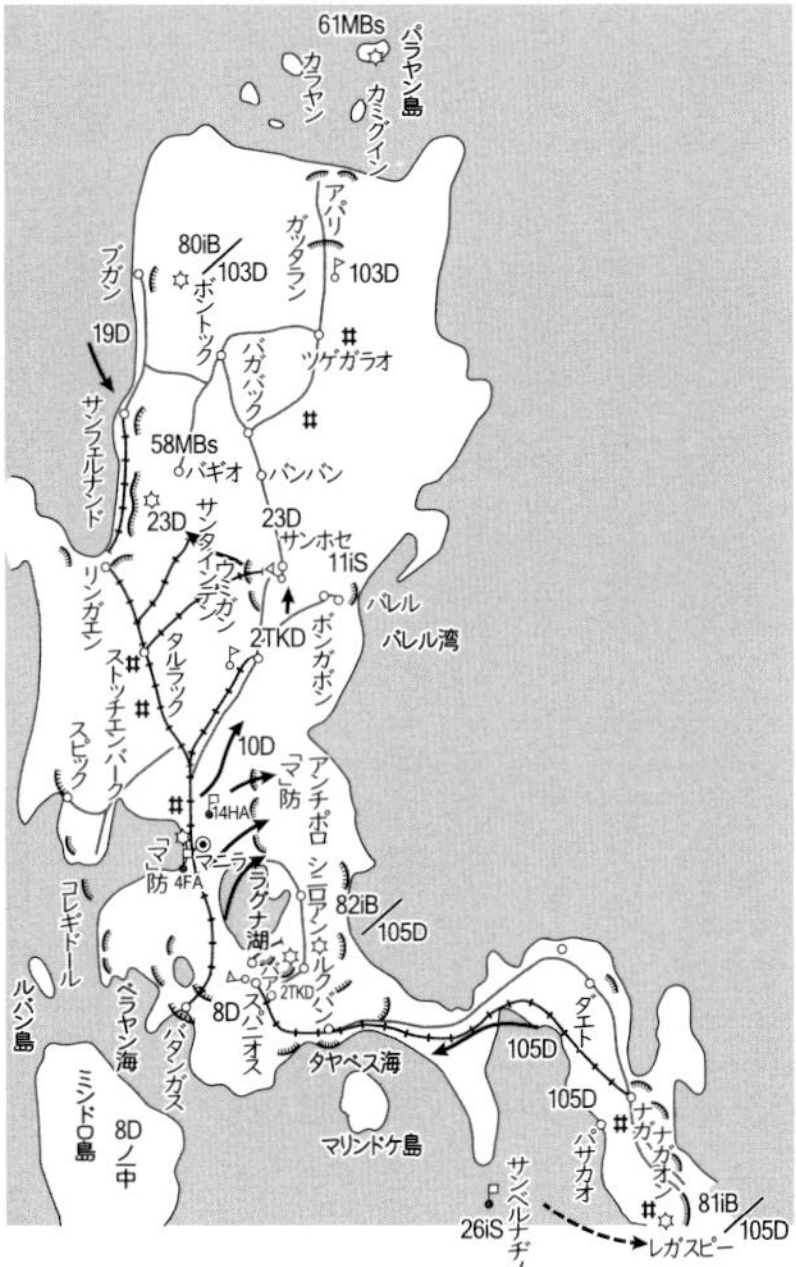

▶「ルソン島ノ配備概要図（於一九四四年十二月中旬）」『比島から巣鴨へ』

昭和二十年（一九四五年）六月二十二日、原田啓次がレイテ島で戦死（前述）。

4 終戦から戦後へ

昭和二十年（一九四五年）初夏、「日本が大東亜戦争に突入してから既に四年を経過していた。中国大陸に於ける日本軍はなお常勝を誇り、前年の昭和十九年秋以来始まった桂林作戦に大戦果を収め、之れに続いて湖南作戦や重慶作戦をも計画し大陸全地域にわたる戦勢の挽回を企図」（『支那事変の回想』）する情勢にあったが、戦争の大勢として日本側の不利は明らかであった。この頃、重慶の蔣介石は、戦後を見据え、汪南京政府所属の軍隊と常勝の日本軍を共産党との戦いに用いることを模索していた。『周仏海日記』昭和二十年（一九四五年）五月十一日「重慶がたびたび人を派遣し、共同して反共に当たることとの交渉に来、しかも日本軍が共産党掃討に加わることを望んでいる。国共摩擦の激しさはここからも窺える。しかし我々の実力が充分ではなく、準備も不足しており、重慶側の我々に対する評価が高すぎるので、将来彼らが失望することは言うまでもなく、我々も政治上、重慶と合作をする拠り所がないので、実に焦るばかり」、同年五月十三日「江陰、常熟一帯には大刀会が発生し、義和団のように、刀剣入るあたわずと豪語し、すでに十余方に及んでいるとのこと。日本側が支えているもので、将来、米軍が上陸した時に利用して抵抗しようとするものであると言う人もいるし、新四軍が後押ししているものと言うのもある。……今日、強盗が蔓延し、イバラだらけである」とある。

汪南京政府の軍事顧問であった岡田によれば、汪南京政府所属の軍隊は「重慶軍と戦う目的もなければその意思もない。そのうえ日本とは提携ないし同盟の関係にあったから、もちろん日本軍もその相手ではなく、いわば敵を持たない軍隊であった」、「ただ、戦争はもういやだ、戦争はお互いにやめようじゃないか、と重慶側軍隊に働きかけることを期待するだけの軍隊だった」という（『日中戦争裏方記』）。「戦わざる軍隊が数十万にも達した所以を見るに、漸次重慶軍が奥地に後退するにつれ、各地に不正規軍が散在し、時には武力を利用して良民に危害を加えあるいは相互に騒動を起こし、日本軍への迷惑も少なしとしなかった。従ってこれを追求して共産軍に追いやったり、あるいは治安を乱されるよりは、これを収編して汪政府下に管理せしめようとした結果」だったという（『日中戦争裏方記』)。今井武夫は、呉越同舟の重慶国民党と中国共産党は「日本軍と戦いながら、他方互いに自派自党軍の戦力増強を競い、他派他党軍の戦力の低下を冀っていた」、「従って国民政府軍としては、共産軍の跋扈を掣肘せんがため、自派軍の戦力低下に先だち、適当の時機を捉え、日本軍との和平を内心希望したことは想像に難くない」と述べる(『支那事変の回想』)。実際に「日本が無条件降伏するや、逸ち早く共産党の兵器接収を全面的に禁止し、又共産軍の戦力拡大を防ぐ為めには、日本軍を使用してまで、之を阻止した」のであった(『支那事変の回想』)。

昭和二十年(一九四五年)七月、トルーマン、チャーチル、スターリンがポツダムのツェツィーリエンホーフ宮殿で、戦後処理について会談した後、ポツダム宣言を発した。一枚目(上)、会談後、ツェツィーリエンホーフ宮殿の庭にポツダム会談を記念する「星」の花壇が作られた。二枚目(下)、会議場のこの円テーブルを囲んで、英、米、ソ三ヶ国の首脳が討議した。暗殺を怖れるスターリンは会談に先立ち、NKVD(内務人民委員部)をポツダムに派遣して周辺を固め、レセプションに出す食糧や飲み物をロシアから運びいれたという。

▶東千代之介

昭和二十年(一九四五年)七月「入営通知」を受けた東千代之介は甲府の部隊――武甲四二部隊――に編入されたが「武甲四二部隊、名前だけは堂々としていたが内容はまことにお粗末なものだった。民家に分宿していたが、なんにも仕事がない。昼間は山で竹を伐り出し決戦用の竹槍を造る。夜はせっせと草鞋づくり。一体なんのために軍隊に来たのか、さっぱり納得がいかなかった。食糧事情も窮迫してきた。……太い竹をスポンと切った竹筒の中に、握り飯が一個、お汁はお湯に塩を入れた中に人参の葉っぱが心細げに漂流しているのが定食。……とにかくお腹が減って困った」（『東千代之介東映チャンバラ黄金時代』）と述懐している。

　昭和二十年（一九四五年）七月三十日、広島幼年学校、陸軍士官学校同期の沢田茂が、阿南惟幾を「陸相官邸にたずねて……〝戦争を終局までやるのか〟と質問したら、〝それは宮中のご都合でできないことだ〟と答えた」と述べている（『阿南惟幾伝』）。「宮中のご都合」とは、昭和天皇の戦争終結の意思（大御心）を指す。阿南惟幾は、昭和天皇の大御心を深く理解して、最後の行動に出たことがうかがえる。昭和二十年（一九四五年）八月一日、阿南陸相は、「中央幼年学校いらいの友であり、鈴木内閣の国務大臣であった」友人に「私は絶対に鈴木総理の内閣で辞職することはない、どうも国を救うのは鈴木内閣だ、それだから私は、最後の最後まで鈴木総理と事をともにして行くんだということをはっきり」言ったという（『阿南惟幾伝』）。

　昭和二十年（一九四五年）八月二日、「日本の大陸慰問団」が「京漢線の棗荘で、我が陸軍部隊と共に、共産軍のため包囲されてしまつた。慰問団の一行も、もはや最後の決意を固めて死を待つのみであつた。その時一行中に加つていた音楽芸術家であつた、富士川は彼の娘と共に望楼に登り、中天にかがやく月光の下に、今生の思い出に日ごろ愛唱していた、名曲〝荒城の月〟を歌い出した。彼の愛娘はアコーデオンを弾いて父の歌に和した。……富士川父子の合唱は、余韻遠く流れて、大陸の夜空に消えて行くのであつた。ところが不思議にもその歌がすむと、日本軍へ二〇〇米まで迫つていた共産軍が、一発の弾丸も発せず、何時の間にか囲みをといて去つてしまつた……これに似た想出の話は、同じくビルマ作戦中や、シンガポール進攻中のジャングル作戦中にもあつた」（『滝廉太郎を偲ぶ』）という。

▶李鍝

朝鮮の王世子、李垠の甥、李鍝は昭和二十年（一九四五年）八月六日広島で被爆し、翌八月七日に戦死した（前述）。『梨本宮伊都子妃の日記』昭和二十年（一九四五年）八月八日「李鍝公殿下は軍参謀として作戦中、空爆の為、御戦死あらせられたよし、発表せらる。直に警察電話を以て、甲府の李鍵公のところへ、御くやみ申入れた」とある。この時、第二総軍司令官、畑俊六は広島で被爆したが、命に別状は無かった。畑俊六の「獄中手記」に「余は昭和二十年四月七日愈々本土決戦の体勢を採る日本本土に二ヶの総軍を設けられし際、杉山元（元帥）と共に第二総軍司令官を拝命し、……幕僚を帯同して十四日任地広島に到着したり」、「広島市は人口三十万を超えたりしが、内十万位は疎開しありたれば残りし二十万の内十万内外は惨死し、大部は傷き、名の如く全滅と称すべし。余は李鍝公逝去の報に接し、翌九日早朝宇品より似島検疫所に至り弔問したる……」、「地面に伏したる甘藷が、胡瓜、南瓜の如きが凡て吹き飛ばされたるに反し少しも損傷を受けず、建物の反対側にありたるものは無難なりしを見ても、直撃弾の如き効力なきことは推察し得べく、又爆心より二吉を隔つれば例へば宇品の如き、海田市の如き何等被害なかりき」とある。原爆威力についての畑のコメントは、野戦砲兵らしい観察である。

昭和二十年（一九四五年）八月九日深夜に始まった御前会議で、「ポツダム宣言受諾」の結論に至らず、昭和天皇の「聖断」を仰ぎ、「国体護持」、すなわち天皇制護持を絶対条件として、『ポツダム宣言』を受諾することを決定した。八月十日、「帝国政府は一九四五年七月二十六日〝ポツダム〟において米・英・支三国政府首脳者により発表せられ爾後ソ連政府の参加を見たる共同宣言に挙げられたる条件を右宣言は天皇の国家統治の大権を変更するの要求を包含しおらざることの了解のもとに受諾す」（『阿南惟幾伝』）が、連合国に伝達された。八月十日、阿南陸相を訪ねた小磯国昭に、阿南は「天皇の統治権を其儘認めるという条件を提示してあるので、之が容れられなかったら、必然本土決戦に移るものと覚悟しています」と述べている（『阿南惟幾伝』）。

『証言陸軍中野学校』によると、八月十日から十二日、陸軍中野学校で「クーデタ参加か不参加か」の激論があったという。結局クーデタ不参加となったが、同時に、連合軍による「天皇家の廃絶」があった場合の行動計画を確認した。この「皇統護持工作」では、「次代の新天皇」として、「北白川宮家第五代当主の道久王」が挙げられていた（『証言陸軍中野学校』）。道久王は北白川宮永久と祥子の一男（前述）。これは「参謀本部のロシア課長だった白木末成大佐（陸士三四期）と阿南陸相が直結した極秘の計画」であったという（『証言陸軍中野学校』）。白木大佐は「北白川宮久永王を推戴」する「皇統護持工作」と「国家再建資金」の決済を、阿南陸軍大臣に具申したとされる（『証言陸軍中野学校』）。「完全に地下に潜り身分、行動を秘匿して個人または少数の者が、全国至るところで地下から泉のように尽きることなく湧き出て、敵を相手にゲリラ戦を展開する」泉部隊という特殊部隊が全国に配置される計画があり、「占領軍監視地下組織」、「マッカーサー暗殺計画」もあった（『証言陸軍中野学校』）。「天皇家の廃絶」は無かったので、これらの極秘計画が実行されることはなかった。

八月十二日、日本側のポツダム宣言受諾に対するアメリカ側の回答は、「最終的の日本国の政府の形態は〝ポツダム宣言〟に遵い日本国国民の自由に表明する意思により決定せらるべきものとす」とあった（『阿南惟幾伝』）。天皇制護持の言及は無かったが、スウェーデンの日本公使から「今回の対日回答はソ連の反対を押し切ってなされたもので、米国外交の勝利を意味し、実質的には日本側条件を是認したものである」という新聞記事報告電が外務省に入った（『陸軍中野学校』）。八月十二日に皇室会議が開かれたとき、朝香宮鳩彦が「講和は賛成だが、国体護持ができなければ、戦争は継続するのか、と昭和天皇に質問した」ところ、「昭和天皇は、もちろんだと答えた」という（『素顔の宮家』）。「十四日の午前十一時から、宮中の防空壕における最後の御前会議があった」時、昭和天皇は「私自身は、自分の身はどうなってもよいから、国民の命を助けたい」（『陸軍中野学校』）と述べ、「外務大臣の報告通りそういうことはなくても国体護持はできるんだと思うと、陛下がおっしゃって、正午に御前会議が終っ」た（『阿南惟幾伝』）。「そういうこと」とは、「連合国の国体護持の言質」の意である。昭和天皇の二度の聖断で、ポツダム宣言受諾が固まった。「ポツダム宣言」受諾の時、連合国から国体護持の言質はなかったが、何らかのシグナルがあった可能性を考える。

一枚目（上）、阿南惟幾（『阿南惟幾伝』）。八月十四日夕、阿南惟幾は三笠宮邸を訪れ、昭和天皇の翻意を促してほしいと宮に要請したが断られ、「肩を落として、なんともお寂しそうな後ろ姿で帰って」いったという（『母宮貞明皇后とその時代』）。阿南は弟宮を通じて、昭和天皇に永別を伝えたのであろう。八月十四日夜、阿南陸相は「一死以テ大罪ヲ謝シ奉ル」の遺書を残し、侍従武官のときに昭和天皇から下賜された「お上がお肌につけられた」純白のワイシャツを着て自刃し、翌朝絶命した（『一死、大罪を謝す』）。辞世の句は「大君の深き恵に　あみし身は　言ひ遺すべき　片言もなし」であった（『阿南惟幾伝』）。阿南惟幾は、明治二十年（一八八七年）二月二十一日生まれ（『阿南惟幾伝』）。享年五十八歳。二枚目（下）、畑中健二

（『陸軍士官學校豫科第十期生卒業記念寫眞帖』）。昭和二十年（一九四五年）八月十四日「深更から十五日早朝にかけ宮中に於て近衛兵一部の騒擾があり、又総理の私邸及び平沼邸の焼打事件があった。又十五日早朝に陸相自決せる旨の報道に接した」（『阿南惟幾伝』）。「反乱は直ちに起った。陸軍省軍務局の、畑中少佐等の中堅将校を急先鋒とするものであった」、「彼等は、近衛師団を動かすべく森師団長を訪問し、師団長を説得せんとしたが、その不可能なるを見て、師団長を参謀長とともにその場に惨殺し、師団長の命令書を偽造して、直ちに近衛師団の一部を動かし宮城を襲った」、「彼等は先ず、天皇の国民に対する放送盤、即ち玉音入りのレコードを探すことに急であった。宮内省は隅々まで捜索されたが、彼等は遂に放送盤も、木戸内府その他も手に入れることが出来なかった。一隊はまた中央放送局を占領して、放送を不可能ならしめんとしたが、十五日玉音放送は、彼等の探知し得なかった放送局より放送された。……叛徒の幹部は、遂にこの上為すことの出来ないことを悟って、その場で皆自決してしまった」（『昭和の動乱〈下〉』）。

第十四方面軍司令部は、昭和二十年（一九四五年）五月後半から、ルソン島「ボントック―バガバック道上キャンガン附近」の「複廓陣地」（『比島から巣鴨へ』）に在った。第十四方面軍参謀長、武藤章は、八月十四日、海軍側からの通報で「日本政府は十日附で、日本国体に触れざることを条件として、ポツダム宣言を受諾し和平に入る希望をスイスを通じて連合国に申入れた模様であった。我々はポツダム宣言さえ知らなかった」と述べる（『比島から巣鴨へ』）。同年八月十五日夜、東京放送で「停戦の大詔渙発　鈴木総理告示　阿南陸相の自刃」が知らされた（『比島から巣鴨へ』）。同年八月十六日、山下奉文は参謀一同に「この際諸士は、悠久なる皇国の生命を信じて、区々たる眼前の事象や感情に眩惑され、事を過ってはならない。皇国再生の為全力を傾倒せねばならぬ。当面する仕事は繁忙だ。最善をつくすことを望む」と訓示した（『比島から巣鴨へ』）。

「昼間は山で竹を伐り出し決戦用の竹槍を造る。夜はせっせと草鞋づくり」をしていた東千代之介は、昭和二十年（一九四五年）八月十五日「玉音放送があった。録音が悪いせいかよく聞きとれず、班長らは〝敵が来るから頑張れ〟というような訓辞をした。〝それッ〟と錆びた銃器の手入れをし、下着を新しく替え、まる二日間はそれこそ決戦体勢であった。〝ピカッと光った爆弾には気をつけろ〟という訓辞もあった。新聞などなかったので、広島への原爆投下は知らなかった。呑気な兵隊達であった」と述懐する（『東千代之介東映チャンバラ黄金時代』）。梨本宮伊都子は「正午には、謹んでラヂオの前に坐してゐると、君ヶ代がきこえ、つゞいて只今より天皇陛下の御玉音でありますといふこゑ。陛下にはいつもの御声にて詔勅をのたまはせられ」、「伺ふてゐる間に胸つまり、陛下の大御心の内を拝察して、くるしきおもひ。御自身様は万難を御しのび遊ばしても赤子をたすけむとの有難き大御心、只々恐れ多ききわみ、涙はこみ上るのみ。……」(『梨本宮伊都子妃の日記』)と記している。

昭和二十年(一九四五年)八月十五日、玉音放送があり、戦争が終結した。翌日、昭和天皇の使者として皇族方が戦線に派遣されることになった。昭和天皇は「自分が自ら第一線を廻って自分の気持をよく将兵に伝えたいが、それは不可能だ。ご苦労だが君たちが夫々手分けして第一線に行って自分に代わって自分の心中をよく第一線の将兵に伝え、終戦を徹底させて欲しい」と言われたという(『語られなかった皇族たちの真実』)。朝香宮鳩彦が支那派遣軍に、竹田宮恒徳が関東軍と朝鮮軍に、閑院宮春仁が南方総軍に、天皇の特使として派遣され、その任を果たした。東久邇宮稔彦に「組閣の大命」が下され、東久邇宮内閣が誕生する。

「第二次大戦中ベルリンにいた日本海軍の首脳部は、戦争勃発の当初から、ひそかに、いつかは必ず来るであろう終戦に備えて日米直接和解の途を準備していた」(「痛恨！ダレス第一電」)。これは最高機密として「きわめて限られた人しか知らなかったし、またこれらの人々は絶対に口外しなかった」(「痛恨！　ダレス第一電」)。「戦争の末期の一九四五年三月下旬にスイス海軍武官としてベルリンからスイスのベルンに転任」した藤村義朗は、ドイツ人フリードリッヒ・ハック博士を通じて、アメリカのダレス機関と接触を試みた。ダレス機関は「一九四五年四月初めに締結された北伊の単独講和」実現に活躍し、「北伊の宝庫ロンバルジアが悲惨なる戦火から救われた」という(「痛恨！ダレス第一電」)。ハックを通じてダレス機関との接触がついた。五月三日、ハック博士を介して「日米直接和平の交渉をダレス氏の線で始めてさしつかえない」という米側の連絡を受けた藤村は、五月八日、「緊急第一電」を東京に送った。「ダレス氏は日本側の提案に対し異常な関心を示し、万全を尽くしてこれを纏めようとされた」(「痛恨！ダレス第一電」)。その後、第十二電まで発信したが、東京から和平交渉開始の連絡はベルンに入らなかった。五月、東京からの指令をまたず、藤村は「三項目につき、米側の意見を打診」した。一、日本の主権をそのままにすること(すなわち国体護持)、二、商船隊を現状のまま残すこと、三、台湾と朝鮮をそのままにすることであった(「痛恨！　ダレス第一電」)。「もちろん米側より返事のあるはずがないが、きわめて非公式にいろいろの私人の私見という形でハック氏が集めたところでは一、二項は大いに見込みがあると思うが、三項の方はむつかしかろう」ということであった（「痛恨！　ダレス第一電」）。藤村がこの情報を、東京に打電したのは間違いない。これが、昭和天皇へのシグナルであったと考える。

昭和二十年（一九四五年）八月九日、日ソ中立条約共同コミュニケ「大日本帝国は蒙古人民共和国の領土の保全及不可侵を尊重し〝ソヴィエト〟聯邦は満洲帝国の領土の保全及不可侵を尊重す」（『陸軍畑俊六日誌』）を破って、ソ連軍が満洲国に進攻して来た。一枚目（上）、「撫順・社宅街」（『南満洲鐵道株式會社三十年略史』）。撫順炭鉱の満鉄社員は「進駐して来たソ連軍の一方的な指揮命令と中国側のめまぐるしい政権の変化にもその都度順応し、拒否も反抗も赦されぬまま、何事も同胞を帰国させるまでと腹に決め血のにじむ死闘を繰り返したのであった。とくに撫順炭鉱は、如何なる混乱に落ちるとも一日として操業を停止することはできないし、業務の放棄はすなわち死に繋る重大問題であり、従業員はもとより居住者同胞もろとも虐殺の憂目に会うは必定であったが、粒粒辛苦、従業員の血と汗で築いた努力の結晶を何としても守り抜き、新生中国の手に完全無欠の姿で引継ぐことこそ満鉄マン最後の責務と思い、一糸乱れず最後まで職場を死守した」（『撫順炭鉱終戦の記』）。その結果「数万の東北辺境の満鉄社員・家族を含めて日本人同胞の生命を救い、つなぎ得た。そして二十一年五月遣送が開始され、無事故国日本に送り届けることができた」という（『撫順炭鉱終戦の記』）。二枚目（下）、昭和十五年（一九四〇年）夏、安成貞雄が撫順で家族とともに撮った写真である。後列向かって左から右に順に安成セツ（安成貞雄妻）、安成貞雄、安成謹十郎（安成貞雄弟）、前列向かって左から右に順に安成貞敏（安成貞雄一男）、安成孟雄（安成貞雄二男）、安成千代子（安成貞雄一女）、右端は辻野秀子（原田宗一の親戚の女性）。安成セツが抱いている子は安成澄子（安成貞雄二女）。終戦時、安成貞雄は撫順の西製油工場で、シェールオイル（頁岩油）を採

る仕事に就いていた。撫順の製油工場では、昭和十七年（一九四二年）に「粗油生産約二七万屯」に達したという（『撫順炭鉱終戦の記』）。終戦後「何百両も出入りしていた鉱石車は一日百両も入って来ない。事故は続出する。それも凡ミスをするのだからかなわない。十月頃からはソ連軍の生産に対する督促が急になって来た。殊に揮発油関係にやかましく、しばしば本部から上級の将校が来場した。何日に稼働しないと……お前をパイプにしばりつけるぞといった調子」であった（『撫順炭鉱終戦の記』）。安成貞雄は、昭和二十一年（一九四六年）二月に西製油工場の工場長になったが、国民党軍が撫順に来ると、中国人が製油処長になった（『撫順炭鉱終戦の記』）。「生産能率は往年の三分の一くらい」で工場の運転を続けていたという（『撫順炭鉱終戦の記』）。安成貞雄は、昭和二十三年（一九四八年）に家族とともに帰国した。

昭和二十年（一九四五年）八月十八日、南京国民政府考試院長、陳群が、南京の自宅で、青酸加里で自決した。陳群は明治大学を卒業した知日家で、「孫文の大元帥府」に入り、広東で警察学校校長に任ぜられ、一時は「蔣介石のライバル」と目された（『支那事変の回想』）。「蔣介石が国民政府の指導権を掌握後は……胡漢民に殉じて下野し、蔣と絶縁した」（『支那事変の回想』）。中華民国維新政府の重鎮となり、汪派国民政府では、内政部長や考試院長であった。その遺書に「私は国父孫文の大亜細亜主義を遵奉して、日華合作に挺身したが、東亜の共栄は実らず真に終世の恨事とする。併し決して主義の誤に非ず、ただ天の時を得ず、方法に欠陥があった為に過ぎない事を知っている。従ってたとえ敗戦となっても、政敵蔣介石の裁きを受くるに忍びず、自ら地下に赴き、国父孫文の批判を仰ぐこととする。共産主義は絶対東亜の天地に容れ難い」とあったという（『支那事変の回想』）。

昭和十九年（一九四四年）から、徴兵年齢が十九歳に引き下げられた。昭和二十年（一九四五年）に戸籍で満十九歳の三村孝は、同年七月の根こそぎ徴兵で入隊し、終戦時は鳥取県にある部隊にいた。これは部隊（總武第二七六九七部隊）の記念写真で、部隊解散が近い時と思われる。部隊員の表情に疲労と困惑が認められる。三列目向かって左から五人目が三村孝。

昭和二十年（一九四五年）九月十二日、杉山元第一総軍司令官が自決した。同年九月十三日『梨本宮伊都子妃の日記』に「杉山元帥はすべての整理をとゝのへ、役所の総長室にて美事、四発のピストルにてソッファーに腰をかけて自刃をとげ、皆の人々に世話になった、気の毒であったと挨拶にて、六十六歳にて終った。この時、世田ヶ谷の自邸にて、啓子夫人は白装束に身を改め、仏間に香をたき、こ

▶昭和二十年（一九四五年）九月「於鳥取県西伯郡下市國民学校々庭」

れ又、自害をとげ、日本婦人として、立派な最後をとげられた」とある。

▶三村進

叶電機商会の近くにあったたくさんの家作は焼けてしまい、戦後、家作の焼け跡に三村進がバラックを建てて住んでいた。戦争が終わり、三村テル子、美津、武、和子さんは一年半くらい狛江の三村モト、孝と一緒に住んだ。その後、三村モトとテル子、孝は狛江に残り、三村美津、武、和子さんは埼玉県南埼玉郡蒲生村大字蒲生三三八〇に住むようになった。新宿区三栄町二十五番地一――四谷区新堀江町一番地――の叶電機商会の土地は、三村モトが「ほとんどただ同然で近所の人にやった」という。四谷の店舗が丸焼けになり、叶電機商会を継いだ勇も戦死し、狛江での生活に満足しているモトには、三栄町の土地は不必要ということだったかもしれない。

昭和二十年（一九四五年）十一月三十日、「陸軍省の解

消する日」、東久邇宮内閣、幣原喜重郎内閣で陸相を務めた下村定が、昭和天皇に最後の上奏をした。下村は「そのときに陛下は……四十分間ほどほとんどお顔をお上げにならず、文字通り声涙共に下るお言葉があったのでありますぇ。陛下のお言葉は……非常に明白でありますが、このときばかりは、私がほんとうに全身の神経を耳にしてお聞きしましたけれど、どうしてもお言葉が聞きとれないのです。明治大帝のご創設の陸海軍を、自分の代になって失うことはというようなお言葉もありました。……その中に〝阿南は生かしておきたかった〟というお言葉が二回ほどございました。いかに信任が厚かったか、いかに陛下が阿南将軍のご最期をご痛惜になられたか、このことだけは申し上げておきたい」と語っている（『阿南惟幾伝』）。

昭和二十年（一九四五年）十二月十六日、近衛文麿が服毒自殺した。松本重治は「近衛さんがなくなる前日、近衛さんのところに行って二時間ほど二人で話をした。恥を忍んでも、近衛さんが法廷に立って天皇さまを守らねばならないと言っても、〝木戸（幸一）がいるではないか。最後のわがままだ、勘弁してくれ〟と言われると、なんともしようがなかった」、「友さんと私は近衛さんの隣りの部屋で寝た。翌朝六時ごろ、千代子夫人が友さんを呼んで〝やっぱりやりましたよ〟と言った。死に顔は安らかであった」と述懐している（『聞書・わが心の自叙伝』）。

上海で終戦をむかえた李香蘭（山口淑子）は、自分が日本人であることを証明しなければ帰国できない状況にあった。幸い、リューバと称するユダヤ系ロシア人の助けで、北京にいた両親が藤娘の日本人形に仕込んだ戸籍謄本を入手し、日本人であることが証明され、無事帰国することができた（『李香蘭私の半生』）。「そのころの中国には、日本のような厳格な戸籍制度がな」く、「満映にはいつまでたっても十七歳の中年女優がいた」という（『李香蘭私の半生』）。昭和二十一年（一九四六年）三月末、山口淑子が引揚げ船に乗船したとき「思いもかけず船内のラジオから上海放送の音楽が聞こえてきた」（『李香蘭私の半生』）。それは、李香蘭のうたう「〝夜来香〟のメロディー」だった（『李香蘭私の半生』）。上海のラジオ局が、李香蘭の帰国に合わせて惜別の放送をしたのであろう。李香蘭の〝夜来香〟は中国人にも愛されていたようである。

昭和二十一年（一九四六年）九月、スウェーデンから小野寺信武官が帰国した時、小野寺は「日本の戦況が不利になって以来、皇室のことを同情を持って見ていた」という老国王の伝言を、高松宮に伝えたという（『菊と葵のものがたり』）。昭和二十二年（一九四七年）五月三日、華族制度が廃止された。さらに「昭和二十二（一九四七）年十月十四日、昭和天皇の弟宮以外の、すべての宮家は、皇籍を離れて民間人になることが発表」（『素顔の宮家』）された。

貞明皇后は、「十一宮家が皇籍を離れることになり、皇室財産も失うことになったときには、〝維新の前に戻ったと思えばよい〟と、動じなかった」（『素顔の宮家』）という。

昭和二十四年（一九四九年）七月、広瀬頼彦は、四年間のシベリア強制労働から解放された。ナホトカで信洋丸に乗船した広瀬頼彦は、同年七月二十五日舞鶴港に上陸した。この頃のことを、『古希までの記録』に詳細に語っている。「一列に並ばされてソ聯側と日本の受領者との間で人員、氏名と、本人で在ることを確認しながら、デッキに登る階段の処で、乗船が許可され引き渡された。階段を一気に掛け登った、ストップの声がかかりそうで不安であったからだ。船上の人となり、これで夢に見た日本に帰れるという実感が湧いてきた。暮れなずむナホトカの山々を眺めながら、長くて苛酷だった捕虜生活に別れる大きな喜びと、シベリアの忘れてならない記憶をとどめようとする惜別の情に、涙がにじんで、眼が霞んでくる。人員の引渡しが終わると、船はドラの音と白い航跡を残して一路日本海へ。船上の兵士は、何時までも此の景色を眺めながら、一斉に大きな声でドスビダーニア、シベリア（さようなら、シベリア）と叫んでいた。海洋に出た船は、大きく頼もしく見えて来た。其の名は信洋丸、七千トン級の貨物船であった。第一から第三船倉まであり、何段かに木枠の寝台がとりつけられていた。私は第一船倉の船底に落ち着いた。船内は機関の音と人の声で騒がしく、放送も良く聞こえなかったが、夕食の飯上げがあり、当番により米の粥と乾麺包とが配られた。薄暗い船底で、四年ぶりの米飯に出会い、国のもてなしに感謝し、涙して済ませた。ところがしばらくして場内放送があり、今夕食に配られた乾麺包は虫が齧った、腐ったものであった、と赤に染まった代表が叫び、扇動しはじめた。又第三ブリッジからは甲板の洗水が船内に注ぎ込まれて、船底の者が濡れた等を理由に、船長と事務長を第一船底に呼び寄せて、何の訳あってこの様な仕打ちをするのかと吊るし上げを始めた。船長たちは、〝何の理由があってしたものでもない〟と釈明する。〝其れは在りえないことで〟と、しきりに謝るが、過激な分子はなかなか聞き入れず長い時間を費やした。自主管理委員会をつくって、此れから運営すると意気まいていた。此のことが無線で打電され、上陸してみたら、新聞に大きく信洋丸事件として掲載され、全員共産党員に洗脳されて帰って来たと、写真入りで報道されていた。三日目の朝、甲板の方から、誰いうとなく日本の国が見えるぞと声を掛けて来た。皆急いで甲板に上がっていった。朝靄の彼方に、かすかにまっ黒な山々が見える。船足の速度は同じだが、次第に大きく近づいて来た。松の緑の濃さと、岸にへばり付く様な漁師の家が、家の下に舟だまりをつくり、同じ作りの家が点在している。身近に、日本の国に帰り着いた実感が湧いてきた。もう全員が甲板に上がり、夢に描いた祖国の景色を、それぞれの思いを秘めて、じっと無言で見つめている、船先の方から、何かどよめきの声が起こった。見ると舞鶴港の岸壁がすぐ其処にあり、多くの人が鈴なりに、大きな幟を立てて迎えて居るではないか。まず、アメリカ占領軍の兵士を乗せた高速艇が、引揚船の廻りをグルグル廻りながら監視している。初めてみるアメリカ兵に、訳もなく怒りと憎しみを覚えた。其れは、日本を敗戦に落としいれた最大の敵だったからであろう。態度も、何となく傲慢不遜に見えた。やがて上陸が開始された。仮桟橋を渡り、第一歩を力強く踏み締めた。両側に肉親を求めて多くの人が並び、口々に名前を呼んでいる。私は此処まで迎えに来ては居ないと思い、まっすぐ前方を見て広場に整列した。長い間ご苦労さんでした、と言う声も何か虚ろに聞こえて、放心状態であった。四年間の空白は、今浦島の様に感じた。先ず一番先に帰国の洗礼は、ＤＤＴの白い粉による消毒である、ＤＤＴを散布するので持ち物全部拡げろと云われ、頭から全身と持ち物全部に真っ白く掛けられた。お陰で、持ち帰った高級タバコのパピロースは駄目になった。口々にこれに抗議したが、アメリカ占領軍の命令だといって許されなかつた。悔しさと怒りがむくむくと込みあげてきた。兵舎に入り、真っ先に入浴。日本の風呂で、シベリアの垢をさっぱりと流し落した。廊下には広島、長崎の原爆の写真が掲げられ、皆熱心に見入っていた。新聞は下山国鉄総裁の轢死事件の写真と記事がのっていた。前後の社会情勢が分からないので、何故こんな事件になったのか、さっぱり事情が飲みこめなかった。翌日は帰国の申請書を提出したり、被服を受領したり、金を千五百円もらったりした。そのとき戦友が、インクのいらないペンを五百円で買ってきた。物珍しく、わいわい騒ぎながら、不思議だなあーとびっくりしていたら、これもアメリカ産だそうである。一本五百円は高いので買わなかったが、それがボールペンであった。今考えると情勢に遅れており、おかしいくらいである。シベリア帰りは、浦島太郎のように違う国にきたようだった。アメリカのＧＨＱから呼出しがあり、別室でシベリアのことについて、いろいろと聴取された。とくに建設にたずさわったバム鉄道は、先に帰国した者から詳しく聞きだしたのであろう、それは、それは詳しい地図や設備図などができあがっていた。間違いがないか、念のために調べられたのである。それに加えて、信洋丸事件で赤色軍団帰るなどと新聞に大きく報道されたので、思想教育について、詳しく聴かれうんざりした。最後に、君は共産党に入党するか否かを問われ、腹立ちまぎれに〝入党する〟と答えておいた。後に、緒方の駐在所にまで連絡があり、密かに監視するように通知されていたことが分かった。国も相当に神経を使っていたのである。……

事務室から呼出しがあり、何事であろうかと思いながら、〝広瀬頼彦参りました〟と大きな声で姓名を名乗り、ガラス戸を引き、中に入ったが、事務員の誰が用件があるのか、中々返事がない。帰ろうとしたとき、〝頼ちゃん、私、わかる〟と若い女性が立ち上がった。私は、舞鶴にこんな知人は居ないし、ましてや頼ちゃん等、馴れ馴れしく呼ばれて、一瞬面食らった。首を傾げていると、〝幸子、羽立の幸子〟と云う。あー幸ちゃんか、まさか舞鶴に居ようとは夢にも思わなかったし、おさげ髪からパーマを掛けた短髪では、ちょっとわからなかった。何年ぶりか、大分第二高女卒業以来会っていない。九年ぶりで、わからなかったのも無理は無い。なつかしさが込みあげてきた。子供の頃、暗くなるまで遊んだ幼馴染であり、親友、光さんの姉である。幸さんは一級上で、光さんは中学校の二級下だった。話は光さんの消息になった。陸軍少年飛行兵の特攻隊員となり、四国沖の空に消えたという。私は生きながらえて帰り、何か恥ずかしく、淋しい気持ちになった。一応の調査、健康チェックが終わると、次々と故郷に帰した。私も緒方までの乗車券をもらい、舞鶴線から山陰本線を京都へ向い、団体列車は走った。田圃の稲は、七月の太陽に照らされてぐんぐん大きくなり、枝葉は剣の刃のように空に向ってのびている。あちこちに見える農家の屋根に、赤い小旗が立っている。景色を眺めながら、保津川峡、嵐山を過ぎ、夕刻京都に着く。ここで又東西に別れ、乗り換える。京都から共産党の国鉄職員が乗りこみ、我々引揚者を同志と思い、国鉄の現状を滔々としてアジ演説し、共産党への入党を奨める。今まで見てきた屋根の赤旗の家は、皆共産党であると説明した。これに刺激されたか、車内に労働歌が響きだした。大阪、神戸は戦時中の爆撃で焼け野ヶ原で、四年たった今も復興していなかった。列車の窓から海が見渡せた。見下ろすと、ガード下にひしめくように裸電球の露店が並び賑わっていた。アメリカの空襲は、想像以上に激しかったのが良くわかる。列車が広島に着くと、国鉄職員の共産党員がドカドカと乗りこんできて、京都の党員と交代し、又演説をぶってきた。こうなると眠る事が出来ない、いささかうんざりである。夜中の十二時をすぎている。朝七時ごろ下関に着いた。沢山の出迎えと、引揚者がホームで腕を組み、デモっている。わいわい、ざわざわ、大変な人だかりである。私も下車して騒いでいたが、発車のベルでデッキに飛び乗り、出迎え有難うと手を振っていた。そのとき、〝頼さーん〟と呼び声が聞こえた。見ると、何と八江子姉が、白い包を持って、発車した列車を追いかけてくるのが目に飛び込んできた。〝おーっ姉さん〟と言うのと同時に包を受けとったが、車は速度を上げて、話す間もなく、〝元気でー〟の声だけが聞こえてきた。まさか、下関に出迎えていようとは思はなかった。暖かい心づくしにホロリと涙した。開いて見ると、真っ白なフカフカの饅頭であった。シベリアの食糧不足と飢餓を聞いて知っていたのであろう。どうして自分の帰る列車が分かっていたのであろうか。……姉にもらった饅頭を戦友同志に分け与え、喰い終わる間もなく、門司駅に到着。ホームにどっと出てスクラムを組み、気勢を上げた。ところが乗車すると同時に、俊兄と文兄が、両方からがっしりと私の両腕を掴み、〝もう共産党のことはやめよ、静かにしておれ、暴れることは出来ないぞ〟と厳重な注意をうけた。田川に住んでいた兄たちが、どこまで付き添うたのか、これも忘れてしまった。大分駅に着くと七名になり、あの気勢もどこへやら、シュンとなった。大分県援護課の人が、細田大分県知事のメッセージを読み上げたが、上の空で聞き、〝長い間ご苦労さんでした〟だけが耳に残っている。なつかしの豊肥線に乗り、竹中駅を過ぎ、大野川が見え、犬飼の鉄橋を渡るころ、やっと帰ってきたと実感が湧いてきた。岩戸の鉄橋を渡ると身を乗りだして、前方をじっと見つめるのみであった。野尻の鉄橋を渡れば緒方である。一木一草、見覚えのある家々、左手遠く祖母、傾山が見えると列車は緒方駅に滑りこんだ。下車して驚いたのは、駅前広場に沢山の人々が出迎えていてくれていたことである。波多野村長始め、小学生、組合の人、下自在区、一般の人が来ていた。帰国の挨拶には、留守中お世話になったこと、皆さんと新しい日本の建設に邁進することを述べて、大きく胸を張った。小学校一年のときに主任の先生だった柴田先生が駈けよってきて、涙ながらに手をとって、〝広瀬さん良く帰って来たね、ご苦労さんでした〟と言われたときは、〝アッ、柴田先生〟と思わず先生の手を強く握りかえし、〝お元気でしたか〟と亡き母にあったような気がした。家では近所の人が集まり、帰還の祝宴がひらかれた。美酒に酔うた最初一夜の夢は、やはりシベリアの何かに追い掛けられるものであった。

何か仕事に就かなければと、気をつかって探して見たが、元が鉄道の技術屋、人員整理のまっ只中で、おいそれと仕事はない。家事を手伝いながら、穴見製材所の原木を、アメリカ製十輪車（ソ聯のベーカーと同じもの、国鉄が馬場に自動車基地を持っていた）で長谷川から運ぶ仲士の手伝いや、佐藤健ちゃんと駅の土方仕事に行ったりして、一日百五十円の小遣いを稼いでいた。当時、働くことはいいことだと、シベリアの事を思えばどんな仕事も苦にはならかった。真夏の暑い時、大分の良子姉の処へ尋ねていった、姉が結婚してまだ一度も逢うてないし、志手の家も、皆さんにも挨拶をしていなかった。定平兄は左官仕事、外の人は蜜柑山の草取りと消毒にいって、忙しく働いていた。美貴恵と弘美はまだ小さい子供で手がかかり、姉も大変苦労しているのがわかった。……秋風がたつ頃、山口県下関の姉から遊びにこないかと誘いがあった。下関駅でのあの劇的別れ以来、お礼方々いくことにした。初めて行く吉田村、宗一兄も其の母様も未だお会いした事がない、小月の駅から尋ね尋ねて歩いていった。挨拶もそこそこ、ここも秋の収穫期で、何かと忙しい。姪の恵子は写真で見て知っていたが、百代と成則は初めての御目見えだ。私は何日か手伝うことにした。秋の稲穂が黄色に傾き、さあこれからというとき、おばあちゃんが眠るように亡くなった。朝、朝食のため起こしに行って気付いたくらい、安らかなお参りであった。早速恵子の案内で、ウズイの親戚に知らせに走った。多くの親戚の人が集まったが、私は時計屋の義兄位しか知らなかった。お弔いも無事終わり、谷の田圃の稲刈りや脱穀もめどがついた。成則は二歳になるかぐらいの可愛い盛りで、一度した首の馬が忘れられず、しょっちゅうせがまれ、〝ガックンガァーの叔父さん〟には閉口した。恵子、百代にも両腕にぶらさがられ、どんどんめぐりをさせられた。居心地が良いと言っても、そう長く逗留する訳にもゆかず、切り上げて帰った」（『古希までの記録』）。ここで「俊兄と文兄」は広瀬俊幸と広瀬好文のこと。当時二人は、三井田川炭鉱で働いていた（前述）。

昭和二十四年（一九四九年）八月十五日、石原莞爾は「昭和二十四年の晩春風邪から肺炎となり、ひいて肺水腫となって漸次悪化し、乳嘴腫も増悪して、ついに死の転帰を見るに至った」（『石原莞爾』）。石原莞爾は、明治二十二年（一八八九年）一月十八日生まれ。享年六十歳。遺体は荼毘に付し、八月二十五日「僧侶を交えない葬儀が〝精華会〟の葬儀様式により、……葬儀委員長和田勁、式長曹寧柱によって万事整然と執り行なわれた」（『石原莞爾』）。式後、式長曹寧柱が「私は朝鮮人であります。故人の特別の恩顧は生涯忘却致しません。日本人のすべてが、天皇陛下に背いても、われわれ朝鮮青年同盟は、日本天皇を護持します。ここにおいでの皆様の前にこれを誓います」と述べた。これは参会者一同の胸を打ったという（『石原莞爾』）。石原莞爾の「大東亜戦争総決算の一語」は「まこと、東条は口を開けば〝東亜の解放〟をいったが、確かにその解放だけは、結果的には実現しつつあるんじゃないか！」であった（『石原莞爾』）。

昭和二十五年（一九五〇年）三月、三村清二の十三回忌に、三村家の縁戚、縁者が集まった。一枚目（上）、前列向かって左端に原田トク、一人置いて右の女性は三村サイ。後列向かって右から二人目が原田宗一、次いで左に順に三村光三、三村亮一。原田トクの、向かって右の四人の女性は、昭和十四年（一九三九年）の三村勲との箱根旅行に同行している（前述）。二枚目（下）、同じ日の十三回忌記念写真。

昭和二十七年（一九五二年）春、日本大学に入学した広瀬照人さんが、東京に出た挨拶に狛江の三村家を訪れたという。この写真は、広瀬照人さんが、大分に一時帰郷し、山本和作商店開業四十年の祝いに出席した時（昭和二十八年四月五日）のもの。日本大学二年に上がる直前。

昭和二十七年（一九五二年）夏。三村孝の結婚に備えて、狛江に新婚夫婦用の〝離れ〟を増築している。一枚目（上）、向かって左端が三村モト、一人置いて右に三村孝。二枚目（下）、向かって左から二人目が三村モト、その右に三村孝。戦後の混乱が治まりつつあることがうかがえる。

後藤守彦が妻、きよ、三男、正夫さんと、狛江の三村モト宅を訪れている。向かって左から、三村モト、後藤正夫、後藤守彦　後藤きよ。三村孝の結婚が近いのでお祝いを述べるとともに、新婚夫婦用の〝離れ〟を見にきたので

▶昭和二十八年（一九五三年）四月頃

あろう。後藤正夫さん（昭和二十三年一月生まれ）の年齢から、昭和二十八年（一九五三年）とした。

三村孝は、昭和二十八年（一九五三年）六月十日、岩手縣二戸郡石切所村大字石切所字野中一一五の荒谷ミツと結婚（入籍）。一枚目（上）、三村孝と荒谷ミツの結婚式の日。前列向かって左は三村和子（三村勇一女）、右は三村武（三村勇一男）。後列向かって左から右に三村美津、三村モト、三村英子。背景は明治神宮外苑、聖徳記念絵画館。二枚目（下）、向かって左から右に順に河名宏、三村孝、長澤義忠、後藤守彦。三村孝の芝中学の学友、長澤義忠は、中学四年で一高に合格した秀才（前述）。戦後、通商産業省に入省したが急逝した。

結婚式当日の記念写真。一枚目（上）、三村孝とミツ。二枚目（下）、三村孝とモト。

▶昭和二十九年（一九五四年）頃

縁側で日向ぼっこの三村モトとミツ。孝が結婚し、モトは肩の荷を降ろした。

一枚目（上）、昭和二十九年（一九五四年）頃、狛江で畑仕事をする三村モト。家の周りは畑で、野菜作りに精を出している。野菜作りは、女手だけでは間に合わず、作男を雇っていたという（太田和子さん談）。二枚目（下）、昭和三十年（一九五五年）頃の三村モト。生前最後の写真。野菜作りの好きな田舎のおばあちゃんという趣。畑仕事をする夢がかなってうれしそうである。

昭和三十三年（一九五八年）十月十六日、三村モト永眠。享年六十七歳。

陸軍中野学校二俣分校で三ヵ月間、游撃戦、秘密戦の特殊教育を受けた小野田寛郎は、昭和十九年（一九四四年）十二月十七日に飛行機で宇都宮を発ち、同月二十二日にフィリピンのクラークに着いた。「第十四方面軍情報部別班」に連絡を取ると、「小野田見習士官は、ルバン島へおもむいて、同島警備隊の游撃戦を指導せよ」と命じられ

▶昭和四十九年（一九七四年）三月十一日「ルバン島を去る朝、空軍基地宿舎の子供たちから温かい歓待を受ける」小野田寛郎『わがルバン島の30年戦争』

た（『わがルバン島の30年戦争』）。民間の機帆船でルバン島（ルバン島はルソン島南西の小島）に渡った小野田は、昭和二十年（一九四五年）一月一日、爆薬などの荷を、アンボロンの山すそに全部運び終えた。ルバン島で三十年間游撃戦、秘密戦を戦った小野田陸軍少尉は、昭和四十九年（一九七四年）三月九日、「一、大命ニ依リ尚武集団ハスヘテノ作戦行動ヲ停止セリ　二、参謀部別班ハ尚武作命甲第二〇〇三号ニ依リ全任務ヲ解除サル　三、参謀部別班所属ノ各部隊及ヒ関係者ハ直ニ戦闘及ヒ工作ヲ停止シ夫々最寄ノ上級指揮官ノ指揮下ニ入ルヘシ……」との「参謀部別班命令」を口達され、「戦闘及ヒ工作ヲ停止シ」、同年三月十二日に帰国した（『わがルバン島の30年戦争』）。

昭和六十三年（一九八八年）二月二十五日、三村清二の五十回忌が、山口県厚狭郡吉田地方の教覚寺で行われ、三村家の縁戚、縁者が集まった。一枚目（上）、向かって左端に三村ミツ、一人置いて右に三村孝。向かって右から三人目が原田宗一、その左に原田八江子。「この時、松岡テル子が参加したがっていたが、テル子には法要の連絡が無かった」という（太田和子さん談）。二枚目（下）、談笑する三村家の縁戚の人々。

一枚目（上）、「昭和六十三年二月　父　今朝彦五十年忌」。三村清二の五十回忌と同じ年、同じ月に、広瀬今朝彦の五十年忌を大分県大野郡緒方町大字下自在の広瀬家で行った。この時点で元気な、山本頼彦の兄弟姉妹と、その配偶者が集まっている。前列、今朝彦の遺影を持っているのが一男、直後、向かって右は園田定平（良子夫）。後列向かって左から右に順に、広瀬勝之（今朝彦孫）、佐藤重雄、三浦博美（ユキエ姉、シゲヲの息子）、原田宗一（八江子夫）、広瀬照人（今朝彦孫）、山本頼彦、安東静子、山本ヨシ子、原田八江子、安東正美（静子夫）、広瀬俊幸。

広瀬直俊は、このとき八十三歳。園田良子は体調不良で欠席している。トクと好文はすでに他界している。二枚目（下）、平成三年（一九九一年）二月、広瀬家のお墓が新しく出来た時に撮った記念写真。向かって左から右に順に原田宗一、原田八江子、安東静子、安東正美、広瀬直俊、山本頼彦、広瀬ユキエ、園田定平、園田良子、山本ヨシ子。この時、広瀬直俊は八十六歳。平成三年（一九九一年）、松岡テル子と太田和子さんが、思い立って九州に来た。「大野郡緒方町の広瀬家を訪れたとき、広瀬直俊が〝最近、お墓を建てた〟と言っていた。広瀬家の墓を見たが、大きな墓に驚いた。続いて大分に行き、園田良子に会った。この時、良子は〝和ちゃん、大きくなったね〟と言った。園田良子は二人を別府の別荘に案内し、〝一日中、温泉に入れる〟と嬉しそうにしていた」と太田和子さんは述懐する。

平成五年（一九九三年）四月十三日、三村孝、ミツ夫妻が観光ツアーで竹田に来た。山本頼彦とヨシ子が二人に会いに、岡城址に行った。一枚目（上）、滝廉太郎の銅像が見える。向かって右が三村孝、左が三村ミツ。二枚目（下）、同じ時に、岡城大手門に至る上り口で撮った写真。向かって左から右に順に山本ヨシ子、山本頼彦、三村孝、三村ミツ。頼彦にとって、昭和九年（一九三四年）八月、三村モトが子供たち（英子、テル子、孝）を連れて緒方に来たときに三村孝に会って以来、ほぼ六十年ぶりの邂逅であった。三村孝は「祖父の故郷に来たことを奥様にあれこれと自慢していた」（『古希までの記録』）という。このとき三村孝は、岡城址からはるかに河内谷を見下ろし、幾蔵の住んでいた御茶屋跡を写真に収めている（写真前出）。三村孝は平成二十三年（二〇一一年）七月十二日に他界（前述）。享年八十五歳。子は由美、香織。「戦後、三村孝は何度か大分を訪れた。一度は竹田、岡城祉に車で連れて行った」という（佐藤弘美さん談）。しかし、山本頼彦には何の連絡も無かった。

一枚目（上）、平成二十二年（二〇一〇年）九月二十一日、山本頼彦は、千鳥ヶ淵戦没者墓苑で、シベリア抑留中に亡くなった戦友を弔った。シベリア抑留中に亡くなった人の多くは、千鳥ヶ淵戦没者墓苑に祀られている。二枚目（下）、平成二十四年（二〇一二年）四月八日、大分県竹田

市大字次倉瀬ノ口、橋本医院前で。満開の桜の下で写真に収まる山本頼彦。

後藤幾蔵の遺骨は、昭和九年（一九三四年）十二月二十五日、青山霊園立山地区の後藤家の墓に埋葬された。一枚目（上）。令和元年（二〇一九年）六月一日、後藤幾蔵の奥つ城に三系譜（後藤、広瀬、三村）の子孫三人が手を合わせた。曾祖父の冥福を祈り、先祖への感謝を伝えた。向かって左が後藤光彦、右が三村由美。二枚目（下）。令和三年（二〇二一年）八月十四日。向かって左から右に山本和彦、後藤光彦、三村由美。三枚目（下）、令和元年（二〇一九年）八月二十五日、挟田河内谷にて。後ろ左方

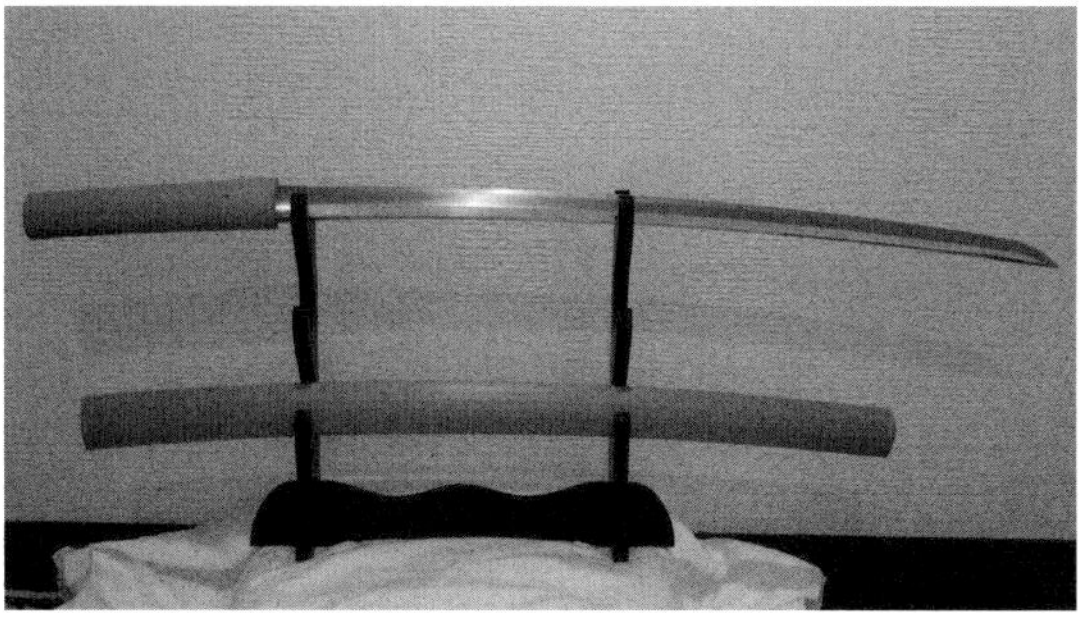

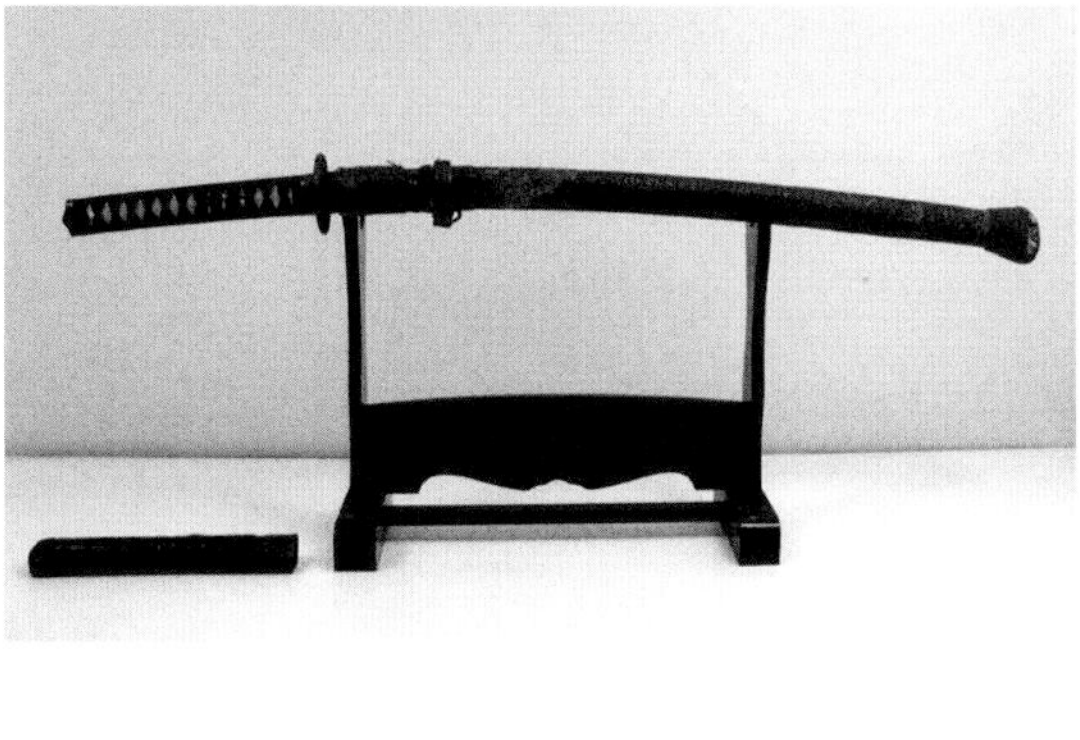

に、巨岩に彫られた「三日月」（元禄十五年八月掘之）が見える。向かって左が山本和彦、右が御茶屋跡に住む酒見克行氏。

一枚目（上）、令和四年（二〇二二年）七月、後藤幾蔵佩用の豊後刀『豊後　住　藤原貞行』。本身と白鞘。令和二年（二〇二〇年）十二月、大分県大野郡緒方町の広瀬家で見つかった豊後刀を、令和三年（二〇二一年）六月、岐阜県関市の刀工房に修理、研ぎに出した。令和四年（二〇二二年）七月に修理、研ぎが終わり、手元に戻ってきた。二枚目（下）、戦時中、三度召集された広瀬好文が、いずれかの時点で、軍刀に改変していたと思われる。柄の部分は、紐が切れていたため、オリジナルと同じに修復した。

あとがき

平成三十一年（二〇一九年）、大刀、小刀を帯びた武士姿で写真に収まる曾祖父、後藤幾蔵の消息を尋ねはじめて五年、やっと調査結果をまとめる段階にきた。途中、調べれば調べるほど疑問がわき、いろいろな方にお話を伺い、文献、資料を渉猟しなければならず、果てのない暗闇に迷い込んだ気がしたこともあった。手がかりが少ない中で、写真を読影することで物語を立ち上げるという奇策を用いざるを得なかった。手がかりが少ない中での決定打は、幾蔵の岡藩勤録と遺品、表札、広瀬今朝彦の大福日記帳、御茶屋跡「賣渡證」、東京市電気局のバッジ、東京市電気局の『創業二十年史』、裏書、日付のある数少ない写真、『少年團研究』などであった。後藤幾蔵、トメ、後藤一彦、広瀬カヨ、三村モトが子や孫と一緒に撮った写真は手がかりとして重要な位置を占めるが、子や孫の生年月日が決め手となることは論を俟たない。その意味で、三村家の戸籍（三村由美さんにとっていただいた）、広瀬家の戸籍（広瀬照人さんからいただいた）、三村家（山口県厚狭郡）と原田家の古い戸籍（原田成則さんにとっていただいた）、中道家の戸籍（広瀬猛さんにとっていただいた）、後藤一彦の戸籍（織田邦彦さんにとっていただいた）、川辺家の戸籍（広瀬照人さんにとっていただいた）は大いに役に立った。

この物語を立ち上げる中での困難は、一、事情を知っている人はすべて鬼籍に入っており、写真をめぐる事情がほとんど分からないこと、二、写真屋が写真を修正することが多々あり（特に戦前）、写真中の人物の特定が容易でないこと、三、同一人物でも、写真により、別人物のように見えることがあること、四、写真と聞き書きをつなぐ資料がほとんど無いこと、五、聞き書きの信憑性の問題であった。難しい問題を、手探りで乗り切ってきた感が強い。本書中の写真の「年、月、人物」は――大きな誤りはないと思うが――完璧ではないことをお断りしておきたい。誤りがあるとすれば、その責は著者にある。何はともあれ、『最後の岡藩士後藤幾蔵の生涯と系譜の時代』を一つの形にできたことに安堵している。

この調査を通じて、いくつかのことについて思いをめぐらすというか、感慨を覚えた。一つ目は「四谷皇国少年団」の持つ意味の大きさである。大正十一年（一九二二年）、少年団日本連盟が、明治天皇のご聖旨、乃木希典の思い、昭和天皇の思召しを受けて結成されたにもかかわらず、少年団の趣旨を理解し、その育成に情熱を傾ける政治家や軍人が次々と凶刃、凶弾に倒れている（血盟団事件、相沢事件、二・二六事件）。明治天皇のご聖旨と明治宮廷人の思いは、昭和七年（一九三二年）、「四谷皇国少年団」という形で示されたのではなかったか？　蘆溝橋事件から大東亜戦争に至る日本の歩みは、明治天皇や昭和天皇の思召しと乖離してはいなかったか？「よもの海　みなはらからと思ふ世に　など波風の　たちさわぐらむ」、「波風は　しづまりはてて　よもの海に　てりこそわたれ　天つ日のかげ」の二首に込められた意味こそ、明治天皇のご聖旨、昭和天皇の思召しではないかという感慨である。これはまた、川島芳子こと愛新覚羅顯玗が問い続けたことであり、汪兆銘が目指すところのものであった。

二つ目は、「四谷皇国少年団」結成の契機として、貞明皇后と梨本宮伊都子の思いが感じられるのである。貞明皇后は、裕仁親王（昭和天皇）、雍仁親王（秩父宮）、宣仁親王（高松宮）、崇仁親王（三笠宮）の生母であり、大正天皇を支えて皇統を守った英邁な皇后（皇太后）である。貞明皇后は伊都子の姪、勢津子をいたく気に入られ、秩父宮の妃に強く望まれたという（前述）。伊都子は「九条節子姫（貞明皇后）は……二学年下のクラスでしたが、親しくご交際をいたしておりました」と述べている（『三代の天皇と私』）。貞明皇后（皇太后）は、明治天皇崩御二十周年を記念して催された、明治天皇を偲び、追悼する宮廷、宮家の集まりの写真中央に位置し、もう一枚には自身の生母、野間幾子と思しき女性が写っている。梨本宮伊都子は、この集まりに二回とも列席し、記念写真の前列に座している。梨本宮邸での「四谷皇国少年団」と梨本宮守正元帥の写真には、李王家の二男、李玖、伊都子の実家、鍋島家の縁者が写っている。長女、方子と朝鮮の王世子、李垠の婚姻が決まったとき、梨本宮守正から「お国のために軍人は身を捧げるのだ。あなたには佐賀の葉隠武士の血が流れているではないか。ことここに至ってはいたし方ない。覚悟をしてくれ」といわれたという（『三代の天皇と私』）。皇統の危機を乗り越えた貞明皇后と「佐賀の葉隠武士の血」を引く「〃最後の明治貴婦人〃といわれた梨本伊都子」（『語られなかった皇族たちの真実』）の矜持が四谷皇国少年団立ち上げの動因の一つだったのではないか？　という思いである。貞明皇后の思召しがあってこそ、四谷のボーイスカウト少年団がスメラを名乗ることが可能であった。

三つ目は、昭和四十五年（一九七〇年）十一月二十五日に陸上自衛隊市ヶ谷駐屯地で、割腹自殺を遂げた三島由紀夫の行動と「四谷皇国少年団」の間に因縁を感じることである。大正十四年（一九二五年）一月生まれの三島由紀夫は、三村孝（学年が二つ下）、広瀬頼彦（学年が同じ）と同年の生まれである。学習院中等科に上がるまで東京市四谷区に住んだ三島由紀夫が「四谷皇国少年団」を知らなかったことはありえない。学習院初等科に通い、四谷の小学校に行かなかったとはいえ、三島と「四谷皇国少年団」がクロスする場面があった。平岡公威は、昭和八年（一九三三年）八月の四谷皇国少年団のキャンプを、祖母、母、妹と訪れている（前述）。三島は四十年後に、死して「よつや　すめら　しょうねんだん」に合一したのではないか（「三島由紀夫の〝行動者の倫理〟――死・天皇・共同体」）。三島由紀夫の父、平岡梓によれば「倅は幼少時代、よく隣家の塀の節穴を覗きに行」ったという。調べてみると、「同年輩ぐらいの男の子が、さかんに相撲や野球の真似をしたりして楽しんでい」た。三島が自決する「二、三年前、倅とのある話の中でこのことに触れ」、これらが「今のお前の文学の小函に流れ込んでいってるはずだ」と平岡梓が言うと、三島は「まったくその通りで、生まれ落ちてからのすべてのものが僕の文学の小函には入っております。然し自分はもう一つ、別に秘密の小函を作っているのです。でき上がったらお見せします」と答えている（『倅・三島由紀夫』）。父、梓によれば、それは「憂国」の小函だったという（『倅・三島由紀夫』）。三島由紀夫は、小学校三年生の夏、祖母、母、妹と見学に行った四谷皇国少年団の久米川キャンプでの経験をどこにも書いていない。四谷皇国少年団キャンプのゲートに掲げられた「ＳＵＭＥＲＡ」こそ、平岡公威（三島由紀夫）の「秘密の小函」であったと考える。

四つ目は、満洲事変と満洲国建国の意味、日華事変、大東亜戦争における南京国民政府の動向と清郷工作の意味の大きさである。清郷工作は、中国長江下流域で、民衆に熱烈に受け入れられ、成功の道を歩んでいたが、太平洋における日本の戦況不利で潰えた。日清・日露戦争に始まる日本のユーラシア大陸進出が満洲事変、満洲国建国を経て、日華事変、大東亜戦争に拡大したその根幹の動因として〝スメラノイツ〟があったと考える。それは、日本側から見れば「よもの海　みなはらからと思ふ世に　など波風の　たちさわぐらむ」、「波風は　しづまりはてて　よもの海に　てりこそわたれ　天つ日のかげ」の二首に込められた意味（八紘一宇）となり、日本の外から見れば、大東亜共栄圏であり、世界平和ということになる。この場合、〝スメラノイツ〟は、日本が世界の頂点に立つことではなく、世界を一体化する超対称（スーパーシンメトリー）であることを見なければならない。汪兆銘は影佐禎昭に「余が日本を愛し東亜を愛するは支那を愛するがためなり」と何度も説いたという（「曾走路我記」）。朝鮮半島から満洲、北支、中支を経て全中国、さらに中国を突破してインド、アジア太平洋、全世界に拡大しうる〝スメラノイツ〟は、日本史を動かしてきた根本動因であり、二十世紀に世界史を動かす根本動因に躍り出たと考える。二十一世紀、二十二世紀に世界の平和が達成されるのか、分裂と抗争がなお続くのかは定かでない。現段階では、〃スメラノイツ〃に基づく世界の〃イツ〃が成ることを期するのみである。

後藤幾蔵の生涯を立ち上げるつもりが、生来の探求好き、調査好きが昂じて、どんどん広がり、その系譜の歴史、そして近代の日本の歴史まで調べる結果になった。三村家の驚くべき写真の数々が、調査意欲をかきたて、止まらなくなった。こうなると、いろいろな人――遠い親戚や見ず知らずの人――にアプローチしてお話を伺ったり、調査をお願いしたりすることになってしまう。調査がなければコンタクトすることが無かった人々との出会いは、楽しくもあり、有意義であった。調査の最終段階で、広瀬俊幸と汪兆銘、南京国民政府との関わりを示す写真が見つかって、この部分が大きく膨らんだ。これは日華事変、大東亜戦争の、これまで見逃されてきた部分の歴史を掘り起こす試みになってしまった。後藤幾蔵の生涯だけでなく、その系譜の事績の背景を調べることで、幕末、明治維新以降、大東亜戦争までの、日本の歴史を身近に感じ、理解が深まったような気になった。

この調査は、基本的に過去を調べているので、すでに亡くなった人や、今まで知らなかった過去の出来事について思いをめぐらすことになる。どうしても夭折した人や、非業の最期を遂げた人、顕著な出来事などに気持ちがシフトして、系譜のストーリーを充分カバーすることができなかった。もっとも、『最後の岡藩士後藤幾蔵の生涯と系譜の時代』を完結することは、初めから不可能なことであり、できない相談であった。なぜなら、それぞれの系譜は今現在を生きており、歴史は現在進行形である。それらを網羅し、纏めることは不可能であろう。百五十年前から始まる物語は、今を生きる人たちが新たな物語を加えることで繋がり、続き、広がっていく。あとは後の人たちに任せ、この物語を擱筆する。

参考文献と資料

愛新覚羅憲東「スズランを愛した〝男装の麗人〟」『血族が語る昭和巨人伝』平成二年　文藝春秋
東千代之介を愛する会編『東千代之介東映チャンバラ黄金時代』平成十年　ワイズ出版
阿部隆好『ふるさとの想い出写真集竹田』昭和五十七年　国書刊行会
安藤武『三島由紀夫の生涯』平成十年　夏目書房
池田哲雄編『写真で見る日本プロ野球の歴史』平成二十六年　ベースボール・マガジン社
板垣征四郎刊行会編『秘録板垣征四郎』昭和四十七年　芙蓉書房
井手久美子『徳川おてんば姫』平成三十年　東京キララ社
伊藤隆、廣橋眞光、片島紀男編『東條内閣総理大臣機密記録　東條英機大將言行録』平成二年　東京大学出版会
伊東部隊編『支那事變記念寫眞帖』昭和十四年　三益社
今井武夫『支那事変の回想』昭和三十九年　みすず書房
犬養健『揚子江は今も流れている』昭和三十五年　文藝春秋新社
入澤達吉「大正天皇御臨終記」『文藝春秋に見る昭和史　第一巻』昭和六十三年　文藝春秋
岩村高志編著『マカピリ哀歌』平成二十一年
内田康哉伝記編纂委員会鹿島平和研究所編『内田康哉』昭和四十四年　鹿島研究所出版会
江戸川清「刺された永田鉄山」『文藝春秋に見る昭和史　第一巻』昭和六十三年　文藝春秋
汪精衛主席、太田宇之助、石川信雄「汪精衛清談録」『文藝春秋に見る昭和史　第一巻』昭和六十三年　文藝春秋
大分県教育庁文化課編『大分県先哲叢書瀧廉太郎資料集』平成六年　大分県教育委員会
『大分県歴史人物事典』平成八年　大分合同新聞社
大川周明「満州新国家の建設」『文藝春秋に見る昭和史　第一巻』昭和六十三年　文藝春秋
大給湛子『素顔の宮家』平成二十一年　ＰＨＰ研究所

大西功『アイケ・コプチャタの唄』平成二十六年　秋田魁新報社
岡田西次『日中戦争裏方記』昭和四十九年　東洋経済新報社
小倉文雄編『愛宕の里別巻岡藩医学校梗概并岡藩医古今医人小伝』昭和六十年
沖修二『阿南惟幾伝』平成七年　講談社
尾崎宏次、茨木憲『土方与志――ある先駆者の生涯』昭和三十六年　筑摩書房
小田部雄次『梨本宮伊都子妃の日記』平成三年　小学館
小野田寛郎『わがルバン島の30年戦争』昭和四十九年　講談社
小野寺百合子『バルト海のほとりにて』昭和六十年　共同通信社
加來金升編『明治大帝御寫眞帖』大正十五年　明治大帝偉業奉賛會出版部
影佐禎昭「曾走路我記」『現代史資料13　日中戦争5』昭和四十一年　みすず書房
笠原幡多雄編『明治大帝史』大正二年　公益通信社
加治木常樹『薩南血涙史』大年元年　帝國軍友社
筧素彦『今上陛下と母宮貞明皇后』昭和六十二年　日本教文社
神川清『大分県交通史』昭和五十三年　九州交通新聞社
上坂冬子『男装の麗人・川島芳子伝』昭和五十九年　文藝春秋
上坂冬子『我は苦難の道を行く』上巻　平成十一年　講談社
上坂冬子『我は苦難の道を行く』下巻　平成十一年　講談社
柄澤照覚『鎮魂帰神建国精義入神奥伝』平成二十年（復刻版）　八幡書店
川島正太郎編『現今名家書畫鑑』明治三十五年　眞誠堂
川島武編『横須賀重砲兵聯隊史』平成二年　横須賀重砲兵聯隊史刊行会
川島芳子『動乱の蔭に――川島芳子自伝』令和三年　中央公論新社
関西学院大学博物館編『愛新覚羅家の人びと』平成二十七年
北風倚子『朝香宮家に生まれて』平成二十年　ＰＨＰ研究所

北村清士『滝廉太郎を偲ぶ』昭和三十八年
『勤録　後藤氏　幾藏』
『勤錄　野原氏　佐内　保』
日下部一郎『陸軍中野学校実録』平成二十七年　ベストブック
楠戸義昭、岩尾光代『幕末維新の美女紅涙録』平成九年　中央公論社
工藤美代子『母宮貞明皇后とその時代』平成十九年　中央公論新社
宮内庁『昭憲皇太后実録下巻』平成二十六年　吉川弘文館
『五・一五事件陸海軍大公判記』昭和八年　時事新報社
加藤知弘監修『目で見る竹田・大野・直入の一〇〇年』平成十三年　郷土出版社
古賀不二人「初めて語る五・一五の真相」『文藝春秋に見る昭和史　第一巻』昭和六十三年　文藝春秋
国際文化振興会『ＫＢＳ30年のあゆみ』昭和三十九年
近衛正子、近衛通隆、細川護貞編『近衛文隆追悼集』昭和三十四年　陽明文庫
斎藤充功『証言陸軍中野学校』平成二十五年　バジリコ
蔡徳金編『周仏海日記』平成四年　みすず書房
阪谷綾子編『倜儻不羈の人追悼・阪谷芳直』平成十五年
阪谷芳直『三代の系譜』昭和五十四年　みすず書房
阪谷芳直『21世紀の担い手たちへ』平成七年　勁草書房
桜田満編『現代日本文学アルバム三島由紀夫』学習研究社
沢田茂『参謀次長沢田茂回想録』昭和五十七年　芙蓉書房
重光葵『重光葵外交回想録』昭和五十三年　毎日新聞社
重光葵『重光葵手記』昭和六十一年　中央公論社
重光葵『昭和の動乱（上）』平成十三年　中央公論新社
重光葵『昭和の動乱（下）』平成十三年　中央公論新社

『少年團研究』 少年團日本聯盟・大日本少年團聯盟
『職掌大意』 明治三年
実行委員会記念誌部編『竹田小学校開校一二〇周年記念誌楠』平成七年 竹田市立竹田小学校
島田謹二『ロシヤにおける広瀬武夫』昭和四十五年 朝日新聞社
柴山兼四郎『元陸軍次官柴山兼四郎中将自叙伝』平成二十二年
菅春貴『皇族・華族古写真帖』平成十五年 新人物往来社
菅春貴『明治・大正・昭和天皇の生涯』平成十七年 新人物往来社
杉森久英『人われを漢奸と呼ぶ――汪兆銘伝』平成十年 文藝春秋
相馬仁「ジュネーヴの機密室」『文藝春秋に見る昭和史 第一巻』昭和六十三年 文藝春秋
高須芳次郎『乃木将軍詩歌物語』平成二十五年 島津書房
高原富保編『一億人の昭和史2 二・二六事件と日中戦争』昭和五十年 毎日新聞社
高松宮宣仁親王『高松宮日記第二巻』平成七年 中央公論社
竹田市教育委員会編『中川氏御年譜』平成十九年
竹田市史刊行会『竹田市史・中巻』昭和五十九年
竹田恒泰『語られなかった皇族たちの真実』平成二十三年 小学館
武部瀧三郎『東京一目新圖』明治三十年
伊達正男『私の昭和野球史』昭和六十三年 ベースボール・マガジン社
辻政信『亞細亞の共感』昭和二十五年 亞東書房
角田房子『一死、大罪を謝す』昭和五十五年 新潮社
帝國地方行政學會編『全國學校名鑑』昭和四年
寺尾紗穂『評伝川島芳子男装のエトランゼ』平成二十年 文藝春秋
東京音樂學校『東京音樂學校創立五十年記念』昭和四年
東京市電氣局編『創業二十年史』昭和六年 東京市電氣局

東京市電氣局編『東京市電氣局三十年史』昭和十五年　東京市電氣局
東京市役所編輯『昭和三年七月東京市職員錄』昭和三年
東京市役所編輯『昭和九年七月東京市職員錄』昭和九年
東京市四谷第三尋常小學校『卒業記念写真帖』昭和十四年
徳川和子、山岸美喜『みみずのたわごと』令和二年　東京キララ社
研谷紀夫編『皇族元勲と明治人のアルバム』平成二十七年　吉川弘文館
外山操編『陸海軍将官人事総覧（陸軍篇）』昭和五十六年　芙蓉書房
中野校友会編『陸軍中野学校』昭和五十三年
中村茂「二・二六事件二十回放送」『文藝春秋に見る昭和史　第一巻』昭和六十三年　文藝春秋
中山太郎『日本婚姻史』昭和三十一年　日文社
梨本伊都子『三代の天皇と私』昭和五十年　講談社
西江清正『〝覆面将軍〟柳川平助は何をした？』昭和十三年　國際展望社
登集団司令部「第三期清郷工作指導要綱」『現代史資料13　日中戦争5』昭和四十一年　みすず書房
宣仁親王妃喜久子『菊と葵のものがたり』平成十年　中央公論社
『尾張屋板江戸切絵図』　讀賣新聞
『幕末岡藩絵図』
橋爪貫一「近世四戦紀聞」『現代日本記録全集3　士族の反乱』昭和四十五年　筑摩書房
畑俊六『陸軍畑俊六日誌』昭和五十八年　みすず書房
畑俊六「獄中手記」『陸軍畑俊六日誌』昭和五十八年　みすず書房
花谷正「満州事変の舞台裏」『文藝春秋に見る昭和史　第一巻』昭和六十三年　文藝春秋
林杢兵衛編『川島芳子獄中記』昭和二十四年　東京一陽社長野分室
原田八江子『嗚あの頃』未発表
晴氣慶胤『謀略の上海』昭和二十六年　亞東書房

土方梅子『土方梅子自伝』昭和五十一年　早川書房
平岡梓『伜・三島由紀夫』平成八年　文藝春秋
広瀬武夫『広瀬武夫全集下巻』昭和五十八年　講談社
広瀬照人「お宮（馬求宮）と祭りの思い出」『緒方町下自在区誌』平成八年
広田弘毅伝記刊行会編『広田弘毅』平成四年　葦書房
福沢諭吉『福翁自伝』昭和三十二年　慶応通信
藤岡徳助『よしだのあゆみ』昭和五十一年
藤村義朗「痛恨！　ダレス第一電」『文藝春秋に見る昭和史　第一巻』昭和六十三年　文藝春秋
藤本治毅『石原莞爾』昭和三十九年　時事通信社
古川隆久、鈴木淳、劉傑編『第百一師団長日誌』平成十九年　中央公論新社
二荒芳德、澤田節藏『皇太子殿下御外遊記』大正十三年　大阪毎日新聞社・東京日日新聞社
『文芸読本三島由紀夫』昭和五十年　河出書房新社
穂苅甲子男編『真実の川島芳子』平成十三年　川島芳子記念室設立実行委員会
保科順子『花葵徳川邸おもいで話』平成十年　毎日新聞社
牧野喜久男編『世界史の中の一億人の昭和史3　二・二六事件と第三帝国』昭和五十三年　毎日新聞社
松井孝也編『別冊一億人の昭和史日本植民地史2　満州』昭和五十三年　毎日新聞社
松岡洋右「松岡洋右縦横談」『文藝春秋に見る昭和史　第一巻』昭和六十三年　文義春秋
松岡洋右伝記刊行会編『松岡洋右――その人と生涯』昭和四十九年　講談社
『松下電工60年史』昭和五十三年　松下電工株式会社
松本重治『上海時代』昭和五十二年　中央公論社
松本重治『聞書・わが心の自叙伝』平成四年　講談社
松本豐三編『南滿洲鐵道株式會社三十年略史』昭和十二年　南滿洲鐵道株式會社
満鉄東京撫順会『撫順炭礦終戦の記』昭和四十八年　謙光社

三坂圭治『山口県の歴史』昭和四十六年　山川出版社
三島通陽『ボーイスカウト十話』https://scout-ib.net/09SCIB-DB/DATA/mishima01.html
三島由紀夫「私の遍歴時代」『決定版三島由紀夫全集第三十二巻』平成十五年　新潮社
南雅也『われは銃火にまだ死なず』平成二十九年　潮書房光人新社
南滿洲鐵道株式會社總務部人事課『社員錄』昭和九年　南滿洲鐵道株式會社
南滿洲鐵道株式會社『撫順炭礦概要』昭和六年
三好章『清郷日報記事目録』平成十七年　中国書店
武藤章『比島から巣鴨へ』平成二十年　中央公論新社
北九州市門司区役所『門司百年』平成十一年
人間・影佐禎昭出版世話人会編『人間影佐禎昭』昭和五十五年
野球殿堂博物館編『野球殿堂２０１８』平成三十年　ベースボール・マガジン社
柳家小さん「二・二六事件と私」『文藝春秋に見る昭和史　第一巻』昭和六十三年　文藝春秋
山川三千子『女官明治宮中出仕の記』平成二十八年　講談社
山口淑子、藤原作弥『李香蘭私の半生』昭和六十二年　新潮社
山本和彦「三島由紀夫の〝行動者の倫理〟——死・天皇・共同体」『情況』平成十二年
山本和彦「〝超国家主義〟の論理と倫理」『情況』平成十二年
山本又『二・二六事件蹶起将校最後の手記』平成二十五年　文藝春秋
山本頼彦『古希までの記録』未発表
横松宗『新支那の建設工作』昭和十九年　育英出版
吉原政巳『中野学校教育——一教官の回想』昭和四十九年　新人物往来社
『陸軍士官學校豫科第十期生卒業記念寫眞帖』昭和七年
リヒアルト・ゾルゲ『ゾルゲの獄中手記』平成二年　山手書房新社
早稲田実業学校『早実七十五年誌』昭和五十一年

渡辺澄夫『大分県の歴史』昭和四十六年　山川出版社
Issac Deutscher『*Stalin*』1966 Penguin Books
Robert Conquest『*The Harvest of Sorrow*』1986　Oxford University Press

山本　和彦（やまもと　わひこ）

1983年　九州大学大学院医学研究科卒業
1985年　九州芸術工科大学助教授
1997年　九州芸術工科大学教授
2004年　九州大学教授
現在　非常勤医師

最後の岡藩士後藤幾蔵の生涯と系譜の時代

2024年9月6日　初版第1刷発行

著　者　山本和彦
発行者　中田典昭
発行所　東京図書出版
発行発売　株式会社 リフレ出版
〒112-0001　東京都文京区白山 5-4-1-2F
電話（03）6772-7906　FAX 0120-41-8080
印　刷　株式会社 ブレイン

ISBN978-4-86641-764-6 C0095
Printed in Japan 2024